日本近現代史入門
黒い人脈と金脈

広瀬　隆

集英社文庫

目次

第一章　日本の財閥はどのように誕生したか　15

第四章　満鉄を設立して大々的なアジア侵略に踏み出す　163

第六章　敗戦直後の日本の改革と日本国憲法　363

第七章 戦後の工業・経済復興はどのようにおこなわれたか 473

日本近現代史入門　黒い人脈と金脈

数多くの日本人が、平和を「守れ！」と叫んでいる。これは、日本人が築いた〝今の日本〟は平和であることを意味する。そこで本書のテーマを「日本人はこうして平和な国を築いた」とした。

しかし「平和な国を築いた」というからには、日本はその前が平和でなく、戦争国家であり、アジアを大侵略した軍事国家だったというところから、話をはじめないとおかしいことになる。

その侵略時代の話が、現在の日本国の平和憲法が誕生する前にあった「前篇《ぜんぺん》」である。まず、それが分らないと、戦後から現在まで続く〝平和の意味〟というものが、皆目分らないことになる。

実は、この日本の侵略史は、随分昔にはじまった話なのである。そこで本書の前半に、「明治維新によって日本に財閥が形成されて軍国主義を育てた！」というほとんど知られていない史実の経過を語り、特にその第三章から物語のクライマックス「激動の日本のアジア侵略史」をくわしく語りたい。

そして後半の第六章から、もうひとつのクライマックスである「敗戦後に日本国憲法を生み出し、見事に軍国主義を乗り越えた」という史実まで、近現代史のすべてを語ることにする。これほど大事な話を、賢い知識人たちが言わないからといって、黙っていていいわけがない。今の世情であれば多くの人が聞いてくれると確信して、私は、この物語をはじめる。

第一章　日本の財閥はどのように誕生したか

一九四五年（昭和二〇年）八月一五日の無条件降伏まで、日本は帝国主義をかざす大日本帝国であった。それがアジアの国々を侵略し、野蛮で悲惨な戦争を起こした。その最大の原因は、ほとんどの国民が、軍人と政治家にそそのかされて、強力な軍隊を持てば日本人は豊かになれるという〝軍国主義〟になだれこんだことにあった。だが、原因は軍国主義だけではなかった。軍閥と手を組んだもう一つのもの――明治維新時代に生まれ、国民を金の力で支配した「財閥」という怪物があったのだ。軍閥に、金を持つ財閥が一体となって、その資金力が国民を殺戮《さつりく》戦争の地獄に導いたのだ。もちろん、財閥とは、大産業のことである。

では、どこから明治時代の「軍国主義」が生まれたのだろうか？

そして、どこから明治時代の「財閥」が生まれたのだろうか？

この発端の一里塚を知るため、幕末から明治維新にかけて日本に起こった事始めの大変化を、意外なところから解き明かしてゆこう。それは〝明治政府にどれほど財政能力があったか〟を追及するというミステリーだ。財政能力とは、金を動かす知恵のことだ。そう言われても、ほとんどの現代人は、これほど面白い話を知らないはずである……

財政能力を持たなかった明治政府

明治維新は、西暦で一八六八年——すなわち江戸時代の徳川幕府の末期、いわゆる幕末の出来事であった。その一〇年前、一八五八年に徳川幕府が欧米列強と安政五ヶ国条約を結んで、翌一八五九年から長崎だけでなく、横浜と箱館（函館）が、アメリカ・オランダ・イギリス・フランス・ロシアの五ヶ国との貿易のために開港されることになり、やがて条約交渉をしたすぐれた幕臣・岩瀬忠震《いわせただなり》たちの手で、横浜が日本一の貿易港となった。しかし、その横浜開港前から、日本は動乱の時代にあったのである。

ちょうどその頃、日本の中央部では、一八五八年に越中・飛驒《ひだ》の大地震が起こって数百人以上が死亡し、東海道を襲った暴風雨など、天変地異が相次いで、大きな被害を受けていた。さらに同じ一八五八年に、外国人が持ちこんだ疫病のコレラが長崎から発生して、九州各地に蔓延《まんえん》したあと、大坂・京都に広がって江戸に流行し、この新しい疫病大流行のため数万人の死者を出し、国民全体が恐怖に取りつかれて、外国人排斥を叫ぶようになった。横浜開港翌年の一八六〇年から米価が急騰しはじめ、翌一八六一年には「外国人を排斥せよ！」と叫ぶ攘夷《じょうい》の志士が活発な活動を展開したため、諸藩の大名は戦争が起こるかも知れないと用心を重ね、米の備蓄につとめたので、米価の上昇をますます加速させ、諸国に餓死者が多数発生した。

これで幕府・諸藩とも、困窮に陥ったのだ。諸藩は外国勢力に対する国防のため、莫《ばく》大《だい》な出費をしなければならなくなり、下級武士の俸禄《ほうろく》を削り、あるいは首を切って浪人に追いやることが、どこの土地にも見られた。このころから武士階級がすでに、財閥の芽となる商人階級の持つ金の前に、敗北しはじめた。

やがて時は移って天下大乱、慶応四年一月三日（一八六八年）のことであった。年が明けるなり京都郊外の鳥羽《とば》・伏見《ふしみ》に、「幕府を倒せ！」と叫ぶ倒幕の戦塵《せんじん》が巻き起こった。土《つち》より龍《たつ》が現われ、風雲急を告げるという干支《えと》の予言通り、戊辰《つちのえたつ》の年で、人これを戊辰《ぼしん》戦争と呼んだ。

この戊辰戦争によって徳川幕府が瓦解し、明治新政府が誕生すると、この時代に続々と、民衆を金で支配する「財閥」が形成されたのである！ なぜ商人が支配力を握ったのだろうか。それは、明治新政府の幹部に、商業に通じた者が一人もいなかったからである。

明治政府が誕生した初期に、政府の要職についた著名な人物は、いずれも幕末に倒幕運動に関わった下級武士集団から出た。薩摩《さつま》藩（鹿児島県）の西郷隆盛、大久保利通《としみち》、黒田清隆《きよたか》、松方正義《まさよし》や、長州藩（山口県）の木戸《きど》孝允《たかよし》（桂小五郎《かつらこごろう》）、伊藤博文《ひろぶみ》、井上 馨《かおる》、さらに土佐藩（高知県）の後藤 象二郎《しようじろう》、板垣退助《いたがきたいすけ》、佐賀藩（佐賀県）の大隈重信《おおくましげのぶ》、江藤新平、佐野常民《つねたみ》たちがいた。

ほかの政府幹部としては、京都公家《くげ》と、大名藩主は揃《そろ》っていたが、ごく少数の人間を除けば、彼らはいずれも経済の実務には暗かったのだ。

明治政府要人のなかで、これらの公家と大名を除けば、残りは全員が下級武士であった。下級藩士の多くは「武士は食わねど高楊枝《たかようじ》」の世界に生きてきたので、金銭の扱いを知らなかった。その代表者が明治政府の要職についたのだから、大半が経済の実務を知らなかったのも当然である。

長州藩を中心とした貧乏士族が積年の鬱憤《うっぷん》を晴らすために決起し、その貧乏侍の弱みにつけいった長崎のトマス・グラバーのような兵器商人が、幕府の持つ兵器よりも高性能のイギリス製の武器を彼らに与えた。そのために維新という武力クーデターが起こり、緒戦の鳥羽・伏見の戦いで、最新式の洋式銃をずらりと揃《そろ》えたゲリラ兵の前に、西洋文明の兵法で鍛えた幕府正規軍が敗れた。続いて、肥前佐賀藩が、鳥羽・伏見の戦いから一ヶ月後に旗幟《きし》を鮮明にして朝廷方に寝返って、幕府の海軍力をそっくりいただいたために、下級武士階級が勝ってしまうという奇想天外、驚くべき結果となった。貧乏侍たちが、幕府を倒してしまい、好きなように明治政府の要職を手にしたのである。この瞬間、彼らは自ら財政を動かさなければならない立場に置かれた。しかし商人のようには算盤《そろばん》勘定のできないこの集団が、全国三〇〇藩にまたがる日本全土の大金を動かすことなど、到底できるはずがなかった。

明治政府を支配したのが薩摩と長州の藩閥政治といっても、薩長のクーデター主導者の下級武士は、藩主に対する深い恩義はなかったから、彼らはたちまち時勢を読み取って、「金の力があれば強い武器を得られる」という考えに走り、のちに「軍国主義」と呼ばれる思想にとりつかれた。それが戊辰戦争の勝利で実証され、明治維新によって獲得した強力な哲学であった。

この新政府が発足したのは、鳥羽・伏見の戦いが起こる一ヶ月前の慶応三年一二月九日であった。その時に、形式的な「総裁」に皇族を飾り、実質的な指令権を持つ「議《ぎ》定《じょう》」と、その参謀閣僚となる「参与」の三職制度で政治をおこなうことを決し、一二月二三日に、金庫番として「金銭と穀物の管理組織」を意味する金穀出納所《きんこくすいとうじょ》なる部署を京都御所の朝廷内に設置して、まず「戦争資金」を調達することにした。ところが尊皇攘夷派で固められたこの官軍政府の中にあって、元福井藩主の松平春嶽《まつだいらしゅんがく》は、将軍家を守る佐幕側の代表者でありながら、実権者である議定の要職を与えられた。

春嶽とは、福井藩主・松平慶永《よしなが》の号であった。以前の彼は外国人排斥論者だったが、通商開国論に考えを変えて福井藩政の改革に成果をあげたあと、井伊直弼《いいなおすけ》による安政の大獄時代に、四年間も江戸の霊岸島《れいがんじま》に幽閉され、その時に春嶽と号したのである。外国の制度をくわしく調べて二院制の議会政治を理想とし、のち徳川幕府の政事総裁職として中枢に立つと、徳川一族でありながら、幕府の悪習を取り除くため徳川譜代大名だけでなく諸藩の意見を聞くべきであるとして、制度の大改革も進めてきた人物であった。明治政府より、はるかに進歩的な平等主義の思想家であり、明治の元号も春嶽が決めたものであった。

議定の要職に就いた彼が、明治新政府の顔を眺め渡すと、財務を知る要職にあった者が政府に一人もいないのを見て驚いた。そこで、新政府の発足直後に、福井藩の家臣だった由利公正《ゆりきみまさ》を参与に任命し、金庫番である会計事務掛《かかり》とし、「資金」と「米」を調達する金穀取締にも任命して、財務一切の計画実行を命じた。一方、開国に反対した京都公家と政府要人の経済無知は、はなはだしいものがあり、大名の賢侯といえども財務についでは家老頼りの人間ばかりであった。

そのため、彼らに代って日本経済を動かしはじめたのが、商人財閥だったのである。三井財閥・三菱財閥・住友財閥・安田財閥・古河《ふるかわ》財閥・渋沢財閥・大倉財閥・浅野財閥・川崎財閥・藤田財閥（のちの日立・日産コンツェルン）が続々と誕生し、やがて野村財閥のほか、新興財閥と呼ばれる大集団が登場して、日本を大戦争に引きずりこんでゆくことになったのである。

新政府はどのように財源を捻出したか

明治と改元されたのは、戊辰戦争渦中の慶応四年九月八日（一八六八年）だったが、この慶応四年の初め、一月三日に鳥羽・伏見の戦いで幕府側の敗北が決したので、以下は慶応四年を明治元年として記す。また明治五年一二月三日を明治六年一月一日として、この日から日本が西暦を採用したので、明治時代の出来事は、時代の流れが分るように主に和暦の日付を優先して記述する。

政府首脳の座に就いた者には、政治方針がなく、行政能力がまったくなかった。彼らに分っていたのは、新政府が恨みを持つ福島県の会津藩と、山形県の庄内藩を討つため、東北征伐の軍資金をつくることが急務ということであった。しかし彼らは、当時の行政の第一である小判の作り方も一分銀の作り方さえも知らなかった。そこで、豪商の三井を呼びつけて、金穀出納所御用達《ごようたし》を申しつけた。仕方なく三井は、京都御所に手代を一〇人も派遣して、由利公正のもとで「資金」と「米」を調達する実務をとりおこなった。この金庫番が、のちに大蔵省となったのである。

まだ生き残っていた徳川幕府も、有能な勘定奉行がいなければ財政は動かせないというのに、鳥羽・伏見の戦いに敗れた直後、明治元年一月一五日に、将軍・徳川慶喜《よしのぶ》が、幕府随一の有能な勘定奉行・小栗上野介《おぐりこうずけのすけ》を突然、罷免したのである。ところがその同じ日、新政府が、大手両替商の三井三郎助、小野善助、島田八郎左衛門の三家に対して金穀出納所に出頭するよう命じ、ここに新政府の財政が始動した。そこで商人の三井、小野、島田の三家が資金調達を命ぜられ、いたしかたなく一万両を献納させられたが、続いて三〇〇万両、五万両、一五万両と、幕府にも劣らぬ法外な金を次から次へとせびられる泥沼となった。ほどなく一月二九日、新政府はさらに関西地方の巨商と富農一三〇人を京都の二条城に集めて資金の供出を求め、続いて二月一三日には一五人の豪商に会計御用掛を命じた。由利公正は、農地の税金（地租）を抵当にした借金によって、京都

・大坂・大津の富豪から三二四万両、また江戸・横浜の富豪から一八五万両のほか、合わせて五六四万両の大金をかき集めて、新政府の戦闘用の財源とした。

かくして新政府は、五箇条の御誓文を発表した二日後、明治元年三月一六日になると、両替商に金を出させるより、自分で貨幣を鋳造《ちゆうぞう》しなければならないことにようやく気づいて、江戸幕府の金座・銀座の貨幣鋳造を停止させ、その鋳造機械を京都に送るよう命じた。四月一一日に江戸城が開城され、最後の将軍・徳川慶喜が水戸に向かって江戸を去り、二六〇年続いた徳川幕府が瓦解した。それから一週間後の四月一八日に金座・銀座を接収した新政府は、自分の手では金貨と銀貨を製造できなかったので、幕府時代に住友家が献納した鋳造機械を大坂に置いて、五月二八日に金貨の鋳造にくわしいという片山権平《ごんぺい》なる者を初代の造幣所長に任命し、金貨と銀貨の鋳造を開始した。由利公正が派遣したこの片山権平が、実は幇間《ほうかん》だったのである。幇間とは吉原のような遊廓《ゆうかく》で客の宴席に侍して遊興を助ける男芸者の太鼓持ちである。こんな男に鋳造をさせたのだから、その粗悪な貨幣に、外国商人からも不満が続出し、見るも無残な明治政府発足となった。

新政府の人間でよく動いたのは、口先と、剣先と、銃の筒先だけであった。由利公正が発行した太政官札《だじようかんさつ》という最初の政府発行紙幣は、二一八八万両も発行されたが、ほとんどは新政府の国庫補塡と巨額の戊辰戦争軍資金のために使われ、金銀と交換できない紙幣なので信用度が低く、流通困難となって一〇〇両が六六両に暴落した。やることなすこと行き当たりばったりで、やがて、幕府時代に活躍した能吏《のうり》を探し出しては抜擢《ばってき》し、要職を与えて面倒な諸事にあたらせなければならなかった。

「一君万民」を謳《うた》って、幼い天皇を頂上に据えて神に祭り上げ、ほかの国民はすべて平等と宣言しておきながら、新政府は華族階級をつくり、やがては彼らに五段階の公爵・侯爵・伯爵・子爵・男爵の爵位を与えた。かくして、政治権力を持った貴族院議員と……金を握った財閥と多額納税者……絶大な行政権力を握る官僚機構……武力を握る軍人と警察が、次々と市民・農民・漁民の生活をしばりあげる、このような新しいブルジョワ封建社会が誕生したのである。そもそも、ブルジョワ封建社会などという言葉そのものが、矛盾する二つの組み合わせであった。しかしこの成り行きは、決してウサギの腹からマムシの子供が産み落とされた現象というわけではなかった。

もし明治政府が嘘《うそ》偽りのない民主政府であり、自由平等に向けて政策を進めていれば、一九四五年の日本敗戦・無条件降伏後に大改革が必要になるはずはなかった。維新後の五年、一〇年の混乱期というなら釈明の余地もあろうが、八〇年近くもそれをしなかったのだから、明治時代が民主主義とはほど遠いものであったことは、言うまでもない。

大坂の豪商をつぶしたかった明治政府

戦乱の中から明治新政府が誕生した時代に、「農民、職人、商人たちが、人口の大半を占めていた」のが日本であった。つまり明治維新の戊辰戦争は、国民の中のほんのひと握りにすぎない下級武士たちの物語にすぎなかったのである。では士農工商の階級社会のうち、武士を除いて、肝心の農・工・商はどうだったのか。その大衆が、幕府・朝廷・藩主に対してどのような感情を抱いていたか、日本史ではほとんど記録らしい記録が紹介されていないので、まずここから説明する。

　江戸時代に「百姓とゴマの油は絞れば絞るほど出るものなり」と、武士や大地主が小作人を酷使したしきたりは、明治政府の施策によって改善されるどころか、一層ひどくなった。食糧を生み出す農民に対する思いやりをまったく持たなかった新政府は、幕府時代より苛酷な税の取り立てをはじめたのである。

　当初は徳川幕府の崩壊後、自由が与えられるかと内心で期待をかけた民衆も、たちまち明治政府の無能さと横暴さに気づいた。五箇条の御誓文の冒頭にある「万機公論に決すべし」とは立派な文句だったが、明治政府が公論に決したことなど、一度もなかった。そこで農民も職人も商人たちも、内心ですっかり政府を馬鹿にしはじめた。この政府が本物ではないと知ると、自分の身は自分で守らなければならない時代が来たことを自覚したのである。昔の藩主を懐かしんで反政府の狼煙《のろし》をあげる者もあれば、世直しを唱えて、身分制度の撤廃に立ち上がる者もいた。

　これ以上失うものがない貧しい者ほど、その熱気が強く、とりわけ百姓たちには結束力があり、明治二年、三年、四年には、百姓一揆《いっき》が続発した。さらに穢多《えた》非人と差別された最下層民の要求は、きわめて直接的だった。農民の義気というものは、いつでも戦略を持たない無謀な反政府行動に走るものであるから、百姓一揆が続発したのだ。明治政府の中核は、下級武士であるから、こうした民衆の反乱に対して、徹底的にこれを弾圧して、無慈悲な処罰と処刑をもって報いた。まさに、当時の才筆家・福地源一郎が言ったように、「ええじゃないか、とか、明治維新というが、ただ政権が幕府から薩長に変っただけだ。薩長を中心とした幕府が生まれただけ」だったのである。

大工や陶工などの町方の職人たちは、かつては藩主と幕府から庇護《ひご》されて職を得てきたが、明治四年に廃藩置県がおこなわれると、庇護してくれる藩主が消えたので、新政府の無策の前に多くの職人が仕事を失った。農民と違って田畑を持たない彼ら職人は、家族に飯を食わせて生きる道を探らなければならず、各地で苦しい流転の時代が続いた。

その時、経済の動脈を握る賢い商人たち——これが財閥の卵だったが——彼らは、どのように行動したのか。後年の歴史では、○×商店が勤皇側にどれほど資金援助をしたかという事績が「美談」として書き記されているが、数少ない人物を除けば、ほとんどは新政府に媚《こ》びるため後年に脚色された話である。総じて商人は、お上から注文を受けて店《たな》を守らなければならなかったので、資産家は財産を狙われる立場から、「力の強い側」につく鉄則を守り、佐幕と勤皇のいずれが勝つかという推移をじっと見守り、自分の感情を表に出す愚か者はほとんどいなかった。幕末には、豪商であれば佐幕と勤皇の両方から巨額の軍資金を請求され、乱暴な刀剣の脅しを受けて、両方に金を出していたし、そうでなくとも市中にはあぶれ者が徘徊《はいかい》して両替商を狙うゆすりが横行し、両替商が店をたたんで逃げ回る時代だったのである。維新後しばらくは、かつて仕えた藩主・家老・奉行たちがどうするかを真似《まね》て、表向きは愛想を絶やさないようにしたが、得体の知れない新政府を信用する商人などほとんどいなかった。

日本では、明治時代に生き残った財閥のうち、江戸時代からの老舗だったのは、呉服商と両替商で成功した「三井家」と、貨幣の製造を支配してきた「住友家」だけであった。しかし彼らよりむしろ、大坂を代表する鴻池《こうのいけ》善右衛門、天王寺屋五兵衛、平野屋五兵衛らの十人両替・富商集団のほうが資本を蓄え、大名と幕府に対する大きな影響力を持つ集団であった。なぜ、明治半世紀のあいだに、これら大商人の一団の支配力が消え去ったのか。

新政府側では、徳川幕府と親しく、日本最大の経済力を握っていた大坂の両替商を切り捨てようという腹があった。というのは、徳川幕府の護衛隊である新撰組《しんせんぐみ》が大坂両替商・平野屋五兵衛から一〇〇両を借り、この金で有名な揃いの隊服をあつらえていた。鴻池善右衛門を中心とする大坂の豪商たちが、新撰組と会津藩に対して七万両という大金を出資した。鳥羽・伏見の戦いの三日後には、大坂八軒家に待機する新撰組隊士に対して、大坂の平野屋五兵衛が炊き出しをおこなっていた。そこで新政府は、戊辰戦争のさなか、明治元年五月九日に、銀目停止《ぎんめちょうじ》を発令して、大坂両替商に大打撃を与えた。これは、〝関西の通貨である銀〟の秤量《ひょうりょう》銀貨を廃止するという命令であった。そのため日本一の大坂の両替商は、ここで藩への銀の貸付分が吹き飛び、銀が使えなくなって商いの道を閉ざされた。

そこで新政府は、大坂両替商の代りに三井を味方につけたのだ。

かくして数ある大手両替商や豪商のなかで、明治時代の最後まで財閥として生き残ったのは三井と住友だけであった。

商人のゆきつく頂点が長者であり、それが集団を成したときに「財閥」となった。日本では、三井、三菱、住友、安田、古河、大倉、浅野、川崎、藤田（日立・日産）、渋沢の財閥が明治維新の中から次々と誕生した。なかんずく三井と三菱の資本力は、群を抜いていた。

三井財閥はどのように誕生したか

日本最大の三井財閥が誕生した由来を知るため、幕末に戻ってみる。三井は、複雑な立場に置かれていた。江戸の三井両替店は、最後の勘定奉行・小栗上野介から軍費として莫大な資金の上納を命じられ、破綻の危機に直面した。その時、かつて小栗家の知遇を得ていた小さな両替屋・美野川利八《みのかわりはち》に三井の番頭が目をつけ、小栗との交渉にあたらせた。というのは一八六〇年に、目付時代の小栗上野介から「万延《まんえん》小判改鋳《かいちゅう》によって、天保《てんぽう》小判一両が万延小判三両余りと交換される」という幕府の重大な政策を聞き知って、天保小判を買い集めてぼろもうけした男が美野川であった。それほど小栗上野介に可愛がられた美野川なので、彼は小栗に「三井を殺さず、幕府は三井を利用するべきだ」と説得して、御用金を大幅に減額させることに成功し、それによって三井は生き返った。その後の小栗上野介は、横浜貿易の資金融資の実務を三井に担当させたので、三井は莫大な公金を扱う特権を獲得した。そこで三井家は、幕府と折衝した商才を認めて、美野川利八を雇い入れた。美野川は三井家の「三」をとって三野村利左衛門と改名し、金融担当を命じられた。この融資特権が、のちに三野村によって三井銀行の礎となる部門であった。

一八六五年（慶応元年）から三井は、勤皇派との接触を開始し、薩摩藩のために通貨の引替御用を引き受けた。三井大坂両替店の番頭・吹田《すいた》四郎兵衛が薩摩の大久保利通《としみち》と手を結んでいたのである。三野村利左衛門が佐幕、吹田が勤皇と、二股をかけたのだ。三井大元方《おおもとかた》で後見格に昇進し、三井の中心人物となった三野村は、やがて幕府最高の知恵者・小栗上野介が将軍によって罷免されると、もはや徳川幕府に人材なし、将来なしと見限った。そこで三野村は、新政府が金を請求してきたなら、幕府を捨てて資金援助を開始するよう三井組に働きかけた。こうして、先に述べたように三井が官軍に巨額の融資をおこなうことを決断し、動乱を乗り切ることに成功したのであった。

ここから動きだしたのが〝新政府を支配する〟三井の戦略であった。口から大言壮語を吐くばかりで、間の抜けた新政府に財務を知る者がいないことを見抜いた三野村には、赤子の手をひねるようなものであった。たっぷり金を貢《みつ》いでおけば、新政府の金庫をそっくりいただけることが見えていた。このあと三井は新政府の財務を総なめにしていったのである。まず吹田四郎兵衛が、三井を出て新政府に潜りこんだ。明治二年二月二二日、内外商業の振興を目的に新政府が、「通商司《つうしようし》」という貿易部門を設立し、最大の利益をあげる生糸（絹糸）貿易の窓口である横浜で、外国貿易の事務を管掌することになった。この設立を建白したのが三井の番頭・吹田四郎兵衛で、自ら通商司の長官である権正《ごんのかみ》の座を占めた。

さらに翌明治三年、吹田は金庫を預かる大蔵卿《おおくらきよう》（大蔵大臣）の佐賀藩・大隈重信に、官営の汽船会社を設置するよう建白して、船舶輸送会社を設立させた。そして吹田の支配下に、通商会社と、金融業務を営む会社を設立した。これらは東京・大阪・京都・横浜・神戸・大津・新潟・敦賀《つるが》の全国主要八都市に、政府が各一社ずつ設立した。要約すると、国が船会社、廻船《かいせん》問屋、貿易会社、銀行を経営して、その国というのが、そっくり三井の番頭によって動かされるという巧みな仕組みであった。

このうち最も重要な金融部門の役員を見ると、鴻池善右衛門以下ずらりと、幕府が設立した商社の幹部がそっくりそのまま居並び、そこに三井元之助《もとのすけ》・島田八郎左衛門・小野善助の官軍パトロンが加わった構成になっている。これで資金はほぼ無限に出てくるようになった。

あとは、最大の貿易港として栄える横浜の土地問題が残っていた。そもそも幕府が外国貿易のため寒村の横浜に市街地を建設したとき、幕臣たちは、農地を商人が私有することを認めず、借地として外国貿易を経営させてきた。ところが横浜商人がみるみる富を蓄え、豪商になってくると、借地では身動きがとれなくなってきたので、明治に入って土地の私有化が認められることになった。横浜は長崎を抜いて日本最大の貿易拠点となっていたから、その土地は巨大な宝の山であった。明治五年七月から神奈川県知事・陸奥宗光《むつむねみつ》が地券の発行をスタートし、農民への借用料のわずか五年分で土地を買い上げられるようにしたのだから、商人たちは競って土地の買い占めに走り、横浜大地主が続々と誕生した。

これと同時期に、先の船舶輸送会社を解散して、代りに三井、鴻池、小野組などに出資させて「日本国《にっぽんこく》郵便蒸汽船会社」を設立させた。政府が所有する蒸気船を同社に払い下げ、民間の船会社が設立されたのである。明治五年八月のことである。この前年に廃藩置県を断行して藩をつぶしたので、政府は全国三〇〇藩から莫大な財産である船を取り上げ、これを同社に与え、さらに運航助成金も支給して、半官半民の巨大海運会社を生み出した。これも事実上は、三井の三野村利左衛門の手の中で動く海運会社であった。東京〜大阪間に月四回の定期航路が開設され、横浜にも寄港するようになり、これが主力海運となった。同社を使って、郵便制度が明治政府の名のもとに実現した。さて何が起こったのか。

このような政策を実行した切れ者の神奈川県知事・陸奥宗光は、戊辰戦争の年に、大坂の花街・難波新地《なんばしんち》の芸妓《げいぎ》・蓮子《れんこ》に惚《ほ》れて結婚したが、このような芸者との結婚では、外聞をはばかって、妻の身分や格式を高めるために、一度どこかの養女に出してから結婚するのが慣《なら》わしだった。妻・蓮子の養父となった人物が、実は三井の番頭・吹田四郎兵衛だったのである。

明治政府が編み出したすさまじい閨閥

商人経験のない下級武士が新政府の要職に就いたため、彼らは銃砲で民衆の怒りをおさえつけながら、幕末の外国奉行と勘定奉行が切り拓《ひら》いた徳川幕府の外国貿易をそっくりいただくことにした。軍資金を求めて、港に栄える産業を自分たちで支配することを考えたのだが、まず産業資本家を味方に取りこむために、最も手っとり早いのは、結婚による縁結びであった。彼らは巨大な閨閥《けいばつ》を編みはじめた。新政府首脳が直接、商人たちと血族関係をとり結んだのである。維新政府は、国民の自由を謳いながら、強欲にも自ら率先して、その自由の分け前の最大の獲物をぶんどり、懐に入れることに、これ努めたのである。

薩摩出身で初代大蔵大臣と総理大臣を歴任した松方正義がその典型であった。生糸貿易のために横浜正金《しょうきん》銀行を支配し、日本銀行を創設したこの明治の元勲は、資産額で長者番付の鹿児島県第一位となった。明治天皇に、「子供が何人いるのか」と尋ねられた松方正義は、自分でも子供の数が分らず、「調べてから後日お伝えします」と答え、子だくさんだったことが逸話として語られるが、総理大臣の子供の数が多く、少なくとも二十数人に達したことが問題だったのではない。肝腎なのは、松方家の結婚相手に、次のように、その筋で名だたる一族が揃っていたことである。

日本の生糸貿易の先駆者で横浜生糸会社「会長」の新井領一郎
船成金三人男と呼ばれた山下汽船「創業者」の山下亀三郎《かめさぶろう》
川崎造船所（川崎重工業）「創業者」の川崎正蔵《しょうぞう》
東京地下鉄道「社長」の野村龍太郎
大阪商法会議所「会頭」として関西財界に君臨した五代友厚《ごだいともあつ》
経営会社が十数社におよんだ関西実業界「重鎮」の松本重太郎
三菱財閥二代目「総帥」の岩崎弥之助《やのすけ》（岩崎弥太郎の弟）
兵器商人から巨財を成した森村組「社長」の森村市左衛門
鉄道庁「長官」として鉄道界に君臨した井上勝《まさる》
大日本印刷の前身となる秀英舎の「創業者」佐久間貞一《ていいち》
群馬県「第一位の長者」で日本屈指の織物豪商・堀越角次郎
三井の「大番頭」として鐘淵《かねがふち》紡績を差配した中上川《なかみがわ》彦次郎……

といった当時の豪商代表者をざっと一ダースも「血族の松方コレクション」に集めて陳列し、自ら大蔵大臣と総理大臣をつとめたのだから、これで財閥が生まれなければ不

系図1 松方正義の閨閥

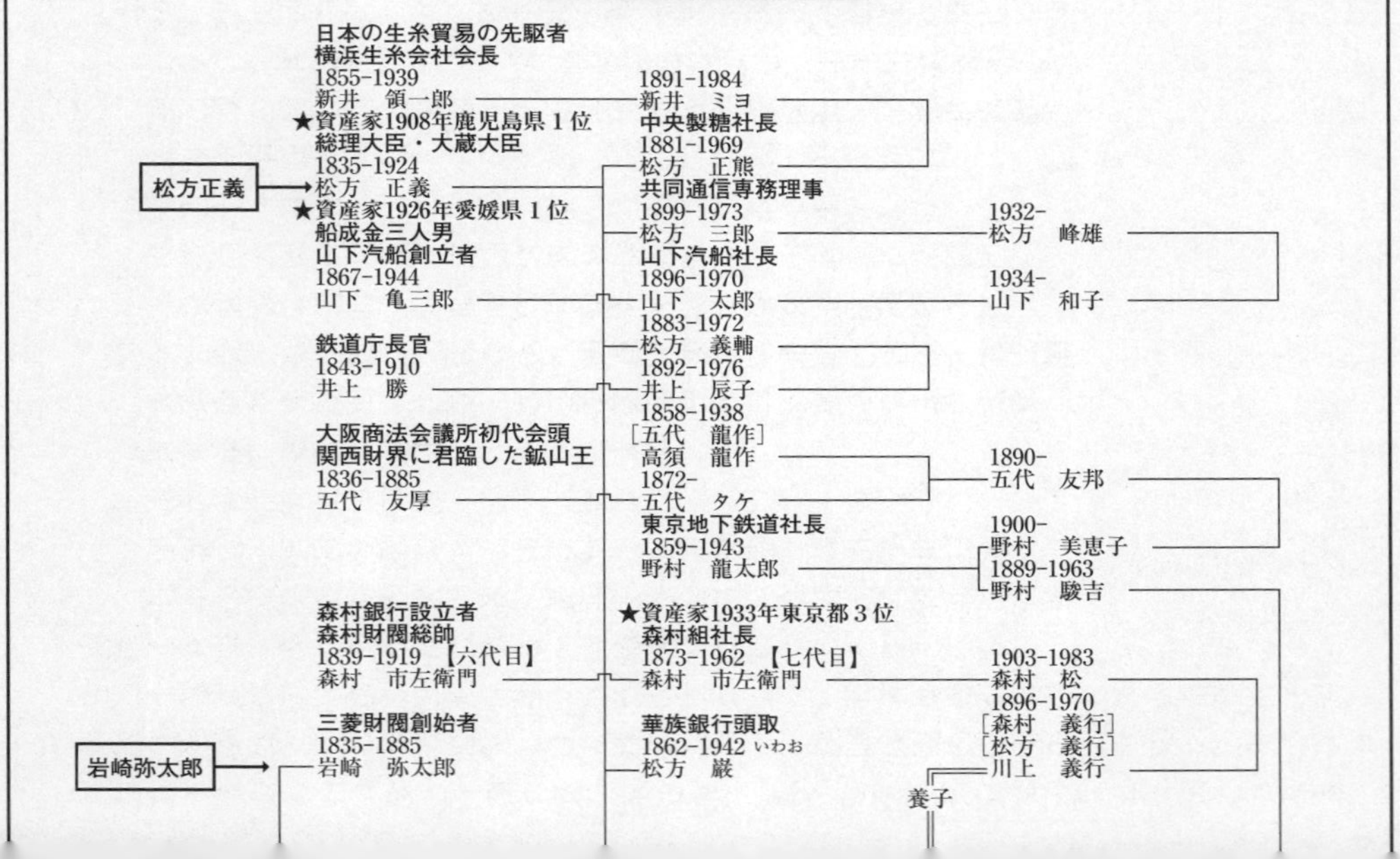
松方正義
岩崎弥太郎
日本の生糸貿易の先駆者
横浜生糸会社会長
1855-1939
新井　領一郎
★資産家1908年鹿児島県1位
総理大臣・大蔵大臣
1835-1924
松方　正義
★資産家1926年愛媛県1位
船成金三人男
山下汽船創立者
1867-1944
山下　亀三郎
鉄道庁長官
1843-1910
井上　勝
大阪商法会議所初代会頭
関西財界に君臨した鉱山王
1836-1885
五代　友厚
森村銀行設立者
森村財閥総帥
1839-1919　【六代目】
森村　市左衛門
三菱財閥創始者
1835-1885
岩崎　弥太郎
1891-1984
新井　ミヨ
中央製糖社長
1881-1969
松方　正熊
共同通信専務理事
1899-1973
松方　三郎
山下汽船社長
1896-1970
山下　太郎
1883-1972
松方　義輔
1892-1976
井上　辰子
1858-1938
［五代　龍作］
高須　龍作
1872-
五代　タケ
東京地下鉄道社長
1859-1943
野村　龍太郎
★資産家1933年東京都3位
森村組社長
1873-1962　【七代目】
森村　市左衛門
華族銀行頭取
1862-1942
松方　巌《いわお》
1932-
松方　峰雄
1934-
山下　和子
1890-
五代　友邦
1900-
野村　美恵子
1889-1963
野村　駿吉
1903-1983
森村　松
1896-1970
［森村　義行］
［松方　義行］
川上　義行
養子

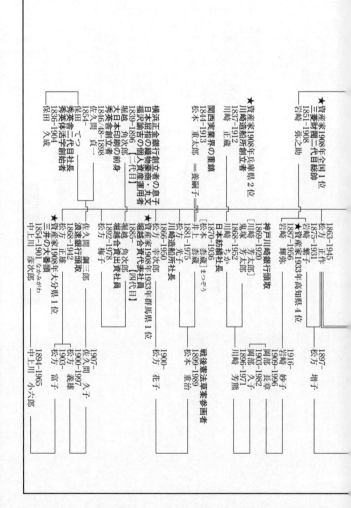

★資産家1908年全国1位
三菱財閥二代目総帥
1851-1908
岩崎　弥之助

★資産家1908年兵庫県2位
川崎造船所創立者
1837-1912
川崎　正蔵

関西実業界の重鎮
1844-1913
松本　重太郎　＝養嗣子

横浜正金銀行創立者の息子
日本屈指の織物豪商・丸文
福沢諭吉の個人資産運用者
1839-1896　【二代目】
堀越　角次郎

大日本印刷の前身
秀英舎創立者
1846/48-1898
佐久間　貞一
1854-
保田　てつ
秀英舎二代目社長
秀英体活字創始者
1836-1904
保田　久成

1863-1945
松方　正作
1875-1931
岩崎　繁子
★資産家1933年高知県4位
1887-1956
岩崎　輝弥

神戸川崎銀行頭取
1869-1920
［川崎　芳太郎］
鬼塚　芳太郎
1868-1952
川崎　ちか

日本紡績社長
1870-1936
［松本　枩蔵《まつぞう》］
井上　枩蔵
1881-1975
松方　光子

川崎造船所社長
1866-1950
松方　幸次郎
★資産家1908年1933年群馬県1位
堀越合資代表社員
1885-　【四代目】
堀越　角次郎
堀越合資出資社員
1892-1978
松方　梅子

佐久間　鋼三郎
浪速銀行頭取
1868-1942
松方　正雄
★資産家1908年大分県1位
三井の大番頭
1854-1901
中上川《なかみがわ》　彦次郎

1897-
松方　増子

1916-
岩崎　妙子
1909-1996
岡部　長章
1903-1982
岡部　久子
1896-1971
川崎　芳熊

戦後憲法草案参画者
1899-1989
松本　重治

1900-
松方　花子

1907-
佐久間　久子
1900-1997
松方　義雄
1903-
松方　富子

1894-1965
中上川　小六郎

系図2 福沢諭吉の閨閥

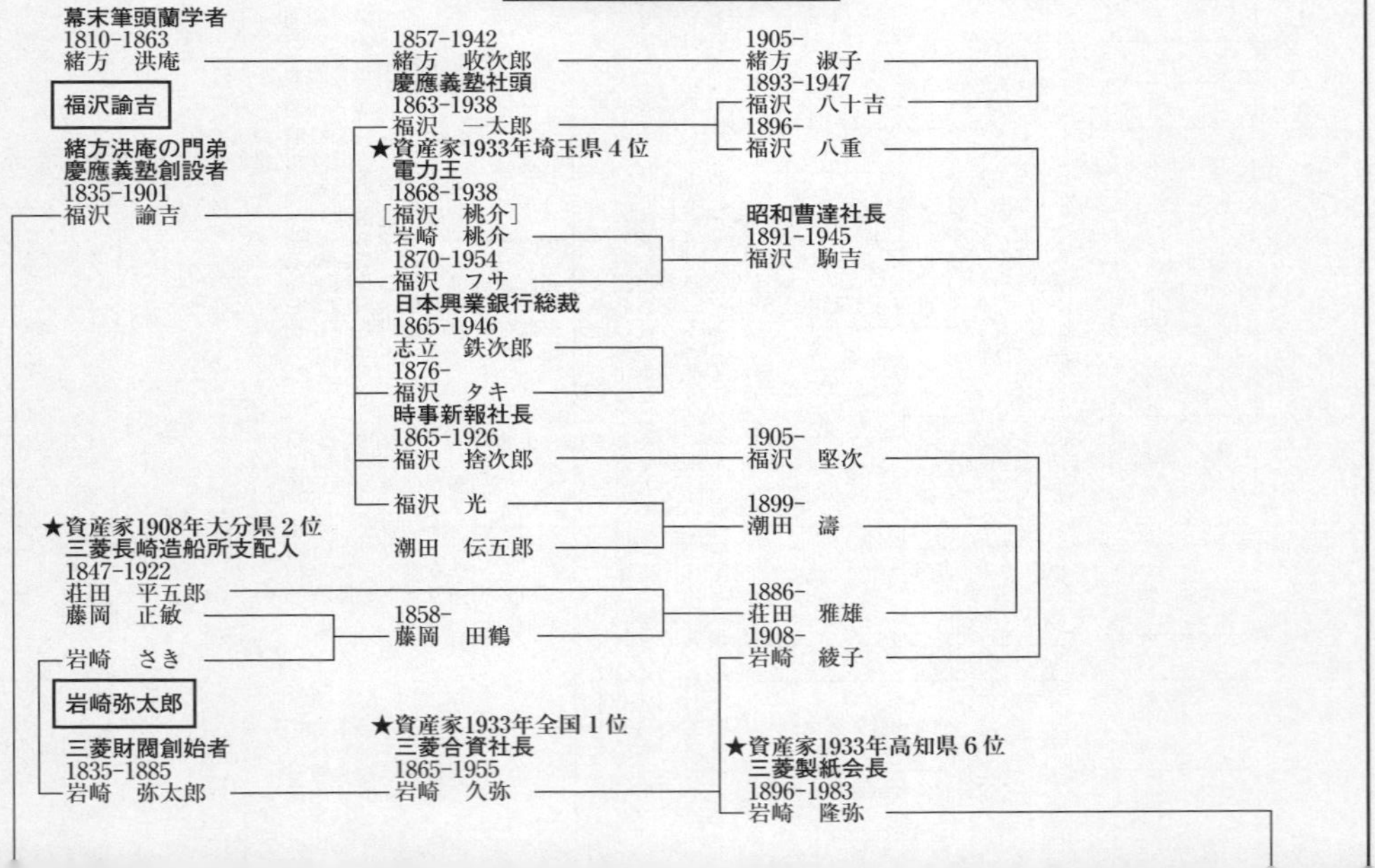

幕末筆頭蘭学者
1810-1863
緒方　洪庵
福沢諭吉
緒方洪庵の門弟
慶應義塾創設者
1835-1901
福沢　諭吉
★資産家1908年大分県２位
三菱長崎造船所支配人
1847-1922
荘田　平五郎
藤岡　正敏
岩崎　さき
岩崎弥太郎
三菱財閥創始者
1835-1885
岩崎　弥太郎
1857-1942
緒方　收次郎
慶應義塾社頭
1863-1938
福沢　一太郎
★資産家1933年埼玉県４位
電力王
1868-1938
［福沢　桃介］
岩崎　桃介
1870-1954
福沢　フサ
日本興業銀行総裁
1865-1946
志立　鉄次郎
1876-
福沢　タキ
時事新報社長
1865-1926
福沢　捨次郎
福沢　光
潮田　伝五郎
1858-
藤岡　田鶴
★資産家1933年全国１位
三菱合資社長
1865-1955
岩崎　久弥
1905-
緒方　淑子
1893-1947
福沢　八十吉
1896-
福沢　八重
昭和曹達社長
1891-1945
福沢　駒吉
1905-
福沢　堅次
1899-
潮田　濤
1886-
荘田　雅雄
1908-
岩崎　綾子
★資産家1933年高知県６位
三菱製紙会長
1896-1983
岩崎　隆弥

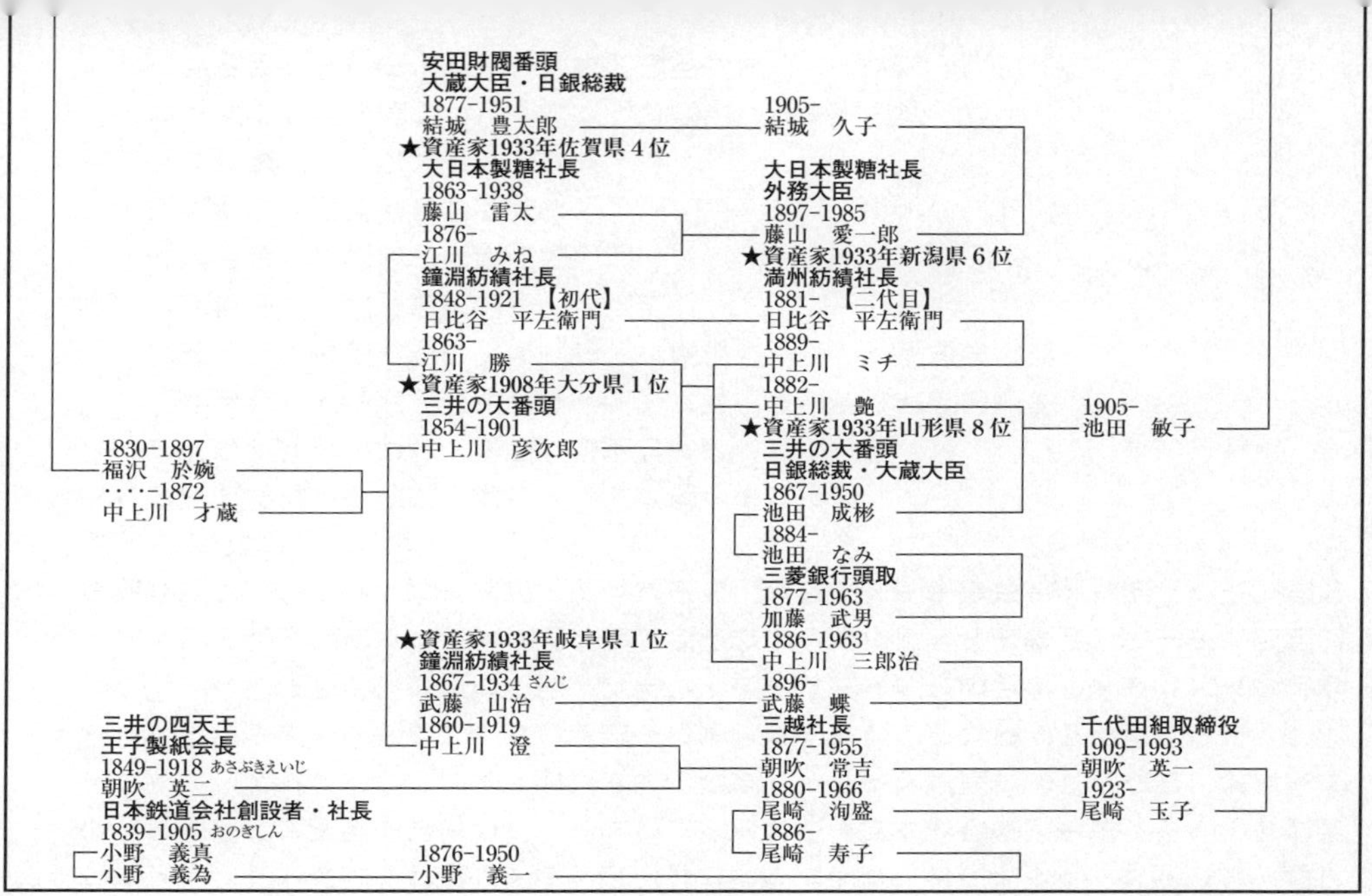

1830-1897
福沢　於婉
・・・・-1872
中上川　才蔵
安田財閥番頭
大蔵大臣・日銀総裁
1877-1951
結城　豊太郎
★資産家1933年佐賀県４位
大日本製糖社長
1863-1938
藤山　雷太
1876-
江川　みね
鐘淵紡績社長
1848-1921　【初代】
日比谷　平左衛門
1863-
江川　勝
★資産家1908年大分県１位
三井の大番頭
1854-1901
中上川　彦次郎
★資産家1933年岐阜県１位
鐘淵紡績社長
1867-1934
武藤　山治《さんじ》
1860-1919
中上川　澄
三井の四天王
王子製紙会長
1849-1918
朝吹　英二《あさぶきえいじ》
日本鉄道会社創設者・社長
1839-1905
小野　義真《おのぎしん》
小野　義為
1876-1950
小野　義一
1905-
結城　久子
大日本製糖社長
外務大臣
1897-1985
藤山　愛一郎
★資産家1933年新潟県６位
満州紡績社長
1881-　【二代目】
日比谷　平左衛門
1889-
中上川　ミチ
1882-
中上川　艶
★資産家1933年山形県８位
三井の大番頭
日銀総裁・大蔵大臣
1867-1950
池田　成彬
1884-
池田　なみ
三菱銀行頭取
1877-1963
加藤　武男
1886-1963
中上川　三郎治
1896-
武藤　蝶
三越社長
1877-1955
朝吹　常吉
1880-1966
尾崎　洵盛
1886-
尾崎　寿子
1905-
池田　敏子
千代田組取締役
1909-1993
朝吹　英一
1923-
尾崎　玉子

思議であった。右に示した一ダースの大物は、それぞれがまた、一ダースずつの大物で自分の家族内に閨閥を形成した。本書では、これから何点かの系図を描くが、その意味を説明しておく。当時の日本人は、現代人と違って、家父長制であったため、父親が息子や娘の結婚相手を決め、それに反抗する子供は勘当させられるという時代であった。したがって、系図が、ほぼ百パーセント、一族の利権の獲得と配分のメカニズムを露骨に描いていたのである。たとえば松方一族の最後にある三井の大番頭・中上川彦次郎は、鐘淵紡績だけでなく、日本郵船・三井鉱山・三井銀行・王子製紙まで支配したが、彼は福沢諭吉の甥《おい》であった。

この福沢諭吉〜中上川一族に入る代表者を挙げると、

幕末の蘭学者として「筆頭」に挙げられる緒方洪庵《こうあん》

三井財閥「大番頭」から大蔵大臣・日銀総裁となった池田成彬《しげあき》

安田財閥「番頭」から大蔵大臣・日銀総裁となった結城豊太郎《ゆうきとよたろう》

鐘淵紡績「社長」の日比谷平左衛門

鐘淵紡績「社長」の武藤山治《さんじ》

三菱銀行「頭取」の加藤武男

大日本製糖「社長」の藤山雷太《らいた》

日本鉄道会社を創設して「社長」に就任した小野義真《ぎしん》

三井の四天王で王子製紙「会長」の朝吹《あさぶき》英二

日本興業銀行「総裁」の志立《しだち》鉄次郎
電力王の大同《だいどう》電力「社長」福沢桃介（福沢諭吉の女婿《むすめむこ》）
三菱長崎造船所「支配人」の荘田《しょうだ》平五郎

そして系図1の松方閨閥にも、系図2の福沢閨閥にも、三菱財閥創始者・岩崎弥太郎がいるのだから、全員が三菱閨閥にすっぽりおさまったのである。

四頁にわたって示した系図に登場する企業と役職は、みな当時の日本の最上位にあった独占支配者だったのである。「門閥制度は親のかたき」と言って主君の中津藩（大分県）に後足で泥をかけ、江戸幕府の制度を時代遅れとののしったのは、当の福沢諭吉である。「天は人の上に人を造らず、人の下に人を造らず」と言い、近代社会では人間はみな平等であると説いた人間にして、自ら巨大な福沢門閥をつくりあげた。金を持っている者が社会を支配して何が悪いとばかりに、資本主義をひたすらに邁進《まいしん》し、そこに生み出したこの強大な利権ファミリーは一体何であったろう。さすがにわが国紙幣の最高額一万円札の肖像画の人物として眺める価値はある。

渋沢栄一が幕臣の仲間を政府に引き入れた

以上の事実から、明治政府の性格が明らかになる。明治政府要人には、残念ながら実務能力がなかった。だがその後、明治時代には実際に産業が隆盛したのだから、殖産興業を誰が主導したのか調べてみると、多くの実業家の伝記には、こうある。「東の渋沢栄一、西の五代友厚《ごだいともあつ》と呼ばれた」あるいは「東の渋沢栄一、西の藤田伝三郎と呼ばれた」、つまり西の大実業家が好んで引用する東の実業家は渋沢栄一だったのである。それほど膨大な事業に関わった渋沢栄一が、明治時代の産業を育てることになった。

渋沢栄一は、現在の埼玉県深谷《ふかや》市出身で、染料の藍《あい》商人の息子として、実際の商いに従事しながら商才をきたえるうち、外国人を排斥することの愚かさに気づいて、将軍・徳川慶喜《よしのぶ》の家臣となった。そして弟の徳川昭武《あきたけ》がパリ万博に参加したとき、一行の監督としてフランスに随行した異色の幕臣であった。ヨーロッパでの見聞に大いに学びながら、パリ滞在中に幕府が崩壊したため、やむなく帰国の途につき、明治元年一二月に、落ち延びた徳川将軍家に帰参して静岡に入り、新たに設置された静岡藩の理財を担当することになった。ここで渋沢栄一は、株式組織の商事会社を設立して、製茶と、生糸をつくるための養蚕《ようさん》を柱に、金融も営む事業に成功をおさめ、全国から注目を浴びるほどの成果をあげた。

その時、財務に迷走する明治政府が彼に目をつけ、明治二年一〇月、「新政府が渋沢栄一を登用する」との命が静岡藩に伝えられたが、渋沢は新政府を嫌って再三の要求を固辞した。しかし静岡藩主・徳川家が新政府に恭順を示そうと、渋沢に新政府に出仕するよう命じたので、藩主の命には逆らえなかった。渋沢が上京して一二月に租税正《そぜいのかみ》の肩書で財務主任に就いたのである。政府に入った渋沢は早速、大蔵大輔《たいふ》（大蔵次官）の大隈重信に、大蔵省の改正を進言し、明治三年七月には渋沢が自ら設立を建言した大蔵省改正掛《かかり》の掛長に任命され、ようやく明治政府に本格的な財務行政が動きだしたのである。このとき渋沢は明治政府を変えるひとつの秘策を知っていた。かつての仲間である優秀な幕府の家臣（幕臣）を静岡藩から呼びこんだのである。前島密《ひそか》（日本郵便制度の父）、赤松則良《のりよし》（海軍工廠《こうしょう》生みの親）、杉浦愛蔵（交通通信担当官の初代駅逓正《えきていのかみ》）たちが新政府の要職に抜擢されて活躍することになった。このうち杉浦愛蔵は、今は亡き勘定奉行・小栗上野介の従弟であり、パリ万博に同行して以来、渋沢の親友であった。

こうして徳川時代のすぐれた幕臣たちは、幕末から明治時代にかけて、主に三つの生き方を選んだ。

第一は、勘定奉行・川路聖謨《かわじとしあきら》のように自ら死を選ぶか、小栗上野介のように殺されるか。

第二は、官軍に対する徹底抗戦を求め、上野彰義隊に加わって上野戦争に参じ、あるいは榎本武揚《たけあき》に従って北海道の箱館戦争に参じた。多くの者が殺されながらも、かなりは降伏して生き残った。

第三は、四〇〇万石の将軍の座から追われた徳川家に従って、江戸から駿河《するが》・遠江《とおとうみ》・三河（静岡県〜愛知県）の三国に七〇万石をもって新設された駿河府中藩に赴いた。その数は、将軍直属の家臣である旗本五九二七家、御家人二万六〇〇〇家、総計三万二七九九人のうち、およそ一万五〇〇〇家が駿河に入ったというから、膨大な数であった。

箱館戦争で降伏した者の多くも、のちに赦免されて静岡藩に帰参した。だが途中で江戸などに戻った人間もいて、定着した人の実数は定かではない。徳川家の駿河府中藩が設立されたため、そこの領主だった大名は居城から追い出され、千葉県房総半島に新領地を与えられて移住した。駿河府中藩の「府中」は「不忠」に通じるとされ、政府に恭順を示すため、のち明治二年六月に静岡という名を創造して静岡藩と改称した。

そのため静岡には、かつて幕府の仕事をこなしていた俊才が、朝敵の汚名を着せられて、山のようにいたのである。そこに沼津兵学校と静岡学問所が設立され、同時代で屈指の高等教育が実施された。後世に秀才の宝庫として知られるようになった沼津兵学校は、兵学校といっても、後年の軍事大学が戦争だけを目的とした学校であるのと違って、医学や土木から工学までの広い学問を基にした専門学校であった。江戸幕末時代の幕臣はそもそも、戦争のない時代の武士であり、知識層のエリートだったから、関ヶ原の合戦時代の〝人斬り武士〟ではなかったのである。こうして静岡が、皮肉にも明治政府に必要な実務者の宝庫となり、「天朝御雇《てんちょうおやとい》」と呼ばれて政府に招かれ、当初はいやいやながら民部省・大蔵省・工部省や陸海軍などに出仕して、たちまち頭角を現わし、あるいは民間企業の指導者となっていったのである。

沼津兵学校を出た俊才たちが明治の改革をおこなった

そうした官僚の代表者の一人が、日本の統計学の祖と呼ばれた杉亨二《こうじ》であった。彼は長崎にある幕府の御用時計師・上野俊之丞《しゅんのじょう》の店に働いていたが、俊之丞の息子・上野彦馬《ひこま》が日本で最初に商業写真家となる著名な化学者であった。そのため杉は、そこで知り合った緒方洪庵の大坂塾や長崎などに多くを学び、のちに幕府の蕃書調所《ばんしょしらべしょ》の教員となった。ここは、江戸で最高の頭脳が結集した天文学者グループを母体として生まれた学校で、ペリー来航三年後の一八五六年に江戸九段坂下に設立された西洋学の教育研究機関であった。オランダの蘭学だけでなく、英語・フランス語・ドイツ語・ロシア語、さらに西欧の化学……機械……物産……数学……西洋印刷術などまで広範囲の教育がおこなわれた。これがさらに洋書調所……開成所と改称されて発展したが、のちに現在の東京大学となった。

幕府瓦解後の杉亨二は、この開成所を出ると徳川家に従って静岡藩へ移って、沼津兵学校の教員となり、明治三年に民部省の下級官僚として政府に出仕した。杉は、そこで三箇条の建白書を提出して、

一、奴隷の廃止

二、四民互いに婚姻を許す

三、士下座の礼の廃止

を強く求めた。

第二項にある四民の婚姻を許せとは、士農工商の差別撤廃の要求であった。明治政府

は身分制度（部落制度）を続け、士農工商の差別さえ撤廃できない集団であった。杉の建白書の結果、翌明治四年八月二三日に華族・士族・平民の相互の結婚を許可する太政官布告が出され、八月二八日には穢多非人の呼称を廃止し、身分・職業とも平民と同様とする太政官布告が出された。この部落解放令は、土佐藩の大江卓がこれを建白した偉人として名を残しているが、実際に明治政府最大の偉業である身分制度撤廃を実行させたのは、建白書の経過から明らかなように幕臣出の杉亨二であった。杉は人口調査の必要性を説き、統計を扱う正院《せいいん》という部署の大主記《だいしゅき》に任ぜられると、ここで諸官庁に人口調査をおこなわせ、続いて輸出入貿易年表を改良した。さらに明治一四年には杉の建言で統計院が設置され、翌年にわが国最初の「統計年鑑」が発行された。

もうひとつの明治政府の大改革は、明治六年七月二八日に大蔵省が実施した地租改正条例であった。これは、幕府時代に土地を所有できなかった農民に土地の所有権を認める進歩的な政策であった。しかも土地の測量を農民に任せて、すべての土地に地券を新設することによって、地価の三％を地租として納税させる制度であった。この偉業は後年、大蔵卿・大隈重信と租税頭《そぜいのかみ》・陸奥宗光が主導し、次の租税頭・松方正義が大久保利通総裁と共に実務一切を遂行したことになっているが、これも、功労者の名を間違えている。実際に前年の明治五年から地租改正作業を進めてきたのは、明治政府に地租改正を建白した幕臣出の蘭学者・神田孝平《たかひら》であった。神田は、杉亨二と同じく幕府の蕃書調所の教授であり、維新前年の慶応三年にイギリス人ウィリアム・エリスの経済学書を

『経済小学』として訳し、ヨーロッパの経済制度を日本に初めて紹介した屈指の西洋経済学者であった。維新後は、最も世評の高かった『中外新聞』で活躍したが、これが明治政府の封建制を批判し続けて弾圧され、発行禁止に追いこまれたため、仕方なく明治政府に出仕し、文部大輔・江藤新平の部下として文部大丞《だいじょう》となり、地租改正に取り組んできたのである。だが神田の考えた公正な地租改正と違って、政府要人が広大な土地から高額の年貢収入を得ようと目論《もくろ》んだため、制度の目的がひっくり返された。結果、土地所有者となった農民が、金銭によって税金を払う義務を課せられ、貧しい農民にはかえって重い負担となったのであった。そして貧農が裕福な者に土地を売り渡して小作人になる者が続出し、寄生地主が強大な勢力となってしまったのである。

もう一人、日本の水力発電の父と呼ばれ、民間で活躍して名高い田辺朔郎《さくろう》も沼津兵学校を出た理工系の秀才であった。近代文明の柱は、大きく分けて、江戸時代からの伝統を受け継ぐ機械・工学系と、薬種と西洋医学伝来による医学系、この二本の流れにあったが、機械・工学系は、紡績……造船……金属……化学……天文……測量……数学などを含めて数々の創意、発明に広がっていた。その源流にあったのが、長崎の蘭学に端を発した知恵であった。田辺蓮舟《れんしゅう》は、幼時より神童と呼ばれ、幕臣の洋式砲術家として名を成し、長崎海軍伝習所にも学んできたので、幕府瓦解後は沼津兵学校の教授として多くの生徒を生み出した。この蓮舟に育てられた甥の田辺朔郎は、沼津兵学校からその知恵を受け継いで、一八八五年にわずか二三歳にして滋賀県琵琶湖の水を滋賀県大津から京都に導く疏水《そすい》工事という世紀の大事業に着手して、そこに事業用の水力発電所を設置して、一八九一年（明治二四年）には京都の蹴上《けあげ》に稼働させる大業を成し遂げた。

この日本最初の水力発電所は、電力供給事業として日本で最初の水力電気であると同時に、〝世界で最初の営業用水力発電事業〟であった。この電気の供給によって、四年後の一八九五年には京都にわが国最初の路面電車が走り、西陣織の伝統産業が再生し、紡績産業にとって新たな発展の原動力となった。

静岡県牧之原台地は、「箱根八里は馬でも越すが、越すに越されぬ大井川」と歌われた一帯で、現在では富士山を背負って見事に茶畑が広がる日本一の製茶地帯だが、ここは江戸時代には不毛の原野だった。その静岡に江戸を追われた徳川家の幕臣たちが入植し、明治二年に開墾をはじめたために、「旅行けば、駿河国《するがのくに》に茶の香り」の名句で知られる大産業が興り、明治七年には横浜からの主要輸出品の〝輸出総額のうち四割近く〟をお茶が占めるまでになった。これこそ、現代まで続く郷土に根ざした産業であり、これも幕臣の製茶事業が築いたのである。

渋沢栄一の政府改革は、このような状況を背景に、同胞の〝幕臣〟官僚の力を得て、「重量や長さの尺度を定める度量衡」から……租税……貨幣……建築……鉄道へと、次から次へと精力的に事業を進め、ついには渋沢が大蔵省全体を管掌するまでになった。そして激動の明治四年を迎えたのであった。

長州藩の井上馨・山縣有朋の強欲を取りこんだ三井財閥

明治四年二月一五日、大蔵省の貨幣鋳造工場が大阪府川崎に竣工《しゆんこう》し、開業式を迎えた。初代造幣頭《ぞうへいのかみ》には長州の井上馨《かおる》が就任していたが、この男は口達者で、強欲な男であった。この貨幣鋳造工場で、おかしなことが起こった。貨幣を鋳造するには金属が必要なので、古い金銀を買い集めなければならない。そこに目をつけたのが長州出の豪商・岡田平蔵であった。彼は地金《じがね》を売りこもうと、横浜に輸出問屋の益田孝《ますだたかし》なる男を訪ねた。薩摩の五代友厚《ごだいともあつ》らと組んで造幣寮（造幣局）に売りこもうという計画で、益田孝が金属分析所を引き受けた。実は、五代友厚がこの錬金術の中心人物で、ヨーロッパで覚えた冶金術《やきん》を使って独占的に金銀の分析をおこない、五代は巨万の富を手にした。

ここに登場した益田孝は、のちに三井物産の初代社長となって、三野村利左衛門、中上川彦次郎を継いで三代目の三井家「大番頭」として時代を動かす人物である。だが、もとは金山で栄えた新潟県佐渡生まれで、英語を体得して、鳥羽・伏見の戦いで幕府側の騎兵隊の隊長格をつとめて敗北した男であった。この幕臣が、武士を廃業して横浜で輸出問屋を開業していた時に、岡田平蔵に目をつけられたのである。

こうして益田孝は一種あやしげな集団に入り、金銀を造幣寮に売りこんだところで、大蔵省を取り仕切る井上馨と知り合ったとされる。岡田平蔵は井上馨と同じ長州藩の一族で、井上馨の政商集団の一員であった。

明治四年一一月一二日に外務卿・岩倉具視《ともみ》を特命全権大使とする使節団が欧米旅行に出発し、大蔵卿・大久保利通が同行した留守中に、国家の財布を預かった大蔵大輔《たいふ》・井上馨の強欲が表に出た。その時、井上馨が企んだのは個人的な悪事であった。秋田県北部の尾去沢《おさりざわ》銅山に目をつけ、債権者から詐欺すれすれの手口で強奪して、その銅山を身内の岡田平蔵に格安で売ったのである。翌明治五年には益田孝が井上馨に誘われて大蔵省に入省し、貨幣切り替えに伴う金貨鋳造に取り組み、造幣権頭《ぞうへいごんのかみ》つまり造幣局長となってしまったのである。当の政府中枢が財務をまったく分っていないので、彼らの目を盗んでいくらでも搾取、背任、横領ができる時代であった。

ところが明治五年四月二五日に佐賀藩の江藤新平が司法卿に就任すると、かねてから政府内で政商と組んであやしげな行動に明け暮れる長州藩の山縣有朋《やまがたありとも》と井上馨の犯罪行為を次々と摘発しはじめた。こうして明治六年五月には井上馨も江藤新平の鋭い追及を逃れるため大蔵大輔を辞任し、益田孝と渋沢栄一も共に大蔵省を辞任することになった。ところが井上馨は大蔵大輔を辞任するや、尾去沢に赴いて岡田平蔵と銅山を共同経営しはじめたのだ。これに怒った江藤新平が井上馨の犯罪をさらに追及しようとしたが、逆に孤立したのは江藤であり、潔癖な男は政府を見限って司法省を去らなければならなかった。

井上馨のような長州藩の貧乏侍が、西郷隆盛から「三井の番頭」と呼ばれたのである。

「最大の財閥となった三井本家といえども、井上馨の許可なしには何も決められなかった」と言われたのは、なぜであろう。それは、江戸が東京と改称されて起こった出来事に原因があった。

そもそも江戸・東京では、武家屋敷が六割に達するほど広大な面積を占めていたが、新政府は明治元年から二年にかけて、東京にある大名二八一家の上屋敷・中屋敷・下屋敷をまず召し上げ、徳川家の六〇〇〇家にもおよぶ旗本屋敷もみな没収した。そして幕府を裏切って朝臣となった者にだけ屋敷を返還しながら、あさましくも宏壮《こうそう》な邸宅と土地のぶんどり合戦を展開し、政府幹部が大名屋敷に住みこんで、召使を抱える殿様暮らしをはじめたのである。

化けの皮がはがれ、東京の町民からすっかり評判を落とした新政府は、召し上げた江戸の広大な武家屋敷を、明治二年に輸出産業となるお蚕《かいこ》様の桑や茶を植える者に安値で払い下げたり、貸し付けようとしたが、この無計画・無謀な政策で、江戸にあった一〇〇〇を超える名園・庭園が桑畑や茶畑になって廃墟《はいきょ》同然となった。やることなすこと失敗し、武家地はほとんど利用されないまま荒れ放題となった。商業から見れば莫大な資産価値のある東京の土地だったが、彼らにはその価値と利用法さえも分っていなかった。明治四年には土地利用の三分の一も進まないところで桑茶政策は中止された。そのあと武家屋敷は皇族や華族、政府高官といった、政府好みの人間の居住地として使われることになった。加賀藩邸が東大の用地となるなど、研究所……学校……病院などの用地にもなったが、麴町区《こうじまち》の桜田門外の井伊直弼邸の跡地には、陸軍省・参謀本部・陸軍大臣官邸が誕生した。そのすぐ近くに海軍省……麴町区総督部……荏原《えばら》郡大森射的場……荏原郡海軍火薬製造所……芝区海軍火薬庫……板橋火薬製造所などなど、明治時代後半からは、広大な面積が日清戦争・日露戦争のための軍用地と化していった。

こうした中で、三井組は、明治政府の発足直後から、戊辰戦争で軍資金の調達に功があったため、朝廷から東京の土地を下賜《かし》されていた。三井組は現在の日本橋兜町《かぶとちょう》、海運橋のほとりに地所を得て、そこに明治五年六月に三井組ハウスを建設した。ここになぜか、三野村利左衛門に取り入ったあさましい男、井上馨がたむろしていたのである。三野村も政府の中で声の大きな井上馨を利用したのだ。そして井上馨が番頭でもないのに「三井の番頭」と呼ばれるようになったのである。

井上馨・渋沢栄一・益田孝が大蔵省を辞任した翌月の明治六年六月一一日、渋沢自ら起草して公布された国立銀行条例によって、三井組と小野組が設立した銀行を母体にして、日本最初の銀行制度に基づく「第一国立銀行」が設立された。これは、国立銀行と言いながら、民間銀行であった。そして本店がその三井組ハウスに置かれて、大蔵省を辞したばかりの渋沢栄一が総監役に就任して、事実上の頭取の実務をとった。

ところがこの第一国立銀行は、設立の翌年に奇っ怪な大事件に見舞われた。明治七年一〇月二二日に明治政府が大蔵省の規則を改正し、それまで三井、小野、島田の三組に対して国庫の金を無利子無期限で運用を許していた方針をいきなり一変して、〝担保の供託〟を求めたのである。これまで三井、小野、島田の三組とも、公金を流用して担保もとらずに多額の信用貸をしながら、ぼろもうけしていた。そのため三井組と並ぶ第一国立銀行の大株主だった小野組は、担保を出せず、一ヶ月後の一一月二〇日に破産して閉店となった。一二月一九日には、やはり幕末の勤皇派の金庫として働いた老舗のなかの老舗、島田組も同じく破産・閉店の道をたどった。一体、何があったのか。三井は、番頭の三野村利左衛門が井上馨を抱きこんでいたため、大蔵省検査局による抜き打ちの検査を事前に察知し、急いで担保を揃えて、間一髪でこの危機を免れていた。小野組危うしの情報をいち早くつかんだ渋沢栄一もまた、第一国立銀行の危機を乗り切った。

結局は、ただひとり生き残った渋沢栄一が翌明治八年に第一国立銀行の初代頭取に就任して、経営権を完全に掌握し、第一銀行（現・みずほ銀行）に改称されたのちも、大正五年まで四二年間、頭取をつとめた。こうして、陰謀のにおいが漂うなかで、小野組と島田組が煙のように消え去り、明治九年から官金扱いに復帰した三井が、政府金融を独占することになったのである。この時すでに、三井ほど巨大な政商は存在しなかった。

そのあとの渋沢栄一が、石川島造船所……富岡製糸場……麒麟麦酒（キリンビール）……札幌麦酒（サッポロビール）……大日本製糖……大阪紡績……東京ガス……東京海上火災保険……王子製紙……秩父セメント……帝国ホテルなど、実に五〇〇を超える企業の設立と経営に関与したのは、彼が明治時代の影の政府代表であり、渋沢の名前があれば資金が集まったからである。誰もが渋沢を利用したわけである。ほとんどの大企業史に、発起人や顧問役として渋沢の名が出てくるのは、そのためである。

一方、明治七年には、野に下った井上馨が、益田孝と輸出入会社「先収会社《せんしゅう》」を設立した。この社名は、いかにも先にもうけをぶんどりそうな響きであった。この商社がやはり長州藩の奇兵隊だった藤田伝三郎を迎えて、東京本店のほか、横浜・大阪・神戸に支店を置いて、陸軍省に取り入って手広く商いをはじめた。明治九年七月一日に三井銀行が開業すると、同日、日本橋に先収会社を母体として三井物産が開業し、初代社主に三井高尚と三井高明《たかあき》、社長に益田孝、監査役に三野村利左衛門が就任した。なぜ三井物産が設立されたかといえば、長州藩の工部卿・伊藤博文が明治六年に、九州の福岡県大牟田《おおむた》市から熊本県荒尾市一帯の三池炭鉱を、江戸時代の経営者から奪って政府のものとし、工部省の持ち物としていたからである。伊藤博文は蒸気船と蒸気機関車の燃料に必要な石炭を外国に売って収入を増やそうと計画し、四人を使役して坑内の業務にあたらせ、井上馨の仲間である益田孝に石炭販売を委任して、商社を設立させたわけである。もうけるとなれば、この長州藩〜三井集団には、けじめがなかった。

こうしてかねての約束通り、益田孝が三井物産を創立して石炭を独占して取り扱うようになった。一八八九年（明治二二年）には、国有財産の三池炭鉱をそっくり三井組に払い下げさせて、満州事変の翌年、一九三二年（昭和七年）まで四〇年以上、三池炭鉱が莫大な収益をもたらす三井物産のドル箱となった。かくて福岡が、日本有数の工業地帯に発展していった。

第二代伊藤公爵を継いだ博邦《ひろくに》が伊藤博文の実子ではなく、もと井上馨の甥・井上勇吉が養嗣子となった人物だったから、三井物産誕生のそもそもから、事業は近親者の井上家〜伊藤家の手の内で転がされてきたのである。

廃藩置県の陰謀で大阪の大手両替商が破綻させられた

話を再び明治初期に戻す。こうして三井に動かされる日本政府は、明治三年に「藩が外国商から借金をすることを禁ずる」との太政官布告を出した。そのため、外国と取り引きする商人から融資を受けてきた諸藩は、事実上の貿易停止を余儀なくされたのである。言い換えれば、藩による貿易が政府によって妨害され、明治政府と結託した三井の政商が全貿易の牛耳を執ってしまった。

こうしたなかで、藩と政府の不換紙幣（金貨や銀貨と交換できない紙幣）が大量に流布して、紙幣が当てにならなくなると、商人は信用できる金銀の貨幣を買い集めた。そうなると、各地の領民は、藩が発行した藩札をますます信用しなくなって藩庁に押しかけ、外国と取り引きする商人も藩に借金の返済を迫り、藩の財政は右を向いても左を向いても行き場のない断崖絶壁に立たされた。

このような時期の明治四年五月一〇日に新貨条例が布告され、日本に新通貨の「円」が誕生した。これは、会計官御用掛だった大隈重信が提案した新貨幣の鋳造案に従って、江戸時代の制度を廃止し、現在使われている十進法と円形を採用して、アジア貿易の決済に利用されていた銀貨の呼称「円」をとって名付けたものであった。徳川幕府瓦解後、明治新政府がようやく近代国家確立のための貨幣改革を断行し、円の〝百分の一〟を銭とし、〝千分の一〟を厘とし、一両を一円＝一ドルとした。江戸時代の「両」という単位が、ここに消えたのだ。そして明治政府が三井組にわが国最初の「円単位紙幣」の発行を委託し、これが三井組の名義で発行されたのである。

新貨条例の布告から二ヶ月後に、日本の地方経済を根底からくつがえし、金融実権者の地図をすっかり塗り替える〝世紀の大事件〟が起こった。明治四年七月一四日に、「廃藩置県」が断行されたのである。維新の志士たち、長州藩の木戸孝允《たかよし》（桂小五郎）、井上馨、山縣有朋、薩摩藩の西郷隆盛、大久保利通、大山巌《いわお》、西郷従道《つぐみち》の七人が密会を重ねてきた秘密裡《ひみつり》の政策であった。これは、藩主から権力を奪って、中央集権国家に予算を集めるという単純な話ではなかった。

この日、江戸時代の藩主のうち、東京在住の者を皇居に呼び出し、明治天皇の詔書《しょうしょ》という形で、藩をすべて廃止して県を置くことを一方的に宣言した。諸藩は、開国した横浜などでアメリカやイギリスの外国商からも莫大な借金をし、藩政が借金に追いつめられて、破産の危機に直面し、その処理で頭がいっぱいだったところに、藩をなくすというので、藩主たちは非常に驚いた。だが、一定の実収入となる秩禄《ちつろく》を保証されたので、この一方的な廃藩置県の命令に大名は、まったく抵抗しなかった。士族（武士階級）全員に政府から秩禄の給与が支給されることになったからである。

廃藩置県が宣言され、大蔵省が「藩札と外国商の借金を引き受ける」というので、藩主も家老も喜んでそれに飛びついたわけである。翌七月一五日に各藩の名代を参内させて、解職の辞令が交付された。この結果、全国三〇〇近い藩の大名はたちまち藩主としての特権を失い、政治的な権力のない「華族」の名のもとにただ一つの平等な身分とされた。大名は東京府に属する華族となり、家族もみな東京へ移住することになった。東京に三井組ハウスの建設が開始されたのが、まさにこの直後の八月であった。

大名が存在しなくなって一番に驚愕《きょうがく》し、青ざめたのは、大手両替商であった。大名貸によって巨財を持っていた彼らは、大名がいなくなれば、大名貸の資産が貸し倒れとなって財産が吹き飛んでしまうからだ。明治政府は、一八四三年（明治維新の二五年前）以前の大名貸の借金は全額帳消しにする、というのである。貸し手の両替商にとって、大名貸は間違いなく莫大な資産に数えられて、代々受け継がれてきた。その大半は一八四三年以前の大名貸であり、その利子によって商家を成り立たせてきた。だが、この徳政令によって、古い大名貸の全額が貸し倒れになったので、破産に追いこまれる商人が続出した。

この徳政令を考案したのは、美濃出身の郷《ごう》純造とされる。郷純造はこのあと、主税局長、大蔵次官となり、息子の郷昌作が三菱財閥創始者・岩崎弥太郎の養子となって岩崎豊《と》弥《や》を名乗った。つまりこの陰謀のかげに、のちの三菱財閥生みの親が潜んでいたのである。

明治六年に政府は、「すべての大名貸を帳消しにはしない。一八四三年よりあとの大名貸については、返済する。ただし一八四四～一八六七年の借金は無利子の五〇年賦で返済し、一八六八～一八七二年までの藩債は四分（四％）の利子で二五年公債として償還する」との藩債処分法を公表した。分りやすく言うと、利子がつくのは一八六八年（明治元年）からのたった五年間でしかない。それ以前の借金が無利子の五〇年賦では、いつまでたっても戻ってこない。しかも大名貸のほとんどは一八四三年以前からの債務が繰り延べられてきたものであった。特に薩摩藩が積みあげた借金は商人世界では知らぬ者がなく、これにまつわる次のように重大な歴史があった。

薩摩藩では、江戸時代の一八〇〇年に一〇〇万両だった借金が、一八二七年には五三三万両に増えて、藩政が極貧状態に陥って、参勤交代もできないほどの破綻に直面した。薩摩の産物は年間収入が一四万両しかなかったのに、利子だけで年間三五万～八〇万両とも言われる額に達したのである。薩摩藩で財政改革主任に抜擢された側用人《そばようにん》の調所《ずしょ》笑左衛門《しょうざえもん》は、大坂豪商ら多数の両替商に新たな借金を求めた。やがて薩摩藩の家老格に昇進した調所は、この大坂の借金を二五〇年賦で元本一〇〇〇両ずつを四年ごとに返済するという詐欺まがいの返金法を適用し、江戸の借金にも適用したのである。「二五〇年間で返済するとはなにごとか。これでは借金の踏み倒しだ」と大名貸の豪商たちが激怒した。

この調所笑左衛門による二五〇年分割払いが、さらに明治政府によって「借金なし」

とされたのだから、大名貸の両替商にとっては、途方もない損害であった。巨額の借金をかかえていたのは薩摩藩だけでなく、長州藩も同じであった。土佐藩も、維新政府の幹部となった後藤象二郎《しょうじろう》の財政が放漫をきわめて、絶体絶命の危機にあった。その負担をすべて、廃藩置県で両替商におっかぶせたのである。両替商は致命的な打撃を受け、大阪を代表する富商の天王寺屋五兵衛、平野屋五兵衛らが、一斉に倒産に追いこまれたのであった。

帳消しにした借金とは別に、藩の債務は藩主家から切り離されて明治新政府が引き受けることになった。ところが、政府が今後返済しなければならない借金は、この大名貸だけではなかった。外国商に対する外債と、各藩の藩札を合わせると、借金総額が七八〇〇万両ほどあり、誕生したばかりの円に換算して一億円近い金額が残っていた。当時の明治政府の歳入は、明治三～四年期が二二一四万円、明治四～五年期が五〇四四万円なので、二年間を平均すると三六二九万円でしかなかった。天保以前の藩債をチャラにしても、返済しなければならない借金はその二倍であった。債務を引き受けた新政府にも、とうてい返済できるめどはなかった。そこで彼らは、悪知恵をしぼった。

明治九年八月五日には、秩禄処分として華族・士族に与えられていた家禄・賞典禄を廃止したのである。廃藩置県で禄を失った士族は全国で四〇万戸、一九〇万人に達し、その半分が失業した。

こうして大阪では、巨大な資産を失った商人が続出し、〝日本の台所〟が一気に経済の頂点から転落した。一方、明治政府による藩債引受けは、明治六年三月二五日に借金帳消しの細則が決定され、藩主やその家臣がこれらの債務についてすべて免責されたのである。つまり、幕末に藩の金を流用して財政の悪事を働いた人間ほど、食い逃げしてもうかる結果になった。

この廃藩置県は、社会経済学的に重大な意味を持っていた。ほぼ三〇〇年続いた〝米本位制〟が崩壊したのである。一五八二年に豊臣秀吉が天下をとって開始した太閤検地によって確立されたのが米本位制であった。秀吉は全国統一の計量基準を定めて米の生産量を正確に測り、これを貨幣価値として、その石高によって大名と土地の格を定めた。その結果、住民基本台帳を作成して住民を土地にしばりつける大名・土地・農民の経済支配を確立した。この米本位制が三〇〇年後の廃藩置県によって崩れ、新たな中央集権国家となった日本は、藩が所有していた田地の生み出す米という財産を基準とした土地経済から、〝すべての物品の自由売買〟を認める貨幣経済に移行したのである。それが本物の自由であれば、すばらしいことであった。だが、それは利権者だけが肥える醜悪きわまりない自由であった。

三菱財閥はどのように誕生したか

この廃藩置県のどさくさの中で、誰もが目をむく大資産の強奪がおこなわれた。

三菱財閥を生み出した岩崎弥太郎は、土佐国（高知県）安芸《あき》郡に生まれた。遠祖は、四国一円を支配した長宗我部元親《ちょうそかべもとちか》の家臣だったが、長宗我部家は中国の秦《しん》の始皇帝の末裔《まつえい》といわれ、初めは秦《はた》姓を名乗っていた渡来人であった。

　この秦氏が六世紀に大陸の養蚕技術と絹織物を日本に持ちこみ、拠点を京都盆地の太秦《うずまさ》に置き、これが後年の西陣織の発祥になったのだから、歴史的に重要な大名であった。しかし関ヶ原の合戦後は、土佐藩の初代藩主に山内一豊《やまのうちかずとよ》が入って長宗我部が追い出され、さらに大坂夏の陣で長宗我部家が敗れて衰亡すると、その家臣の岩崎家も安芸郡に移住した。山内家に服従せず農業を営む地下《じげ》浪人として生き延びてきた。したがってこの長宗我部浪人と称された集団は、山内家に弾圧されてきたので、徳川家の天下をよしとせず、しかも岩崎家は、気の荒い甲州武田家の末裔を称していた。

　幕末に、岩崎弥太郎が時代の変化を知ったのは、ペリー提督が二度目の来航で日米和親条約を結んだ一八五四年のことであった。土佐藩主・山内家の家臣の従者として江戸に入った弥太郎は、筆頭儒学者・安積艮斎《あさかごんさい》門下で知識を身につけたあと、土佐に戻って名産の鰹節《かつおぶし》の売買や、土佐紙での儲《もう》けを企むなど、商人としての才覚を現わしはじめた。

　一八五九年に長崎・横浜・箱館が貿易開港され、その年に抜擢されて長崎に出張した弥太郎は、初めて蒸気船を見て衝撃を受けたが、やがて土佐藩では、岩崎らの人材を抜擢した開明派の吉田東洋が、一八六二年に土佐勤王党に暗殺され、藩内は激しく揺れ動いた。だが土佐藩には、アメリカ帰りのジョン万次郎という西洋文明に通暁した有能な人材がいて、この時にはすでに姓を与えられて中浜万次郎と名乗っていた。暗殺された吉田東洋の近親者である後藤象二郎は、ジョン万の聞き取りをおこなった河田小龍《しょうりょう》から西洋事情を学んで目覚め、最後には藩政の実権を握り、富国強兵・殖産興業のための開成館を創設した。後藤象二郎は、ジョン万を連れて貿易港・長崎に赴くと、土佐藩営の開成館長崎商会を窓口に、欧米の商人たちから船舶や武器弾薬類の輸入をはじめた。

河田小龍からジョン万の知恵を得た坂本龍馬も、薩摩藩の援助で長崎に亀山社中を設立して通商航海業を営んでいた。一八六六年（慶応二年）には龍馬が裏書きして西郷隆盛・桂小五郎（木戸孝允）のいわゆる薩長同盟が成立したとされているが、翌慶応三年四月、土佐藩が亀山社中を海援隊と称し、土佐藩の所属として龍馬が隊長に任命された。ここで記憶しておかなければならないのは、海援隊が土佐藩のものになったことである。明治維新の前年のことであった。そのため長崎で後藤象二郎が龍馬と手を結んで、土佐藩と薩摩・長州藩の提携が深まったこの時に、岩崎弥太郎が再び長崎に行くことになり、到着してみると、大変なことになっていた。

後藤象二郎が酒池肉林の生活を続けて、土佐藩が外国商人に巨額の借金をつくっていたのである。しかも後藤がその後始末をつけられず、弥太郎に土佐商会の運営を命じたため、弥太郎が蒸気船や武器弾薬の買い付けに走ることになった。さらに、借金取り立てに追われる後藤が逃げ出して、弥太郎がそれを引き受けることになった。ただし、

「他人の尻ぬぐいには代償が必要だ」と、条件付きで後始末を引き受けた。彼は、後藤がつくった外国商への借金三〇万両を引き継ぐ代りに、土佐藩所有の汽船六隻……曳船《ひきふね》二隻……庫船《くらふね》・帆船・脚船、各一隻……合わせて一一隻のほか、この商会の財産すべてをタダで貰《もら》う約束をさせ、開成館の長崎出張所を長崎土佐商会と改め、主任におさまったのだ。

こうして弥太郎は、土佐藩所有の海援隊と提携して関係を深めたが、慶応三年一一月一五日（一八六七年）に龍馬が京都で殺されると、後藤が長崎に回送した商品の代金一六万両と、龍馬から託されていた七万両を、全部いただいてしまったのである。これを一般に着服と呼ぶ。大坂にも土佐商会が設立されていたので、弥太郎は大坂に移動し、責任者として藩の船舶や鉄砲などの購入に従事し、商会代表として土佐藩の海運事業を一手に握るようになった。弥太郎にこの実権を与えたのは、後藤象二郎たちであった。この放漫裁定によって、土佐商会の全権が弥太郎に委ねられ、土佐藩所有の船舶などの財産も、そっくりタダで弥太郎に与えられることになったのである。

さて、後藤象二郎が外国商に対してつくった借金三〇万両は、土佐藩の借金であった。

同じ時代に、薩摩藩、長州藩も莫大な借金を外国商につくっていた。この金によって大量の武器を買いこみ、武力クーデターで明治維新を成し遂げた。その外国商に対する薩摩藩・長州藩・土佐藩の莫大な借金は、どうなったのか。

明治四年の廃藩置県によって、薩摩藩も土佐藩も長州藩も、藩が消滅したので返済の義務から解放され、藩債処分の名のもとに明治政府が代って支払うことになったのである。しかし明治政府要人が自分の金で払ったわけではない。彼らは、莫大な金額の徴税をおこない、農民から集めた血税をもとに、政府の金庫から外国商に支払ったのである。伊藤博文や井上馨が長州藩からもらって使いこんだイギリス留学費用から、女郎屋に通っていた金まで、維新の志士たちがつくった途方もない借金を、農民が返済しなければならなかった。これは国民の財産に対する背任横領であり、巨額の窃盗であった。

一方、諸藩が幕末に発行した藩札も巨額の不良債権となって暴落したが、藩札の引き換えも明治政府がおこなうことになった。暴落しているので、藩札を所有する者には引き換えの相場が気がかりとなる。そこで政府は、廃藩置県を布令した日、明治四年七月一四日の相場で大蔵省が引き換えることを発表した。しかしこれが実施されれば、藩札はその後に急騰するはずであった。事前に外部に漏れていれば、先に買い占めをおこなった者が、巨額の利益を手にすることができた。布令が出される前に、岩崎弥太郎は豪商から一〇万両の太政官札を借り出し、買えるだけの藩札を買い占め、ぼろもうけしたのである。この藩札引換の提案者がまたしても、先に徳政令を考案した郷純造で、前に述べたように息子の郷昌作が岩崎弥太郎の養子に入った岩崎豊弥だったのである。また引き換えは大蔵省紙幣寮の担当だったが、ここは紙幣頭《しへいのかみ》・渋沢栄一の部下だった芳川《よしかわ》顕正《あきまさ》が実務をとりおこなっていた。この芳川の娘が、長州閥・藤田伝三郎の息子と結婚

図１

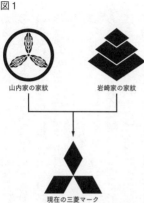

したのである。これでは、一族郎党が財を成すのが当然であった。こうして藤田伝三郎は、大阪財界の風雲児として一代で財を成し、南海電鉄・関西電力・毎日新聞の創立……小坂鉱山の経営……児島湾の干拓などで、〝日立財閥生みの親〟となったのである。

以上はまだ、岩崎弥太郎の出世物語では序の口で、このあとが大変であった。

次に弥太郎は、この巨額の財産の受け皿となる会社を設立した。公有財産が私有財産に化けるまでには、きちんと段階を経て緻密に、複雑に、作業が積み上げられるものである。設立されたのは土佐湾の別名に因《ちな》んで命名された九十九《つくも》商会であった。ここが大阪の土佐藩邸の商会事業を受け継ぎ、藩船の払下げを受け、ついには大阪土佐商会をすっかり払い下げてもらった。明治四年の廃藩置県後、弥太郎が九十九商会の経営を引き受け、藩所有の財産と船舶のすべてを任され、名目上はあくまで土佐藩の持ち物だったが、藩所有の財産と船舶を完全に支配したのである。そして翌明治五年一月に九十九商会を、弥太郎はなぜか三川《みつかわ》商会と改称したのだ。

最後の仕上げは、明治六年三月におこなわれた。三川商会を、三菱商会と改称したのだ。武田家由来の岩崎家の家紋は三階菱で、これは、菱形を正月の鏡餅のように三つ上下に重ねたものであった。一方、土佐藩主・山内家の家紋は、柏餅《かしわもち》の葉を中心から三方に一二〇度間隔で開いた三つ柏の形であった。ここで弥太郎が使った三菱商会の商標旗は、そのどちらでもなく、柏餅の形に鏡餅の◆を組み合わせて、現在スリーダイヤと呼んでいる三菱マークであった。山内家の財産を岩崎家の財産にすり替えた、と言っていいだろう。

この時まで、財産の登記上は、すべて土佐藩の所有物だったはずである。どこで、誰から誰に、いかような契約のもとに財産の譲渡がおこなわれたか、一切の記録がない。一銭も支払わずにすべてが岩崎弥太郎の個人財産に化けたのである。実はここまで記した経過も、三菱財閥の走狗《そうく》たる物書きたちが書き残したいかなる資料にも資産の流れが書かれていない。不可解と謎に満ちた怪しい取引きであった。つまり物語の舞台は、開成館……土佐開成商社……開成館長崎商会……長崎土佐商会……開成館大阪出張所……大阪土佐藩邸……西長堀商会……大阪商会……大阪土佐商会……九十九商会……三川商会……三菱商会といった名前が入れかわり立ちかわり現われて、〝土佐藩の財産〟の流れの実態がつかめない。なぜかと言えば、明治四年の廃藩置県と同時に、土佐藩の商業関係に関する一切の重要書類が、高知県掛川町南河原で燃やされてしまったからである。弥太郎が負担すべき藩債がどのようになったかさえ、記録がない。書類を燃やす必要を感じた人間がいたのである。

最高責任者が後藤象二郎であることは、疑いを入れない。三菱商会が誕生した翌年、岩崎弥太郎の弟・岩崎弥之助が、その後藤象二郎の娘・早苗と結婚し、ここに秘密口外の途が完全にふさがれたのであった。

廃藩置県による新生日本は、このように商業の利権を早い者勝ちにぶんどってよい「自由」によって幕を開け、全国諸藩の財産が三井と三菱にどっと流れこむかたちで、国家の誕生を見た。全国の商人が、それを見習うことになった！

日本郵船によって三井と三菱が合体した

かくして明治七年には、三菱商会本店が大阪から東京日本橋に移り、社名を三菱蒸汽船会社とし、岩崎弥太郎が社長を名乗って独裁体制を敷いた。ここに、土佐藩と海援隊の財産の上に三段重ねに弥太郎が坐《すわ》って、三階菱の三菱財閥出発点の基盤が築かれた。

この明治七年五月二二日には、戦争好きの西郷隆盛の弟・西郷従道《つぐみち》が台湾征伐に乗り出し、台湾に上陸、明治維新後の日本が初めて海外侵略に踏み出した。この征台の役（征蕃《せいばん》の役）で七七〇万円という巨額の血税が使われ、そのとき三菱が軍事輸送に従事して、政府と結んだ本格的な海運会社に変貌した。

徳川幕府は一度たりとも海外侵略をしない平和国家であった。関ヶ原の合戦以後の江戸時代二六〇年間には、豊臣家と徳川家が戦う大坂の陣があり、キリシタンが決起した島原の乱（天草一揆）という内戦があっただけで、外国との戦争はなかった。それが、明治七年に台湾征伐に乗り出し、早くも軍事国家に変貌したのである。翌明治八年二月三日には、三菱蒸汽船会社が横浜〜上海間の定期航路を開設し、最大の貿易拠点・横浜を握って、三菱の船が出港した。これが、〝わが国最初の外国定期航路〟となった。

明治八年五月一日に、弥太郎が三菱蒸汽船会社をまたも三菱汽船会社と改称すると、同月、明治政府が「海運業を保護するための海運三策」なる奇怪な方針を打ち出した。三策の第一は、政府が官営で海運業を営むこと、第二は、政府は民間の海運会社も保護すること、第三は、海運会社間の競争は市場に任せること、という方針である。この第一策により、これまで三井らの豪商が出資して半官半民だった日本国郵便蒸汽船会社が国有化された。また第二策により、政府が補助金を出してそれを支援したため、同社が日本の海運業トップの座を確保し、アメリカの太平洋郵船、イギリスのP&O汽船などの大手船会社と共に市場を席捲《せっけん》した。ところが直後の六月、なぜかその日本国郵便蒸汽船会社が解散に追いこまれたのだ。

台湾侵攻後、日本国郵便蒸汽船会社に与えていた補助金を大久保利通が削除したため、同社が窮地に陥ったのである。うろたえた経営者は、所有する汽船のうち使用できる一八隻を買い上げてくれるよう政府に哀訴し、大久保が買上げを認めて解散となった。政府所有の財産を政府が買い上げるとはどのようなことか、理解に苦しむ。ところがこれらのミステリー続きも、三ヶ月後には明らかになった。

明治八年九月一五日、先の海運政策により、突然政府が三菱汽船会社に対して第一命令書を下付した。そこには、台湾侵攻に用いた運送船一三隻のほか、日本国郵便蒸汽船会社から買い上げた一八隻を合わせて、岩崎弥太郎個人の三菱会社に無償払下げを決定したと書かれてあった。えっ、無償で？　しかも今後一五年間、運航費の助成金二五万円、海員助成金一万五〇〇〇円を同社に毎年交付するという結構ずくめの保護政策が規定されていた。廃藩置県で三井の番頭が手にした全国諸藩の船が、そっくり三菱社長・弥太郎の手に落ちたのだ。

　これで三菱が巨大財閥として台頭しなければ不思議である。誰がそんなことをしたのか。

　その三日後、三菱汽船会社が日本国郵便蒸汽船会社を正式に買収して、郵便汽船三菱会社と改称した。はて、この一連の出来事を通じて何が起こったのか。

　長州藩の井上馨が三井の大番頭なら、その井上馨と犬猿の仲にあったのが薩摩藩の大久保利通であった。このとき大久保は、閣僚の職にあり、自ら設立したばかりの内務省の初代内務卿として政治の実権を握り、海運と結びついた郵便事務も内務省の支配下に置いていた。三菱が横浜航路を開いたのは、実は三菱に対する内務省命令、つまり大久保の指示によるものだったのである。薩長同盟とは、すでに見た通り〝大泥棒同盟〟だったが、かなり前から土佐の岩崎弥太郎が「長州の井上と、薩摩の大久保」の敵対関係を頭に入れて政府に工作した可能性が高い。それとも大久保の側から、太りすぎた三井の力を削《そ》ぐために弥太郎を担ぎだしたか、いずれかである。

この戦いはまだ続いた。弥太郎の三菱は、ついに世界最大の海運会社であるイギリスのP&O汽船も日本から撤退させて、日本海運業界を独占的に支配すると、明治一〇年二月に火蓋を切った西郷隆盛の西南戦争で、さらに肥大化することになった。兵器弾薬の輸送を命じられた弥太郎は、戦争の指揮を執る大久保利通に、外国商から汽船を購入する資金として七〇万ドルの補助金を出させ、自費三八万ドルを加えて一〇隻以上の船を購入した。大蔵卿の佐賀藩・大隈重信にも、弥太郎は長崎時代から深い縁があり、鼻薬を利かせてあった。九月二四日に敗れた西郷隆盛が切腹して介錯《かいしやく》を受け、西南戦争が終結すると、これらの船すべてが無条件で三菱に下付されたのだ。政府がこの戦争で汽船会社に支払った軍隊と軍需品の法外な輸送費は合計一三〇〇万円、うち大半の一〇〇〇万円が三菱の収入分とされているから、ほとんどが弥太郎の懐に入った。

ところが翌明治一一年五月一四日、加賀藩士族らによって大久保利通が暗殺されると、今度は長州と結んだ三井側が動きだした。明治一三年には、渋沢栄一と益田孝が発起人となって、船会社の創立を出願し、翌年一月に開業した。明治一五年には政府の肝煎《きもいり》で、長州の志士・品川弥二郎らが共同運輸会社を創立し、設立発起人総代にやはり渋沢栄一と益田孝が名を連ね、資本金の半分近くを明治三井政府が出資した。翌一六年元旦には、両社に別の二つの船会社が合併して「共同運輸会社」が開業し、ここに三菱対三井の熾《し》烈《れつ》な最後の海運合戦の幕が切って落とされた。それまで弥太郎は、運賃値下げで中小海運会社を残忍なほど痛めつけ、片っ端から破滅に追いやって、海運業の独占を進めてきたが、今度の相手は大物・三井である。値引きに次ぐ値引き競争で、ついに両社とも運賃を一〇分の一にまで引き下げるところまできた。

だが明治一八年（一八八五年）二月七日に岩崎弥太郎がこの世を去ると、このままでは両社が共倒れになるとして政府が介入し、九月二九日、弥太郎の弟・岩崎弥之助の主導のもとに郵便汽船三菱と共同運輸が合併して、日本郵船が設立され、両社が矛を納めた。船舶六九隻を所有する三菱＋三井の巨大海運会社「日本郵船」が誕生し、以来、現在まで海運日本一の座を守り続けてきた。これが、わが国輸出産業の花形であるトヨタ、ホンダなど自動車の海外輸送世界一を誇る日本郵船である。

住友財閥はどのように誕生したか

日本の財閥のうち、最も古い商業歴を持つのが、貴金属の生産者・販売商として財をなした住友家であった。住友財閥はどのように誕生したのか。

大坂の銅吹所に金属業を発した住友家は、外国貿易の窓口・長崎から次々と銅取引きを進め、江戸時代に銅商仲間の筆頭に立って富商への道を歩みはじめた。三代目・住友吉左衛門は、銅の販売から金属採掘という大きな利益を求めて全国各地の銅山開発に着手し、息子の四代目・住友吉左衛門が一六九〇年、ついに伊予国別子《いよのくにべっし》（愛媛県新居浜《にいはま》市）に銅の大鉱脈を発見し、翌年に別子銅山を開いた。これが世界一の産銅量を誇る銅山であった。時は元禄、江戸時代の初期に、こうして住友家は本格的な台頭期を迎え、江戸時代全期を通じて長崎貿易で屈指の貴金属商人となった。

しかし幕末から事態は急変した。産出量が減少していた別子銅山では、米価の急騰と重なって生きられなくなった坑夫たちが暴動を起こし、廃坑の瀬戸際までできていた。そこへ慶応四年一月三日（明治元年）、鳥羽・伏見の戦いが急を告げた。この勝利に勢いづいた官軍の土佐藩士が四国一円の武力征服に乗り出し、将軍家一族の愛媛県の松山藩と、香川県の高松藩を狙い撃ちしたのである。

松平一族揃って城を明け渡すと、月末の一月三〇日には、別子銅山が官軍の土佐藩士・川田《かわだ》小一郎《こいちろう》によって差し押さえられることが分った。そのため、別子銅山支配人の広瀬宰平《さいへい》が川田小一郎の陣屋に乗りこんで談判し、「待った待った。無謀な行動で国家の財産を無にしないように」とおしとどめた。説得された川田も考え、太政官・三条実美《さねとみ》の差し押さえ命令を撤回させようと大坂に出た。が、彼を迎えたのは商人である。住友家に浜屋敷の本家でさんざん歓待され、懐柔された川田はさっそく三条の工作に没頭するようになり、広瀬宰平も右大臣・岩倉具視《ともみ》に工作を続けた。岩倉は、自分の金もうけで頭がいっぱいになっていたので、何かをにおわせれば落ちるはずであった。四月になって「別子は住友家所有のものである。従来のまま営業すべし」の許可が出て、新政府から操業続行が認められたのである。この経過は、何を生んだか？

こうして広瀬宰平の出世物語がはじまったのだ。のちに三井の三野村利左衛門と並び称せられた住友財閥最大の傑物・広瀬宰平が、当主の住友友親《ともちか》（一二代目・吉佐衛門）から経営の全権を委任され、精力的な組織改革と近代化に取り組んだ。フランス人技術者ルイ・ラロックを招いて別子の鉱山採掘に最新技術を取り入れ、新居浜に大精錬所を建設して、すぐれた才覚を発揮した。当時まだ住友家は、まったく財閥ではなかった。だが、明治一一年に広瀬宰平が、薩摩から出た大物実業家・五代友厚と組んで大阪商法会議所を設立した時から、別子の宰平ではなく、大阪の宰平として大実業家への一歩を踏み出したのである。

手を組んだ五代友厚は、まだ一六歳の頃から薩摩藩主・島津斉彬《なりあきら》に汽船と紡績業の重要性を建言し、これによって斉彬の数々の偉業が生まれたと言われるほどの才覚を持ち、薩摩藩の中では最も早くからヨーロッパを視察して先駆者としての目を開いた男であった。長崎のグラバーがほれこんで、五代とグラバーの両人で長崎に広大な船舶ドックを建設した実績を持っていた。明治政府に出仕したのはほんの短期間で、すぐに辞めて、全国の金・銀・銅の鉱山を経営して万を数える労働者を傘下に擁する鉱山王となり、渋沢栄一と並ぶ実業家と称せられた人物だから、鉱山師の宰平とは馬が合った。

こうして住友家は、明治に入って単なる貴金属商から脱皮しはじめ、製糸業へ……さらに機械製作……石炭採掘へと手を広げて、近代工業生産者に変貌した。

さらに広瀬宰平は経営のトップに立つ初代の総理事となって、住友家そのものの性格をつくり変える大作戦に踏み出した。自分の主人である住友友親に、京都公家の九清華《せいが》家《け》から徳大寺隆麿を迎えて婿養子・住友友純《ともいと》とし、住友宗家の世襲名である一五代目・住友吉左衛門を名乗らせたのである。これは一商家だった住友家にとって大事件であった。住友家が迎えた徳大寺隆麿の父は鷹司《たかつかさ》家であり、それは明治天皇の父・孝明天皇を養子にした鷹司祺子《やすこ》の一族でもあった。江戸時代の銅商・住友家は、この姻戚関係によって、天皇を頂点とする明治政府に橋頭堡《きようとうほ》を築いたのである。一九〇八年（明治四一年）、三菱の岩崎弥之助と並んで全国第一位の資産七〇〇〇万円を有した長者・住友吉左衛門が、通称「住友家中興の祖」と言われるこの人物、徳大寺隆麿であった。

その一方で、住友家は三井家・岩崎家とも親族となり、実業界にあって、ついに財閥への仲間入りを果たしたのである。

事業家としての住友財閥は、広瀬宰平の甥・伊庭貞剛《いばていごう》が二代目総理事を継いで、関西実業界の重鎮となりつつあった藤田伝三郎と共に、明治一五年に大阪紡績の設立に参加した。その二年後に広瀬と伊庭が関西財界を糾合して大阪商船を設立し、明治二八年には伊庭貞剛の手でついに念願の住友銀行が設立されたのである。

安田財閥はどのように誕生したか

さてほかの財閥に、誰がいたか。銀行王と呼ばれた安田財閥創始者の安田善次郎がいた。越中富山を出た彼は、横浜開港から四年後の一八六三年（文久三年）、江戸日本橋で戸板を一枚敷いて、そこに小銭を並べるだけの両替屋を開いた。苦労に苦労を重ねて、三年後には安田商店を名乗り、日本からの金貨流出を儲け口にして、外国商からの口銭によってかなりの財を蓄えた。両替商が刀剣の脅しから逃げ回る幕末動乱時代にも、堂々と店を開いた豪胆さが当たって、大いにかせぎまくった。しかし善次郎の真骨頂は、そこからであった。

維新成って明治二年五月二八日、政府が、「これから新貨幣を鋳造し、金札の発行を停止し、明治五年の期限をもって、現在使われている金札を新貨幣に兌換《だかん》する」との布告を出した。これは、明治政府が発行した金札（紙幣）がまったく信用されず、暴落に次ぐ暴落で、百両紙幣と書いてあっても三八両の値打ちしかなかったからである。責任者の由利公正は失脚して、政府内で大隈重信の新貨鋳造案が熱心に議論されていたころである。どこからその話を聞きこんだか、百両〝紙幣〟が額面通り百両〝貨幣〟と交換されるとの政府情報を、この布告の前日につかんだ男がいた。安田善次郎であった。

善次郎は、暴落した紙幣の買い集めに全財産を投じて、買えるだけ買いあさった。そして一夜明けて、それがそっくり三倍近くの貨幣に化け、一万両ほどを懐にしたのである。

これとそっくり同じ話が、すでに二度あった。三井の三野村利左衛門が、天保小判を買い集めてぼろもうけした話、そして三菱の岩崎弥太郎が、藩札引き換えで買い占めに走ってぼろもうけした話、安田善次郎で三度目になるが、日本の三大財閥がいずれも

〝お上の政策を事前に聞きこむ〟同じ方法で、最初の階段をかけあがったのである。

このあとの善次郎は、銀行設立と買収に明け暮れ、日本中に設立された一五三を数える国立銀行のうち、経営難に陥ったものを次々と手中におさめて金融資本の鬼と呼ばれたが、彼は不良経営のものを救済し続けた。第三国立銀行を右手で経営しながら、明治一三年には安田銀行を開業して頭取となり、これを左手で経営した。戦後の財閥解体で、安田銀行は富士銀行となり、現在のみずほフィナンシャルグループとなった。善次郎が大正一〇年に大磯の別邸で右翼に暗殺されたあとも、昭和八年の長者番付上位には、安田一族が一〇人もずらりと並んだ。

彼と安田一族がおこなったのは、金融だけではなかった。善次郎が一時は東京電灯(東京電力の前身)を経営し……水戸鉄道……北海道釧路の硫黄採掘……釧路鉄道の敷設……西成紡績……日本電気鉄道……帝国ホテルの設立や経営に貢献した。銀行王の安田善次郎ではあったが、同郷の浅野総一郎が育てた浅野財閥の産業も支援し、東大安田講堂と日比谷公会堂の建設資金を出し、安田家は京浜急行電鉄も経営した。

全財閥が一つの閨閥となった

さて、三井側の代表者だった渋沢栄一の孫は、岩崎弥太郎の孫娘と結婚することになって、三井と三菱が合体した。一方、古河財閥の創始者・古河市兵衛は、もともと鉱山業者ではなく、第一国立銀行の資金を生み出した小野組の番頭・古河太郎左衛門の養子となって、製糸工場を創設した腕のある男であった。その古河財閥は、陸奥宗光の次男を養子として取りこみ、一方、西郷隆盛の弟・西郷従道の孫が古河市兵衛の孫養子となって古河従純《じゆうじゆん》を名乗り、〝わが国最初の公害〟足尾鉱毒事件を起こす古河鉱業社長に就任した。

明治維新によって次々と誕生したこれらの財閥は、やがて三井、三菱、住友、安田、古河、大倉、浅野、川崎、藤田（日立・日産）の財閥が、すべてひとつの血族に結集した。みな、ざれあって、みな、もうかる。かくしてこの集団が、力を合わせて国外に向かってゆくようになった。その財閥創始者の姻戚関係を、七六頁から六頁にわたる一枚の系図に示しておく。この系図は、財閥一族同士の姻戚関係のうち、ごく一部分だけを示したもので、それぞれの周辺には、一族の要人がほかに山のように群がっている。したがって、財閥系図の枝葉として、膨大な数におよぶ政治・産業・金融人脈が広がったのである。

こうして、金銭第一主義と名付けるべきひとつのかたまりが形成された。この集団的な明治思想を生み出した根源は、文明力・機械化において日本よりはるかに先を歩んでいたアメリカ・ヨーロッパに追いつこうとする軍国主義と工業思想にあった。彼らは、福沢諭吉の〝脱亜入欧〟（アジアを抜け出してヨーロッパに入れ）の言葉にしたがって、ヨーロッパとアメリカの先進的な軍事力と、科学と医学を崇敬するあまり、その反動で、

★資産家1933年全国1位
資産4億5000万円
三井本社社長
1895-1992
［三井　八郎右衛門］【十一代目】
三井　高公

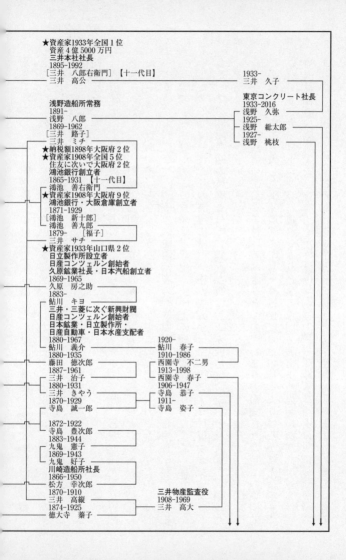

浅野造船所常務
1891-
浅野　八郎
1869-1962
［三井　路子］
三井　ミチ
★納税額1898年大阪府2位
★資産家1908年全国5位
住友に次いで大阪府2位
鴻池銀行創立者
1865-1931　【十一代目】
鴻池　善右衛門
★資産家1908年大阪府9位
鴻池銀行・大阪倉庫創立者
1871-1929
［鴻池　新十郎］
鴻池　善九郎
1879-　［福子］
三井　サチ
★資産家1933年山口県2位
日立製作所設立者
日産コンツェルン創始者
久原鉱業社長・日本汽船創立者
1869-1965
久原　房之助
1883-
鮎川　キヨ
三井・三菱に次ぐ新興財閥
日産コンツェルン創始者
日本鉱業・日立製作所・
日産自動車・日本水産支配者
1880-1967
鮎川　義介
1880-1935
藤田　徳次郎
1887-1961
三井　治子
1880-1931
三井　きやう
1870-1929
寺島　誠一郎

1872-1922
寺島　豊次郎
1883-1944
九鬼　憲子
1869-1943
九鬼　好子
川崎造船所社長
1866-1950
松方　幸次郎
1870-1910
三井　高縦
1874-1925
徳大寺　秦子

1920-
鮎川　春子
1910-1986
西園寺　不二男
1913-1998
西園寺　春子
1906-1947
寺島　恭子
1911-
寺島　姿子

三井物産監査役
1908-1969
三井　高大

1933-
三井　久子

東京コンクリート社長
1933-2016
浅野　久弥
1925-
浅野　総太郎
1927-
浅野　桃枝

系図3 全財閥の閨閥1

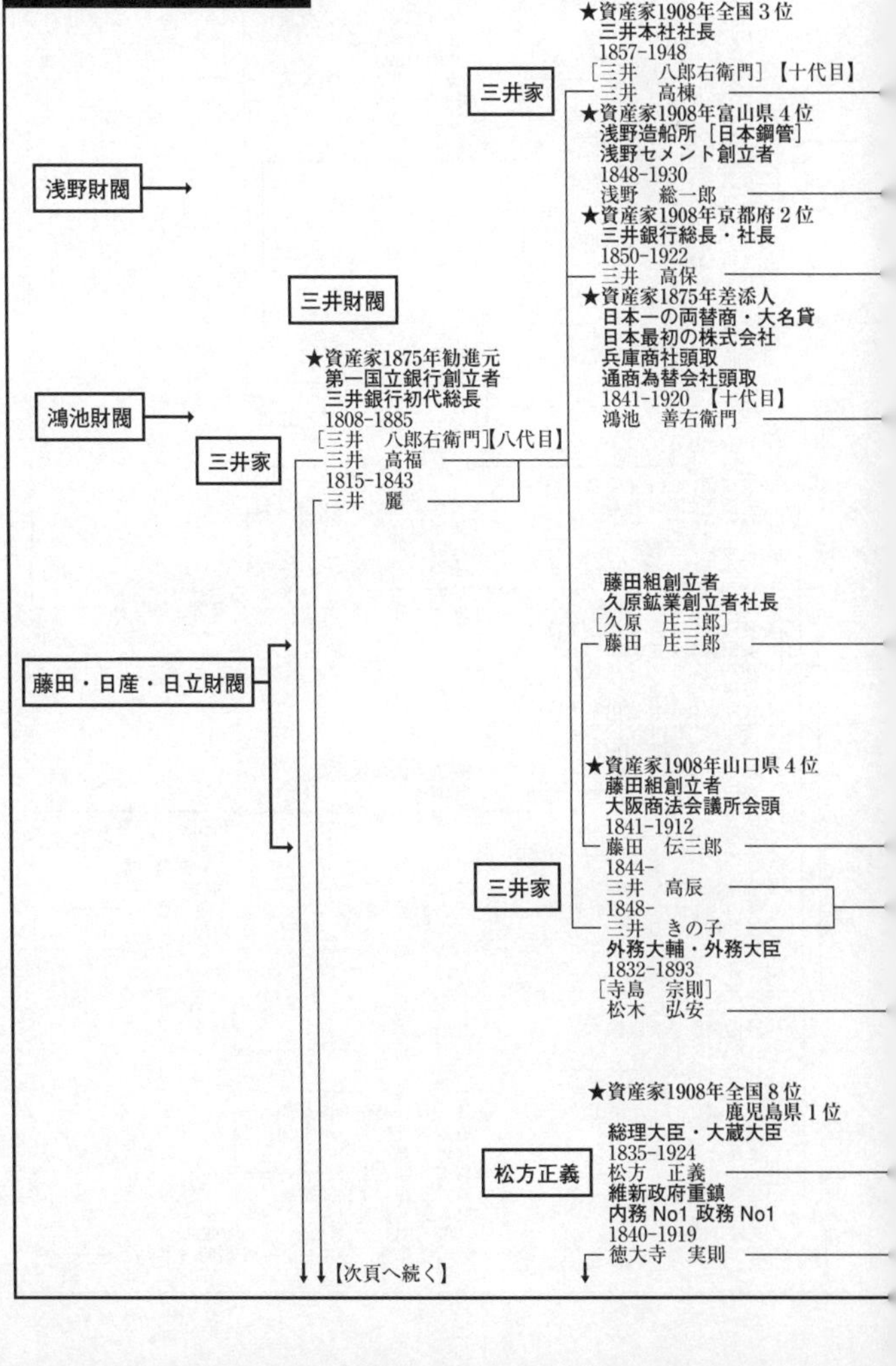
浅野財閥
鴻池財閥
藤田・日産・日立財閥
三井財閥
三井家
★資産家1875年勧進元
第一国立銀行創立者
三井銀行初代総長
1808-1885
[三井　八郎右衛門]【八代目】
三井　高福
1815-1843
三井　麗
三井家
★資産家1908年全国3位
三井本社社長
1857-1948
[三井　八郎右衛門]【十代目】
三井　高棟
★資産家1908年富山県4位
浅野造船所[日本鋼管]
浅野セメント創立者
1848-1930
浅野　総一郎
★資産家1908年京都府2位
三井銀行総長・社長
1850-1922
三井　高保
★資産家1875年差添人
日本一の両替商・大名貸
日本最初の株式会社
兵庫商社頭取
通商為替会社頭取
1841-1920【十代目】
鴻池　善右衛門
藤田組創立者
久原鉱業創立者社長
[久原　庄三郎]
藤田　庄三郎
★資産家1908年山口県4位
藤田組創立者
大阪商法会議所会頭
1841-1912
藤田　伝三郎
三井家
1844-
三井　高辰
1848-
三井　きの子
外務大輔・外務大臣
1832-1893
[寺島　宗則]
松木　弘安
★資産家1908年全国8位
鹿児島県1位
総理大臣・大蔵大臣
1835-1924
松方正義
松方　正義
維新政府重鎮
内務No1 政務No1
1840-1919
徳大寺　実則
【次頁へ続く】

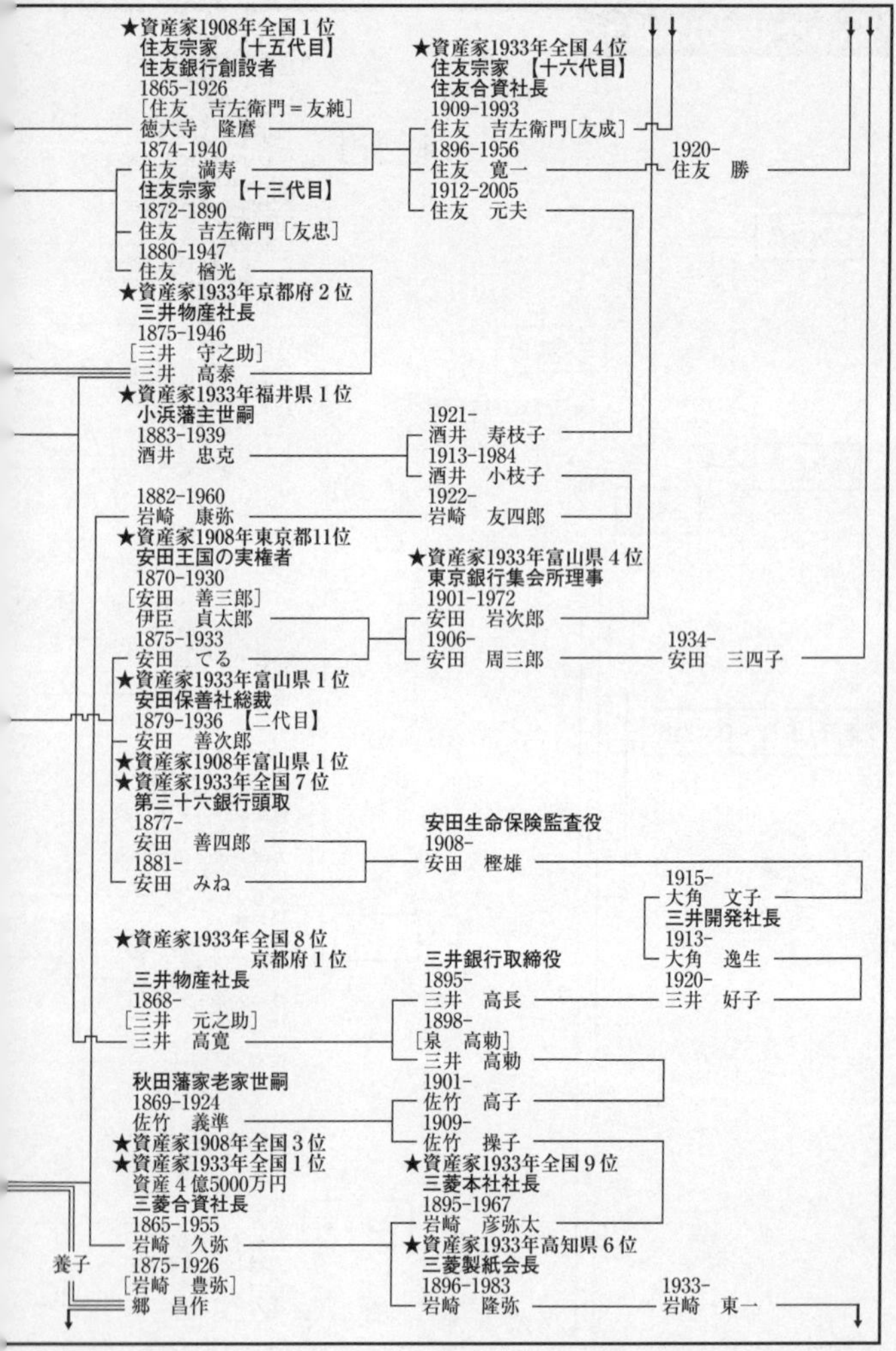
★資産家1908年全国1位
住友宗家　【十五代目】
住友銀行創設者
1865-1926
［住友　吉左衛門＝友純］
徳大寺　隆麿
1874-1940
住友　満寿
住友宗家　【十三代目】
1872-1890
住友　吉左衛門［友忠］
1880-1947
住友　楢光
★資産家1933年京都府2位
三井物産社長
1875-1946
［三井　守之助］
三井　高泰
★資産家1933年福井県1位
小浜藩主世嗣
1883-1939
酒井　忠克
1882-1960
岩崎　康弥
★資産家1908年東京都11位
安田王国の実権者
1870-1930
［安田　善三郎］
伊臣　貞太郎
1875-1933
安田　てる
★資産家1933年富山県1位
安田保善社総裁
1879-1936　【二代目】
安田　善次郎
★資産家1908年富山県1位
★資産家1933年全国7位
第三十六銀行頭取
1877-
安田　善四郎
1881-
安田　みね
★資産家1933年全国8位
京都府1位
三井物産社長
1868-
［三井　元之助］
三井　高寛
秋田藩家老家世嗣
1869-1924
佐竹　義準
★資産家1908年全国3位
★資産家1933年全国1位
資産4億5000万円
三菱合資社長
1865-1955
岩崎　久弥
1875-1926
［岩崎　豊弥］
養子
郷　昌作
★資産家1933年全国4位
住友宗家　【十六代目】
住友合資社長
1909-1993
住友　吉左衛門［友成］
1896-1956
住友　寛一
1912-2005
住友　元夫
1921-
酒井　寿枝子
1913-1984
酒井　小枝子
1922-
岩崎　友四郎
★資産家1933年富山県4位
東京銀行集会所理事
1901-1972
安田　岩次郎
1906-
安田　周三郎
安田生命保険監査役
1908-
安田　樫雄
三井銀行取締役
1895-
三井　高長
1898-
［泉　高勅］
三井　高勅
1901-
佐竹　高子
1909-
佐竹　操子
★資産家1933年全国9位
三菱本社社長
1895-1967
岩崎　彦弥太
★資産家1933年高知県6位
三菱製紙会長
1896-1983
岩崎　隆弥
1920-
住友　勝
1934-
安田　三四子
1915-
大角　文子
三井開発社長
1913-
大角　逸生
1920-
三井　好子
1933-
岩崎　東一

系図3 全財閥の閨閥2

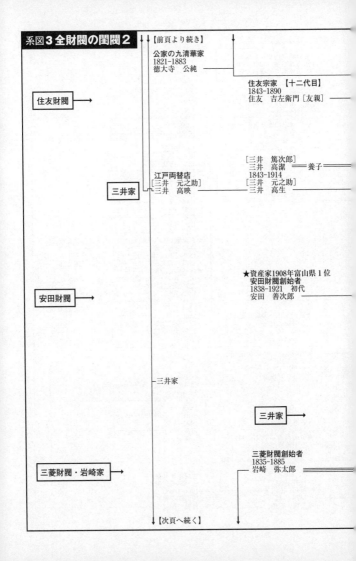

【前頁より続き】

公家の九清華家
1821-1883
徳大寺　公純

住友宗家　【十二代目】
1843-1890
住友　吉左衛門［友親］

住友財閥

［三井　篤次郎］
三井　高潔　養子
1843-1914
［三井　元之助］
三井　高生

江戸両替店
［三井　元之助］
三井　高映

三井家

★資産家1908年富山県1位
安田財閥創始者
1838-1921　初代
安田　善次郎

安田財閥

三井家

三井家

三菱財閥創始者
1835-1885
岩崎　弥太郎

三菱財閥・岩崎家

【次頁へ続く】

1872-1953
郷　幸子
★資産家1933年茨城県１位
海運問屋・川崎定徳代表
川崎第百銀行創立者
日本火災会長
1866-1947
川崎　八右衛門
★資産家1933年高知県４位
1887-1956
岩崎　輝弥
★資産家1926年全国２位
三菱社長
1879-1945
岩崎　小弥太
1869-1920
［川崎　芳太郎］
鬼塚　芳太郎

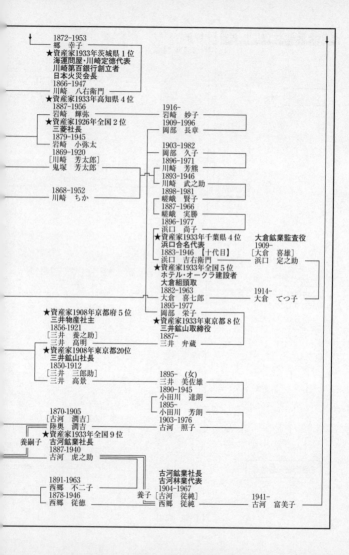

1868-1952
川崎　ちか

1916-
岩崎　妙子
1909-1996
岡部　長章

1903-1982
岡部　久子
1896-1971
川崎　芳熊
1893-1946
川崎　武之助
1898-1981
嵯峨　賢子
1887-1966
嵯峨　実勝
1896-1977
浜口　尚子
★資産家1933年千葉県４位
浜口合名代表
1883-1946　【十代目】
浜口　吉右衛門

大倉鉱業監査役
1909-
［大倉　喜雄］
浜口　定之助

★資産家1933年全国５位
ホテル・オークラ建設者
大倉組頭取
1882-1963
大倉　喜七郎

1914-
大倉　てつ子

1895-1977
岡部　栄子
★資産家1933年東京都８位
三井鉱山取締役
1887-
三井　弁蔵

★資産家1908年京都府５位
三井物産社主
1856-1921
［三井　養之助］
三井　高明
★資産家1908年東京都20位
三井鉱山社長
1850-1912
［三井　三郎助］
三井　高景

1895-　(女)
三井　美佐雄
1890-1945
小田川　達朗
1895-
小田川　芳朗
1903-1976
古河　照子

1870-1905
［古河　潤吉］
陸奥　潤吉
養嗣子
★資産家1933年全国９位
古河鉱業社長
1887-1940
古河　虎之助

1891-1963
西郷　不二子
1878-1946
西郷　従徳

古河鉱業社長
古河林業代表
1904-1967
養子［古河　従純］
西郷　従純

1941-
古河　富美子

系図3 全財閥の閨閥3

【前頁より続き】

水戸・川崎財閥

川崎財閥創始者
川崎銀行・水戸鉄道会社
入山採炭創立者
1835-1907
［川崎　八右衛門］
川崎　縫殿助

三菱財閥・岩崎家

★資産家1908年全国1位
日本郵船設立
三菱合資社長・日銀総裁
1851-1908
岩崎　弥之助

鬼塚　善兵衛

薩摩・川崎財閥

★資産家1908年兵庫県2位
川崎造船所［川崎重工業］創立者
1837-1912
川崎　正蔵

大倉財閥

★資産家1908年全国5位
新潟県1位
大倉財閥創始者
1837-1928
大倉　喜八郎

三井家

三井銀行総長
1823-1894
［三井　三郎助］
三井　高喜

横浜土地長者を生んだ
神奈川県知事
日清戦争の下関条約を
締結した外務大臣
1844-1897
陸奥　宗光

古河財閥

古河財閥創始者
足尾銅山経営者
1832-1903
古河　市兵衛

西郷隆盛

維新の三傑
1828-1877
西郷　隆盛
1843-1902
西郷　従道

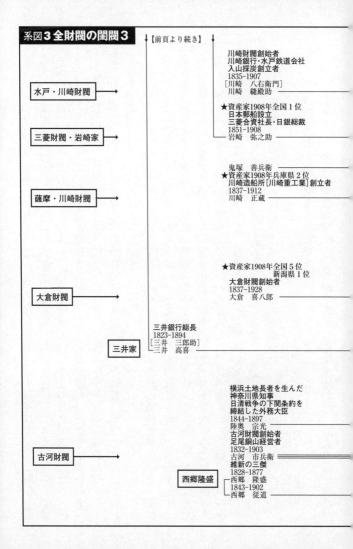

アジアを救えという言葉は口先だけで、「血の雨を降らせても日本はアジアを蹴散らして先へ進まなければならん」という軍事的な思想的感情を体内に宿していた。「支那は匪賊《ひぞく》の社会」であるとして、日本人が中国を支配するのは当然の行為であると奢《おご》り、孫《そん》文《ぶん》が辛亥《しんがい》革命によってアジア最初の民主共和国・中華民国を設立したにもかかわらず、「中国は近代国家ではない」と切り捨てた。これが、明治以降の日本の知識人の多くに見られた特徴であり、江戸時代にあった〝唐人文化に対する敬意〟が、そこにはまったくなかった。

　幕末から味わった武力の差によって、アメリカ・ヨーロッパの機械文明だけをすぐれたものと思いこんだ武士道かぶれの明治の主導者は、日本の文化を守れと苦言を呈する者があれば村夫子《そんぷうし》と揶揄《やゆ》して社会の片隅に追いやり、立ち向かってくる者があればただちに危険な武器の撃鉄を外して息の根を止め、軍事力がすべてを支配するという誤った考えに毒されたまま、己の利益向上に向かって突進した。資本家を育てる鶏小屋から選別した美麗な卵だけを孵化《ふか》させて、政治と産業の主導権を握ろうとし、今日、エリート主義と呼ばれるものがここに生まれた。こうして明治政府の要人閨閥は果てしなく鼠《ねずみ》算《ざん》式に、財閥ピラミッドの底辺を広げていったのであった。

　こうして、財閥が揃い踏みしたのである。

　だがしかし、である。大半の国民の労働が生み出した生産物から、最大の分け前を得た集団が財閥であったから、財閥が、明治時代の経済をつくりあげたわけではない。財閥は、地方の再興にはほとんど尽力しなかった。それをなしたのは、地方の産業と商人であった。

第二章　明治・大正時代の産業の勃興

綿紡績によって大阪が再起し、財閥の工業化がはじまる

明治産業革命として最も大きく花開き、財閥の資本を本当に生み出したのは、明治時代に日本の製造業の七割を占めた紡績業であった。そして七割を占めた一八九六年（明治二九年）、すでに、生糸のシルクよりさらに大きな繊維業が日本に興っていた。それはコットンの綿紡績であった。そしてこれが、大阪を再起させる最大の起爆剤となり、同時にこれまで登場した数々の財閥の工業化がはじまったので、この経過をくわしく説明する。

お蚕《かいこ》様がつくりだす生糸からつくられる絹織物が贅沢品であるのに対して、木綿と呼ばれる綿は、庶民の誰もが衣類にまとった。ゴリラや猿と違って「裸のサル」である人間には、寒さをしのぐ衣類がなくてはならない。それが人類の文明を発達させる知恵の源となった。なかでも綿は、日本では寒さしのぎの綿入れと蒲団、座布団の綿に不可欠であった。

現代人は、日本で綿が栽培されている光景を見たことがないが、昔は、日本でも綿を栽培していたのである。綿花の栽培は、初期には主に愛知県の三河と、関西地方の奈良県・京都府・大阪府、そして備後《びんご》福山に集中していた。綿の種子についている白くて柔らかい毛を集め、これを織った綿織物は、木綿商や、呉服商の店先に並べられ、外国で

はコーデュロイ（コール天）、ジーンズのデニム、美しく染色されたインド・キャラコとして、膨大な量が取り引きされた。ただし真綿《まわた》は、繭《まゆ》を引きのばして作った綿なので、いわゆる綿製品ではなく、生糸である。

一八七一年（明治四年）の廃藩置県によって大手両替商が軒並み破綻に追いこまれ、日本経済の中心地「天下の台所」から転落した大阪商業界にあって、大阪紡績は、救世主となったわが国最初の本格的な紡績会社であった。大阪が「東洋のマンチェスター」と呼ばれる紡績産業の中心地となって甦《よみがえ》り、三重県四日市の三重紡績と合併して「東洋紡績」となり、さらには呉羽《くれは》紡績も合併して、大正から昭和にかけての大阪は、工場の煙突が林立して綿紡績の中心地となった。さらにこの紡績業の発達に伴って、綿花を輸入する大阪商人・近江商人が台頭し、大手の「関西五綿」と呼ばれたニチメン……江商《ごうしょう》……丸紅……トーメン……伊藤忠が、今日の総合商社に発展した。

主に近江商人の活躍によって綿産業から生み出された資金が、関西を基盤とする住友銀行や、今日の三井物産・丸紅・伊藤忠の大商社の繁栄の基盤となったのである。

こうして生まれた織物・衣類を販売し、江戸時代から明治時代に創業したのが呉服店であり、三井高利《たかとし》の開いた越後屋が三越となり……大村彦太郎の開いた白木屋《しろきや》が戦後に東急百貨店となり……下村彦右衛門が開いた大丸《だいまる》……飯田新七が開いた高島屋……十合《そごう》伊兵衛が開いたそごう……伊藤祐道《すけみち》が開いた松坂屋……古屋徳兵衛が開いた松屋……小《こ》菅丹治《すげたんじ》が開いた伊勢丹……いずれも呉服店系のデパートとして台頭し、日本の小売業界をリードしてきた。地方で名高い北海道最初のデパート今井の創業者・今井藤七《とうしち》……九州全域にデパートを展開してきた老舗・玉屋の創業者・田中丸善蔵……岡山県の筆頭デパート天満屋《てんまや》の創業者・伊原木藻平《いばらぎもへい》たちもみな、これらの衣類で台頭した呉服商の出であった。長者一族の過半が、呉服商と姻戚関係にあったのである。

一方、需要が多かったのは世界一の都市・江戸であった。

江戸には東海道、中山道《なかせんどう》、甲州街道、奥州街道、日光街道、この五街道の基点となる日本橋があり、そこからほんの五〇〇メートルほど北には、江戸の問屋商業の発祥地である大伝馬町《おおでんまちょう》に、木綿問屋が軒を並べていた。この問屋街を三重県の伊勢商人がほぼ完全に牛耳っていた。

というのも、江戸は四度生まれ変って隆盛し、現在の東京となった。

◆最初は江戸城が築かれた太田道灌《どうかん》の時代だが、それは隆盛ではなかった。一五九〇年に徳川家康が入って大工事を起こし、幕府が成立し、参勤交代で全土の大名を呼び集めて各藩の屋敷をつくらせ、初めて江戸八百八町が栄えた。

◆二度目は、明治維新時代に進められた江戸・東京遷都による発展であった。

◆三度目は、第二次世界大戦の敗戦後に、東北・北陸・甲信越など全国の人びとが食べ物と職を求めて上京し、下町が焼け野原から復興して、のち東京オリンピックで経済が加速された時代である。

◆四度目は、地価が上昇するバブル経済狂乱のなか、東京というより埼玉・千葉・神奈川を含めた首都圏として大膨張した一九八〇年代である。現在は、全国不況の反動で首都圏に人間が過密に集中し、五度目にあたる。

四度の隆盛がことごとく、全国からの人口流入によるものであった。つまり江戸とは、曠茫《こうぼう》百里、見渡す限り荒涼たる原野に、徳川家康によってつくられ、忽然《こつぜん》と現われた全全国商人の町であり、それ以前には江戸っ子も江戸の豪商も存在しなかった。江戸大伝馬町の木綿問屋の代表者は、川喜田久太夫《きゅうだゆう》、長谷川次郎兵衛《じろべえ》、小津《おづ》三郎右衛門、長井九郎左衛門、田中次郎左衛門で、すべて伊勢商人であった。三井財閥の祖となった三井高利も、伊勢松坂の呉服商から出て両替商を開いた。

近江商人と伊勢商人は、その商いの腕が非常に長《た》けているうえ、ほかの地方の商人が手を出せないほど結束が強く、「近江泥棒、伊勢乞食」と呼ばれた。その呼び名を近江商人も伊勢商人も嫌ったが、他人のひがみからそう呼ばれたのだから、名誉な称号であった。だからこそ、近江商人・伊勢商人を柱にして、大阪の復興が成し遂げられたのであった。

老舗の呉服商・三井は、新興勢力の東洋紡績にどう立ち向かったか。

二〇〇五年に巨大粉飾決算のために事実上消滅することになったカネボウは、もと鐘淵《かねがふち》紡績であった。鐘紡は、紡績業界で日本最大だっただけでなく、すべての製造業のなかで、日本最大の会社だったのである。これが三井財閥の金の卵を産むガチョウであった。

大阪紡績に五年遅れて一八八七年（明治二〇年）、三井呉服店が主体となって、白木屋、大丸などが共同で東京棉《めん》商社を開業し、二年後に東京の鐘ヶ淵（東京都墨田区向島付近）で紡績工場を操業したのがはじまりであった。のちに鐘紡支配人の武藤山治《さんじ》が紡績業界の大合同を唱えて、十指に余る紡績会社を次々と買収して巨大企業となり、明治末年までには綿だけでなく絹糸の製造にも進出し、労働者だけで女工二万六〇〇〇人、男工六〇〇〇人、合わせて三万人を超える規模に達し、工場内に幼稚園から女子校まで建設される三井の巨大帝国を築きあげた。当時の日本の人口はまだ五〇〇〇万人を超えたばかりの時代だったから、現在であれば工場労働者だけで八万人規模のマンモス会社であった。やがて麻織物、毛織物、化学繊維にも進出し、鐘紡は、東洋紡と共に日本産業の象徴として君臨した。

一八九五年の日清戦争後に、その紡績資本の半分を独占し、「八大紡」と呼ばれたのは、鐘淵紡績・大阪紡績・三重紡績・摂津紡績・尼崎紡績・富士紡績・東京瓦斯《ガス》紡績・大阪合同紡績だった。しかし、それから三六年後の一九三一年（昭和六年）、大阪紡績と三重紡績が合併した東洋紡績が大阪合同紡績を呑《の》みこんだ。資本金では鐘紡が勝っていたが、東洋紡が質量ともに日本一の紡績大企業となった。

その年、一九三一年九月一八日に、侵略戦争・満州事変が勃発したのである。果たして、ここまで登場してきた人間たちは、何をしたのであろうか。

政党政治家と財閥の力関係

政党政治家と財閥は、どちらが実力を持っていたのであろうか。

一八八五年（明治一八年）一二月二二日、太政官制が廃止され、日本に内閣制度がはじまり、初代・伊藤博文内閣が発足した（この時点では、まだ国会は存在しなかった）。

総理大臣	伊藤博文	（長州藩）	井上馨の甥が養嗣子
外務大臣	井上　馨	（長州藩）	三井の番頭
内務大臣	山縣有朋《やまがたありとも》	（長州藩）	三井の傀儡《かいらい》
大蔵大臣	松方正義	（薩摩藩）	三井・三菱の傀儡
陸軍大臣	大山　巖《いわお》	（薩摩藩）	西郷隆盛の従弟
海軍大臣	西郷従道《つぐみち》	（薩摩藩）	西郷隆盛の弟。娘が古河市兵衛の息子の妻
司法大臣	山田顕義《あきよし》	（長州藩）	井上馨の養女婿。孫が三井高孟《たかおさ》の妻
文部大臣	森　有礼《ありのり》	（薩摩藩）	岩倉具視の女婿
農商務大臣	谷　干城《たてき》	（土佐藩）	
逓信大臣	榎本武揚《たけあき》	（幕臣）	

その五年後、一八九〇年（明治二三年）一一月二九日に第一回帝国議会が開会され、

ここから四民の平等がはじまるはずであった。

初代大臣の顔ぶれは見た通りの薩長藩閥で、名前の下に書いてあることが重要である。土佐藩の谷干城と幕臣の榎本武揚は実力者だったが、他藩と旧幕臣からの批判をおさえるために入閣させた人物なので、事実上は薩摩と長州が完全に内閣を支配した。

そこでこの政治家集団が、悪名高い「薩長藩閥」と呼ばれたのである。では彼らと、財閥商人のいずれが主導権を握っていたのだろうか。三井、三菱、住友、安田、古河、大倉、浅野、川崎、藤田の「財閥側の商人集団」が、露骨な薩長による藩閥政府の目の色をうかがって、言うがままに動かなければならなかったのは、明治の初期、ほんの二〇年ほどの短い期間であった。特に明治一四年に松方正義が大蔵卿に就任してから、国有品の官業払下げ（民営化）が次々とおこなわれると、三井は群馬の富岡製糸場（現・世界遺産）を手に入れ……三菱は長崎造船所を手に入れ……古河は幾多の銀山・銅山を手に入れ……浅野は深川セメントを手に入れ……川崎は兵庫造船所を手に入れ……大倉は札幌麦酒（サッポロビール）醸造所を手に入れ……という具合に、政府が国民から巻き上げた莫大な資金を注ぎこんだ官営物が、驚くほどの安値でこれらの財閥の手に落ちて彼らを肥やした。そのため明治時代後半には、むしろ、議会に帰属する政党政治家が、自ら進んで、財閥の操り人形として動くようになり、政治力と民間の経済力が資本力に集中する時代となった。薩長内閣自身が、すでに財閥の手の中で動かされていたのである。それは明治七年に日本に初めて誕生した政党というものが、財閥を通じて活動資金を手に入れるようになったからであった。

この組閣の一一年前まで戻ると……

明治七年一月一二日に板垣退助《いたがきたいすけ》が中心となり、東京銀座の副島種臣《そえじまたねおみ》邸に同志が集まって日本最初の政党・愛国公党が創立された。板垣らはその五日後の一七日に、国民が選んだ議員によって議会を開くべきであるという「民撰議院設立建白書」を、時の立法機関である左院に提出した。この声は、日本全土にわき上がる明治政府への不満と怒りの代弁でもあった。板垣らの建白書は、次のように主旨を述べていた。

「政権がどこにあるかといえば皇室にも人民にもなく、有司《ゆうし》が実権を握っている。法令は朝令暮改ですぐ撤回される有様で、政治は私情に左右され、賞罰も愛憎によって決まる。言論の道はふさがれ、人びとが困苦を訴えようにも方法がない。このままでは国家が崩壊する。天下の世論を受け入れるには、民選によって議院を設立するほかない」と主張した。ここに批判された有司とは役人のことだったが、薩長藩閥政治を意味することは、誰の目にも明らかであった。有司専制を批判した古沢迂郎《うるお》（うろう、とも読む。古沢滋《しげる》。土佐藩）・岡本健三郎（土佐藩）・小室信夫《しのぶ》（徳島藩）・由利公正《ゆりきみまさ》（福井藩）・江藤新平（佐賀藩）・板垣退助（土佐藩）・後藤象二《しょうじ》郎《ろう》（象次《しょうじ》郎《ろう》と署名。土佐藩）・副島《そえじま》種臣《たねおみ》（佐賀藩）……この八人の連名で出された建白書は、提出の翌日、イギリス人が発行する新聞「日新真事誌」に掲載され、広く世間に知られるようになった。

しかし、提出者の顔ぶれから、「これでは土佐・佐賀の報復にすぎない」、「後藤象二郎は岩崎弥之助《やのすけ》の岳父なのだから三菱の傀儡である」と批判され、建白書は葬られる結果となった。それでもあきらめない板垣退助は、幾多の変遷を経て二度の自由党結成を試みた。一方、佐賀藩の大隈重信《おおくましげのぶ》は、立憲改進党とその後身の進歩党を設立したが、大隈の出た佐賀藩が長崎のグラバー商会と共同経営してきた高島炭鉱を岩崎弥太郎に譲渡したばかりか、岩崎一族がグラバー商会と組んで成功させた大事業が、明治時代末には全製造業の三〇位前後という高位にランクされる大企業・麒麟麦酒（キリンビール）であったため、進歩党は三菱の資金に操られ、日本各地の多額納税者と商業界からも支援を受けて、その言い分に耳を傾ける資産家のための商業政党となっていた。

この板垣自由党と大隈進歩党が、薩長藩閥政府に反対するため合同して憲政党をつくったのは一八九八年（明治三一年）だが、わずか二年後には長州の伊藤博文と手を組んで、立憲政友会となってしまったのである。一般に政友会と呼ばれたこの政治集団は「三井党」として知られ、議席の過半数を獲得して日本を支配した。

しかし三井財閥といっても、それは、三野村利左衛門の時代のように、三井本家の持ち物として存在したのではなかった。三野村のあとを継いだ福沢諭吉の甥・中上川《なかみがわ》彦次郎以降の大番頭は、三井家をおしのけて、看板と資金に三井の名前だけを借り、内部の実態は、まったく新しい勢力であった。江戸時代に三井高利が創始した越後屋と三井両替店とは、もはや何の関係もない集団であった。

このような流れにあって、ほかの特権階級は、天皇家の皇族が貴族院議員となったばかりでなく、もと大名藩主たちも、一八八四年（明治一七年）の華族令によって世襲の爵位を受け、貴族院議員の特権を有する身分に復活した。

では、江戸時代にあった莫大な大名の資産はどこへ行ったのか。

徴兵制と共に、大名資産が華族銀行を生み出した

大名の資産を追ってみる。幕末に全国で三〇〇人近くを数えた大名集団は、明治四年の廃藩置県で藩主の座を追われると、日本一の巨大な私財をかかえながら、個人的には側近の家臣もいなくなって、その先に底知れぬ不安を抱いていた。

明治五年一一月二八日、政府の軍事支配者である長州藩の陸軍大輔《たいふ》（陸軍次官）・山県有朋が、ついに全国徴兵の詔発令を出し、二〇歳ですべての男子が兵役義務を負うことになった。**軍国主義を謳歌《おうか》する〝徴兵制〟がここに生まれたのである。**この徴兵制によって、それまで軍事をになってきた特殊階級の武士制度が不要となって、完全に消滅することになった。当時の人口は三三一一万人、そのうち武士階級は家族を含めておよそ二〇〇万人で六％を占め、この士族階級が全員失職したのである。

そのため武士制度を廃絶した新政府に対して、士族（武士階級）の怒りが爆発した。武家のなかには、苦海《くがい》に身を沈めなければならず、不遇な人生を送った幕臣とその家族が相当な数に達した。この悲劇は幕臣だけでなく、全国の武士に見られ、かつての旗本

が車夫となって車を引く姿が哀れをもよおした。戊辰《ぼしん》戦争の勝者であるはずの薩長土肥の四藩でも、新政府に入った人間が郷里を顧みず、己の出世と金儲《かねもう》けばかりに夢中になったため、同じように見捨てられていた。この怒りから、明治七年に江藤新平をかついだ佐賀県士族の佐賀の乱が起こると……明治九年一〇月には熊本県士族が神風連《じんぷうれん》の乱……福岡県士族の秋月藩士が秋月の乱……山口県士族が県庁襲撃を企てた萩の乱……と立て続けに武士の反政府行動が起こったが、明治政府の即製軍隊の前に敗れた。あとは西郷隆盛の麾下《きか》で沈黙を保っている最強の軍隊・薩摩が立ち上がるのは時間の問題であった。こうした状況で、政府が鹿児島の武力消滅を狙い、薩摩藩の反乱分子討伐をにらんで設立されたのが、華族銀行だったのである。

明治九年末、天皇家と旧藩主の莫大な資産を一挙に預かろうと、東京第十五国立銀行が東京木挽町《こびきちょう》七丁目に創設された。大名の銀行なので、世に「華族銀行」と呼ばれた。当時、日本最大の銀行は、頭取の渋沢栄一に率いられる第一国立銀行であり、設立資本金二四四万円が群を抜く巨額であった。ところが明治一〇年五月二一日に開業した華族銀行は、資本金一七八二万円で、その七倍を超えたのである。

明治一〇年二月二一日、ついに薩摩の西郷隆盛らに呼応して熊本県士族が決起し、官軍が発砲して西南戦争が勃発すると、その三ヶ月後に開業した華族銀行は初代頭取に維新の主導藩だった長州藩主の毛利元徳《もとのり》を据えて、設立の翌日には、ただちに西南戦争を鎮圧するために旧大名の軍資金を投じ、七ヶ月の長期にわたる大激戦ののちに勝利した。

創立四年後の華族銀行には、旧領主の膨大な資金が集まり、全国銀行株総額の約四二%を華族資金が占めたのである。明治三〇年に普通銀行（私立銀行）第十五銀行となった。しかし太平洋戦争に敗れる前年の一九四四年（昭和一九年）に、第十五銀行は三井銀行と第一銀行の後身・帝国銀行に吸収合併され、ここに、江戸時代の農民・職人・商人の血と汗によって築かれた日本最大の大名資産は、大日本帝国の暴走のなかに、太平洋の藻屑《もくず》となって消えたのである。

そう、すでに、台頭する軍閥が、日本を動かす時代が来ていた。

特権階級と軍閥が誕生し、大日本帝国憲法（明治憲法）が施行された

特権階級としては、大名と公家だけが爵位を受けたのではなかった。維新の主導者と戦功をあげた人間たちは、いずれも公爵・侯爵・伯爵・子爵・男爵の爵位を賜った特権階級に入り、彼ら皇族・華族のほか、多額納税者と呼ばれる資産家が貴族院議員となって、議会は「富力すなわち政治権力」の場と化した。爵位を再三断ったのは板垣退助だけで、板垣も最後には「断れば朝敵になるぞ」と説得され、ついに折れて、明治二〇年に自分一代限りという条件で伯爵の位を受け、やがて三井・住友・浅野・渋沢閨閥《けいばつ》のなかに、板垣の自由民権運動が呑みこまれていった。

明治維新に奢る政府の要人は、外には「四民平等」と口から出まかせを喋《しゃべ》りながら、自分たちがテーブルの上にある一番おいしいものを先にたいらげたあと、さあみんなで仲良く食べましょう、という醜悪きわまりない集団であった。男爵の爵位を得た者のなかには、文化的にすぐれた治績を挙げた優秀な人間も多かったし、多額納税者がすべて悪人というわけではなく、なかには、日本の商業にとって貴重な貢献を果たした商才豊かな先駆者が数々見られ、彼らは幕臣の偉業を継いで、真の文明開化の功労者であった。しかし財閥が彼らを見逃すはずはなかった。すでに池に石を投げこんだあとのように、結婚による閨閥の波紋を大きく政界に広げていたので、すぐれた人材はたちまち爵位を与えられ、あるいは財閥企業に招かれて要職を与えられ、その閨閥に取りこまれていった。

こうして明治時代後半から、財閥は国と自治体の議会を意のままに動かし、ますます資本を大きく蓄えられるようになったのである。

そこに、一八九〇年（明治二三年）一一月二九日、第一回帝国議会が開会され、ここに日本の国会が誕生したのである。しかしこの国会は、もともと国民の声を聴くことを望まない伊藤博文らが、薩長藩閥が引き起こした「北海道開拓使による強奪払下げ事件」を追及され、その幕引きを狙って、致し方なくいやいや作ったものであった。この国会誕生と同時に、大日本帝国憲法（明治憲法）が施行された。

第一条の「大日本帝国は万世一系の天皇之を統治す」にはじまった条文は、

第十一条で「天皇は陸海軍を統帥《とうすい》す」と規定し、

第十二条で「天皇は陸海軍の編制及常備兵額を定む」と規定し、

第十三条で「天皇は戦を宣し和を講し及諸般の条約を締結す」と規定したのである。

これは、見た通り、まことに危険な条文であった。独裁者として悪意ある者がいれば、天皇一人を自分の手元に取りこんで、内閣も議会も無視して、軍隊を自在のままに動かし、戦争でも何でもできる憲法であった。実際、それが起こったのである。

貧しい農民を兵隊に化けさせる徴兵制を実現して、武士階級を消滅させることに成功した山縣有朋は、長州藩奇兵隊出身の政商・山城屋和助とつるんで巨額の公金を不正に使いこみ、莫大な資産家となった。江藤新平たちがこの公金不正融資について調べあげ、山城屋和助と山縣有朋の行状を調査して長州藩の罪状を追及した結果、山城屋は割腹自殺に追いこまれた。山縣はこの山城屋事件で翌明治六年に形だけ引責辞任してみせたが、二ヶ月もたたずに陸軍卿に復活し、強大な権力を握って日本の軍国主義化を推進した。徴兵制を生み出した山縣有朋が、ちょうど総理大臣となった時代に、議会が開会され、大日本帝国憲法が施行されたのである。

「主君に忠実に従え」と語る武士道の教理によって維持された徳川幕府の封建社会が一度崩れ去り、新たに、天皇を柱に編み出された国学、神道を至上のものとして奉る明治政府は、そこに民衆の歓心を買うためにヨーロッパとアメリカから「自由」の思想を輸入し、うわべを自由で化粧しながら、一体何をおこなったのか。実際にはそれと正反対の「憲兵」と呼ばれる軍事警察が、明治一四年という早い段階から登場して、民衆の監視と弾圧に着手しはじめたのである。

この時、財閥はすでに、すべての軍需工場を一手に握っていたのだ。

ここまで登場しなかった大倉財閥の創始者・大倉喜八郎は、越後（新潟県）の豪商出身で、彼は渋沢栄一と親交を結び、日本の街灯のはじまりとなる東京電灯株式会社を創立する大事業をなし遂げた。新潟県の長者であるこの大倉喜八郎は、実は幕末に一八歳で江戸に出て、鉄砲店を神田泉橋に開き、鉄砲商人となって、戊辰戦争で官軍に武器を売りこんで巨財を成した兵器商人であった。その後も、台湾出兵、西南戦争、日清戦争と、戦争があるたびに陸軍御用達商人として兵器の調達で富を得てきた〝死の商人〟であった。

藤田財閥の創始者・藤田伝三郎もまた、長州の奇兵隊から出て、軍靴の製造で巨利を博し、軍部を根城に橋や鉄道・工場などの建設工事を請け負って台頭し、大阪財界のトップに立った〝死の商人〟であった。明治一〇年の西南戦争では、征討軍の軍需品調達を命ぜられ、三井物産、岩崎弥太郎、大倉喜八郎らとともに稼ぎ頭となり、官軍の死者六八四三人、薩摩軍の死者七二七六人という凄惨な結末のなか、他人の不幸をもとに巨万の富を得た者として痛烈な批判を受けた一人であった。

この西南戦争の軍事支出が、四一七一万円に達したのだ。戦争は明治一〇年二月二一日から九月二四日の西郷隆盛切腹までの七ヶ月間だが、国の会計年度では明治九～一〇年度にまたがっていた。歳出総額は明治九年度が五九三一万円、明治一〇年度が四八四三万円なので、両年度に軍事支出が占める割合は、三八％と四一％となっているが、戦争期間だけをとってみれば、事実上、歳出の一〇〇％が戦費であった。それを三井、三菱、大倉、藤田の財閥集団が全部いただいたのだから、これを呼ぶのに〝死の商人〟のほかに類語はない。

すぐれた日本の産業である米作、生糸、綿紡績、お茶など、膨大な数の民衆が厳しい労働の末に稼ぎだして国に納めた金は、戊辰戦争の残兵や、官軍新兵と、屈強な薩摩武士がくりひろげた血みどろの戦いのなかで使い果たされ、それを一握りの人間がそっくりいただいた。これが、本来の商道を外れ、戦争の底に脈々と流れる軍国主義者の商業原理であった。

このような軍需品による利益は、危険な欲望を刺激せずにはおかなかった。財閥も富豪も、軍需産業のリーダーとなった。ひとたび戦争が起これば、莫大な需要が巻き起こって、国家予算がどっと軍需資材の生産工場に流れこみ、その利益がそっくり財閥と富豪に還元されるのだから、彼らは熱烈に戦争を求めたのである。紡績業は軍服の生産に邁進《まいしん》し……金属と造船・海運は兵器製造に邁進し……食べ物は軍人の糧食に向けられ、経済そのものが、軍需工場なしには生きられないよう、急速につくり変えられていった。工場に勤務する民衆の生活は、軍部と役人の意のままに動かされるようになり、繊維業の鐘紡は、後年には一九三八年（昭和一三年）に鐘淵実業を設立して工業化を進め、傘下に六三社を抱える軍需産業に生まれ変った。

かくて帝国議会の召集から四年後、一八九四年（明治二七年）に日本は清国に宣戦を布告して日清戦争に突入した。その一〇年後、一九〇四年（明治三七年）にはロシアに宣戦を布告して日露戦争を引き起こし、その一〇年後、一九一四年（大正三年）には欧州大戦（第一次世界大戦）が勃発し、日本も参戦して中国とロシアのシベリアに進出した。ちょうど一〇年ごとに大戦争を必要とする国家に化けたのである。これが〝財閥支配下の軍国主義国家〟であった。

かつて江戸時代を生きた人間は、それほど進歩を競う必要もなくその日を送っていたが、開国のあと、明治時代に入ると、政府要人が一気にヨーロッパ・アメリカと競争を求める心境に陥り、国民も煽《あお》り立てられるような空気が現出したのである。鎖国時代の競争は、幕府と藩主によって守られる範囲の競争だったが、外国との競争では、そうはいかない。外国に対して、持たなくともよい対抗意識を抱き、それが現代まで続いてきた。この明治近代化後の日本史では、一貫して日本人の資産を左右する因子が、外国との関係にあった。江戸時代の長者は国内から生まれたが、明治以後は、海外進出によって長者が生まれるようになったからである。

このなかで歴史の中に置き忘れたものがあった。日本人が国内の文化を守ろうとする誇りであった。

代りに持ったものがあった。外国に対する奢《おご》りと、軍国主義であった。

維新の志士の活躍＝明治維新＝日本に自由な時代が到来＝近代文明の開化

このような歴史観を持たない日本人がいるだろうか。

しかし、日本を開国して近代化に着手したのは、明治政府ではなく、港を開いた徳川幕府であった。日本の近代化を進めた幕末のすぐれた人間たちまでも、傲岸な権力者と同じ箱に入れて愚弄する多くの人がある。

この間違いの原因は、明治維新後に、明治政府と明治文化の主導者たちが自分たちを美化し、脚色して書き残した記録をもとに、後代に膨大な数の物書きがこれを歴史事実として固定化し、映画とドラマがその通りに描き、それがすべての日本近代史であると大嘘を教えてきたことにある。そのため日本人は、すぐれた人格者の名前と業績を知らず、まったく無駄な名前の数々を頭にたたきこまれてきた。

明治維新を礼讃《らいさん》し、維新の志士を英傑と祭り上げるこのストーリーが、侍魂《さむらいだましい》を光らせ、武士道を跪拝《きはい》する態度となって、明治以後の戦争を起こしたのである。彼らは幕末から、勤皇・佐幕の武士同士の闘いを民衆生活のなかに持ちこみ、実に暴虐の限りをつくした。

明治政府が主導した日清戦争・日露戦争勝利によって懐胎した日本人の優越的な思想と感情が一方的にふくらみ続け、ついには大正、昭和にかけて暴走し、日本人全体がとんでもない間違いを犯したことは、悲痛な敗北の歴史に実証された動かし難い事実である。

富豪・長者の資産は、戦争のたびに急増した。この軍需財閥と一体となって、国民も戦争に酔っぱらい、この時代のなかで、おかしなことが進行したのだ。その非情な経過をくわしく見てゆこう。

第三章　朝鮮侵略・満州侵略の歴史

戦争と日本人

これから、いよいよアジア侵略の歴史を語るが、その前にひとつ口上を述べたい。歴史は切れない一本の線上にある。

日本の近代史・現代史は、江戸時代がなければ幕末がない。その幕末がなければ明治維新がない。その明治維新がなければ日清戦争・日露戦争も、日中戦争・太平洋戦争もない。その戦時中がなければ、希望ある平和な戦後がない。現在を生きる歴史が、親のない子供になる。最悪のアジア侵略の戦争時代だけ見ないように、目をそむけたのでは、戦後に連合軍GHQが日本を占領して何をしようとし、日本人がどのようにして日本国の平和憲法を生み出したのか、その理由がまったく分らないことになる。

しかし過去のすぐれていた面と、過去の過ち・犯罪は、歴史上に発生したいくつかの巨大な、文化的・思想的な断層によって途切れたので、歴史がそのまま、現在のわれわれに直結するわけではない。現今まで物書きによって流布されてきた講談史は、穴だらけの古着のようなものにすぎない。戦前と戦後の思想を結びつけるかどうかは、現代人の行動と考え方にかかっているのである。これから物語る実話に登場する会社と組織と人物は、すべてその原則の上にある。

その意味から、歴史と現在は、三つの関係を持っていなければならない。

第一は、すぐれた過去の思想と知恵と技を伝承し、現代人が学び、吸収する。古く佳《よ》きものを決して破壊しないことである。

第二は、誤った過去を静かに凝視し、事実を記録することによって、過ちを導いた源や、悪しき思想の因習を断つことである。愛するあまり郷土や先人を誇大に評価してはならない。

第三は、現代人の引き起こす新たな問題が、悠久の歴史と郷里・先人を汚さないよう、大いに努める。

したがって、以下の章でたとえ歴史に悪人と思われる人物や悪徳企業が登場し、それが自分の父母や先祖や近親者であったり、現在自分がつとめる企業や組織であっても、その事実を知り、被害者に対して誠実に罪の償いをおこない、源を断っているなら、もはや罪を問われるものではない。恥じるどころか、現在を誇り、大いに喜ぶべきである。

近年の人間が口癖のように遺伝子のDNAで人の性格を論じているが、これは人間が育つ過程の進歩を否定する暴論である。

ひとつの家族からは、またひとつの土地からは、賢人も出れば凡人も出る。善人も出れば悪人も出る。そうでなければ、天才が出た血筋は永遠に天才だらけ、悪人が出た血筋は永遠に悪人だらけになるが、そのような家系、そのような土地はひとつも実在しない。一家から正反対の性格の兄弟姉妹が出てきた膨大な事実がある。遺伝による血筋と血統は、容貌や骨格、体質のような医学的・肉体的な問題であって、しかも長くて数代しか伝承しない。また、家族内で骨肉の争いもたびたび起こってきた通り、一家族の考えが同じであることはない。

一方で、先祖が生み出し、郷土に培われた業《わざ》を頭で学んで、思想を受け継ぐことは実にしばしばある。技術者や商人、職人、料理人、芸術家、落語家や歌舞伎役者の家において、そのすぐれた業が代々受け継がれてきたのは、そこに技と知の教育がおこなわれたからであって、血筋だけで育った技術はない。それだけ人間は「育つ」過程において受ける影響が大きい。本書で系図を描くのは、ほとんどが資産のやりとりや、事業の経営権と、現実社会で影響を与え合った人間が持つ縦横のつながりを示すためである。

同じように、戦時中に軍部に自ら協力し、あるいは協力させられた企業は、一九四五年の日本敗戦によって幹部がすべて追放された。したがって、たとえ骨格と看板が同じでも、中身はまったく別会社として再スタートしたのである。企業史は、日本敗戦によって一度払拭されたのだ。むしろ、本書に登場する問題ある人物の息子や、企業の後継者が、それら戦時中の犯罪行為について記録を残し、時には自らその貴重な資料を社会に提供したからこそ、史実を知ることが可能になった。この人たちが一切を正確に語ったことに、敬意を表さなければならない。過去にすぐれた創業者たちが粉骨砕身築きあげた企業や組織が、現代に重大な社会問題を起こしているなら、そちらこそ恥じるべきである。

歴史は一度、日本敗戦後に途切れた。その途切れたあとの言動が、戦後を生きた人間の人生哲学の発露であった。戦後にそうした大半の日本人の総意が生み出した自由が、現代日本の社会に存在するから、本書に歴史を記述できるのである。戦時中には、そうした自由な発言が、認められなかったのだから。

戦後育ち、戦後生まれの人間にとって、戦時中の出来事には、なんの責任もない。しかし、である。日本人のために被害を受けた国から見れば、国家がおこなった戦争である以上は、すべての日本人が連帯責任を問われるのが、国際的なルールである。戦時中に日本が国全体で犯した過去の悪行があるのに、それを後年の世代が讃《たた》えるようでは、まったくの同罪で人格を問われる。ドイツでは、至るところに、ナチス時代の悪行を記録し、目に見えるように展示している。ところが日本では、国を挙げて戦争犯罪の悪事を美化しようとし、日本人が犯した罪業を語れば「自虐史観」であるという文言で隠して歴史から逃亡し、嘘をもって書き換え、目をそむける人間が、総理大臣と文部科学大臣、有象無象の評論家たちを筆頭に、いつまでも大手を振って徘徊《はいかい》してきた。日本人は、そうした政治家たちに牛耳られ、民衆自らが知恵を充分に発揮せず、ために苦難の道を歩んだ足跡をみつめ、歴史を正視して、今以上に目を覚まさなければならない時にある。

ここに以下、固有名詞をもって戦時中の史実を記すのは、個人の過去の罪を問うことが目的ではない。どのような構造のなかで「日本人全体」が誤ったか、それを見て、理解することが、第一の急所である。それが、われわれ自身を向上させ、明日を切り拓《ひら》く糧になる。この時代に対する理解を乗り越えなければ、明るい戦後を築いた日本人の歴史を見ることができない。そのために、日本人がアジアを侵略した戦時中の記録を、以下に残す。

植民地と侵略を定義しておく

たびたび用いられる「植民地」と「侵略」という言葉について、定義しておきたい。国家を、家に置き換えて考えてみれば分りやすい。他人の家に入りこみ、主人が服従するなら、その者を操って、逆に抵抗するなら殺してしまい、居間を占拠する。それが「侵略して植民地にする」ことである。また、そこに住んでいる家人から土地を取り上げる。今までの住人は、台所と畑や庭で働かせ、薄暗い下男部屋と女中部屋に押しこめる。抵抗するものは殺し、玄関には門衛を置く。若い娘がいれば手ごめにする。家全体を住みやすく、立派なものにする。侵入者のほうが必ず強力な兵器を持っているため、このように武力と腕力で押さえつけることができる。自分たちの言葉を教え、時には呼びやすいように、名前も変えさせ、自分たちが祀《まつ》る神棚を拝ませる。このようにして、家全体が立派なものに変り、畑に数々の野菜が実るようになった時、自室から追い出され、片隅にひっそり暮らした人間が、何を感じたであろうか。

なぜ改めて、この誰もが知る言葉を考えるかと言えば、第二次世界大戦の敗戦までに日本がどれほど朝鮮・中国・満州・台湾・フィリピン・インドネシアをはじめとするアジア諸国に対して、大きな文化・文明の普及につくしたかを第一義に語る、不道徳きわまりない物書きが大量にいるからである。曰《いわ》く、日本はアジア諸国に鉄道を敷設した、通貨制度を確立した、アジア人の生活の向上につくした……云々《うんぬん》である。ついには大声で、「アメリカと中国の連携にはめられて日本は大戦争に突入したのだ。日本は侵略したのではない」とまで言い出す始末である。こうした輩《やから》は、日本の軍隊が台湾・朝鮮や満州・中国にどのようにして入りこみ、何を奪ったかについて、ひと言も口にしない。史実を正視する勇気がないからである。

文化・文明に資するとは、どのようなことか。

「漢」の国の漢字……「呉」の国の呉服……紙の漉《す》き方……儒学……仏教の五大文化を日本に伝え、日本人に初めて文字と紙と思想を与えてくれたのが、中国人である。秦《しん》の始皇帝の後裔《こうえい》として四〜五世紀頃に朝鮮半島から日本に渡来した中国人・秦《はた》氏は、わが国に養蚕技術を伝えて京都の西陣織を生み出し、日本全土の絹織物の業祖となり、四国を支配する長宗我部《ちようそかべ》氏を名乗り、土佐藩の土台を築いた。

古代の紀元前数百年頃、九州北部に渡来して、水稲耕作の方法と……青銅器と……鉄器を日本人に教え……焼き物の作り方と……のちには金銀銅の画期的な精錬法である鉛灰吹法を教えてくれたのが、朝鮮人である。この最初の朝鮮渡来の文化を、まったく奇妙な名称ながら、東京の弥生町で最初の一個の壺《つぼ》が発見されたことから弥生文化と呼び、その時代を弥生時代と呼んできた。米の作り方を日本人に教えてくれたのが、その朝鮮人である。「伊勢神宮」の氏神は、国学者や維新の志士たちの妄想とはあべこべに、考古学的には、この渡来人から生まれたものである。そして現在の日本三名塔の一つに数えられる瑠璃光寺《るりこうじ》五重塔を生み出し、山口市を中心に絢爛《けんらん》たる大内文化を広めた大内氏は、朝鮮の百済《くだら》王朝の末裔《まつえい》であった。

日本に数々の名刹があるが、その仏教を生み、絣《かすり》の技術を日本に伝えたのが、インド人であった。インドネシアのバタヴィアやフィリピンのルソンなど、東南アジアからは、呂宋《ルソン》助左衛門ら豪商の手を経て、山のような先進文明が入ってきた。お茶、孟宗竹《もうそうだけ》など、数えきれない文化・文明がアジア諸国から日本に伝わり、日本の芸術を生み出した。日本はこれらの国の人がいなければ、ほとんど何もないと言えるほど、広く深い恩恵を受けてきた。日本人は、アジア人のなかの同じ家族であり、多民族国家である。そうした先祖と隣人に対する恩義も忘れて、歴史の無知をきわめたのが、明治維新を成し遂げた日本の支配者集団であった。

植民地主義拡大の起源——台湾征伐と征韓論と松下村塾

植民地侵略は、驚くべきことに明治維新後の明治七～八年からはじまったのである。

その流れを最もよく示す軌跡が、朝鮮と日本の関係であった。そこで明治以来、朝鮮半島に向けて、日本人がどのように入りこんだか、くわしく述べる。日本の侵略史を再現するため、当時の日本人が呼んだアジアの地名で記し、韓国など侵略された側の地名・人名（呼び名）はカッコ内に示す。

朝鮮半島を見てみよう。現代韓国の人気ドラマには、王朝物語が非常に多い。古代朝鮮には、百済《くだら》、新羅《しらぎ》、高句麗《こうくり》（高麗《こま》）の三国があって争っていたが、一三九二年に高麗の武将・李成桂《りせいけい》が朝鮮支配を成し遂げ、中国の明朝に従属しながらも李王朝が誕生した。明王朝から正式に朝鮮王と認められたのは、その息子の時代、一四〇一年（日本の室町幕府四代目将軍・足利義持の時世）であった。ここに朝鮮王朝が誕生した。

ところが五〇〇年も続いたこの李朝が、日本による韓国併合（通称・日韓併合）によって消滅させられたのである。隣国の人間・日本人が、他国の王朝をつぶしてしまうとは、なんという天狗猿《てんぐざる》であろう。

この出来事については、のちにくわしく軍事的な経過を述べるが、このような侵略が、江戸時代からの日本史のなかで、どのような思想的流れの上にあったか、というところから、まず問題を考えてゆこう。

現代人にほとんど知られていない「ふたつの出来事」が、この侵略史の裏に潜んでいたのである。

第一は……長崎と共に横浜と箱館が貿易開港されたのは一八五九年（安政六年）だが、

その二年前の一八五七年（安政四年八月一五日）に、薩摩《さつま》藩主の島津斉彬《なりあきら》が、家臣の市来《いちき》四郎に琉球《りゅうきゅう》（沖縄県）行きの内命を下した事件があった。目的は、薩摩藩が琉球王府と交渉して、琉球・奄美大島《あまみおおしま》および薩摩半島先端の山川港《やまがわ》においてオランダ・フランスと貿易を開くこと、蒸気船を購入すること、留学生を派遣すること、など七項目におよんだが、その一項に、「台湾の適切な場所に碇泊場《ていはくじょう》を確保する」という命令があった。斉彬はここに、欧米の手口を真似て台湾を占領しようとする意図を明白に抱いていたのである。命を受けた市来は、一〇月に琉球に到着して密命を内達し、琉球王府は驚きながらも実現を約束した。

この斉彬に可愛がられて抜擢《ばってき》されたのが、下級武士・西郷隆盛であった。その翌年に斉彬がこの世を去って一六年後、先に述べたように、日本政府が維新後の明治七年四月に西郷隆盛の弟・西郷従道《つぐみち》を台湾蕃地《ばんち》事務都督に任命し、佐賀藩の大隈重信を台湾蕃地事務局長官に任命した。そして五月二二日に、西郷従道が三六五八人という大軍を率いて台湾に上陸して全土を征服し、これが世に征蕃《せいばん》の役（征台の役）と呼ばれた。土佐藩の岩崎弥太郎が莫大な軍事利益を得て、三菱財閥を築いた侵略戦争がこれであった。これは、斉彬の密命によって誘発された台湾と琉球の対立が原因で、明治四年に琉球民六九人が台湾に漂着した時、その多くが台湾の原住民に殺されたことに起因していた。そこで血気にはやる西郷従道が「蕃人（野蛮人）の住む未開の台湾」を征伐しようと、武士の気晴らしにおこなった無謀きわまる戦争であり、日本兵も数百人が犠牲となった。

江戸時代の薩摩藩は、日本のなかでは突出して先駆的な藩であった。市来四郎は後年の戊辰戦争で、官軍側の勝利が強調された時代に、敗北した幕府側の戦没者の慰霊碑を建立するため募金を開始した人格者であった。島津斉彬も西洋文明の導入において日本一の才覚を持って、大事業を繁栄させた。それは日本国内での評価であった。だが、残念ながら、琉球側の資料を見ると、徳川幕府が生まれてすぐ、一六〇九年（慶長一四年）に初代藩主の島津家久が琉球王を捕らえて武力併合して以来、江戸時代全期を通じて、薩摩藩は琉球密貿易のために琉球民に対しておそるべき蛮行と呼んでもよい苛酷な奴隷労働を課してきた。この暴挙は江戸時代に起こったことだが、徳川幕府がおこなったのではなく、薩摩藩単独の活動であった。幕末には、豪商を利用して奄美大島・徳之島・喜界島《きかいじま》の三島から強制労働による甘蔗《かんしよ》（サトウキビ）栽培で砂糖を買い占め、砂糖を密売した者は死罪とするなど、首枷《くびかせ》の刑・足枷の刑をもって薩摩藩の財政を立ち直らせた。これが、先に述べた天保年間における家老・調所《ずしよ》笑左衛門《しようざえもん》による二五〇年賦の藩債（借金）踏み倒し時代であった。

西郷従道による台湾への出兵も、実は、琉球を日本が領有することを目論《もくろ》んでおこなわれたのである。辺野古《へのこ》の基地建設など、現在まで続く沖縄県民の苦悩の発端は、維新後にあったのだ。琉球王国が現在の沖縄県に変った経過は、次の通りである。

◆明治五年九月一四日に、日本と清国の両国に属していたはずの琉球国を、日本が一方的に琉球藩として日本の領土とし、清国との関係を断絶するよう威嚇し、琉球国王・

尚泰《しょうたい》を藩王として華族に列した。

◆明治七年五月二二日に、日本が台湾に出兵した。この時、明治四年に琉球民五四人が台湾で殺された件について、明治政府は意地悪くもその責任を清国に問いつめて、「琉球が日本国の一部である」ことを清国に不本意ながら認めさせた上で出兵した。

◆明治一二年三月一一日に、鳥取藩出身の明治政府・内務大書記官の松田道之《みちゆき》が随員・警官・軍隊およそ六〇〇人を従えて琉球に来訪すると、武力で威嚇しながら琉球を日本に編入する「琉球処分」を強要し、三月二七日に首里城で廃藩置県を布達し、三一日には二個中隊を率いて首里城を接収した。明治政府は四月四日に琉球藩を廃して沖縄県とする布告を出した。ここに琉球王国が消滅し、松田道之は同年、東京府知事に栄進した。清国の公使が日本に強く抗議したが、もと薩摩藩士の外務卿・寺島宗則《むねのり》が、「廃藩置県は内政上の都合による」と回答して清国側の主張を黙殺し、日清両国に属しているという形をとっていた琉球を一方的に日本に編入してしまったのである。この琉球処分で日本政府が利用したのが、先述の台湾出兵時の清国側の態度であった。

本書は薩摩藩を一方的に非難しているのではない。寺島宗則も、幕末には斉彬の第一の忠臣・松木弘安として、西洋文明の導入の先駆者として偉大な名を残した男であり、島津斉彬・市来四郎・松木弘安の偉業の数々は、『文明開化は長崎から』（集英社）にくわしく記述した通りである。

ところが明治政府の言い分は、事実と違っていた。一八七三年（明治六年）一一月に中上川彦次郎《なかみがわ》（のちの三井の大番頭）が発売した地図教科書『日本地図草紙の文』には、日本という国家について「西南九州薩摩より、東北蝦夷《えぞ》の千島まで、国の長さは六百里」と記述してあった。琉球は日本に入っていないのである。このことを知っていたのだから、明治政府が「琉球処分」によって琉球を強奪・侵略したことは事実である。

現在、沖縄の辺野古で、日本政府が機動隊の暴力を導入して基地建設を進めていることに対して、沖縄県民から「これは第二の琉球処分だ」と烈《はげ》しい怒りの声があがっているのは、この歴史的事実——日本人の侵略暴力を指しているのである。

さて、第二の史実は、有名な〝明治六年の政変〟と呼ばれる、「征韓論」をめぐるまことに奇怪な明治政府の分裂事件であった。

現在の朝鮮半島に、韓国と朝鮮のふたつの呼び名があるのは、国名が次のように変遷してきたからである。

◆一四〇一年に成立した李王朝は、中国・明朝の皇帝によって国号を「朝鮮」と定められた。それが、豊臣秀吉の朝鮮出兵という戦乱時代を経て、江戸時代二六〇年間には平穏であった。

◆だが、明治維新後は、一八九四～一八九五年の日清戦争の余波を受けて、一八九七年に大韓帝国《だいかんていこく》（略号・韓国）と改称された。

◆一九一〇年に、日本がその韓国を植民地化したので、この韓国併合後に再び朝鮮と改称された。

◆さらに戦後は、米ソ対立のため南北朝鮮が分断され、一九四八年に南朝鮮が大韓民国（韓国）、北朝鮮が朝鮮民主主義人民共和国として独立し、今日に至っている。このように国名が変遷しなければならなかった朝鮮民族の歴史に、根深い屈辱と苦難が横たわっている。その最大の加害責任者が、日本人であったのだ。

明治新政府が発足直後、朝鮮に対して国交を申し入れたが、鎖国政策をとる朝鮮に拒否されたため、武力で朝鮮を開国しようというのが征韓論であった。

この不可解な事件は、ことの起源を追跡しないと理解できない。そもそもは、幕末に尊皇攘夷《そんのうじょうい》（外国人排斥）の思想を唱え、儒学と仏教を激しくののしった仏教文化の破壊者・平田篤胤《あつたね》率いる平田派国学者や、長州で松下村塾《しょうかそんじゅく》を開いた吉田松陰《しょういん》たちが唱えた朝鮮進出論に原因があった。『古事記』や『日本書紀』の架空の伝説をもとに、古代日本は朝鮮半島に支配権を持っていたというデタラメの妄想を主張したのが、長州藩の〝維新の志士〟育ての親・吉田松陰であった。長州萩藩（山口県）に松下村塾を開いた吉田松陰が「朝鮮、満州、台湾、琉球、中国、フィリピンを手中に収めて日本を豊かにせよ」と門下生に強く説いたのだ。隣国を侵せ、と。

このおそるべき〝アジア侵略の総本山〟松下村塾を、二〇一五年に「明治日本の産業革命遺産」に組みこんだのが、長州藩出身の安倍晋三時代だったのである。この明治日本の産業革命遺産という呼び方が、まず詐称であった。この世界遺産リストに入っている伊豆韮山《にらやま》の反射炉も、岩手県釜石《かまいし》の高炉も、佐賀藩の三重津《みえつ》海軍所も、明治時代に生まれたものではない。徳川幕府の江戸時代に開発された遺産である。私が現地で観光担当者に「明治産業という呼び方は間違いですよ。なぜ文句を言わないのですか」と詰問すると、彼らは歴史を知っているので、困惑していた。そこに、山口県萩で、まったく使われもせず、ぶざまに失敗した反射炉まで、このリストに放りこんで、あたかも長州が早くから産業・文明に寄与したかのような幻想を与える、という魂胆であった。日本のテレビと新聞が、その過ちをまったく批判せず、世界遺産登録に喜んだ姿こそ、現代日本である。

その松下村塾の侵略の教えにしたがって、尊王攘夷論を掲げて幕府を倒し、その結果誕生した明治政府の要人たち——薩長藩閥——は、当然のことながら、政治目的に朝鮮侵略を掲げていたのである。

日本の幕末時代に、朝鮮は、どのような状態にあったかというと、朝鮮では一八六三年に李㷩《りき》（李命福）が第二六代朝鮮国王「高宗《こうそう》（コジョン）」に即位した。だが、幼少であるため、実父の李昰応《りかおう》（イハウン）が摂政《せっしょう》として実権を掌握し、「大院君《たいいんくん》」の名で政治を執りおこなっていた。この大院君は、アヘン戦争によって清朝中国がイギリスなどアメリカ・ヨーロッパ諸国に植民地化されるのを見て、国防を考えて完全な鎖国政策をとってはいたが、李朝としては開明的な人物で、門閥制度を打ち破って有能な人材を登用し、商人階層からも広く支持を受けていた。そのため、朝鮮に対してアメリカとフランスが侵略を仕掛けても、朝鮮の民衆が決起してこれを撃退するという状況が続いた。

やがて日本に明治維新政府が誕生すると、朝鮮に開国を求めようと、明治元年一二月一一日に対馬《つしま》藩家老の樋口《ひぐち》鉄四郎たちが朝鮮との国交を求める旨の国書を持って、明治新政府の名代として朝鮮に出発したのである。というのは、朝鮮半島の南端・釜山《ふざん》（プサン）の目の前にある対馬（長崎県）は、豊臣秀吉の愚かな二度にわたる朝鮮出兵で大打撃を受けたあと、江戸時代に入ってすぐ、対馬藩が自ら、朝鮮に対する親善外交を秘かに進めて成功させ、一六〇七年から徳川家康が朝鮮との国交を回復して朝鮮通信使が来日するようになり、対馬藩が外交窓口となって、釜山にも屋敷を持っていた。この釜山の対馬屋敷が、徳川幕府時代の唯一の在外公館であった。

このように対馬藩は、親善外交を進めようとしていたが、それとは正反対に、明治新政府に君臨した長州藩の木戸孝允《たかよし》（桂小《かつらこ》五郎《ごろう》）が、対馬藩・樋口鉄四郎の出発三日後、明治元年一二月一四日に明治政府首脳として岩倉具視《ともみ》に進言し、「朝鮮に鎖国の無礼を詫《わ》びさせ、謝罪しないならただちに兵を送って朝鮮を攻撃しよう」と、朝鮮に言いがかりをつけて侵略しろとけしかけたのだ。

正確には、「速《すみやか》に天下の方向を一定し、使節を朝鮮に遣《つかわ》し、彼の無礼を問ひ、彼若《も》し不服の時は罪を鳴らして其の土（国土）を攻撃し、大《おおい》に神州（日本）の威を伸張せんことを願ふ。然る時は天下の陋習《ろうしゆう》（悪しき慣習）忽《たちま》ち一変して、遠く海外へ目的を定め、随《したがっ》て百芸器械等真に実事（見事）に相進み、各《おのおの》内部を窺《うかが》ひ人の短を誹《そし》り人の非を責め、各自を顧みざる悪弊一洗に至る」と――外交使節がまだ朝鮮に到着する前から武力攻撃の陰謀を企んでいたのだから、坂本龍馬と組んだ〝維新の三傑〟木戸孝允の侵略主義的な悪意は、釈明しようのないものであった。

　このあと、一二月一九日に朝鮮に到着した日本使節に対して、中国に従属する朝鮮は、日本の国書の受け取りを拒否した。そのため日本では、外務省をはじめ、朝鮮を武力で征服するべしと主張する武力征韓論者が次々と現われた。この思想の根源は、すべて幕末の尊皇運動を主導し、神道だけを崇《あが》める吉田松陰や平田派国学者の暴論にあった。日本人が、江戸時代に仏教と神道と儒教の三大宗教を並立させてきたすぐれた歴史を破壊し、神道だけが唯一の道だとする傲慢きわまりない、国粋主義の思想家が国学者であった。

　なかでも吉田松陰は、朝鮮半島は日本の領土であるとの妄想を唱え、アジア侵略論を鼓吹した代表的人物であった。彼が一八五四年に書いた『幽囚録』には、琉球（沖縄）・朝鮮・満州・台湾・フィリピンを奪えと、次のように書かれていた。「今急に武備を修め、艦略《ほ》ぼ具《そな》はり礟《ほう》（大砲）略《ほ》ぼ足らば、則《すなわ》ち宜しく蝦夷（北海道）を開墾して諸侯を封建し、間に乗じて加摸察加（カムサッカ）・隩都加（オコック＝オホーツク）を奪ひ、琉球（沖縄）に諭《さと》し、朝覲《ちょうきん》会同（天皇行幸）すること内諸侯と比《ひと》しからめ朝鮮を責めて質《い》を納れ貢《みつぎ》を奉ること古《いにしえ》の盛時の如《ごと》くならしめ、北は満州の地を割き（奪い）、南は台湾・呂宋《ルソン》（フィリピン）の諸島を収め、漸《ぜん》に（順序通り）進取の勢を示すべし。然《しか》る後に民を愛し士を養ひ、慎みて辺圉《へんぎょ》（周辺諸国）を守らば、則ち善く国を保つと謂《い》ふべし」と。

また翌一八五五年（安政二年）、松陰が獄中から、『同士一致の意見』として兄に送った『獄是帳《ごくぜちょう》』は、露骨にアジア侵略を煽動《せんどう》し、朝鮮・満州・中国（支那）を支配せよと、次のように書かれていた。「魯《ろ》（ロシア）墨（アメリカ）講和一定、我より是《これ》を破り信を夷狄《いてき》（外国）に失うべからず。ただ章程を厳にし信義を厚うし、其間を以《もっ》て国力を養い、取り易《やす》き（侵略しやすい）朝鮮満州支那を切り随《したが》え、交易にて魯墨（ロシア・アメリカ）に失う所は、また土地にて鮮満（朝鮮と満州）に償《つぐな》うべし」と。まさしく狂気のアジア侵略論者であった。

こうして長州藩の吉田松陰の松下村塾から久坂玄瑞《くさかげんずい》、高杉晋作、井上馨《かおる》、伊藤博文《ひろぶみ》、山縣有朋《やまがたありとも》、木戸孝允など多くの維新の志士が巣立って、侵略を実施したのである。

この征韓論騒動によって起こったのが、日本の明治六年の政変であった。明治政府が朝鮮に対して国交を申し入れたが、鎖国政策をとる朝鮮に拒否されたため、武力で朝鮮を開国しようというのが征韓論であった。明治政府要人が幕末に騒ぎ立てた自分たちの攘夷論（鎖国論）から考えると、朝鮮の鎖国を批判するのは滑稽に見える主張であり、ましてや武力で開国しようというのだから、実に危険な侵略思想であった。驚いたことに、板垣退助《いたがきたいすけ》、江藤新平、後藤象二郎《しょうじろう》、副島種臣《そえじまたねおみ》らが、武力開国を主張したのである。

西郷隆盛は自分が朝鮮に使節として赴いて交渉すると申し出た。ところがここで、武力開国は〝時期尚早〟とする大久保利通《としみつ》、岩倉具視、大隈重信《おおくましげのぶ》、木戸孝允、大木喬任《たかとう》らが征韓反対を唱えて対立したため、一〇月二四日に西郷隆盛、翌二五日に板垣、江藤、後藤、副島が全員、政府要職を辞任した。それが、明治六年の政変であった。この辞任した危険思想の四人（板垣、江藤、後藤、副島）が、民撰議院設立建白書を提出した〝自由民権運動の主導者〟だったのである。彼らもまた、まったく危険な思想の持ち主であった。

明治六年の政変後は、むしろ旧士族が起こした佐賀の乱という形で、国内の政治権力を争う武力対決があったため、征韓の役という暴挙は防がれ、一応の幕を閉じたかに見えたが、征韓論が消えたわけではなかった。明治六年の政変から二年後、明治八年に、日本は朝鮮に出兵したのだ。朝鮮侵略の征韓論者をおさえた大久保利通、岩倉具視、大隈重信、木戸孝允らが、政変後に朝鮮侵略を実行に移したのである。

明治八年五月から六月にかけて、日本の軍艦が無許可で釜山（プサン）へ入港し、朝鮮近海で射撃演習などをおこなって、あからさまにいやがらせの示威行動を激化させてゆき、九月二〇日には日本の軍艦・雲揚《うんよう》が開国通商を求めて朝鮮西南の都市・漢陽（ハニャン。日本統治時代の京城《けいじょう》。のちのソウル）の西にある沖合の江華島《こうかとう》（カンファド）に侵入したため、江華島の砲台から砲撃を受けた。日本軍が、待ってましたとばかり艦砲射撃で反撃し、砲撃戦がはじまり、軍民を殺傷して、民家を焼き払い、軍需品と兵器を略奪する江華島事件を引き起こした。続いて一〇月二七日には佐賀藩士・中牟田《なかむた》倉之助少将率いる二隻の軍艦が釜山に入港し、儀仗兵《ぎじようへい》を率いて上陸すると、朝鮮に開国の圧力をかけた。日本に開国を迫ったペリー提督になったかのような、日本人の豹変《ひようへん》ぶりであった。

かくて翌明治九年（一八七六年）二月に薩摩藩の黒田清隆と、長州藩の井上馨が、正副の朝鮮派遣特命全権弁理大臣となって軍艦で朝鮮に乗りこみ、「開国しなければ軍事攻撃をはじめるぞ」と威嚇した。朝鮮王朝の実権者となっていた韓国皇帝・高宗の妻・閔妃《びんび》（ミンビ）の一派は、やむなく清国との属国関係を断って江華府で開国通商条約を結び、日朝修好条規（江華島条約）を締結させられ、釜山・元山《げんざん》（ウォンサン）・仁川《じんせん》（インチョン）の三港の使用を日本に認めた。明治九年二月二六日のことであった。ここで日本は、自国にきわめて有利な通商権を獲得し、やがてのちには首都・京城に兵士を駐留させる権利のほか、鉄道と電線の敷設権も獲得して、侵略への足掛かりを着々と築いていったのだ。こうして強制的に日本との国交を開かせられたのが朝鮮であった。朝鮮はこれに引き続きアメリカ、フランス、ロシアなどとも通商条約を結び、鎖国を解くことになった。吉田松陰が松下村塾からふりまいた朝鮮侵略作戦は、これで第一幕を閉じた。

この条約締結を強力に主導した薩摩の内務卿・大久保利通は、朝鮮が開国しても日本人商人が出て行かないのを見て、大倉喜八郎に朝鮮貿易を進めるよう頼みこんだ。そのため、大倉は釜山に乗りこんで行った。商才を発揮し、朝鮮でおこなわれていなかった正札販売を展開し、これが人気を呼んでたちまち売り尽くして、朝鮮貿易の先駆者となった。明治一〇年には、朝鮮で大飢饉《だいききん》が起こって食糧難になると、朝鮮政府が米の援助を要請してきたので、再び大久保利通の頼みで、大倉が神戸港から釜山に救援米を輸送する役目を引き受け、大任を果たした。これだけなら、素晴らしい日朝関係がはじまった、かのようであった。

朝鮮の植民地化に着手し、日清戦争を起こして閔妃を暗殺

ところが日本は、江華島条約で、これら開港場における治外法権と、すべての輸出入貿易商品に対する関税の免除を認めさせ、さらに、朝鮮国内で貨幣制度が確立していないことを理由に、日本の紙幣・貨幣を朝鮮国内で通用させることを認めさせたのである。

釜山に加えて明治一三年に元山《げんざん》が開港された。元山は、現在の北朝鮮の首都・平壌《へいじょう》（ピョンヤン）の真東にあたり、ソウルから朝鮮東北部への入口にあたる交通の要衝となる貿易港であった。この東朝鮮が日本人の進出基地となり、のちに新興財閥・チッソ（日窒《にっちつ》）コンツェルンの朝鮮窒素肥料が興南《こうなん》工場を建設する拠点となり、「朝鮮人を牛馬のように使う」労働が展開されることになる地帯であった。続いて明治一六年に開港さ

れた済物浦《さいもつぽ》（チェムルポ）はソウルの西三〇キロにあり、小さな漁村だったが、仁川《じんせん》（インチョン）と呼び換えられて国際貿易港として発展し、明治三三年（一九〇〇年）には朝鮮の首都・京城～仁川間に朝鮮最初の鉄道として日本人の手で京仁《けいじん》鉄道が敷設されることになった。

こうして苛酷な不平等条約のもとに、日本の通貨を持ちこみ、その貨幣製造を口実に、朝鮮の金《きん》採掘業者と農民から狡猾《こうかつ》な手法によって安価に金を掠奪《りゃくだつ》し、日本の金輸入量は、そのうち七割が朝鮮から入るほど莫大な量に達したのである。

また、朝鮮国内で栽培される米と大豆が日本に大量に輸出されるようになると、日本人商人がそれを買い占めたため、朝鮮国内では米価が値上がりして、米不足が起こり、しかも朝鮮の役人が日本の商人と結託して商品の横流しと袖の下、ピンハネをくり返した。このような不正が横行するようになったため、朝鮮民衆の生活が極度に圧迫されるようになっていった。初期の日本人商人は、対馬と九州出身などの零細商人だったが、次第に、朝鮮半島から金《きん》を獲得しようとする第一銀行の政商が乗り出してくると、貨幣整理を口実に朝鮮における税関業務まで日本の銀行が差配して、彼らが大々的な経済侵略の尖兵《せんぺい》となった。

ついに、日本の横暴さに我慢できなくなった朝鮮兵が、日朝貿易開始から六年後、明治一五年（一八八二年）七月二三日に決起した！〝みずのえ午《うま》の年〟に起こったので「壬午《じんご》事変」と呼ばれたこの軍部の反乱は、日本に取り入る閔妃一族の重臣を朝鮮兵が殺して、日本人の軍事教官たちを殺害し、鬱積する怒りが日本公使館の襲撃に向かい、平然と経済支配を広げる日本人に対する反日暴動が民衆のあいだにみるみる拡大していった。

この朝鮮兵の反乱鎮圧に日本軍が役に立たないのを見て、閔妃が中国清朝に援軍を求めたため、若き軍人・袁世凱《えんせいがい》率いる清国軍が朝鮮兵の反乱を鎮圧し、この時から閔妃が日本を切り捨てることになった。清朝・西太后《せいたいこう》と李朝・閔妃、どちらも女帝が手を結んだのである。ここから台頭した袁世凱は、やがて「北洋軍閥」の巨頭となり、のち孫文の後を継いで初代大総統に就任し、辛亥革命後の中国を再び誤った方向に戻す人物であった。

その結果、朝鮮市場に、再び清国商人が迎えられると、彼ら中国人が、それまで羽を伸ばしていた日本商人と激しく競争をくり広げることになった。この様子を見て、日本では長州の初代参謀総長・山縣有朋が、陸海軍の拡張のために軍事費の増額を要求し、「朝鮮の利権を確保するために戦争準備が焦眉の急である」ことを強調し、日清戦争の構えに入った。慶應義塾の福沢諭吉も、壬午事変後ただちに「日本人は重税その他あらゆる犠牲に耐えて、軍備拡張に全力をあげ、清国との戦争に備えるべきである」と主張し、山縣有朋と歩調を合わせて軍国主義を煽《あお》った。

日本人商人による穀物の買い占めがあまりにひどいため、明治二二年には、朝鮮東北部の咸鏡道《かんきょうどう》（ハムギョンド）の地方行政官が、日本への穀物の輸出を禁止する防穀令《ぼうこくれい》を出さなければならなかった。すると日本政府は、それによって日本人商人が損害を受けたとして、筋違いの賠償を要求し、この外交問題が何年にもわたってもめたのである。そして、土佐出身の朝鮮弁理公使・大石正巳《まさみ》が朝鮮政府を武力で威嚇し、明治二六年には朝鮮に賠償金を支払わせ、防穀令の解除を約束させてしまったのだ。この大石正巳の孫が、後年に朝鮮に進出する日窒コンツェルン（水俣病を引き起こすチッソ）創始者・野口遵《したがう》の娘と結婚したのだ。

長州藩の山縣有朋は、明治二三年（一八九〇年）には、首相として施政方針演説に臨み、「我《わが》利益線の焦点は実に朝鮮に在り……強力を用いて我が意思を達する」と主張し、日本の朝鮮侵略を早くも帝国議会において宣言した。

長州藩の伊藤博文内閣の時代、明治二七年（一八九四年）七月二三日には、日本軍が朝鮮の仁川《じんせん》（インチョン）に上陸して、京城の朝鮮王宮を占領し、次々と攻撃を仕掛けた。そして八月一日、日本が清国に宣戦布告し、ついにここに**「日清戦争が幕を開いた」**のだった。このように、日清戦争の最大の動機は、朝鮮における商業利益であった。清国商人を追い出して、朝鮮半島の「わが利益線」を確保することが、戦争目的であると総理大臣が明言していたのだから、「日本人は朝鮮民衆を中国の支配から解放しようとした」などと、後年に戦争犯罪者の手先が釈明に使った崇高な思想など、日本の施政者の頭には、微塵《みじん》もなかった。

日本が清国に宣戦布告してはじまった日清戦争では、翌一八九五年（明治二八年）一月一四日に戦争のどさくさにまぎれて、沖縄と台湾に隣接する「尖閣《せんかく》諸島」を日本の領土に編入した。かくて日清戦争に勝利すると、四月一七日に下関条約を締結して、敗れた清国が「台湾」を日本に割譲し、沖縄県の日本領有権を認めた。まず日本は戦利品として、尖閣諸島を日本領土と宣言してぶんどり、台湾を植民地化し、琉球処分以来強奪してきた沖縄を確保したのである。朝鮮の西に位置して旅順や大連などの要港を持つ遼東半島は、一度日本に割譲されながら、ロシア・フランス・ドイツの三国干渉によって、清国に返還された。しかしこの日清戦争で、日本軍人の死者は一万三八二五人という膨大な犠牲者を数えた。戦費総額は二億三二四〇万円にも達し、明治二八年の日本の歳入総額は『日本長期統計総覧』の数字で二億七九三五万円であったから、軍国主義者たちが、九ヶ月間の戦争にほぼ一年分の予算をつぎこんだのである。

そのためこの時、日本は朝鮮に対する大々的な経済侵略をおこなったのである。まず大阪商人が朝鮮貿易の天下を取って、朝鮮貿易市場では朝鮮商人と清国商人が一掃され、米、大豆のほか、金《きん》の地金を求めて朝鮮を荒らし回った。というのは、当時は金本位制だったので、金を保有している分しか通貨を発行できなかった。逆に金があればあるだけ通貨を発行して、軍需品を買い揃えることができた。そのため、日銀総裁・岩崎弥之助（三菱財閥総帥）にとって、朝鮮から得られる金は重要な資金源であった。

福沢諭吉は、日清戦争にあたって、「これは文明と野蛮の戦争であり、文明国日本にとって、清との戦いは正義の戦いである」と、これが聖戦であるかのように装った文言を新聞に書き散らしたが、一方で、「朝鮮・中国と接する時は、ヨーロッパの国々が接するのと同じやり方で接すればいいのである」と、露骨にも、アヘン戦争でイギリスがとった植民地化の戦法を使えと、悪事を教唆したのである。

この時、彼は自分の甥・中上川《なかみがわ》彦次郎が、大番頭として率いる三井財閥の鐘淵《かねがふち》紡績が手にする朝鮮利権のことなど、おくびにも出さなかった。中上川彦次郎が鐘紡《かねぼう》の「兵庫第一工場」を竣工《しゅんこう》して操業を開始したのは、まさに日清戦争勝利の翌年、一八九六年（明治二九年）九月のことであった。この頃にはすでに、大阪紡績・尼崎紡績・摂津紡績・鐘淵紡績などの大阪～兵庫の紡績業界が安い綿糸・綿布・綿製品を量産できるようになっていたので、これを朝鮮に向けて大量に輸出しはじめた。一方で、その代金によって安値で手に入れた米や大豆の穀物は、この阪神地方の工場で低賃金で働かせる労働者の食糧用として輸入され、このピストン貿易で巨利をあげたのが彼らであった。それが、朝鮮半島に徘徊する大阪商人の素顔であった。

日清戦争の日本勝利から半年後、朝鮮の国民がとりわけ強烈な、決定的とも言える反日感情を抱いたのは、「閔妃暗殺事件」であった。閔妃がロシアと組んで復権してくると、朝鮮とロシアの連合をおそれた長州藩出身の朝鮮駐在日本公使・三浦梧楼《ごろう》が首謀者となり、熊本藩の安達謙蔵らが加わって、一八九五年（明治二八年）一〇月八日に閔妃を暗殺したのだ。

たとえ閔妃に独裁者の性格があるとはいえ、隣国朝鮮の王朝の実権者である。日本の子爵で、学習院長をつとめ、しかも公使である三浦に、自国の王妃を殺されて、黙っている民衆があろうはずがない。共犯者の安達謙蔵も、のちには右翼国権党を結党して重鎮となり、逓信大臣と内務大臣を歴任し、労働者を弾圧する立法に腐心する男であった。暗殺の主犯である三浦梧楼も安達謙蔵も、血気盛んなやくざ者でありながら、日本で投獄されたあと、無罪放免されてしまったのである。それまでは王朝に不満を抱いていた朝鮮民衆も、あるいは清国の属国であることに我慢してきた全土の朝鮮国民も、自分の国の顔が、日本人によって踏みつけられた恥辱を、胸に深く刻んだのが、この事件であった。

朝鮮国内に京釜鉄道の建設はじまる

そのあと烈しい反日抵抗運動が続いたことは、日本人の手になる歴史では、まともに記録されていない。なぜなら、日本の軍隊が反日運動を厳しく取り締まり、日本人商人と朝鮮人とを巧みに隔離したため、朝鮮国内に入った日本人商人たちは、自分たちが侵略していることに無自覚で、日本軍に守られて行動したからである。その時代に、朝鮮の民衆から大々的な土地の収奪がおこなわれたのだ。この反日運動と弾圧が、以下のように商業と密接な関係を持っていた。

日清戦争に勝利して六年後の明治三四年（一九〇一年）に、渋沢栄一と大倉喜八郎らの資本家が〝首都と貿易港を結ぶ〟京城〜釜山間の鉄道のため京釜《けいふ》鉄道会社を設立し、建設に着手した。ところが、次から次へと起こる反日運動に直面して、工事が行きづまった。さてその時、京釜鉄道という侵略会社の創設に参加して取締役に就任した尾崎三《さぶ》良《ろう》という男がいた。この人物は、何者だったか。

江華島事件が起こる三ヶ月前の明治八年六月二八日に、日本で布告された新聞紙条例と讒謗律《ざんぼうりつ》の作成者として、報道界が忘れない悪名が、この尾崎三良であった。讒謗とは、ありもしないことを語って、人を悪く言うことなので、今日でいう名誉棄損にあたるから、これを政府が取り締まる法律を定めてもおかしくはない。ところがこの法律は、同日に公布された新聞を取り締まる新聞紙条例と一対になっていた。すぐれた反政府新聞を廃刊に追いこむための法律であり、この二法によって言論を弾圧したのである。法律の条文は、どうでもよかった。政府を批判する新聞があれば、いかなるこじつけの罪状でもよいから、発刊者や編集者を拘引して投獄し、無法という名の法によって、物言わぬ世界に投げこむことができたのが新聞紙条例と讒謗律であった。反骨のジャーナリスト、朝野《ちょうや》新聞の成島柳北《りゅうほく》や末広鉄腸《てっちょう》が筆禍事件で投獄されたのは、この二法が、彼らを放し飼いにしないよう創作された法律だったからである。

この条文を、尾崎三良と共に作成して悪名を残した井上毅《こわし》がまた、戦前に自由な国民思想をしばる明治二三年の「教育勅語《ちょくご》」の原案を起草したことも、歴史家のあいだでよく知られている。二〇〇六年一二月一二日に第一次安倍晋三内閣が強行採決した教育基本法の改悪が、実はこの〝教育勅語の復活〟を狙った個人主義の圧殺、すなわち国家第一主義であった。そして日清戦争が勃発すると、「台湾は日本の航海権から見て大変な利益がある。今の機会を見過ごせば、台湾をほかの大国にとられてしまう」と、真っ先に台湾の植民地化を伊藤博文首相に強く進言したのが、同じ井上毅であった。つまり新聞弾圧という法律を定めた二人が、一人は朝鮮の利権に乗り出し、一人が台湾の利権を主張して、いずれも商業的植民地主義者であった。井上毅は、女婿《むすめむこ》の井上匡四郎《ただしろう》が満鉄の撫順《ぶじゅん》炭鉱長と鞍山《あんざん》製鉄所長をつとめ、鉄道大臣にも就任して、植民地産業を動かした。尾崎三良のほうも、娘が日本鉄道会社社長の甥と結婚したので、利権という面では申し分なかった。この欲望が引き金となって、台湾・朝鮮だけでなく、日本を含むすべての大衆が弾圧されたのである。

かくして日清戦争の余波で、一八九七年（明治三〇年）に国名を大韓帝国《だいかんていこく》（略号・韓国）と改称された朝鮮で、日清戦争勝利～閔妃暗殺から七年後の一九〇二年（明治三五年）、ついに日本の第一銀行・韓国総支店が「第一銀行券」を発行し、紙幣によって経済を牛耳りはじめた。日本は日清戦争前年の一八九三年までに、外国から輸入した金《きん》の総額のうち七割近くを朝鮮から輸入してきたが、その後も第一銀行は、同行の五〇年史が記しているように、朝鮮通貨を「第一銀行券」によって支配し、さらなる金の買収を狙った。開国させられた朝鮮は、新時代の文明導入に踏み出さなければならなかったが、肝心の商業を日本人におさえられたため、国内技術などがほとんど自力で発展できない状態に追いこまれていった。

本来、朝鮮の紙幣制度が未熟だというなら、日本人が朝鮮の技術者に紙幣の印刷術を教え、朝鮮人に発行させればよいのであり、そうするべきだったが、日本の第一銀行・韓国総支店が銀行券を発行したのだ。鉄道が必要というなら、その技術を日本人が指導し、朝鮮人の手で敷設させるべきだったが、日本人が朝鮮国内の鉄道を敷設したのだ。ヨーロッパ人とアメリカ人が幕末から日本に上陸した時には、お雇い外国人が日本人に次々と印刷や鉄道の新技術を教え、日本人にヨーロッパの文明を伝え育ててくれたが、日本人は朝鮮に対して、奪えるものを奪いつくして、両者の文明の差を広げることに腐心したのだ。これが、侵略という言葉の所以《ゆえん》だったのである。

翌一九〇三年には日露開戦が迫って、日本政府が朝鮮での軍事輸送力を必要としたため、重要幹線の京城〜釜山間の鉄道工事を速成するよう命じた。

日露戦争による朝鮮の侵略——尖閣諸島と竹島の領有問題の起源

続く一九〇四年（明治三七年）二月一〇日に、長州藩の桂太郎内閣のもと、日本が宣戦布告して、日露戦争がはじまったのである。この大戦争の実態はのちにくわしく述べるが、ここでは日露戦争中の朝鮮侵略に焦点を合わせる。五ヶ月後の七月には、外務大臣・小村寿太郎《じゅたろう》が桂太郎首相宛てに、早くもロシアに勝利した暁に要求するべき事項をまとめ、その意見書を提出した。つまり小村は、満州と朝鮮と、ロシア領の沿海州における日本の利権を拡大するため、鴨緑江《おうりよくこう》岸から遼陽《りようよう》に至る鉄道敷設権と、哈爾浜《ハルビン》（日本人の多くはハルピンとも呼んでいた）～旅順間の一地点から吉林《きつりん》までの鉄道敷設権を、ロシアから日本に譲渡させることを、戦利品として明記したのである。この意見書で小村は、ライオンが草むらに隠れて弱い動物を襲う時のように、「韓国は事実上、日本の主権範囲として保護の実権を確立し、ますます日本の利権の発達を図るべし」と、朝鮮を植民地化する強烈な方針を打ち出した。宮崎県飫肥《おび》藩出身の小村は、かくも露骨な侵略主義者でありながら、現在でも地元で偉人として扱われている。

そのため日本政府は、日本はロシアと戦っていたはずだが、日露戦争のさなか、八月二二日に、日本は第一次日韓協約を強引に締結して、「韓国政府は日本政府が推薦する財政・外交顧問を任用し、また外国との条約締結や特権譲与については日本政府と事前協議しなければならない」と定めて、韓国を事実上の支配下に置き、第一銀行の韓国総支店を〝朝鮮の中央銀行〟として認めさせた。時の第一銀行頭取は渋沢栄一だったのである。日露戦争の戦火が燃え盛る渦中に、朝鮮を支配したのである！

この協約によって韓国の財務顧問に就いたのは、のちに紹介する目賀田種太郎《めがたたねたろう》という人物であった。翌一九〇五年（明治三八年）元旦に、京城～釜山間の全線を開通させて、日本は事実上の土地の植民地化を達成した。また一月二八日には、桂太郎内閣が閣議決定で、島根県沖の竹島――無人島（韓国名・独島《トクト》）に軍事的な価値があると見て、日本領土に編入することを決定した。翌二月二二日には日本の鴨緑江軍が前進を開始し、奉《ほう》天《てん》（満州――現在の中国東北部・遼寧《りようねい》省瀋陽《しんよう》市）に対する攻略作戦に踏み切り、日露両軍の六〇万人近い兵士が激突する奉天会戦を展開すると、同日、島根県告示が公式に「竹島」と命名した島を、島根県所属隠岐島《おきのしま》所管とする旨を一方的に宣言した。それを誰がおこなったか。時の島根県知事・松永武吉は、薩摩藩出身で、この日露戦争中に島根県知事に赴任し、このあと朝鮮総督府の平安南道《へいあんなんどう》（ピョンマムナムド）・京畿道《けいきどう》（キョンギド）長官など植民地高官を歴任し、朝鮮を日本に併合する中枢的な役割を果たす男であった。

日本が、日清戦争の時代に「尖閣諸島」を日本領土に編入し、日露戦争の時代に「竹島」を日本領土に編入したことが、現在の日中関係と日韓関係において領土権争いの種になっているのは、このような歴史によるのである。この領土権問題を、われわれが当事者として考えるのでなく、ヨーロッパ人のような第三者の立場から冷静に見てみよう。尖閣諸島に最も近いのは、地図を見れば、台湾と沖縄である。歴史的には、台湾の原住民は、中国人ではない。一方の沖縄は、もともと、明治新政府が琉球処分によって勝手に日本領土に編入した土地であるから、歴史的には日本ではなく、琉球王国である。したがって、尖閣諸島は、もともと中国の領土でもなければ、日本の領土でもない。

また竹島は、朝鮮の鬱陵島《うつりようとう》と、日本の島根県の隠岐島の中間に位置する〝無人島〟であった。本来、国家の領土とは、そこに長く人間が住んで、生活している場合に使うべき言葉である。したがって、竹島は韓国の領土でもなければ、日本の領土でもない。尖閣諸島も竹島も、峨々《がが》とした島であるから人間が居住して生活する場所ではなかった。どこの国の領土でもない、という認識を、日本人、中国人、韓国人が持っていないところに、間違いの源がある。地図を開いて見れば、誰でも分ることである。

それが、いきなり一九七〇年代から領土権を争うようになったのは、言うまでもなく、二〇〇カイリのような海の漁業権が重要となり、豊富な石油・ガスの海底資源が発見されて、その所有権が、領土権の範囲によって規定されるからであった。つまり、日中関係も日韓関係も、外交交渉によって、両者が〝漁業権と海底資源を仲良く分け合う〟条約や協定を結ぶべき問題なのである。

なぜこのように言い争うようになったかといえば、尖閣諸島も竹島も、日本が日清戦争と日露戦争の最中に勝手に日本に編入した領土であるにもかかわらず、戦後にアメリカが沖縄を日本に返還する交渉の過程で日本と取り引きして、それ以来日本が「日本固有の領土である」と主張してきたのである。そのため中国政府と韓国政府が、侵略戦争時代の歴史を日本政府がまったく議論しない、その歴史認識のなさに怒りを覚えたからである。さらに二〇一二年に日本が尖閣諸島を国有化した結果、その怒りが昂《こう》じて、中国と韓国の国民も、日本の国民に対して不信感と憤りを抱く結果となってきた。こうした中国人と韓国人の怒りは、本書で記述している大日本帝国時代の侵略史を知れば、当然理解できることである。

加えて、一九四五年八月一五日に日本が無条件降伏して受け入れたポツダム宣言に書かれている通り、戦後の日本の領土権を定義する基礎となった〝一九四三年のカイロ宣言〟では、日清戦争以後について「一九一四年の第一次世界戦争の開始以後において日本国が奪取しまたは占領したる太平洋における一切の島嶼《とうしょ》を剝奪すること、並びに満《まん》洲《しゅう》、台湾および澎湖《ほうこ》島《とう》のごとき日本国が清国人より盗取したる一切の地域を中華民国に返還すること」と定められていたのである。その結果、日清戦争で植民地にした台湾を戦後に返還した。同じように、日清・日露戦争の際に日本が一方的に尖閣諸島や竹島の領土権を宣言した経緯から、尖閣諸島や竹島に領土権があるという主張が通る道理はない（このポツダム宣言受諾のくわしい経過は、のちに無条件降伏した戦後の事情の項に述べる）。

日本政府ばかりか、日本のテレビと新聞の報道界も、すべての文化人・知識人も、尖閣諸島と竹島の問題になると、日清戦争と日露戦争で日本人が侵略したという史実を一顧だにしない態度をとっている。これほど大きな論争になっていながら、「どこの国の領土でもない」という意見を述べた文化人を私が見たことも聞いたこともないのは、不思議を通り越して、驚きである。中国が現在、尖閣諸島周辺で軍事的に暴走しているのは事実である。それを見逃してよいはずがない。だからといって、日本やアメリカが中国と軍事的に対立してはならないことは、言うまでもない。したがって日本政府は、「尖閣諸島も竹島も、日本の領土ではありません」と宣言するべきである。こう宣言すれば、中国人も韓国人も、過去の悲惨な歴史を忘れないまでも、かたわらに置いてくれ、日本と外交交渉をしやすくなる。そこで日本が「しかし、中国の領土でも韓国の領土でもありません。互いに、そこから得られる漁獲物と海底資源を仲良く等分しましょう」と言って、外交官が握手を求めながら、なごやかに解決すべきである。それができない日本人は、やはり本書を一から読み直す必要がある。

話を元に戻して、その侵略時代に何がおこなわれたかというと、韓国の財務顧問に就いた目賀田《めがた》種太郎は、息子が大倉財閥・大倉喜八郎の孫娘と結婚し、娘の嫁いだ高田家が三井財閥生みの親・三野村利左衛門の孫の義兄弟で、もう一人の娘も山縣有朋の忠実な部下として北海道長官となった渡辺千秋のような富豪一族であった。それだけではない。幕末に幕府の優秀な人材つぶしに暗躍し、幕府一の天才技術者・小野友五郎《ともごろう》たちを密告して投獄し、朝廷側について江戸幕府を崩壊させた幕府代表・勝海舟の女婿が、この目賀田種太郎だったのである。この係累は、何を意味していたのだろうか。

長州藩の吉田松陰にアジア侵略思想を教えこんだ師が誰かといえば、長野県松代《まつしろ》藩の佐久間象山《しょうざん》であった。その象山は「五大洲を巻いて皇朝（日本の天皇）に帰せしめ（服従させ）、皇朝をして永く五大洲の宗主たらしめよ」と主張していた。つまり、天皇王朝が全世界（五大洲＝五大陸）を制覇する、というトンデモナイ世界征服説を公言していた男であった。その象山の弟子として、世界征服思想を受け継いだのが吉田松陰であった。この大言壮語した象山の妻が、勝海舟の妹・順子であったのだから、もともとこの一族一派の心中には、侵略思想が渦巻いていたのである。

その勝海舟の女婿・目賀田種太郎が、日露戦争の最中、一九〇四年（明治三七年）一〇月に侵略者の急先鋒として韓国政府財政顧問となり、赴任したのだ。

彼は、韓国統監府で財政監査長官（大蔵大臣）のポストに就いて、朝鮮国内の貨幣整理を主導し……殖産興業……道路港湾……税関整備……土地整理……金融機関の普及など多大の成果を挙げたとされている。ところがその成果は日本側が解説した大嘘であり、朝鮮側では、いま列挙したあらゆる機能を朝鮮人から取り上げて、日本人がそこに入りこみ、朝鮮の商工業者に壊滅的な打撃を与えた悪人が目賀田であった、と深く記憶されているのである。朝鮮の大蔵大臣・目賀田種太郎がおこなった貨幣整理とは何であったか。

暗殺される前の閔妃が実権者だった時代に、貨幣を鋳造するために設立された朝鮮の造幣所は、典圜局《てんかんきょく》であった。これを目賀田が廃止してしまい、朝鮮人による貨幣の鋳造を禁止してしまったのである。この朝鮮造幣所は、住友財閥の番頭・広瀬宰平《さいへい》たちが設立した大阪製銅会社（住友電気工業の前身）の社長をつとめた優秀な増田信之《のぶゆき》が朝鮮に招かれて、近代的な鋳造設備を備え、新貨幣を製造したところであった。したがって、朝鮮国内でも日本最高の技術を受け継いでいたのである。それをつぶしたのが貨幣整理であった。したがって、その目的は、日本人が貨幣鋳造の実権を朝鮮人から奪い取ることにあった。

一九〇五年（明治三八年）九月五日、日露戦争に勝利して日露ポーツマス条約に調印すると、帝政ロシアが清国との条約によって保有していた「南満州」の権益がそっくり日本に譲渡された。日本は旅順・大連の租借権と、南満州の長春〜旅順の鉄道経営権などを獲得したが、同時にここで、韓国における日本の利権を国際的に承認させたのだ。「ロシアをアジアから追い払うのだ」と主張しながら、実際にしたことは、この戦争のさなかに韓国の外交権を剝奪し、竹島を日本の領土に編入し、満州支配に着手したのである。

日露戦争勝利から二ヶ月後の一九〇五年一一月一七日には、「第二次日韓協約」を締結して、「韓国政府の外交問題は日本の外務省が処理し、日本政府代表として京城に統監府を設置する」ことを約束させた。この協約によって朝鮮民衆が猛烈な反日暴動を起こすなか、一九〇六年二月一日に、西園寺《さいおんじ》公望《きんもち》内閣が京城に植民地支配の牙城・韓国統監府を設置し、三月二日に〝朝鮮総督の前身〟である初代〝韓国統監〟に伊藤博文が着任した。彼の右腕となったのが、目賀田種太郎であった。こうして露骨な朝鮮の植民地化を成し遂げた。それが、日露戦争の結果であった。二〇一〇年に公開され、朝鮮人医師を描いた長編韓国ドラマ『済衆院（チェジュンウォン）』に、この時期の日本人による朝鮮侵略が描かれている。その後半に、「朝鮮国王・高宗が日韓協約を認めないとして拒否する」シーンと、「朝鮮国王・高宗が日本人によって退位させられる」屈辱のシーンと、日露戦争中の一九〇五年七月二九日に桂太郎首相とアメリカ陸軍長官ウィリアム・タフト特使が交わした覚書によって「アメリカがフィリピンを支配し、日本が朝鮮を支配する」という日米の密約が結ばれ、日本人医師が朝鮮人に対して生体実験をおこなったことなどが紹介される。これはドラマ化した物語だが、史実に基づいているので、日本人必見の作品である。

この年、一九〇六年一一月二六日に満鉄が創立されたのだから、満州と朝鮮の植民地経営は、広大な土地を走る満鉄と、朝鮮の鉄道を連結する軍事的戦略が並行して進められたことになる。同じ一九〇六年から第一銀行の韓国総支店の支店長に就任して、伊藤博文、目賀田種太郎と共に朝鮮経済を支配したのが、市原盛宏《いちはらせいこう》であった。市原は、アメリカのエール大学に学び、第一銀行に入行したあと、頭取の渋沢栄一に従って欧米を視察旅行して認められた男であり、渋沢栄一の縁戚であった。京釜鉄道の敷設と第一銀行によって、朝鮮を支配しようとしたのだ。それを主導したのは、渋沢栄一にほかならなかった。

そのあとがすさまじかった。日露戦争勝利から二年後の一九〇七年（明治四〇年）七月二四日には、韓国統監・伊藤博文が「第三次日韓協約」を締結して、韓国の内政も日本人統監の指導下に置き、大審院長と大審院検事総長などの司法権力や、各部の次官などに日本人を採用させ、韓国軍隊を解散することを規定した。これによって軍事力と裁判権も日本が掌握した。ついにここに、韓国（朝鮮）を完全な日本の持ち物としたのである。

一九〇九年（明治四二年）に二代目韓国統監に就任した長州藩の曾禰荒助《そねあらすけ》は、七月一二日に「韓国司法及監獄事務委託に関する覚書」を調印して、抗日運動を弾圧するため、韓国内の警察権と司法権を、完全に日本が支配する恐怖政治に着手した。彼はまた、韓国中央銀行に関する覚書を調印して、韓国内の中央銀行と紙幣を日本の第一銀行が支配する経済統治を完了し、経済もおさえた。第一銀行頭取はまだ渋沢栄一であった。

朝鮮行政と土地収奪の黒幕・東洋拓殖
――韓国併合により植民地化を完成

この時、朝鮮の鉄道建設で実務を主導したのは、姫路藩出身の古市公威《ふるいちこうい》であった。日本の国策として日露戦争の開戦が迫った一九〇三年（明治三六年）一二月に、京釜鉄道株式会社「総裁」となった古市は、一年でこの鉄道全線の速成工事を完了させる手腕を発揮した。そして一九〇六年から伊藤博文のもとで働き、四月には首都から満州に向けて京城～新義州《しんぎしゅう》間に京義鉄道が全線開通した。義州（ウィジュン）は、中国との国境にあって、古くから両国の商人が交易した朝鮮の商業都市である。京釜鉄道と京義《けいぎ》鉄道、この二つの鉄道によって、日本と朝鮮、さらに満州とを軍事的・経済的に結ぶ重要幹線が生まれた。その後、この古市公威が韓国統監府の鉄道管理局長官（鉄道大臣）に就任して、朝鮮の鉄道行政をとりおこなったのである（一七六頁に鉄道地図を示す）。

しかしこの古市公威の娘が、東洋拓殖の副総裁・野田卯太郎《うたろう》の息子と結婚したのだ。東洋拓殖とは？　のちに長州藩の第二次桂太郎内閣のもとで、一九〇八年一二月二八日、朝鮮で拓殖事業を営む特殊事業会社として東洋拓殖会社（通称・東拓）が京城に設立され、長州藩出身の陸軍中将・宇佐川《うさがわ》一正《かずまさ》が初代総裁となって、大々的な朝鮮の土地収奪の侵略にとりかかったのである。よくも次々と長州藩の人間が登場するものだと驚くが、アジア侵略のために広大な土地を朝鮮人から強奪したのが、東洋拓殖であった。

その二年後の一九一〇年（明治四三年）五月三〇日、長州の陸軍大臣・寺内正毅《まさたけ》が三代目韓国統監に就任し、八月二二日に長州の日本政府・桂太郎内閣を代表して韓国併合を強行する日韓条約に調印し、植民地化を完了した。そして八月二九日に「韓国」の国号を「朝鮮」と改称し、韓国統監府に代って朝鮮総督府を設置する法令を公布した。すでに日本軍によって完全に無力化され、名目上の朝鮮王（大韓帝国皇帝）純宗《じゅんそう》（スンジョン）だった李坧《りせき》が退位し、五〇〇年間続いた朝鮮・李王朝がここに消滅したのであった。この純宗は、暗殺された閔妃の実子であった。このように日本は、日清戦争で台湾を植民地化し、日露戦争で朝鮮を完全に植民地化したのである。おかしなことに日本は、中国とロシアと戦った戦利品として中国とロシアを植民地化するのではなく、代りに台湾と朝鮮が、まったくいわれのない侵略を受けたわけである。

また皇帝・純宗の異母弟である朝鮮の皇太子・李垠《りぎん》（イウン）は、すでに一一歳の時に伊藤博文によって〝人質〟として日本に留学させられていたが、昭和天皇の皇后の従姉妹にあたる梨本宮方子《なしもとのみやまさこ》が、政略結婚でこの李垠に嫁がされ、韓国併合を強行した日本政府が掲げる「日鮮融和」の象徴にかつがれた。このふたりの間に生まれた子・李晋《りしん》(イチン)は、一九二二年(大正一一年)に夫妻が朝鮮に渡った時、日本帰国直前に〝毒殺〟と見られる急死を遂げ、王朝継承者が消されたのであった。

当時の朝鮮で撮影されたこの写真は、朝鮮王朝の正装をした李垠皇太子が愛児を抱いて、隣に梨本宮方子が坐《すわ》っているので、この愛児が、〝殺される直前の李晋〟だと推定される。この写真は当時、京城で写真館を経営していた私の祖父が撮影したものなので、日本の朝鮮総督府に依頼されて撮影したと思われる。

梨本宮方子(左)、李垠皇太子と愛児(右)

日本に朝鮮の軍人が入ってきて天皇家を消滅させれば、日本人は一体どのように思うだろうか。天皇制に反対する人間であっても、激怒するに違いない。福沢諭吉は「これは文明と野蛮の戦争である」と言った。まさしくこの時代の日本人の無神経さは、戦争犯罪者の鼻薬がきいた現代の評論家が、いかなる釈明をしても徒労に終るほど野蛮であった。そして、ここから真の恐怖政治がはじまったのである。

韓国併合の翌月、一九一〇年九月一二日に重大な条例が制定された。朝鮮駐箚《ちゆうさつ》憲兵条例であった。朝鮮に駐留するこの日本の憲兵隊は、「軍事警察」のほか、「治安警察」、「行政警察」、「司法警察」の任務を遂行すること、とされた。つまり、日本の憲兵が朝鮮の軍隊をつとめ、反日行動を取り締まり、商業に介入したのだ。さらに日本人の司法当局が、抵抗する朝鮮人を投獄するためには裁判を必要とした。その冤罪《えんざい》裁判の証拠資料を集めたのが、恐怖の司法警察を兼ねたこの憲兵制度であった。

そして一〇月一日、朝鮮総督府官制を施行して、「朝鮮総督は（日本の）陸海軍大将をこれにあて、朝鮮における行政権と軍令権を持つ」と定め、日本の軍人が直接朝鮮を統治する恐怖の武断政治が、ここに幕を切って落とされた。韓国併合を強行した本人である長州藩出身の韓国統監・寺内正毅が陸軍大臣を兼任して「初代朝鮮総督」に就き、露骨な軍閥政治にとりかかったのだ。朝鮮総督・寺内の配下に組織された憲兵隊は、日本の本土に存在する全憲兵に匹敵する規模の大組織となり、朝鮮全道にくまなく憲兵隊と駐在所が置かれ、寺内はその後、総理大臣に就任するまでの六年間、憲兵政治を朝鮮半島全土に敷きつめた。「全道は蟻《あり》の這い出る隙もないほど、憲兵網が張りめぐらされ、専制至らざるはなく、朝鮮半島の住民を恐怖に戦慄させ、その怨嗟《えんさ》の声は全道に満ち満ちた」と、現在に悪魔伝説を残す大日本帝国による恐怖政治がはじまったのである。

系図4 長州のアジア侵略者が明治維新以来組み上げた閨閥

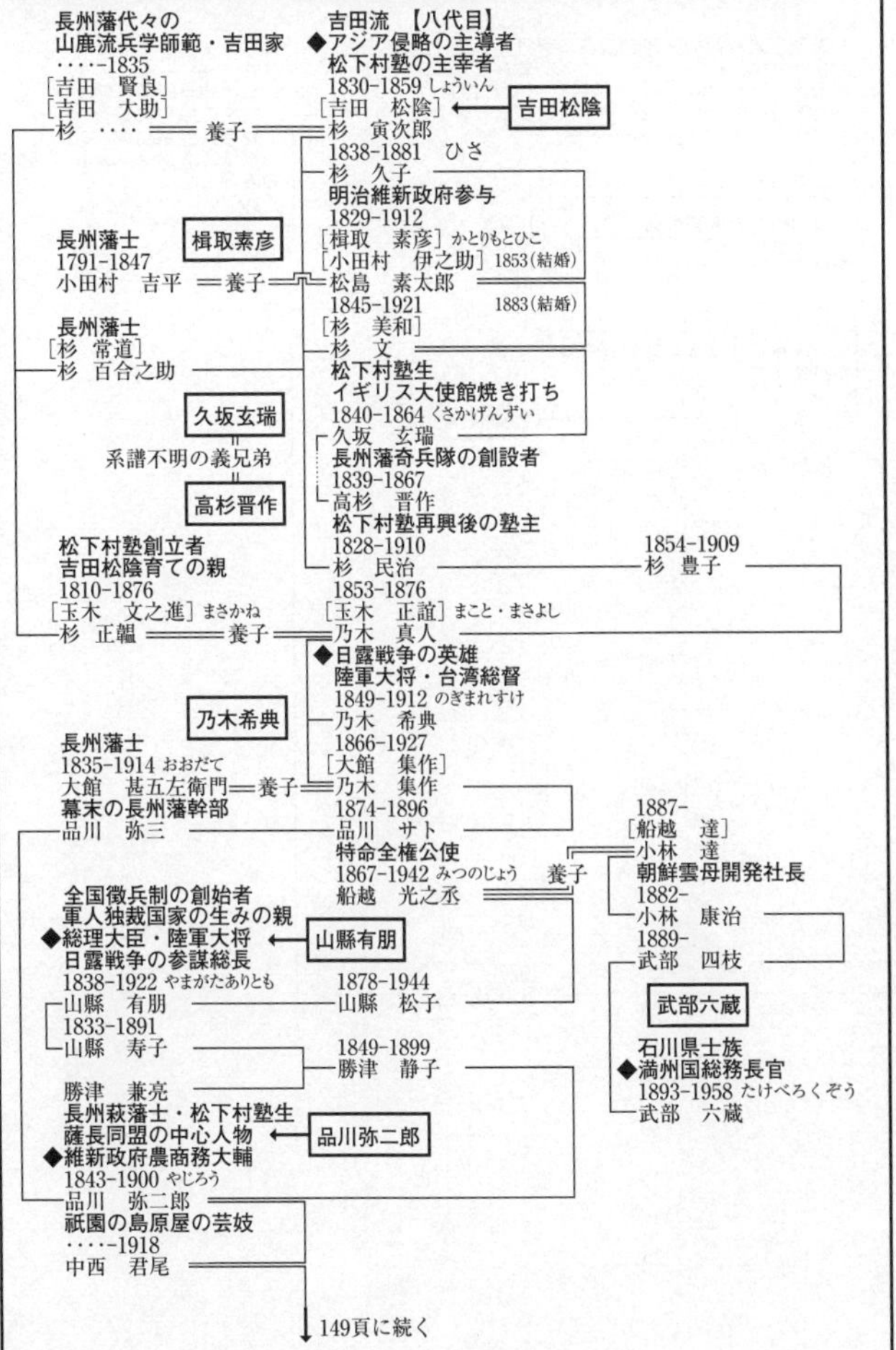
長州藩代々の
山鹿流兵学師範・吉田家
・・・・-1835
[吉田 賢良]
[吉田 大助]
杉 ・・・・ 養子
吉田流 【八代目】
◆アジア侵略の主導者
松下村塾の主宰者
1830-1859 しょういん
[吉田 松陰]
吉田松陰
杉 寅次郎
1838-1881 ひさ
杉 久子
明治維新政府参与
1829-1912
[楫取 素彦] かとりもとひこ
[小田村 伊之助] 1853(結婚)
楫取素彦
長州藩士
1791-1847
小田村 吉平 養子
松島 素太郎
1845-1921
1883(結婚)
[杉 美和]
杉 文
長州藩士
[杉 常道]
杉 百合之助
松下村塾生
イギリス大使館焼き打ち
1840-1864 くさかげんずい
久坂玄瑞
系譜不明の義兄弟
高杉晋作
久坂 玄瑞
長州藩奇兵隊の創設者
1839-1867
高杉 晋作
松下村塾再興後の塾主
1828-1910
杉 民治
1854-1909
杉 豊子
松下村塾創立者
吉田松陰育ての親
1810-1876
[玉木 文之進] まさかね
杉 正韞 養子
1853-1876
[玉木 正誼] まこと・まさよし
乃木 真人
◆日露戦争の英雄
陸軍大将・台湾総督
1849-1912 のぎまれすけ
乃木希典
乃木 希典
長州藩士
1835-1914 おおだて
大館 甚五左衛門 養子
幕末の長州藩幹部
1866-1927
[大館 集作]
乃木 集作
1874-1896
品川 弥三
品川 サト
特命全権公使
1867-1942 みつのじょう
船越 光之丞
養子
1887-
[船越 達]
小林 達
朝鮮雲母開発社長
1882-
小林 康治
1889-
武部 四枝
武部六蔵
石川県士族
◆満州国総務長官
1893-1958 たけべろくぞう
武部 六蔵
全国徴兵制の創始者
軍人独裁国家の生みの親
◆総理大臣・陸軍大将
日露戦争の参謀総長
1838-1922 やまがたありとも
山縣有朋
山縣 有朋
1833-1891
山縣 寿子
1878-1944
山縣 松子
1849-1899
勝津 静子
勝津 兼亮
長州萩藩士・松下村塾生
薩長同盟の中心人物
◆維新政府農商務大輔
1843-1900 やじろう
品川弥二郎
品川 弥二郎
祇園の島原屋の芸妓
・・・・-1918
中西 君尾

149頁に続く

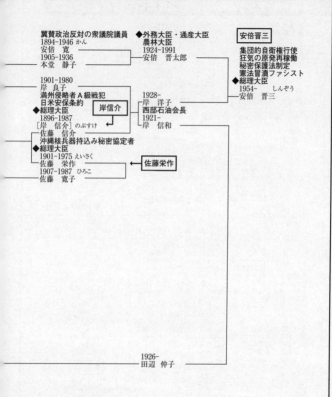

翼賛政治反対の衆議院議員
1894-1946
安倍　寛《かん》
1905-1936
本堂　静子

1901-1980
岸　良子
満州侵略者Ａ級戦犯
日米安保条約
◆総理大臣
1896-1987
［岸　信介《のぶすけ》］
佐藤　信介
沖縄核兵器持込み秘密協定者
◆総理大臣
1901-1975
佐藤　栄作《えいさく》
1907-1987
佐藤　寛子《ひろこ》

岸信介

佐藤栄作

◆外務大臣・通産大臣
農林大臣
1924-1991
安倍　晋太郎

1928-
岸　洋子
西部石油会長
1921-
岸　信和

1926-
田辺　仲子

安倍晋三

集団的自衛権行使
狂気の原発再稼働
秘密保護法制定
憲法冒瀆ファシスト
◆総理大臣
1954-
安倍　晋三《しんぞう》

系図4（その2）

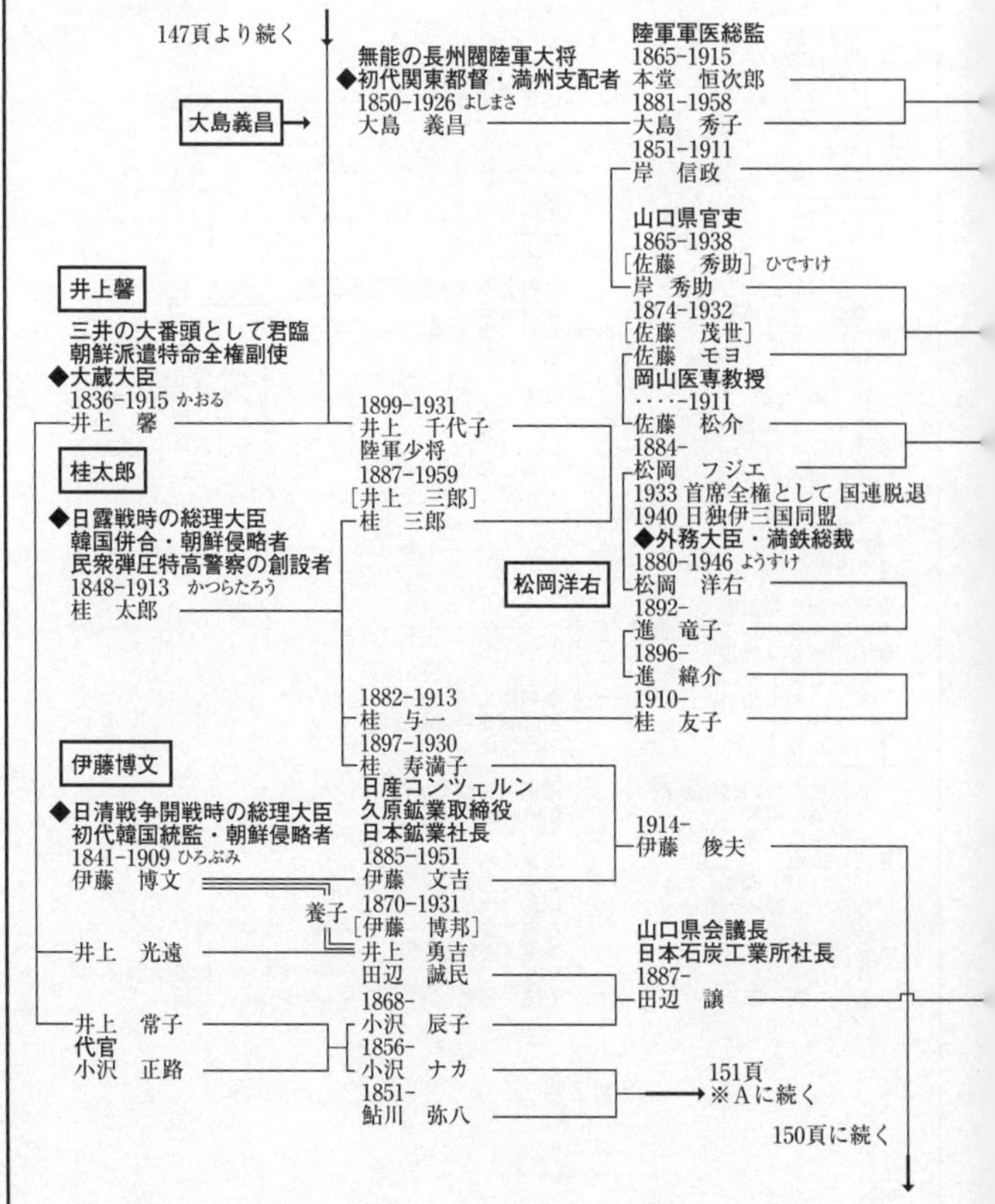
147頁より続く
大島義昌
無能の長州閥陸軍大将
◆初代関東都督・満州支配者
1850-1926 よしまさ
大島　義昌
陸軍軍医総監
1865-1915
本堂　恒次郎
1881-1958
大島　秀子
1851-1911
岸　信政
山口県官吏
1865-1938
［佐藤　秀助］ひですけ
岸　秀助
1874-1932
［佐藤　茂世］
佐藤　モヨ
岡山医専教授
・・・・-1911
佐藤　松介
1884-
松岡　フジエ
1933 首席全権として 国連脱退
1940 日独伊三国同盟
◆外務大臣・満鉄総裁
1880-1946 ようすけ
松岡　洋右
松岡洋右
1892-
進　竜子
1896-
進　緯介
1910-
桂　友子
井上馨
三井の大番頭として君臨
朝鮮派遣特命全権副使
◆大蔵大臣
1836-1915 かおる
井上　馨
1899-1931
井上　千代子
陸軍少将
1887-1959
［井上　三郎］
桂　三郎
桂太郎
◆日露戦時の総理大臣
韓国併合・朝鮮侵略者
民衆弾圧特高警察の創設者
1848-1913　かつらたろう
桂　太郎
1882-1913
桂　与一
1897-1930
桂　寿満子
伊藤博文
◆日清戦争開戦時の総理大臣
初代韓国統監・朝鮮侵略者
1841-1909 ひろぶみ
伊藤　博文
日産コンツェルン
久原鉱業取締役
日本鉱業社長
1885-1951
伊藤　文吉
1914-
伊藤　俊夫
養子
1870-1931
［伊藤　博邦］
井上　光遠
井上　勇吉
山口県会議長
日本石炭工業所社長
田辺　誠民
1887-
田辺　譲
1868-
井上　常子
小沢　辰子
代官
小沢　正路
1856-
小沢　ナカ
1851-
鮎川　弥八
151頁
※Aに続く
150頁に続く

系図4（その3）

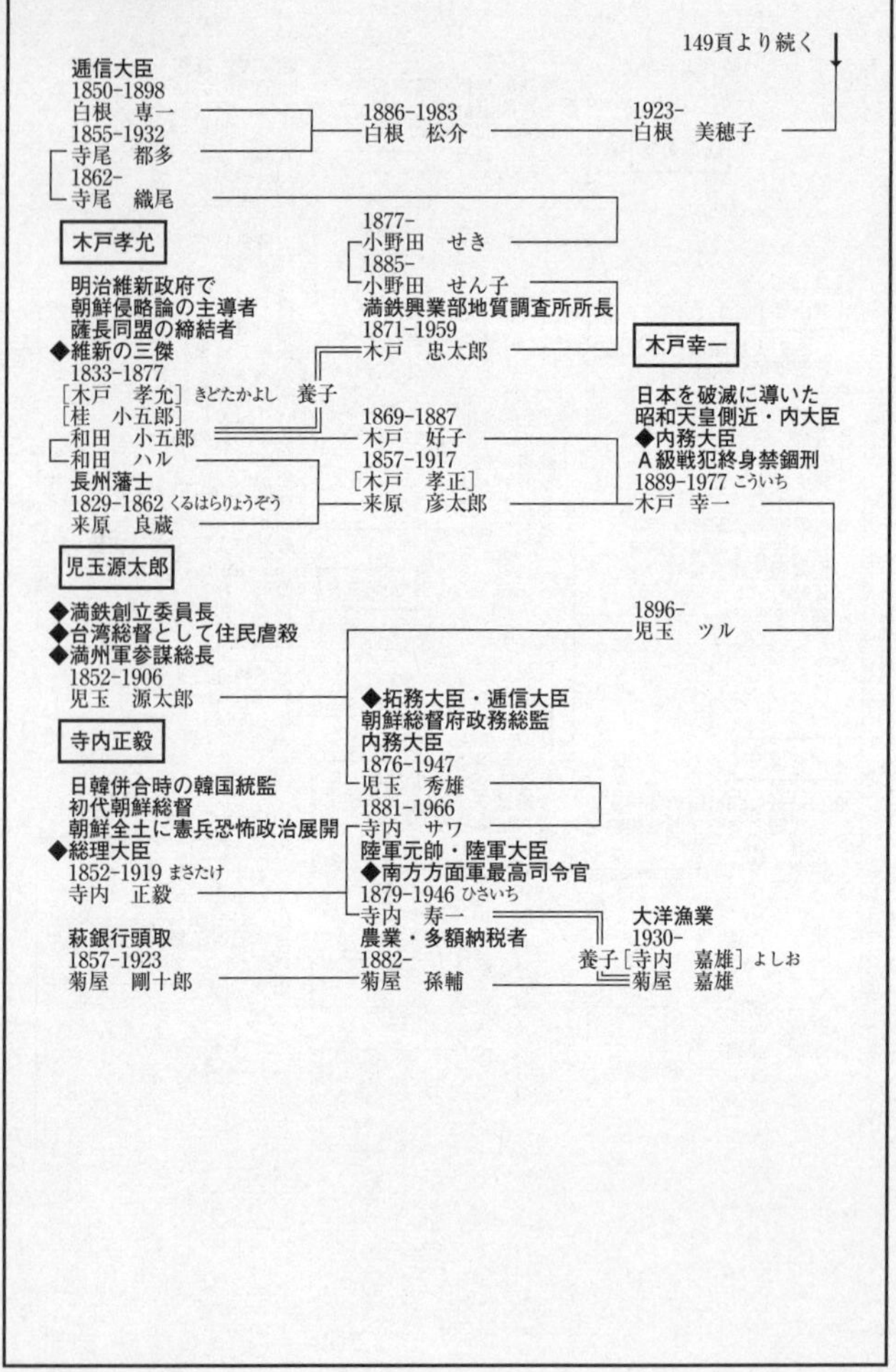
149頁より続く
逓信大臣
1850-1898
白根　専一
1855-1932
寺尾　都多
1862-
寺尾　織尾
1886-1983
白根　松介
1923-
白根　美穂子
木戸孝允
明治維新政府で
朝鮮侵略論の主導者
薩長同盟の締結者
◆維新の三傑
1833-1877
[木戸　孝允]《きどたかよし》　養子
[桂　小五郎]
和田　小五郎
和田　ハル
長州藩士
1829-1862《くるはらりょうぞう》
来原　良蔵
1877-
小野田　せき
1885-
小野田　せん子
満鉄興業部地質調査所所長
1871-1959
木戸　忠太郎
1869-1887
木戸　好子
1857-1917
[木戸　孝正]
来原　彦太郎
木戸幸一
日本を破滅に導いた
昭和天皇側近・内大臣
◆内務大臣
A級戦犯終身禁錮刑
1889-1977《こういち》
木戸　幸一
1896-
児玉　ツル
児玉源太郎
◆満鉄創立委員長
◆台湾総督として住民虐殺
◆満州軍参謀総長
1852-1906
児玉　源太郎
◆拓務大臣・逓信大臣
朝鮮総督府政務総監
内務大臣
1876-1947
児玉　秀雄
1881-1966
寺内　サワ
寺内正毅
日韓併合時の韓国統監
初代朝鮮総督
朝鮮全土に憲兵恐怖政治展開
◆総理大臣
1852-1919《まさたけ》
寺内　正毅
陸軍元帥・陸軍大臣
◆南方方面軍最高司令官
1879-1946《ひさいち》
寺内　寿一
大洋漁業
1930-
養子[寺内　嘉雄]《よしお》
菊屋　嘉雄
萩銀行頭取
1857-1923
菊屋　剛十郎
農業・多額納税者
1882-
菊屋　孫輔

系図4（その4）

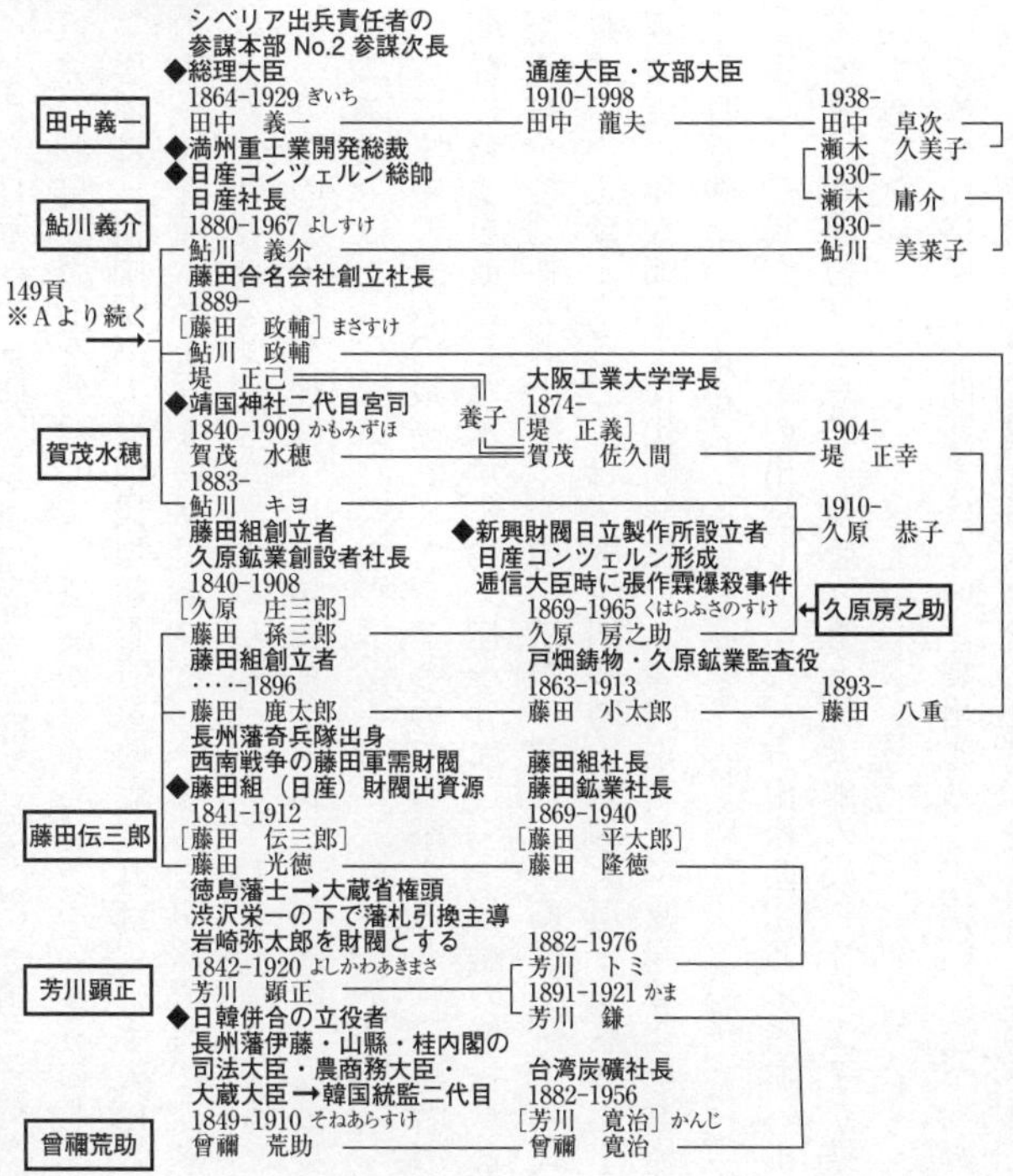
田中義一
シベリア出兵責任者の
参謀本部 No.2 参謀次長
◆総理大臣
1864-1929 ぎいち
田中　義一
通産大臣・文部大臣
1910-1998
田中　龍夫
1938-
田中　卓次
瀬木　久美子
1930-
瀬木　庸介
1930-
鮎川　美莱子
鮎川義介
◆満州重工業開発総裁
◆日産コンツェルン総帥
日産社長
1880-1967 よしすけ
鮎川　義介
149頁
※Aより続く
藤田合名会社創立社長
1889-
［藤田　政輔］まさすけ
鮎川　政輔
堤　正己
養子
大阪工業大学学長
1874-
［堤　正義］
賀茂　佐久間
1904-
堤　正幸
1910-
久原　恭子
賀茂水穂
◆靖国神社二代目宮司
1840-1909 かもみずほ
賀茂　水穂
1883-
鮎川　キヨ
藤田組創立者
久原鉱業創設者社長
1840-1908
［久原　庄三郎］
藤田　孫三郎
◆新興財閥日立製作所設立者
日産コンツェルン形成
逓信大臣時に張作霖爆殺事件
1869-1965 くはらふさのすけ
久原　房之助
久原房之助
藤田組創立者
・・・・-1896
藤田　鹿太郎
戸畑鋳物・久原鉱業監査役
1863-1913
藤田　小太郎
1893-
藤田　八重
藤田伝三郎
長州藩奇兵隊出身
西南戦争の藤田軍需財閥
◆藤田組（日産）財閥出資源
1841-1912
［藤田　伝三郎］
藤田　光徳
藤田組社長
藤田鉱業社長
1869-1940
［藤田　平太郎］
藤田　隆徳
芳川顕正
徳島藩士→大蔵省権頭
渋沢栄一の下で藩札引換主導
岩崎弥太郎を財閥とする
1842-1920 よしかわあきまさ
芳川　顕正
1882-1976
芳川　トミ
1891-1921 かま
芳川　鎌
曾禰荒助
◆日韓併合の立役者
長州藩伊藤・山縣・桂内閣の
司法大臣・農商務大臣・
大蔵大臣→韓国統監二代目
1849-1910 そねあらすけ
曾禰　荒助
台湾炭礦社長
1882-1956
［芳川　寛治］かんじ
曾禰　寛治

しかも日本は、京城の李氏朝鮮の王宮・景福宮《けいふくきゆう》（キョンボックン）の前に、日本の巨大な朝鮮総督府を建設して、王宮が外から見えないようにしてしまったのだ。日本の皇居前に、他国が巨大な植民地総督府を建設すれば、日本人はどう感じるだろうか。そのような非道きわまりない話であった。そうして朝鮮国内に日本の神社を建て、朝鮮人にその神社礼拝を強制した。かくして日本の天皇を現人神《あらひとがみ》とする神道により、朝鮮国民を〝天皇の赤子《せきし》〟と呼び、日本語教育を強制し、朝鮮国民に徴兵義務を負わせていったのである。

ここまでの経過の最高責任者をまとめて列挙すると、侵略者の正体がはっきりする。朝鮮侵略論を鼓舞した木戸孝允（桂小五郎）……侵略の第一歩となって朝鮮に乗りこんだ特命全権副使・井上馨……韓国統監の初代・伊藤博文……二代目・曾禰《そね》荒助《あらすけ》……三代目・寺内正毅……そして日清戦争開戦時の総理大臣・伊藤博文……日露戦争開戦時の総理大臣・桂太郎……初代朝鮮総督・寺内正毅……韓国併合を実施した桂太郎と寺内正毅……日露戦争の参謀総長・山縣有朋……日露戦争の英雄で台湾総督となった乃木希典《まれすけ》……これ全員が長州藩の出身であった。吉田松陰、乃木希典、山縣有朋の三人は近親者であり、伊藤博文の息子・伊藤文吉《ぶんきち》と桂太郎の娘・桂寿満子《すまこ》が結婚し、井上馨がこの一族であった。

つまり山口県人の問題ではない。長州藩のごく狭い一族が、蛮行におよんだのだ。このあとの章に続々と登場する人物を含めて、安倍晋三に至るまで七世代にわたる長州藩の系図4を示す。この系図の上部に、どっかりと坐ってアジア侵略を指揮しているのが、吉田松陰だ。長州の寺内正毅は、娘が同郷の満鉄創立者・児玉源太郎の息子と結婚し、息子・寺内寿一《ひさいち》は陸軍大臣となって、二・二六事件後に、反軍政治家の斎藤隆夫によって厳しく糾弾された男である。

　彼らのために、日本側だけで、死者は、日清戦争で一万三八二五人、日露戦争で八万五〇八二人、合わせて一〇万人近い命が失われたのである。

　吉田松陰の松下村塾でアジア侵略思想をたたきこまれ、芸者の膝を枕に遊び呆《ほう》けた維新政府の指導者・伊藤博文は、一八八五年（明治一八年）に初代の総理大臣に就任し、一九〇六年（明治三九年）には初代の韓国統監に就任して公然と朝鮮半島の植民地統治者となった。そのため、三年後に満州の哈爾浜《ハルビン》駅で、日本の侵略支配に怒る朝鮮民族主義の運動家・安重根《アンジュングン》に暗殺された。キリスト教徒の安重根は、現在のソウルにその決起を偉業として讃える記念館がある通り、韓国における植民地解放運動の先駆的英雄である。そして桂太郎内閣によって、特高（特別高等警察）と呼ばれる恐怖の思想警察が誕生し、反戦思想をことごとく取り締まる時代に突入したのである。日本の政治集団は、明治維新後まもない明治七年の台湾侵略と、明治八年の朝鮮侵略から、アジア侵略をはじめていたのである。この桂太郎の一族が、安倍晋三である。二〇一三～二〇一五年にかけて、次々と国会で成立した戦争法（安保法制）が、長州藩の吉田松陰思想の流れにあることは、明々白々であった。

　日本が無条件降伏した敗戦後になって、旧軍人たちが強く批判したように、台湾総督府を支配し、朝鮮総督府を支配した長州閥の利権欲の醜さは、言語を絶するものであった。満州の関東都督・大島義昌《よしまさ》（安倍晋三の高祖父）……朝鮮総督・長谷川好道《よしみち》……台湾総督・佐久間左馬太《さまた》が、いずれも長州～周防《すおう》閥（山口県）の〝行政無能の三羽烏《さんばがらす》〟と呼ばれた。だが無能ではすまなかった。朝鮮総督・長谷川好道は、日本の植民地化に激怒する「三・一独立運動」が勃発した時に、朝鮮半島全土で弾圧虐殺を展開した男であった。また佐久間左馬太は九年間という最長期間にわたって台湾総督に在任し、大規模な武力行使をおこなって、日本に服従しない山地の先住民の弾圧に明け暮れた。

　このアジア進出を主導した政治家と、軍閥と軍需産業を、本書の重要な主題である「財閥」や資産家との関係から見ておこう。

　伊藤博文は、神奈川県第一位の長者・高島嘉右衛門と子供同士が結婚していた。井上馨は〝三井の番頭〟と呼ばれ、大資産家となった。山縣有朋も、大資産家となった。桂太郎の孫は、全国一の長者・三井八郎右衛門の姪《めい》・三井直子の義兄弟となった。

では、同じ長州でも、曾禰《そね》荒助《あらすけ》と寺内正毅は、どうだったか。一九〇一年（明治三四年）に大蔵大臣となる第二代韓国統監・曾禰荒助の息子は、徳島藩士出身の芳川顕正《あきまさ》伯爵の養嗣子に入ったが、芳川は出世して文部大臣・司法大臣・内務大臣・逓信大臣を歴任し、娘・芳川トミは藤田平太郎と結婚した。その父が長州の財閥・藤田伝三郎その人であった。つまり満州重工業開発総裁・鮎川義介《あゆかわよしすけ》一族であった。

韓国併合をおこなった初代朝鮮総督・寺内正毅は、息子が山口県萩銀行頭取の菊屋剛十郎の娘と結婚し、娘が長州藩の台湾総督・児玉源太郎の息子・児玉秀雄と結婚。児玉は日本郵船と北海道炭礦《たんこう》汽船という二大海運企業を一族に持っていた。〝維新の三傑〟木戸孝允の養孫が児玉源太郎の子供と結婚して、吉田松陰・乃木希典・山縣有朋とも姻戚関係を持ったのだ。なぜこのように長州藩の侵略者たちが、ことごとく大資産家の一族となったのか。

砂糖産業のためにおこなわれた台湾の植民地化

ことの経過は、こうである。日清戦争で、日本が台湾を植民地にした。その二ヶ月後に、日本軍は首都・台北《タイペイ》に台湾総督府を設立して、初代台湾総督に薩摩藩の樺山資紀《かばやますけのり》を任命し、翌年から桂太郎・乃木希典・児玉源太郎・佐久間左馬太と、四代続いて長州藩が総督をつとめた。

台湾を植民地化したと言っても、清国と日本が頭越しに勝手に決めた話なので、独立国である台湾の原住民が、「はい分りました」と日本の植民地になることを受け入れるはずがなかった。日清戦争の終戦直後から、台湾全土で原住民による激烈な抗日独立運動がはじまったのである。これに対して、日本軍が上陸して一万四〇〇〇人を超える住民を虐殺して、形だけ統治したにすぎなかった。その後も、抗日運動は延々と続いた。

植民地化して三年後の一八九八年（明治三一年）三月に現地赴任した台湾総督の児玉源太郎と、民政局長の後藤新平は、台湾における抗日運動があまりにすさまじいので、一一月五日に「匪徒《ひと》刑罰令」を制定し、抗日運動の首謀者だけでなく、計画に参加した者などをすべて死刑と定め、未遂であってもほとんどを死罪にできるようにした。匪徒や匪賊という呼び名は盗賊を意味したが、戦前の日本人が抗日運動者を「殺人者・盗賊」に仕立てるために用いた植民地用語であった。実際の匪賊は、他人の土地に押し入った日本軍であった。日本軍が言いがかりをつければ、誰でも処刑できる恐怖政治をはじめたのが、長州人グループだったのである。

翌年から五年間に処刑された台湾住民は、実に三万二〇〇〇人に達したとされる。この殺戮行政を実際に指揮したのは、のちに台湾民政長官となり、多くの書に「台湾に大きな功績を残した行政官」と書かれている後藤新平であった。日露戦争後に初代の満鉄総裁となる後藤は、陸奥国胆沢《いさわ》郡（のちの岩手県水沢市、現・奥州市）出身であった。後藤新平は、大正一二年の関東大震災後に東京の復興に尽力したとして、偉人扱いされてきた人物でもある。

そのような人物が住民を大量に殺してまで、台湾を支配しようとした目的は何であったのか。児玉源太郎と後藤新平が台湾に赴任した翌年、一八九九年（明治三二年）七月五日に設立されたのが、資本金五〇〇〇万円の台湾銀行であった。この日本統治下の〝台湾中央銀行〟は、初代頭取・添田寿一《そえだじゆいち》らと共に、これを設立した山成喬六《やまなりきようろく》の履歴を見れば、目的が歴然とする。岡山県出身の山成は、大蔵次官として日露戦争戦費調達の功で男爵となった阪谷芳郎《さかたによしろう》（のちの大蔵大臣）の従兄弟にあたり、阪谷自身は渋沢栄一の女婿であった。山成は自ら設立した台湾銀行で理事となり、のちに満州中央銀行でも総裁格の初代副総裁をつとめたが、同時に東洋製糖社長、大日本製糖監査役、明治製糖監査役として実業界での華やかな重役歴を持っていた。これらの会社はすべて砂糖メーカーのトップであった。つまり、あらゆる料理と、キャラメルなど菓子類に使われた「砂糖」が当時の巨大産業だったのである。

サトウキビからつくられる砂糖と、台湾は、どのような関係をもっていたか。

徳島県など四国では現在でもサトウキビから伝統的な製法で和三盆《わさんぼん》と呼ばれる名糖を作っているが、これは竹糖《ちくとう》と呼ばれる品種で、世界的なサトウキビとは種類が異なる。一般的なサトウキビの栽培の北限は鹿児島県種子島あたりなので、江戸時代までは薩摩藩が琉球（沖縄）を支配して、サトウキビを栽培させ、莫大な富を得た。このサトウキビ栽培による砂糖生産を〝台湾の殖産事業〟の柱に据えたのが、児玉源太郎と後藤新平だったのである。まず台湾総督・児玉源太郎が上京して、政府に台湾での製糖事業を建言すると、これを受けて、井上馨が三井物産の益田孝、日本精糖取締役の渋沢栄一ら多数の実業家を招いて、製糖会社の設立について協議し、三井物産が現地調査のため先遣隊を台湾に派遣した。しかし住民の烈しい抵抗にあって、調査隊は命からがら逃げ帰った。そして台北で児玉総督に「こんな危険な土地で会社はできない」と言うと、児玉が「すぐに掃除する」と物騒な返事をしたのである。

こうして抗日運動の大討伐（虐殺）が開始される中、明治三三年（一九〇〇年）一二月に、台湾で最初の近代的な粗糖工場として台湾製糖が設立され、その後一〇年余りの間に、相次いで台湾に日本の製糖工場が進出した。かくして明治四四年（一九一一年）における日本の製造業において、第一位の繊維業に次ぐ第二位に、製糖業が大躍進したのである。さらに大正三年（一九一四年）には、企業資産額上位一〇〇社の総資産額で、製糖業が一億二五三五万円に達し、繊維業の二億三三〇七万円の半分を超える大産業となった。次頁の表に見られる通り、製糖業で第一位の台湾製糖を筆頭に、大日本製糖……明治製糖……塩水港製糖拓殖……新高製糖……東洋製糖……帝国製糖……北港製糖……南日本製糖……台北製糖の順で上位にランクされた。このうちただ一社、大日本製糖を除けば、全社が台湾に設立された日本企業であった。残る大日本製糖も創業者の鈴木藤三郎《とうざぶろう》が台湾製糖の初代社長なので、明治三九年には台湾に進出した。

この結果、紡績長者と共に、砂糖長者が続々と生まれ、日本の内地に砂糖が送られた。その代表的な長者が、藤山雷太《らいた》であった。現在の佐賀県伊万里《いまり》市生まれで、三井の大番頭・中上川彦次郎に抜擢された藤山雷太は、明治四二年に大日本製糖の社長に迎えられ、財界巨頭の長者となった。この藤山雷太の妻が、三井の大番頭・中上川彦次郎の妻の妹だったのである。藤山雷太は、息子の妻の叔父が渋沢栄一の息子・渋沢武之助《たけのすけ》という関

表1 企業資産額上位100社【1914年(大正3年)下期】

(1000円)

順位	社名	業種	総資産額
1	川崎造船所	機械/造船	40983
2	鐘淵紡績	紡績	40285
3	東洋紡績	紡績	33922
4	北海道炭礦汽船	石炭・海運	31918
5	**台湾製糖**	**製糖**	**30152**
6	**大日本製糖**	**製糖**	**29263**
7	日本製鋼所	金属/鉄鋼	29125
8	富士瓦斯紡績	紡績	27015
9	三井鉱山	石炭	25774
10	日本石油	石油	22477
11	久原鉱業	金属/鉱業	21747
12	宝田石油	石油	19867
13	**明治製糖**	**製糖**	**18798**
14	大日本人造肥料	化学/肥料	16658
15	富士製紙	製紙	14464
16	**塩水港製糖拓殖**	**製糖**	**14038**
17	王子製紙	製紙	13968
18	大日本麦酒	ビール	10723
19	内外綿	紡績	10463
20	尼崎紡績	紡績	9878
21	摂津紡績	紡績	8835
22	浅野セメント	窯業/セメント	8238
23	日本毛織	紡績	7523
24	帝国製麻	紡績	7487
25	大阪合同紡績	紡績	7285
26	大阪鉄工所	機械/鉄工	6830
27	**新高製糖**	**製糖**	**6671**
28	加納鉱山	金属/鉱業	5754
29	日本紡績	紡績	5745
30	**東洋製糖**	**製糖**	**5618**
31	日本窒素肥料	化学/肥料	5555
32	上毛モスリン	紡績	5538
33	日清紡績	紡績	5469
34	**帝国製糖**	**製糖**	**5381**
35	芝浦製作所	電機	5147
36	後藤毛織	紡績	4954
37	石狩石炭	石炭	4814
38	日本製布	紡績	4804
39	岸和田紡績	紡績	4802
40	和歌山紡織	紡績	4744
41	横浜船渠	機械/造船	4658
42	横浜電線製造	金属/電線	4605
43	**北港製糖**	**製糖**	**4521**
44	東京モスリン紡織	紡績	4422
45	倉敷紡績	紡績	4371
46	福島紡績	紡績	4346
47	東亜煙草	煙草	4146
48	日本製粉	製粉	4086
49	九州炭礦汽船	石炭・海運	4084
50	毛斯綸紡織	紡績	3878
51	小野田セメント製造	窯業/セメント	3808
52	加富登麦酒	ビール	3781
53	東京キャリコ製織	紡績	3710
54	**南日本製糖**	**製糖**	**3660**
55	東京電気	電機	3651
56	日本皮革	生活/皮革	3524
57	台湾塩業	製塩	3518
58	神戸製鋼所	金属/鉄鋼	3401
59	東洋モスリン	紡績	3386
60	日清製粉	製粉	3341
61	東京製綱	製綱	3322
62	東洋捕鯨	漁業	3200
63	東京石川島造船所	機械/造船	3199
64	関東酸曹	化学/肥料	3140
65	大阪アルカリ	化学工業	3086
66	麒麟麦酒	ビール	3066
67	浦賀船渠	機械/造船	2942
68	秋田木材	木材	2886
69	東京製絨	紡績	2881
70	汽車製造	機械/鉄道車輛	2869
71	入山採炭	石炭	2835
72	**台北製糖**	**製糖**	**2754**
73	**沖台拓殖製糖**	**製糖**	**2738**
74	大日本塩業	製塩	2702
75	大阪織物	紡績	2583
76	四日市製紙	製紙	2550
77	ラサ島燐礦	生活/マッチ	2311
78	帝国麦酒	ビール	2269
79	東京毛織物	紡績	2257
80	天満織物	紡績	2252
81	日本鋼管	金属/鉄鋼	2237
82	堺紡績	紡績	2234
83	大分紡績	紡績	2222
84	磐城炭礦	石炭	2067
85	品川白煉瓦	窯業	2066
86	日出紡織	紡績	2047
87	日本化学工業	化学工業	2027
88	京都織物	紡績	1952
89	大東鉱業	金属/鉱業	1918
90	藤倉電線	金属/電線	1887
91	佐賀セメント	窯業/セメント	1852
92	東亜製粉	製粉	1846
93	土佐紙	製紙	1801
94	東京板紙	製紙	1787
95	日本毛糸紡績	紡績	1782
96	横浜魚油	化学工業	1778
97	大阪電気分銅	金属/電線	1775
98	**台南製糖**	**製糖**	**1756**
99	大阪窯業	窯業/セメント	1735
100	日本ペイント製造	建設/住宅	1728

出所:【わが国大企業の形成・発展過程】

係にもあった。つまり台湾銀行設立者である山成喬六とも一族であった。

ここでは、植民地主義の一例を紹介するにとどめるが、朝鮮でも満州でも、まったく同じ利権獲得構造で、日本の侵略と植民地化が進んだのである。したがって、後世にアジア侵略の責任者として、政治家と軍人だけを批判しても、なぜ国民的ファシズムが台頭したかという真の原因は理解できない。ファシズムの原動力は産業にあり、金銭欲にあったので、そこに実業家を加えた三者が手を組んで歴史を動かしたのである。

韓国併合がおこなわれたあと、長州藩の宇佐川一正に率いられた「東洋拓殖」が本格的に始動したので、この侵略企業の活動を記録しておく。東洋拓殖は日本政府（朝鮮総督府）から大々的な支援を受け、朝鮮の国有地の払い下げを受けて土地の収奪を進めた。一九一九年（大正八年）までに、東洋拓殖は実に二億三四〇〇万坪の土地を朝鮮人から掠奪し、日中戦争開戦の翌年、一九三八年（昭和一三年）には、朝鮮鉄道・朝鮮電力・東拓鉱業・東洋畜産など五二社を傘下に置いて、朝鮮国内に保有する一億六五〇〇万坪の広大な田畑に、移民の日本人地主が入りこんだ。その土地から追い立てた一〇〇万人近い朝鮮人を、小作人として働かせながら、高い小作料を徴収して、東洋拓殖が植民地経営の中心的役割を果たしていったのである。

この東拓の大株主が「昭和天皇」家だったのである。東拓幹部は、朝鮮ばかりか、台湾・満州・中国本土の企業経営にも深く関与して、太平洋のミクロネシアの南洋諸島に至るまで、広大な植民地の利権をむさぼった。この東洋拓殖を設立して副総裁など要職を歴任し、植民地を支配したのが、伊藤博文の政友会幹事長だった野田卯太郎《うたろう》であった。したがって、野田と子供同士が結婚した朝鮮の鉄道行政トップ・古市公威も、大いにその利権にあずかる関係にあり、鉄道の用地取得と東拓の土地買収が一体となって、これらの作業が進められたのである。日本の敗戦まで、朝鮮における最大地主が東拓であった。

こうして【軍事行政】伊藤博文・寺内正毅……【財政】目賀田種太郎……【通貨】市原盛宏……【鉄道】古市公威……【土地】野田卯太郎・宇佐川一正の五本柱をもってはじまり、進められたのが、植民地・朝鮮の経営であった。

日本国内の経済――民衆の生活は、これとどのような関係にあったか。いよいよ、その重要な歴史に入ってゆこう。

第四章　満鉄を設立して大々的なアジア侵略に踏み出す

軍需産業のために発展した日本の鉄道

朝鮮支配を成し遂げた日本は、日露戦争以後に本格的な満州の利権獲得に進出し、さらに中国全土の支配という危険な道に踏み出していった。その中国侵略の最大の動力となったのが、満鉄であり、正式名は、南満洲鉄道株式会社であった。そこで日本の鉄道が、どのような役割を持って開発されたか、その歴史を追ってみる。

西洋文明として黒船の蒸気船と共に日本人を驚かせたのが鉄道である。グラバーが初めて本格的な鉄道として長崎で走らせたのは江戸時代の一八六五年で、明治維新の三年前であった。それ以来、蒸気機関車は、陸《おか》蒸気と呼ばれるようになった。それからわずか三〇年後に、鉄道が日本最大の産業になると、誰が予測したであろう。

〝汽笛一声《いっせい》新橋を〟と鉄道唱歌に歌われた明治五年の新橋〜横浜間の開通にはじまった鉄道が、のち東京から関東・甲信地方一円に広がりはじめた。続く明治七年に、大阪〜神戸間にはじまった鉄道が、京都から滋賀県の大津まで広がり、明治一三年には北海道最初の鉄道として小樽〜札幌間が開業した。

明治二一年には四国最初の鉄道、明治二二年には東海道本線の新橋〜神戸間の全線と、九州最初の鉄道が開通し、明治二四年には上野〜青森間の東北全線が開通すると、さらに明治三四年には山陽鉄道の神戸〜下関間の全線が開通して、本州が北から南まで鉄道で結ばれた。

鉄道は人力や馬よりはるかに輸送力が大きく、大型船が入れない内陸まで人間と商品を運び、船より輸送スピードが速かった。そのため、各地での商品価格の差がなくなり、和船を使った北前船《きたまえ》や菱垣船《ひがき》など船舶輸送の利益が出なくなって、特に内陸では、鉄道が川船にとって代り、大量輸送の主導権を握ったのである。

そもそも人類最初の蒸気機関車を生んだのは、イギリスであった。一八二五年、イギリスのジョージ・スティーヴンソンがジェームズ・ワットの蒸気機関を利用して、高性能の蒸気機関車ロコモーション1号（Steam Locomotive＝SL）を完成し、世界最初の本格的な鉄道を敷設し、五〇〇人の乗客と石炭や小麦粉を積んで走らせることに成功した。

アメリカでもその直後の一八二七年にボルティモア・オハイオ鉄道が設立され、一八四六年にはペンシルヴァニア鉄道、一八五三年にはニューヨーク・セントラル鉄道が誕生して、いずれも巨大な鉄道会社に発展した。アメリカ歴代の富豪全員を並べてみると、蒸気船の頭目から鉄道王にのし上がった全米一の富豪ヴァンダービルトを筆頭に……満州の鉄道利権を狙ったハリマン財閥……金融王モルガン財閥……石油王ロックフェラー財閥たち、大富豪のほとんどが桁違いの鉄道資産を抱えていた。

そのためようやく一八六八年に明治時代に入った日本で、鉄道を動かしたのは、来日した外国人技術者であり、明治時代に日本で走ったほとんどの機関車の製造を指導し、大半のレールをつくったのはイギリス人、アメリカ人、ドイツ人たち外国人技術者であった。明治五年九月一二日に新橋〜横浜間が正式開業して、最初に走った機関車はイギリスのバルカン・ファウンドリー社製で、明治七年に大阪〜神戸間で最初に走ったのもイギリスのスティーヴンソン社製であった。明治一三年に北海道で初めて走った「弁慶号」は、ペンシルヴァニア州ピッツバーグで製造されたアメリカ製の機関車であった。

ではいつ頃から日本人が機関車の製造にとりかかったのか。実は、スティーヴンソンより前の一八〇三年に世界最初の鉄道蒸気機関車を完成したのがイギリス人リチャード・トレヴィシックであった。彼が実用化に手間取るのを出し抜いて、スティーヴンソンが〝鉄道の父〟の栄誉を奪ったのである。日本にとっては、〝真の世界最初の機関車発明者〟リチャード・トレヴィシックのほうが重要な存在であり、彼の孫フランシス・ヘンリー・トレヴィシックが来日し、日本に技術を伝えはじめたのが明治九年であった。次いで明治二一年にその兄リチャード・フランシス・トレヴィシックも招かれて、四年後には彼の指導のもと、鉄道庁の神戸工場で初めて蒸気機関車の製造が開始され、日清戦争前年の明治二六年（一八九三年）六月に国産蒸気機関車第一号の八六〇形が完成した。しかしこれはまだ量産にほど遠いものであった。

日本で「鉄道の父」と呼ばれてきた長州藩出身の井上勝《まさる》は、幕末に、北海道の洋式砦《とりで》・五稜郭《ごりょうかく》を建設した才覚者・武田斐三郎《あやさぶろう》に英語など数々の学問を師事したのち、長崎のグラバーに手引きしてもらってイギリスに密航し、五年間学んだ人物であった。したがって明治元年に帰国した井上勝は、維新の志士のような〝長州暴力団〟ではなかった。彼は明治政府に入って鉄道行政のトップを歴任し、日本の鉄道は、井上勝の行政力によって主導されてきたが、彼は、鉄道では主に敷設工学技術を学んだ人間なので、蒸気機関の製造法については専門家ではなかった。

そこで井上勝は、鉄道庁長官を退官して三年後の明治二九年（一八九六年）、汽車製造会社を大阪に設立して自ら社長に就任し、民間での国産の機関車製造に乗り出した。この時以来、長州藩が鉄道に深い結びつきを持った。なぜか？

これは、明治一〇年に西郷隆盛が決起した西南戦争の時から、軍部を支配する長州藩・山縣有朋《やまがたありとも》が兵士と武器の輸送のために、軍事用鉄道の重要性に目を向けたことが、そもそものはじまりであった。続いて明治一八年に長州藩の初代伊藤博文《ひろぶみ》内閣が発足すると同時に、伊藤博文と井上馨《かおる》が早くも日清戦争の準備に入って、軍部が鉄道事業に強く介入しはじめた。つまり日本の鉄道開発は、軍国化と一体になって進められたのである。

当初の日本の鉄道技術は、国内の人間と産業用の物資輸送を目的として、アメリカ・ヨーロッパの機関車に頼りながら、一面で健全な発展を遂げてきたが、明治二八年に日清戦争に勝利してからは、植民地として獲得した台湾と、先に述べたように植民地化を目論《もくろ》む朝鮮に進出するという軍事目的が、鉄道機関車の技術を国産化に転身させる大きな政治的動機となったのだ。その先、明治三八年に日露戦争に勝利後は、満州南部の鉄道路線を獲得し、朝鮮を植民地支配したため、朝鮮半島と中国大陸に鉄道を敷設するとという、さらに巨大な軍事プロジェクトが始動した。

井上勝が汽車製造会社を設立したのが、まさにその端緒となる日清戦争勝利の翌年、一八九六年だったのはそのためである。さらにその翌年から、すべてが国を挙げて植民地主義と一体になり、鉄道産業が胎動していった。

その一八九六年（明治二九年）の企業ランクの数字を見ると、「製造業」ではない「運輸・電気・ガス」上位五〇社の公益事業分野では、第一位が鉄道会社で、総資産が九九一九万円に対して、第二位の海運業は四分の一の二五三九万円であった。鉄道が海運の四倍にまで力を伸ばし、製造業の第一位・繊維（紡績）を抜いて、鉄道の資産が第一位となっていた。全製造業の七割を占めて最盛期にあった紡績業（繊維業）五七社は、そのとき総資産四〇一一万円だったので、鉄道会社はその二倍を超える巨大な資産であった。

こうして巨大化した鉄道業者だったが、さらに驚くことがある。一九一一年（明治四四年）になると、鉄道資産は、紡績業の資産の二倍に達する三億五一一九万円だったが、その鉄道会社のうち、たった一社で二億六一四〇万円の資産に達し、鉄道全体の四分の三を占める会社があった。それが南満洲鉄道株式会社、すなわち「満鉄」であった。ほかに二一ある鉄道会社の総資産を合計しても、満鉄の三分の一で、膝の上ぐらいにしか届かなかった。

表2 業種別の総資産順位

製造業

1896年（明治29年）

順位	業種	総資産額
1位	繊維	4011万円
2位	製紙	323万円
3位	窯業	189万円
4位	化学工業	146万円
5位	製糖	141万円
6位	石炭	128万円
7位	肥料	105万円
8位	鉱業	104万円
9位	ビール	95万円
10位	造船	89万円
11位	生活用品	85万円
12位	非鉄	79万円
13位	▲酒造	54万円
14位	鉄鋼	35万円
15位	時計	32万円
16位	▲建設	30万円
17位	食品（食用油）	28万円
18位	ガラス	17万円
	合計	5699万円

▲半世紀後に消える産業分野

1940年（昭和15年）

順位	業種	総資産額	
1位	鉄鋼	27億6752万円	
2位	繊維	23億9904万円	
3位	鉱業	16億0378万円	
4位	造船	15億2282万円	
5位	◎電機	13億2825万円	
6位	肥料	9億5957万円	※
7位	非鉄	9億5537万円	
8位	化学工業	8億0255万円	※
9位	製糖	6億5057万円	
10位	製紙	5億6208万円	
11位	石炭	4億7409万円	
12位	◎鉄工	3億3836万円	
13位	◎自動車	3億0000万円	
14位	◎漁業	2億9222万円	
15位	◎重工業	2億4608万円	
16位	窯業	1億9817万円	※
17位	◎石油	1億7079万円	
18位	◎製粉	1億4461万円	
19位	ビール	1億3413万円	
20位	ガラス	1億2002万円	※
21位	生活用品	1億1412万円	
22位	◎鉄道車輌	1億0098万円	
23位	時計	9933万円	
24位	◎航空機	6028万円	
25位	◎光学	5383万円	
26位	食品（水飴）	5069万円	
27位	◎染料	4980万円	
	合計	164億9916万円	

◎新しい産業分野

※1940年の肥料、化学工業、窯業、ガラスを全化学分野として合算すると20億8032万円に達し、鉄鋼と繊維に次ぐ第3位になる

運輸・電気・ガス

1896年（明治29年）

順位	業種	総資産額
1位	鉄道	9919万円
2位	海運	2539万円
3位	電気	347万円
4位	陸運	146万円
5位	ガス	62万円
	合計	1億3015万円

1940年（昭和15年）

順位	業種	総資産額
1位	電気	54億9434万円
2位	鉄道	40億9791万円
3位	海運	8億9604万円
4位	ガス	2億4685万円
5位	陸運	1億0646万円
6位	◎航空	5156万円
	合計	108億9318万円

出所：『わが国大企業の形成・発展過程』

紡績業の全社が束になってかかっても及ばないのだから、満鉄の大きさはとてつもなく巨大であった。果たして、一九四五年の大日本帝国の敗戦まで日本企業第一位の座を保った満鉄とは、どのような怪物だったのか。誰が、満鉄の巨大な利益を手にしたのか。

鉄路を開拓した大産業と日本鉄道会社の創設

鉄道資産がなぜこれほど巨大になったかという歴史はこうである。明治一三年に北海道最初の鉄道が走った時までは、すべて官営鉄道だったので、建設資金は国民からしぼりとった血税であった。だが明治一〇年に西郷隆盛を討つ西南戦争が起こると、軍事費のために、政府が巨額の負債をかかえて財政難に陥った。そこで明治一四年に、使われないまま銀行に眠っている華族資金を結集して、民間鉄道会社を設立しようと呼びかけ、多くの旧大名や公家たちがこれに応え、数百人が連署して創立願いを出し、一一月一一日に民間の「日本鉄道会社」が誕生した。

膨大な数の人間が会社創立に参加し、彼らがほくそえんだことに、金権の総本山である明治政府が、日本鉄道会社に国有地を無償で払い下げ、用地を免税とし、あらゆる面で保護政策をとり、さらに鉄道局のエキスパートが鉄道建設から技術者の訓練まで、すべてを指導したのである。こうして半官半民の日本鉄道会社によって、上野から大宮～熊谷～高崎～前橋まで「高崎線」が伸び、大宮～宇都宮～郡山～仙台まで「東北本線」

が伸び、東京の「山手線」は貨物列車用として品川〜新宿〜池袋〜赤羽を結んで工事が進められた。盛岡〜青森間が開通して、上野から青森まで全線開通したのが明治二四年九月一日であった。これだけ国家から手厚い保護を受けたのだから、株主たち華族と長者がつかんだ利益は相当なものであった。

五年後の一八九六年（明治二九年）、日本鉄道会社の総資産額は三二八六万円、企業ランクで「製造業と公益事業を合わせた全社」の中で日本一であった。製造業第一位の王者・鐘淵《かねがふち》紡績の一〇倍、海運業界の巨鯨である日本郵船の二倍近かった。当時の上位二〇社を示すと次の通りである。

表3　一八九六年（明治二九年）の総資産額トップ20社

第1位	日本鉄道	三二八六万円	鉄道会社
第2位	日本郵船	一八三三万円	海運会社
第3位	北海道炭礦《たんこう》鉄道	一二八九万円	鉄道会社
第4位	山陽鉄道	一〇六九万円	鉄道会社
第5位	九州鉄道	一〇四八万円	鉄道会社
第6位	関西鉄道	七〇五万円	鉄道会社
第7位	筑豊《ちくほう》鉄道	四一七万円	鉄道会社
第8位	大阪商船	三八六万円	海運会社

第9位	鐘淵紡績	三二八万円	紡績会社
第10位	大阪鉄道	三二三万円	鉄道会社
第11位	豊州鉄道	二五五万円	鉄道会社
第12位	大阪紡績	二四一万円	紡績会社
第13位	三重紡績	二二四万円	紡績会社
第14位	総武鉄道	二一〇万円	鉄道会社
第15位	両毛鉄道	一六六万円	鉄道会社
第16位	甲武鉄道	一六六万円	鉄道会社
第17位	北海道製麻	一五〇万円	紡績会社
第18位	内国通運	一四六万円	陸運会社
第19位	摂津紡績	一四三万円	紡績会社
第20位	岡山紡績	一三九万円	紡績会社

民間鉄道会社の躍進ぶりは、この通り二〇社のうち一一社を占めるほどであった。右の表は上位だけのランクで、この下には、各地の民間鉄道がずらりと続いた。

この鉄道に奇想天外な事業テクニックを持ちこんだのが、甲州財閥（山梨県）から出た小林一三《いちぞう》であった。日露戦争直後の一九〇七年（明治四〇年）初めに、大阪市の人間を郊外に住まわせるベッドタウンづくりのため、日本最初の郊外電車として関西の箕面《みのお》有馬電気軌道会社を創立した小林一三は、沿線に動物園を開園したり、宝塚新温泉の営業を開始し、その温泉で、少女たちが舞台で歌や踊りを披露する宝塚唱歌隊を編成した。これが宝塚少女歌劇団となって大当たりすると、宝塚大劇場を竣工《しゅんこう》するわ、宝塚ホテルを開業するわ、ついには大阪梅田に阪急百貨店を開いて、日本におけるターミナルデパートの嚆矢《こうし》となった。さらにこれが東京に進出して東京宝塚劇場を開場し、やがて有楽座、日本劇場（日劇）、帝国劇場（帝劇）を所有して東京の日比谷一帯を傘下に置いて興行界を支配しながら、日劇ダンシングチームを生み出した。「有楽町の歓楽街を創った男」と呼ばれるにふさわしい八面六臂《ろっぴ》の活躍で、わが国最大の興行師となった小林一三は、映画にも進出して東京宝塚すなわち東宝映画を生み出し、東京新宿と大阪梅田にコマ劇場を創立して、さらに西宮球場を本拠地とするプロ野球の阪急を結成したばかりか、巨人軍の本拠地・後楽園スタヂアム（後楽園球場、現・東京ドーム）も東宝傘下におさめた。戦後に東宝社長に就任した小林一三のもとで、黒澤明《くろさわあきら》監督、三船敏郎《みふねとしろう》たちの手で『七人の侍』をヒットさせ、『ゴジラ』も大当たりし、さらに『用心棒』、『椿《つばき》三十郎』が大成功したのである。のちに膨大な鉄道業者が、みな小林一三をまねて成功をおさめるようになった。

そして新旧含めて、プロ野球の国鉄スワローズ、南海ホークス、阪神タイガース、近鉄バファローズ、阪急ブレーブス、東急フライヤーズ、西鉄ライオンズ〜西武ライオンズなど、いずれも鉄道会社の球団が生まれた。また鉄道会社は、近鉄・東急・阪急・阪神・京阪・名鉄・小田急・京王・西武・東武など数々の大手デパートを生み出し、呉服店系のデパートと共に、町おこしの主導者となった。

このように「鉄道会社」と「デパート」と「プロ野球」が一体となった歴史は、現在では当たり前と思われているが、小林一三が登場するまでの鉄道は、「人間が移動したり、物を運搬するために生まれた交通手段」でしかなかった。ところが小林一三は、「鉄道会社がもうけるために」、人間を移動させ、物を運搬する連鎖的なシステムと娯楽場を、鉄道のまわりに一点ずつ、緻密につくりだしたのである。目的をまったく主客転倒させて、企業利益のために人間をあちこちに移動させるという独創的な発想であった。かくして現在、すべての鉄道会社が、これに倣うようになり、乗客が自覚しないうちに、鉄道会社の駒として、あっちへ行ったりこっちへ来たり、動かされるようになったのである。

アジア侵略の動力「満鉄」は
日露戦争と共にどのように設立されたか

話は、いよいよ満鉄の本体に踏みこむ。満鉄は、一九〇四年（明治三七年）二月の日露戦争の開戦から三年間にわたる次の四つの出来事の連続的な流れの上に生まれた会社であった。

◆満州の植民地化――一九〇五年（明治三八年）九月五日　長州藩・桂《かつら》太郎内閣によって起こされた日露戦争に日本が勝利し、日露講和のポーツマス条約に調印して、ロシアが保有していた南満州の権益がそっくり日本に譲渡された。この戦勝により日本は、〝ロシアが南満州に建設した〟長春～旅順間の「東清鉄道」を獲得した。

◆朝鮮の植民地化――先に述べたように、一九〇五年（明治三八年）一一月一七日長州藩・伊藤博文が韓国に強要し、第二次日韓協約を締結して日本が韓国を植民地化し、伊藤博文が初代統監に就任した。その間、日露戦争前から日本が建設を進めていた朝鮮国内の京城《けいじょう》（のちのソウル）～釜山《ふざん》（プサン）間の京釜《けいふ》鉄道が、軍事的要求から促成工事を進めて、日露戦争勝利前の一九〇五年元旦に全線開通した。

◆私鉄国有化――一九〇六年（明治三九年）三月三一日　私鉄を国有化することを定めた鉄道国有法が公布された。これによって、同年一〇月一日の北海道炭礦《たんこう》鉄道を皮切りに、翌一九〇七年にかけて、一七社の四五〇〇キロの路線が国家に買収された。こうして生まれた官営鉄道は、二六〇〇キロが七一〇〇キロへと三倍近くに増え、私鉄は地域の輸送だけに限られるようになった。

◆満鉄創立――一九〇六年（明治三九年）一一月二六日　南満洲鉄道株式会社（満鉄）が設立された。本社は東京（のち満州の大連）。総裁と副総裁は政府が任命し、後藤新平が初代の満鉄総裁に就任した。資本金二億円のうち半額を政府が出資する国策会社であった。

図2 日本・朝鮮・満州の鉄道地図（1904年当時）

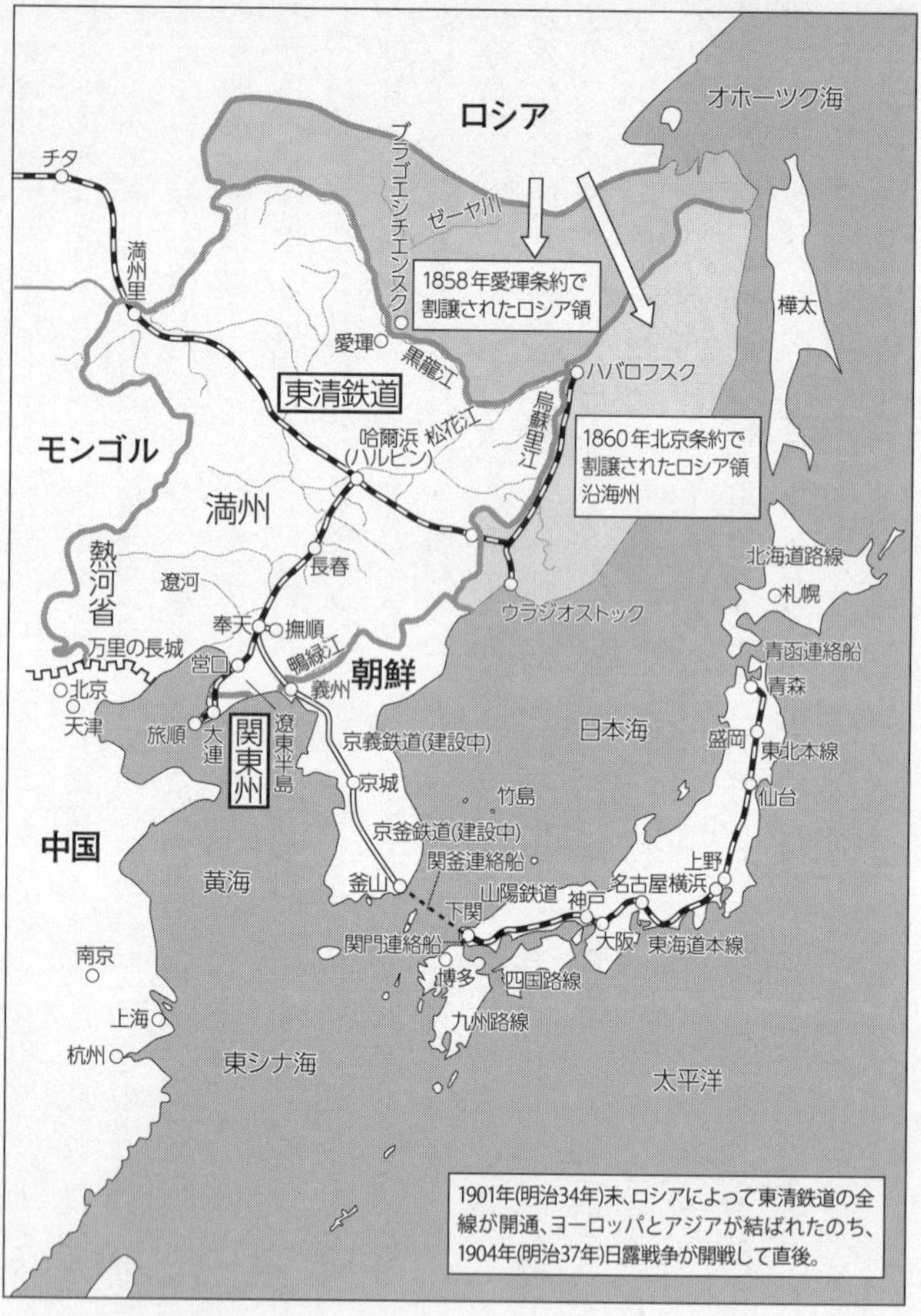

図3 満州の鉄道地図(1940年当時)

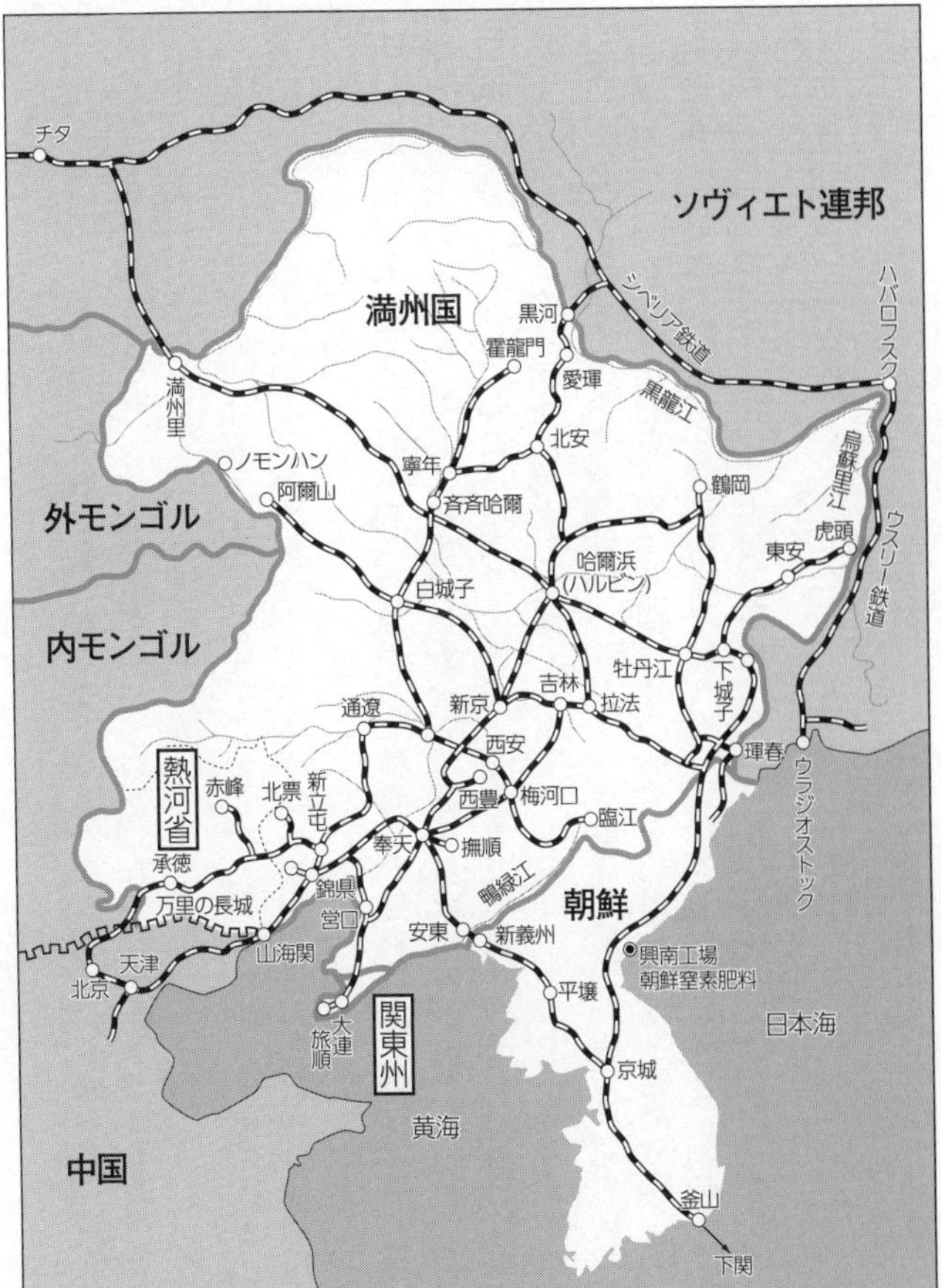

これで分る通り、満鉄は、それ単独で産み落とされた生き物ではなかった。満鉄は、自分が生まれた時に、すでに長大な鉄道を持っていた。しかもそれは、日本人が敷設した鉄道ではなかった。ロシア人は、日露戦争に敗れる前に満州里からウラジオストックまで敷設した「東清鉄道」本線と、その途中の哈爾浜《ハルビン》から長春・奉天を経て大連・旅順まで至る「東清鉄道」支線を持っていたが、日本がロシアから獲得したのは満州南部の長春〜旅順間の支線であった。

一方で日本は、先のように日露戦争の前から、横暴にも他国領土である朝鮮半島に鉄道を敷設しはじめていた。そして日本に最も近い朝鮮半島南端の釜山から北上して、首都・京城に至り、一九〇六年には中国との国境・義州までの朝鮮鉄道・京義《けいぎ》鉄道が開通したのだから、そこから国境を越えて中国（安東《アントン》）に入ると、まっすぐ奉天まで鉄道を敷けば、ロシアが敷いてくれた南満州のハルビン〜長春〜旅順間の東清鉄道の真ん中につながるのだ。つまり、山口県下関〜（関釜《かんぷ》連絡船）〜釜山〜京城〜義州を経て、満鉄の満州路線に一直線に軍事的・経済的に結ばれるのである。もしこれが、日本政府の植民地侵略政策と一体でなければ、中国と満州にとっても、朝鮮にとっても、素晴らしいことであったが……

ロシアが鉄道を敷いて、それを日本人がいただいた経過のあらましを述べておく。

出発点は、江戸時代の一八五八年五月に、東シベリア総督ニコライ・ムラヴィヨフが、混乱する中国を脅して愛琿《あいぐん》条約を結び、黒竜江（アムール川）北岸の中国領をロシア領とした時にあった。北岸といっても、日本全土より広い面積をロシア領として獲得したのである。

二年後の一八六〇年に、ロシアは、第二次アヘン戦争の戦利品として樺太《からふと》（現・サハリン）に隣接する沿海州も中国から割譲させ、その南端のウラジオストックまでの、遠大なシベリア鉄道建設計画を打ち出した。現在の首都モスクワからウラジオストックまで、ユーラシア大陸を横断する九二〇〇キロの長大なシベリア鉄道の建設に着工したのは三〇年後、一八九一年（明治二四年）であった。そのころ日本は、すでに朝鮮半島での貿易支配をめざしていたため、邪魔になる中国人商人を朝鮮から追い出す必要に迫られ、一八九四年八月一日に清国に宣戦布告して、日清戦争に突入し、翌年四月一七日に日清講和条約（下関条約）を調印して、日本が勝利を収めたが、この戦いに莫大な戦費をつぎこんだ。

そこで日本側全権大使の総理大臣・伊藤博文と外務大臣・陸奥宗光《むつむねみつ》は、清国に「賠償金二億両（ほぼ三億円余り）を日本に支払え。台湾と遼東半島を日本の領土にせよ」と定めて下関条約に調印させたのである。先ほどの鉄道地図のように、遼東半島は、朝鮮の西に位置して、南端に商業交通の要衝である旅順と大連を持ち、のちに日本の侵略部隊・満州国関東軍を生み出す関東州のことであった。

敗れた清国は、その巨額の賠償金を支払うことができなかったので、ロシアに仲介を頼むと、そこにつけこんだロシアが遼東半島を日本から取り返し、ロシアが租借する意向で、交通大臣セルゲイ・ウィッテが、中国東北部すなわち満州を横断する鉄道（東清鉄道）をウラジオストックまで建設する敷設権を認めさせた。こうしてシベリア鉄道が中国を突っ切るように建設されることになったのである。

このあと、一八九八年（明治三一年）五月から、ロシア人が一寒村の哈爾浜《ハルビン》を基点にした東清鉄道の敷設工事を開始し、中国でおこなったことは、ただただ残虐非道の一語につきた。満州の中国人民衆は何も知らされず、いきなり鉄道用地として土地を収奪され、激怒して反乱を起こし、農民と商人ばかりか、中国正規軍がその反乱に加わり、さらに義和団と称する武闘集団が蜂起した。中国植民地化の先兵とみなされたキリスト教会などに対して、激烈な外国人排斥運動が起こった。

清朝独裁者・西太后《せいたいこう》がこの国民の決起を支援して、一九〇〇年には「列国」対「清国」の全面戦争となった。義和団の乱にはじまった北清事変である。列強はイギリス・アメリカ・ロシア・フランス・ドイツ・イタリア・オーストリア＝ハンガリー軍だったが、そこに利権を狙う日本軍も加わったのである。中国がこの強大な連合軍に勝てるはずはなかった。ロシアの陸軍大臣アレクセイ・クロパトキンは、満州全土を支配する絶好の機会と見て、容赦ない攻撃を指令し、黒竜江で中国人の老若男女五〇〇〇人あまりを虐殺する「アムール河の流血事件」を起こし、全土で凄惨な殺戮《さつりく》をくり返したのである。

こうした醜い列強の侵略国家と並んで、軛《くびき》を争ったのが、やはり軍国主義者の日本政府であったのだ。

そこで総理大臣・桂太郎、大蔵大臣・曾禰《そね》荒助、陸軍大臣・寺内正毅《まさたけ》、満州軍総参謀長・児玉源太郎の長州藩四人組が、ここで列強との先陣争いに名乗りをあげ、日露戦争の戦端を開いて、日本人を地獄の戦闘に引きずりこんだのである。

中国・朝鮮の利権を獲得するため、佐世保を出港した日本の連合艦隊が、一九〇四年（明治三七年）二月八日に旅順のロシア艦隊を夜襲攻撃して、二月一〇日に桂太郎内閣の日本がロシアに対して宣戦布告して勃発したのが、日露戦争であった。日露戦争物語は、最後にバルチック艦隊が乗り出した日本海海戦の勝利と、外務大臣・小村寿太郎《じゅたろう》のポーツマス条約と、それに怒った群衆の日比谷焼討事件にスポットライトが当てられるが、最初に見るべきところはそこにはない。満州を舞台として戦われた戦争なのである。日露両軍が一〇〇万の兵士を満州にくり出して殺し合いを展開したが、その戦場となった満州は、満州民族の生活の地であった。ロシア人も、日本人も関係ない土地なのだ。

そもそも満州は、一六一六年に愛新覚羅奴児哈赤《アイシンギヨロヌルハチ》が諸方の部族を統合し、この地に満州族の国家を建国して、初代皇帝・太祖となった。息子の第二代皇帝・太宗が一六三六年に満州族・蒙古《もうこ》族・漢族の三民族の上に立つ皇帝に即位して国号を清と称し、のちに愛新覚羅《あいしんかくら》家の清朝が明朝に代って中国全土を支配し、乾隆帝《けんりゆうてい》の時代に絶頂期を誇った。満州は彼らの民衆が耕す土地であり、ロシアの鉄道開通後は、さらに多くの漢民族が満州に大量流入していた。

ところが日露戦争に臨んだ日本軍とロシア軍は、互いに大殺戮を展開しながら、敵を倒すために、中国人の民家を根こそぎ壊して塹壕《ざんごう》の支柱に使い、あるだけの樹木を切り倒して大自然を荒廃させ、何百と数えた村落を徹底的に破壊しつくした。かくて生きられなくなった住民がどっと難民となって、避難民が一〇〇万人以上に達したのである。かろうじて逃げられた者は、運がよかった。日露両軍は、中国人男子を見つけると、強制的に軍用労働者に徴用した。さらに中国人から馬車などの家財を取りあげ、日本軍は、ロシア軍に協力する中国人の首を切り落とすなどして、殺戮の限りをつくしたのである。この戦争を讃美して、満州を植民地化した日本人の犯罪をまったく「なかった」ことにしたのが、司馬遼太郎の『坂の上の雲』である。

この日露戦争の年、一九〇五年（明治三八年）に日本で流行した歌「戦友」は、哀愁たっぷりに歌いあげた。♪ここはお国を何百里　離れて遠き満洲の　赤い夕日に照らされて　友は野末《のずえ》の石の下♪と。これを耳にして、日本人はそこが地の果てに広がる荒漠たる不毛の大地と想像し、戦後もそれを歌い継いで感傷にひたった。そうして、満州で交通を保護するために組織されていた現地自衛団を満州馬賊と呼んで、あたかも山賊・盗賊の類に擬し、満州に渡る者を大陸浪人と嘲弄《ちょうろう》した。日本人作家の手になる膨大な書き物が、そうした寓話《ぐうわ》を創りあげてきた。実に、日露戦争によって満州を荒廃させたのが、日本政府と軍人だったという事実をかたわらに隠してだ。

一九ヶ月にわたる日露戦争で、一〇〇万人の兵を動員した日本の損害は、農村から駆り出された軍人の死者が日清戦争の六倍を超える八万五〇〇〇人にのぼり、負傷者を合わせると二四万人近くが犠牲になった。これが、勝利した日本側の被害なら、敗北したロシア側と、中国現地ではどれほどの被害であっただろうか。

日本は貴重な艦船九〇隻以上を失い、戦費総額は、一五億円から二〇億円とされる。このうち半分以上をアメリカとイギリスでの外債による借金でまかなった。アメリカでは、ウォール街を支配するロスチャイルド財閥の雄ジェイコブ・シフや、鉄道王エドワード・ハリマンたちが債権者であった。

日露戦争勝利と満鉄株売出しの熱狂

この戦争の末期、すでに日本軍の弾薬は底をつき、疲れ果てて敗北直前の日本軍が、形ばかりロシアに勝利して、かろうじて戦争に幕を引いたことを知らなかったのは、日本の国民であった。この戦争遂行のために増税が断行され、しかも一〇万人近い死者を出したため、日本人民衆は講和会議でロシアから賠償金もとれないことに激昂《げきこう》して町にくり出した。一九〇五年（明治三八年）九月五日にアメリカのニューハンプシャー州ポーツマスで日露講和条約（日露ポーツマス条約）が調印された日、東京の日比谷では講和に反対する国民大会が開催され、政府系の新聞社や交番などが焼き討ちされ、以後は戒厳令が解除されるまで三ヶ月近く全国が暴動状態となった。

しかし日本は、南満州では長春〜旅順間の七〇〇キロの鉄道と五つの支線を獲得し、さらに沿線の炭鉱の採掘権をロシアから引き継ぎ、南樺太を獲得した。さらに先述の通り伊藤博文が韓国に日本軍を送りこんで恫喝《どうかつ》外交を展開しながら、講和二ヶ月後の一一月一七日には韓国統監府の設置を認めさせ、朝鮮の完全な植民地化に成功した。この時点で日本は、台湾、南満州、南樺太を領有し、朝鮮（韓国）も事実上の支配下に置いたわけである。満州の石炭と鉄鉱のほか、樺太の石炭と森林は産業界にとって巨大な資産の獲得であった。まさに大侵略であった。「日清戦争・日露戦争までの日本はよかった」と語った司馬遼太郎ほど、日本史を誤った記述で埋めた人間はいない。

こうして日本は、これら満州で獲得した利権を経営するために、一九〇五年一〇月一八日に遼東半島南部の関東州を治める目的で、総督府を遼陽《りようよう》に設置した。だが、総督に任命されたのが、まったく行政についても時局についても、何ひとつ判断力を持ち合わせない大島義昌《よしまさ》なる陸軍大将であった。この男はただ長州藩士という出自だけが取り柄で、長州軍閥から送りこまれた俗物だった。系図４「長州のアジア侵略者」（一四八〜一四九頁）に描かれたように、安倍晋三の高祖父にあたるのが、大島義昌であった。

しかも大島は、関東総督府が関東都督府となったあとも引き続き初代関東都督に就任し、一九一二年まで六年半もトップの座に在任した。

満州南部に租借権（統治権）を獲得した翌年の一九〇六年（明治三九年）初めに、西《さい》園寺公望《おんじきんもち》内閣が発足した。この西園寺内閣は、ただちに長州藩・児玉源太郎を委員長として、満州経営委員会を発足させたが、児玉源太郎は、かつて台湾住民を虐殺した台湾総督だった男だ。四月には、西園寺首相自ら極秘で東京を離れて、これら委員を含む四人の官僚を伴って満州に旅立ち、現地視察をおこなった。この総理大臣は、公家の徳大寺《とくだい じ》家から西園寺家に入った養子であり、実弟・徳大寺隆麿《たかまろ》が全国第一位の長者、一五代目・住友吉左衛門を名乗った人物であったから、西園寺内閣は住友財閥内閣であった。住友本店の副支配人の山下芳太郎《よしたろう》が西園寺公望首相の秘書官に就き、のちに住友総本店支配人・理事となって、住友財閥を指揮した。

その後、日本の債権国であるイギリスとアメリカが、日本の満州独占支配に強く抗議しはじめたため、政府と、長州藩・児玉源太郎を委員長とする満鉄設立委員会は、国際的な批判をかわすために、「鉄道企業を隠れ蓑《みの》にして満州支配を進める」との大方針を打ち出した。ところが、一九〇六年七月一三日に設立した満鉄設立委員会は、委員長の児玉源太郎が、一〇日後の七月二三日に急死したため、委員長は陸軍大臣・寺内正毅《まさたけ》(のちの初代朝鮮総督)が後を継ぎ、八月一日には、後藤新平が満鉄初代総裁の就任を受諾した。同じ長州藩の児玉と寺内は、子供同士が結婚した近親者であった。

また児玉源太郎と後藤新平は、台湾で総督と民政長官をつとめ、住民を大虐殺したコンビだったので、すでに日露戦争のポーツマス条約締結直前に、二人が奉天で密談して、「満州経営策梗概」なる方針を定めていた。この内容が、満鉄の性格を決めるそもそもの基盤となったおそるべき政策であった。このとき後藤新平は、世界最大の植民地経営会社だったイギリス東インド会社をモデルに満州を経営するよう進言し、そこに、「表向きは鉄道経営の仮面を装い、実質は百般の施設を実行する。そのため鉄道経営と統治機関はまったく別のものであるように仮装しなければならない」と、満州を植民地として支配する策謀を明記していた。かくて満州鉄道庁が、満州における大英帝国の侵略企業・イギリス東インド会社として性格づけられたのである。

三井財閥の石炭事業もここに関わっていた。つまり満鉄の蒸気機関車を動かすエネルギーが石炭だったので、日本の工業界が、醜くも東インド会社構想の甘い蜜を求めて、なだれこんでゆこうとした。

ポーツマス条約から一年後の一九〇六年九月一〇日には、ついに満鉄が株式募集を開始して、日本全土に投機熱が燃えあがった。前年の条約直後には日本政府に対して怒り狂っていた国民も、戦勝によって外債が大量に発行され、その資金がめぐって株式ブームが起こると、企業熱が盛んになって、国民の懐具合もよくなり、好況に向かっていたからである。

満鉄の総株数は一〇万株で、株式公募は、第一回が役員持株一〇〇〇株を除いた九万九〇〇〇株に対して、申込みは募集の一〇〇〇倍を超える一億六六四万株、一万一四六七人という殺到ぶりを示す熱狂的人気であった。そのため財閥代表として満鉄創立委員の一人だった大倉財閥の大倉喜八郎は、全株九万九〇〇〇株を買い占めようと申しこんだが、わずか九一株しか手に入らず、古河財閥の古河虎之助は五万株を申しこんで、手にしたのは四六株だけであった。応募の証拠金だけで五億三三三七万円に達し、その利子だけで第一回の民間株主配当を一割にできるという大騒ぎであった。

中国人は、このように狂喜する日本人の騒ぎをどう見ていたか。清国人の申込みは完全に排除され、清朝政府はついに満鉄に応募しなかった。それどころか清朝政府は、勿論、満鉄という会社の設立に対して一一月一〇日に強く抗議をおこなっていたのである。

中国の清朝政府は、一九〇〇年に東清鉄道建設におけるロシアの横暴に怒って、義和団の乱から北清事変の大敗北へと道をたどったため、日露戦争ではロシアを切り捨てて中立を守り、むしろ日本がロシアを叩くことに内心で期待していた。結果、アジアの小国日本が世界の大国ロシアを打ち負かしたため、日露戦争における日本勝利という結果は、ヨーロッパ列強の侵略に苦しむ中国民衆ばかりか、アジア諸国の人びとを驚かせ、狂喜させた。ところがその喜びは、束の間であった。戦争が終ってみると、ポーツマス条約三ヶ月後に日本の外相・小村寿太郎が首都・北京《ペキン》にやってきて、当然の権利であるかのように、「ロシアは中国権益を日本に譲った。貴国も、日本への引継ぎを認めよ」と言い放ち、中国は満州善後条約に強引に調印させられてしまった。どちらを向いても獰猛《どうもう》な野獣ばかりで、憤懣《ふんまん》やるかたない状態であった。

〝イギリス東インド会社による侵略〟が一七五八年にはじまって一九〇年間も植民地となってきたインドでは、第二次世界大戦後に独立して初代インド首相となるネールが

「日本の勝利はアジアの民衆に民族独立への大きな希望を与えた。しかし気づいてみると、それは、飢えた狼《おおかみ》をもう一匹増やしただけであった」と、アジア民衆の気持を代弁していた。日本の裏切りに対するアジアの民衆の烈しい怒りが、封建的な清朝政府だけではなく、アジア全土に広がりつつあったことに、日本人は気づかなかった。この六年後の一九一一年一〇月一〇日、中国同盟会の孫文を中心に、清王朝を倒す辛亥《しんがい》革命がはじまろうとしていたのだ。

私鉄国有化の利権者たちが私鉄の売却資金を満鉄に注いだ

かくしてついに、一九〇六年（明治三九年）一一月二六日、株式会社満鉄が設立された。しかし満鉄株の売出しに殺到した満鉄設立の資金は、一体どこから湧き出てきたのか。ちょうどこの時、八ヶ月前の三月三一日に私鉄の国有法が公布されて、国によって壮大な私鉄買収がはじまっていたのである。莫大な国費が私鉄所有者の懐に入ったのだから、それがめぐりめぐって満鉄株の購入資金に化けたのである。そのもうけ頭は三菱だった、と言われてきた。当時の株主名簿を調べると、私鉄国有化の時に鉄道会社第一位の日本鉄道会社は、華族が大株主で、株主の数は非常に多かった。第二位の北海道炭礦鉄道は、三井が大株主であった。第三位だった山陽鉄道の場合、筆頭株主となったのは、三菱財閥総帥・岩崎久弥《ひさや》であった。

国が私鉄一七社を買収した総額は、四億五六〇〇万円という莫大な金額に達し、鉄道資本の二倍とされているから、私鉄所有者は二倍で買い取ってもらったわけである。当時の一円は、二〇〇〇年時価で一一〇〇円程度になるから、金額は一〇〇〇倍規模である。政府の大盤振舞いによって、株主たちがどれほどの利益を得たか、想像もつかない(以下、断らない限り、二〇〇〇年時価は企業物価指数換算の数値である。その後、現在までの企業物価指数の変化は、二〇〇一年の世界貿易センタービル崩壊事件、二〇〇三年の米軍のイラク攻撃、二〇〇八年のリーマン・ショック、二〇一一年の東日本大震災があって、事件に前後して株価と原油価格と為替レートに短期的かつ急激な暴落・暴騰があるので、どの年をとっても近代史を長期的に見ようとする場合に適切な数値ではない。そのため本書では、比較的安定していた年の二〇〇〇年時価を用いる)。

三菱以外の富裕層はどうであったろう。三井財閥は第二位の北海道炭礦鉄道の株を買い占めていたので、これで巨利を得た。鉄道から大きな利益を得ていた経営者と株主は、当初は、鉄道を国有化することに反対であった。しかし、日露戦争の前後にかけて、財閥が独占を進めたため、紡績……肥料……製糖……製粉などの大手製造業界では、平然とカルテル価格を定め、業界ぐるみで生産制限をおこなって価格をつりあげられるようになっていた。たとえばビール業界では、札幌麦酒・日本麦酒《ビール》・大阪麦酒の三大ビール会社が合併して、大日本麦酒を設立し、残る麒麟《キリン》麦酒も含めて、このビール独占体制が確立されたのは、まさにポーツマス条約締結から半年後の一九〇六年三月のことだったのである。

その半年後には、八大紡績会社の富士紡績と東京瓦斯《ガス》紡績が合併して富士瓦斯紡績となった。同様に、鐘淵紡績が「紡績大合同論」を唱えて、日露戦争前から九州の大手紡績会社三社を合併したのを皮切りに、次々と買収を進めて、それまでの綿紡績から織物加工、絹・生糸へと事業を広げたのも、この時期であった。ライバルも、同時期に次々と有力紡績会社の買収を重ねて、一九一四年に巨大な東洋紡績となった。日本の製麻業界の二大勢力だった日本製麻と北海道製麻が合併して帝国製麻を設立し、製麻業界が独占支配されたのも、一九〇七年七月であった。

三井・三菱・住友・安田・第一の五大銀行と、浅野・大倉・古河・川崎の財閥グループは、広大な産業に資本を流しこみ、コンツェルンの形成によって主要な産業を独り占めしてしまい、黙っていても暴利を得られる時代を迎えた。財閥と資本家集団は、その全員が一つの閨閥で結ばれ、日清・日露の二大戦争を経て、すでに国家そのものだったのである。そうなると、幹線鉄道を国に高く買い上げさせ、輸送体制を一本化した中で、軍需産業の体制づくりに集中したほうが、国家全体として効率が高まる、という考えに変って、私鉄国有化へとレール転轍機《てんてつき》のポイントを切り換え、国有化が一挙に進んだのである。

この時代の一九〇一年（明治三四年）に日本が朝鮮に京釜《けいふ》鉄道会社を設立し、朝鮮半島を縦貫する鉄道の建設に着手したことも重要であった。その会社設立の資本は第一銀行頭取・渋沢栄一と大倉喜八郎たち、民間から出たものであった。日露戦争に突入すると、戦火の中でその速成工事にハッパがかけられ、一九〇五年一月一日に全線開通したこの京釜鉄道も、翌年には国有化によって買い上げられた。わずか数年で、所有者の資産が二倍になったのだ。

鉄道を高値で国に買い上げさせて巨万の利益を出したこの資本家たちにとって、目の前に登場した満鉄株の売り出しが、格好の投資対象となったことは、決して偶然ではなかった。第一回公募で、大倉喜八郎が一人で満鉄の全株を買い取ろうとしたのは、それだけ法外な金を持っていたからである。初めわずか九一株しか購入できなかった彼は、ただちに南満州に製鉄所を設立し、一九一〇年には現地で清朝の総督と手を組んで合弁事業にこぎつけた。時の清朝皇帝は、二年前に西太后がこの世を去って、わずか三歳で即位した宣統帝《せんとうてい》すなわち愛新覚羅溥儀《あいしんかくらふぎ》であった。

ところが翌一九一一年に孫文が辛亥革命を起こすと、大倉はただちに掌《てのひら》を返したように革命軍に三〇〇万円を貸与し、〝ラスト・エンペラー〟溥儀が退位に追いこまれると孫文と組み、さらに孫文を継いで大総統に就任した袁世凱《えんせいがい》と組んでますます中国ビジネスを広めた。大倉にとっては、思想や政治体制より、中国における産業の振興が重要であったから、時の実力者が誰かを読んで渡り歩いた。真珠湾攻撃前年（一九四〇年）の製鉄業ランクでは、官営八幡《やはた》製鉄所・輪西《わにし》製鉄・釜石鉱山・三菱製鉄・富士製鋼・九州製鋼・東洋製鉄が大合同して生まれた「日本製鉄（日鉄）」が群を抜く第一位だが、それに続いて〝満鉄が経営する〟昭和製鋼所（旧鞍山《あんざん》製鉄所）が第二位、浅野総一郎の浅野造船所を合併した日本鋼管が第三位となり、大倉が創始した〝満州の製鉄会社〟本渓湖煤鉄公司《ほんけいこばいてつこうし》がそれに次ぐ第四位にランクされた。満州で獲得した鉄鉱石は、それほど日本にとって大きな資産であった。

第一次世界大戦で化学工業が勃興——対華二十一箇条要求

日露戦争の勝利後には、しかし新たな戦争の嵐が襲ってきた。一九一二年（明治四五年）七月三〇日、明治天皇が没し、維新以来の一時代が去って、大正天皇が即位した。その二年後、中東とバルカン半島の利権を争っていたドイツとイギリスが雌雄を決する時を迎え、ついに一九一四年七月二八日、第一次世界大戦が勃発したのである。中国の利権に飢えていた日本は、ドイツに対して中国の山東半島南西の膠州湾《こうしゅうわん》租借地の引き渡しを要求する期限付き最後通牒《つうちょう》を発し、ドイツが返答しないまま、八月二三日、日本がドイツに宣戦布告し、莫大な臨時軍事予算を組むと、火事場泥棒よろしく、海軍はドイツが植民地支配していた赤道以北の南洋諸島を攻略し、さらにドイツが権益を持つ中国山東省の重要な港湾都市の租借地・青島《チンタオ》を攻略して占領した。

このヨーロッパの戦乱のなかで、一九一七年、ロシアで共産主義者による二月革命〜

十月革命が起こり、イワン雷帝から数えて三七〇年続いたロマノフ王朝が消滅し、ロシアは戦線から離脱した。時の総理大臣は、その七年前の一九一〇年に韓国を日本に併合した植民地主義者の申し子、長州藩毛利家の家臣から出世した朝鮮総督・寺内正毅であり、満鉄を設立して、中国東北部の満州に侵略の手を広げていたのが日本であった。

ロシア革命の混乱に乗じて、日本の領土をさらに広げようと企んだ寺内内閣は、参謀本部No.2の参謀次長だった田中義一《ぎいち》が、ロシアの混乱に乗じてシベリア出兵を決定し、強行した。田中もまた長州藩の出身で、のちに総理大臣となる男であった。しかしこの戦争では、それまで外国貿易に頼っていた日本国内は輸出入が途絶え、輸出品が売れずに倉庫に積み上がり、価格が暴落する一大危機となった。一方で輸入品は価格が高騰して、製造業が工場の操業停止に追いこまれ、どちらを向いても商店はさびれ、中小銀行の破綻が相次いだ。

ところが翌一九一五年に入り、戦火がヨーロッパ全土に広がって大戦争になると、ヨーロッパ諸国がアジアに輸出できなくなったため、代って日本がアジア諸国に綿布や雑貨を大量に輸出しはじめた。日本国内は、この戦争景気によって軍需製品の注文が増え、外貨収入がみるみる蓄積されてゆき、産業コンツェルンを形成していた財閥集団は、手にした資金で近代的な工場建設に突き進んだ。産業界が一挙に活気を取り戻し、製鉄と造船などの重工業が急速に回復しはじめたが、それればかりではなかった。特に、大戦争によって染料と化学薬品の輸入が途絶えたため、それまで輸入に頼っていた化学工業が、自力で製造を試みなければならない新しい段階に入っていった。この時代の日本人にとって、農家が田畑で使う肥料は宝物であり、その化学肥料がつくれなければ死活問題だったからである。

明治維新後に支配階級として登場したのは、既成財閥だけではなかった。こうして日本に化学工業が生まれ、肥料のリン酸、カリを製造し、この大戦中に莫大な富を懐にする産業がスタートした。そこからのちに続々と新興財閥が生まれ、日本産業（日産・日立）……日本窒素（チッソ）……森（昭和電工）……日本曹達《ソーダ》（日曹）……理化学研究所（理研）の五大コンツェルンが台頭し、日産コンツェルンは、総計七七社に達する企業をかかえて、三井、三菱に次ぐ第三位の独占グループとなった。

日本は大戦景気に沸き、大隈重信《おおくましげのぶ》内閣の外務大臣・加藤高明《たかあき》（三菱財閥・岩崎弥太郎の女婿）が主導するなか、ヨーロッパ大戦開始から半年後の一九一五年（大正四年）一月一八日に、中国大総統の袁世凱《えんせいがい》に対して「対華二十一箇条要求」を突きつけたのである。つまり、ドイツが山東省に持っていた権益……関東州の租借権……満鉄の権益……鉄道敷設権……鉄鉱石の確保など、膨大な要求を認めさせ、あたかも二度目の日清戦争勝利者であるかのように振る舞った。この要求が、朝鮮における閔妃《びんぴ》暗殺事件と同様、中国人に決定的な反日憎悪の感情を抱かせることになった。袁世凱がこの要求に屈したのは五月九日であった。大隈重信と先に述べた福沢諭吉による植民地早慶戦は、まさに彼ら自身の晩節を汚す行為であった。

ヨーロッパ・アメリカに負けてはならない、勝てば世界に認められると、明治政府要人が鼓舞した殺伐たる精神は、これを受け継いだ大正・昭和時代の、狂気と呼んでよい軍人思想となって、どこへ進んでいったか。

米騒動が示した都市住民の困窮——治安維持法の誕生

経済問題が波及する先は、国民生活にあった。こうした時代を生きた日本人は、これらの財閥と長者が跋扈《ばっこ》するなかで、どれほどその余得に与《あずか》ったのであろうか。

第一次世界大戦が終る直前、大正七年（一九一八年）七月下旬から、米の価格は天井知らずに上がり続け、七月三一日には東京・日本橋蠣殻町《かきがらちょう》にある東京米穀取引所が立会停止となり、場内に五日間の休業札が貼り出されるほどに暴騰した。取引きが再開されても、その一週間後の八月八日に、三等米が米一俵で二〇円以上となった。三年前には米一俵の値段が四円程度だったのだから、一挙に五倍近い値上がりであった。

ちょうどその日、富山県の滑川《なめりかわ》で、漁師の女房たちが、海岸に係留されていた船を襲って、積みこまれていた白米を奪うという事件が起こり、これがきっかけとなって、大正米騒動が勃発したのである。

これは、それまで頻発した米騒動とは性格が異なっていた。江戸時代の百姓一揆《いっき》は、米を生産する農民が義気に燃えて立ち上がった暴動であった。しかし富山の海岸から飛び火し、燎原《りようげん》の火のごとく全国に広がった大正米騒動は、米の消費者による暴動、すなわち都市住民による決起であった。都市に住む人間の生活が脅かされていたのだ。

民衆は半鐘を打ち鳴らし、太鼓を叩いて、米屋や金持の家を襲い、白米を奪った。四国では高松市……中国地方では岡山市……大阪では堺市で群衆が動き出すと、またたくまに名古屋市……京都市……大阪市に米騒動が波及してゆき、京都では四条大宮で群衆が軍隊や警官隊と大衝突をくりひろげた。神戸はまったくの無警察状態に陥り、それから一ヶ月間、実に三七市、一三四町、一三九村で暴動が続き、数万人が検挙され、一万人近い七七〇八人が起訴されたのである。この米騒動によって、一九一八年九月二九日に寺内正毅首相は責任をとって辞任に追いこまれた。

日本の社会に何が起こっていたのであろうか。米騒動のまことの原因は、米価ひとつの問題ではなかった。そのあとに続いた、全国の工場のストライキ……炭鉱暴動……漁民の決起……造船所の騒乱へと、果てしなく起こる民衆の激烈な抵抗運動が庶民の苦しみを物語っていた。明治維新を主導した日本の欲深い指導者たちが、身内の人間だけが肥えるように、産業と工場を導いてきたからであった。なかでも三井、三菱、住友、安田の四大財閥は、一九四五年の敗戦に至るまでに、日本の全産業を支配するまでに独占率を高めたのだ。

彼らに対して、反抗する実力者はいなかったのかといえば、一人もいなかったわけで

図4 米価の変遷【幕末から太平洋戦争まで】

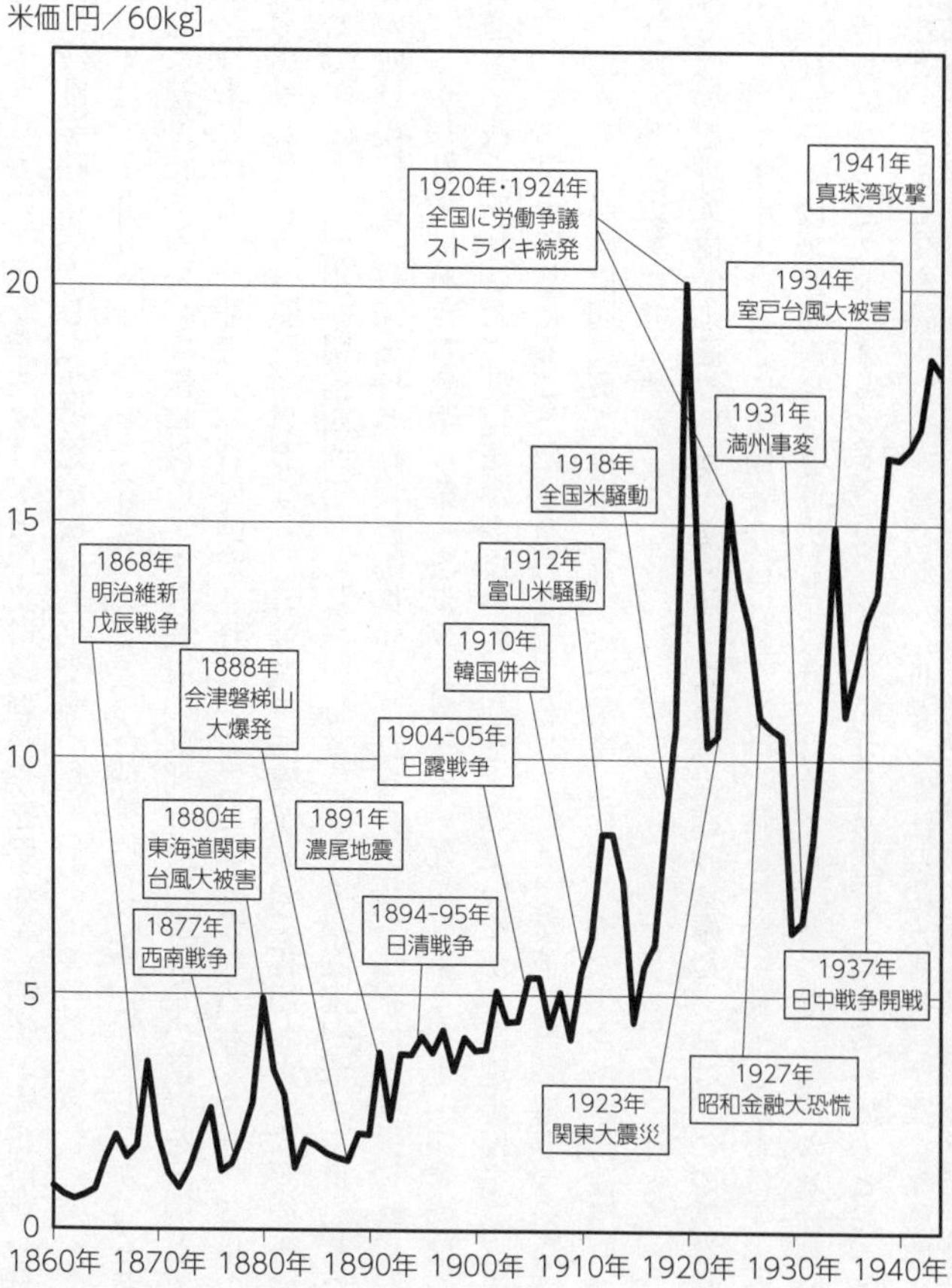
米価[円／60kg]
20
15
10
5
0
1860年
1870年
1880年
1890年
1900年
1910年
1920年
1930年
1940年
1868年 明治維新 戊辰戦争
1877年 西南戦争
1880年 東海道関東 台風大被害
1888年 会津磐梯山 大爆発
1891年 濃尾地震
1894-95年 日清戦争
1904-05年 日露戦争
1910年 韓国併合
1912年 富山米騒動
1918年 全国米騒動
1920年・1924年 全国に労働争議 ストライキ続発
1923年 関東大震災
1927年 昭和金融大恐慌
1931年 満州事変
1934年 室戸台風大被害
1937年 日中戦争開戦
1941年 真珠湾攻撃

はない。アメリカのフィラデルフィア大学で財政経済学を学んで、明治・大正時代の日本議会に波乱を呼び起こした快男児が松本君平《くんぺい》であった。

松本君平は、アメリカでジャーナリストとなって活躍後、日本に帰国してからも新聞・雑誌に健筆をふるい、中国に渡ると中国政府の顧問となって異色の活動を展開していたが、日本の政治が一部の支配者に動かされていることに我慢ならなくなり、郷里の静岡から出馬して自ら衆議院議員となり、普通選挙法案を議会に提出した。君平の正論に押されて、一九一一年（明治四四年）三月一一日にようやく衆議院が法案を可決したが、その四日後には、爵位を持った貴族院集団がこれを否決して法案は葬り去られてしまった。しかし君平はあきらめず、第一次世界大戦後の一九二五年（大正一四年）についに普通選挙法を成立させ、納税額が少ない者に与えられていなかった選挙権を二五歳以上のすべての男子に与えることに成功した。しかしこれは、女子に選挙権を与えないというのだから、当時財閥に最も搾取されていた製糸工場などの女工たちが排除された、名ばかりの「普通選挙」であった。

しかも時の総理大臣・加藤高明が三菱財閥・岩崎弥太郎の女婿であれば、この選挙制度によって、やすやすと貧しい労働者の言い分を受け入れる社会の到来を望むはずがなかった。貴族院議員が普通選挙法を可決したのは、計算ずくであった。大正の米騒動前後から活発になったストライキなどに対して、「結社の禁止」という名目のもとに、予防拘禁など、さまざまな弾圧法令を盛りこんだ世紀の悪法「治安維持法」案を衆議院に緊急上程し、普通選挙法成立の一〇日前に、貴族院で成立させていたのである。反政府運動をおこなう者をただちに投獄できるこの治安維持法が、一九四五年の敗戦直後、GHQによって廃止されるまで維持されたのだ。こうして軍部の幕僚と、内務省の警察部隊が手を組み、国策を思いのままに操る恐怖社会が誕生した。

かくして一九〇六年の満鉄設立から一三年後、一九一九年（大正八年）六月一日時点の満鉄株主名簿で、大倉喜八郎はどこから株をかき集めたか、四三六八株を保有して、個人株主として第七位という大株主となった。この年の株主合計は九一二〇人、総株数は一八〇万株で、うち一〇〇万株は日本国保有だったから、民間では八〇万株が売り出されていた。一三年間で第一回公募の八倍へと株数がふくれあがったのである。

かつて郷土の鉄道に投資した長者たちが、私鉄の国有化によって潤沢な資金を握り、満鉄利権をむさぼったのである。この一九一九年は、第一次世界大戦の戦後処理を話し合ったパリ・ヴェルサイユ会議が閉幕した年で、満鉄ばかりでなく、市場全体に株式ブームが起こり、そこから、続々と成金が輩出された時代であった。しかし前年に全国を揺るがす米騒動が起こったのだから、第一次世界大戦の敗戦国ドイツの民衆だけでなく、日本の民衆も、膨大な数の労働者と農民が、生きるのに疲れ果てるほど貧困の極にあったのである。

明治以来、主要な産業がどのように誕生して、それを誰が支配しているかを、ここまで見てきた。台湾・朝鮮・満州の植民地化がどのようにはじまったか、全体的な流れを追ってきた。これからあとは、産業と軍国主義がどのように手を組んで絶滅戦争まで動いていったか、その壮大な構造を解き明かさなければならない。そこに、日本の国民全体がどのように巻きこまれていったかを追跡しよう。

産業と軍国主義が一本になだれこんだ最大の動因は、日本国内の景気の激動にあった。その奔流のなかで、財閥を筆頭とする富裕な階層と成金が富を蓄え続ける一方、置き去りにされた大半の国民が、財産といえば着ているものだけという有様で、この社会的な構造が、ますます貧富の差を広げてゆき、財閥を憎悪する感情が、大衆のあいだに軍事的な力を信奉するファシズム思想を生み育てたのである。

再び初めから時代を追ってみると分る。一八八五年（明治一八年）に三菱財閥を創始した岩崎弥太郎がこの世を去り、維新後の初期の長者時代が終りを告げた。その年末に、明治維新以来の太政官《だじようかん》制度が廃止され、伊藤博文の初代内閣が発足してからの日本は、一八九〇年一一月二五日に召集された第一回帝国議会で、大日本帝国憲法（明治憲法）が施行され、〝天皇が軍事をつかさどる〟という近代国家がスタートした。

ところがその一八九〇年三月に、わが国最初の恐慌が襲いかかり、産業の柱となっていた紡績業が操業短縮を余儀なくされ、ようやく軌道に乗りはじめた鉄道会社が、次々と倒産に追いこまれたため、膨大な数の労働者が失業してしまい、都市に流れこんだ。翌一八九一年にかけて米価が急騰して、下層の国民は飢餓寸前となった。それを見て、経済を回復させなければならない財閥集団と、国家を支配する政治家・官僚たちが、植民地に対して決定的に強い侵略意欲を持ちはじめたのが、まさにこの時期にあたっていた。総理大臣・山縣有朋が朝鮮の利権獲得を議会で明言したのが、この時期であった。

日本が清国に宣戦布告し、日清戦争をはじめたのは、その三年後の一八九四年であった。翌年に勝利すると、莫大な賠償金三億円余りを獲得したが、政府はこの賠償金を民衆の救済に使わず、ほとんど全額を軍備に注ぎこみ、とりわけ中国南部に利権を獲得した鉄鉱石を原料にして、製鉄の本格的国産に踏み出し、賠償金を原資として国営八幡《やはた》製鉄所の設立に向けて動きだした。これが、日本が商業資本主義から工業資本主義へ移行して、次の戦争に備えて軍需産業の基礎を固めた時代だったのである。

一九〇一年に操業を開始した八幡製鉄所は、一九〇四年二月に日露戦争がはじまると、七月になって第三次火入れが軌道に乗り、操業にこぎつけた。翌一九〇五年九月の日露戦争の戦勝によって国際的な信用を得た日本は、一九〇六年三月に私鉄の国有法が公布され、一一月の満鉄設立によって企業熱が隆盛期を迎えたが、一九〇八年末から反動不況に突入していった。

ところが大企業にとって、こうした不況は支配力を広げる成長のチャンスであった。深刻な不況のため、弱小会社は借金の返済ができなくなり、大銀行を経営する財閥系の大企業に呑みこまれていった。大蛇が小羊を呑む買収と合併による独占が、みるみる全国に波及した。国民のなかには、どん底から一攫《いっかく》千金を夢見て、台湾・朝鮮に渡る者が増えはじめた。桂太郎内閣が韓国併合を強行して大衆を植民地に向かわせたのが、そうした時代、一九一〇年八月二二日であった。この年からあと、米価が急騰しはじめ、翌年から、東洋拓殖によって植民地での土地強奪が加速され、朝鮮への大々的な移民がはじまったのである。

軍事費膨張と全国の労働争議

こうして日本からの工業製品の輸出額は、第一次世界大戦の開戦時の一九一四年に六億七一〇〇万円だったものが、戦争終結時の一九一八年に二一億五九〇〇万円へと、四年で三倍に増加した。そして工業生産額が五倍に増大し、またしても続々と造船・海運業界をはじめとして〝戦争成金〟が誕生した。北海道では食糧の輸出が急増して、豆成金とジャガイモによるデンプン成金が闊歩《かっぽ》した。第一次世界大戦が終結すると、ドイツの皇帝ヴィルヘルム二世が退位してドイツ王室が消滅し、ヨーロッパに君臨したウィーンの六〇〇年王朝ハプスブルク家のオーストリア・ハンガリー帝国も消え去り、さらに台頭から六〇〇年続いたトルコのオスマン帝国も瓦解するという大変革が起こった。

この空前の好景気のなかで、驕《おご》れる日本に対して、朝鮮で〝三・一独立運動〟が起こったのは、第一次世界大戦が終った翌年であった。一九一九年三月一日、京城や平壌《へいじょう》などで「朝鮮独立宣言」が発表され、日本の植民地に抵抗する激烈な民衆運動が朝鮮全土に拡大した。それが激しければ激しいほど、日本の憲兵隊による弾圧の虐殺もまた激しかった。長州藩の支藩・岩国出身の朝鮮総督・長谷川好道《よしみち》のもとで、朝鮮人七五〇〇人が殺され、逮捕者が五万人近くに達したのである。

なぜこれほどの蛮行が、日本の一般庶民に見えなかったのか、不思議である。この年のパリ講和会議で六月二八日にヴェルサイユ条約が調印され、第一次世界大戦の戦後処理が決定されたが、この大戦を通じて日本はアメリカ・イギリスに次ぐ第三の強国として認められた驕りからだろうか。

そして終戦前に太平洋のミクロネシアの主要な島々を占領して、戦勝国の一員となった日本は、翌一九二〇年にマーシャル諸島、北マリアナ諸島、カロリン諸島などミクロネシアの統治を委任され、日本海軍の太平洋出撃拠点とすべく、事実上の植民地として確保した。強国となれば、ますます軍備の充実を図らなければならない。そこから、国家予算の半分以上を軍事費に注ぐ狂気の時代に突入していったのだ。大戦中より大戦後のほうが、はるかに大きな六五％の予算を軍事に投入したのである。

表4　第一次世界大戦後の軍事費の比率の変遷

『日本長期統計総覧』『日本興業銀行七十五年史』

年度	軍事費の比率	
一九一四年	三五・六％	第一次世界大戦開戦

一九一五年　三七・〇％　対華二十一箇条要求
一九一六年　四〇・四％
一九一七年　四七・四％
一九一八年　五一・九％　第一次世界大戦終結　全国米騒動
一九一九年　六五・一％（四五・七％）　三・一独立運動　ヴェルサイユ条約調印
一九二〇年　五八・四％（四七・八％）　太平洋の南洋諸島委任統治
　　　　　　　　　　　　　　　　　　　戦後恐慌はじまる
一九二一年　五二・七％（四九・〇％）　全国に労働争議
一九二二年　四五・七％（四二・三％）　全国に労働争議
一九二三年　三四・二％　関東大震災

この軍事費の比率の数字は、資料によって、また計算法によってかなり異なるので、ここでは、『日本長期統計総覧』第五巻（日本統計協会編集発行、総務庁統計局監修、一九八八年五月三〇日）を原資料として、軍事費総額÷（一般会計歳出総額＋《プラス》臨時軍事費特別会計−《マイナス》一般会計歳出中の臨時軍事費特別会計への繰入額）によって求めたのが、一九一四〜一九二三年の数字である。一九一九〜一九二二年の（カッコ）内に示したのは、『日本興業銀行七十五年史』に掲載されている表「一般会計歳出入決算」にある「歳出のうち軍備増強関係費（明治大正財政詳覧による）」の数字である。同じ資料から、それぞれ金額を示すと、次のようになる。

表5　第一次世界大戦後の軍事費総額の変遷

『日本長期統計総覧』（『日本興業銀行七十五年史』）

年度	軍事費総額	（軍備増強関係費	産業振興関係費＝同％）
一九一四年	二億二〇〇六万円		
一九一五年	二億二〇〇四万円		
一九一六年	二億四二〇七万円		
一九一七年	三億四六一四万円		
一九一八年	四億八一一七万円		
一九一九年	八億五八四八万円	（五億三六〇〇万円	一五〇〇万円＝一・三％）
一九二〇年	九億　四二八万円	（六億四九〇〇万円	一八〇〇万円＝一・三％）
一九二一年	八億四一八六万円	（七億三〇〇〇万円	一八〇〇万円＝一・二％）
一九二二年	六億九二五七万円	（六億　四〇〇万円	一七〇〇万円＝一・二％）
一九二三年	五億二九五五万円		

『日本長期統計総覧』によれば、大戦後に、軍事費総額が二倍にも増えている。一方、『日本興業銀行七十五年史』が、特に一九一九～一九二二年の四年間の数字を取り上げ

たことには、理由があった。右のように、産業振興に使われた金額が歳出のうちわずか一％強であるのに対して、その四〇倍近い金が軍事費に投入された時代の異常性に、編纂者《へんさんしゃ》が着目しているからである。

政府がこのような軍国主義集団だったのに対して、一体、国民はどこに立っていたのか。それが問題である。

軍事支出が最大規模になった一九二〇年（大正九年）、三月に東西の株式相場が暴落して戦後恐慌がはじまったのだ。米価が暴騰し、株価の暴落と共に、成金が急速に没落していった。この時代は、先に述べたように一九一八年に富山から全国に広がった米騒動が国民の苦しみを語っていた。

手を結ばなければ生きてゆけないとの自覚から、労働者たちが一九二〇年五月二日に〝わが国最初のメーデー〟を東京上野公園で開催し、一万人を超える群衆が「聞け、万国の労働者」を歌い、「山縣有朋内閣が集会の取締りを規定した〝治安警察法〟」の廃止を叫び、失業の防止と最低賃金法の制定を政府に要求した。不況の震源は、第一次世界大戦直後の一九二〇年の株式相場の暴落にあった。

金融ショックで、綿・生糸・米という三本柱の取引所が立会停止となり、総崩れになだれこみ、さらに株価が暴落して、株式市場が当分閉鎖となった。同じく五月には、日本経済を主導し、横浜の五大生糸貿易商として君臨してきた大富豪の茂木《もぎ》商店が倒れ、その機関銀行が連鎖的に倒産して茂木王国が一瞬で崩壊したのである。

このショックで年末までに銀行二一行が破綻し、取付け騒ぎは六一行にも達した。つまり、単なる相場の崩壊ではなく、日本の基幹産業の資本家が雪崩《なだれ》のように苦境に陥って、全国の紡績業……海運……食品……銅・鉄の金属業、あらゆる産業に余波が広がったのが、この恐慌による「大正不況」であった。資本家は再び甦《よみがえ》ることができても、首切りにあってワラ一本にもすがろうとする労働者と、その工場労働者を送り出してきた農民たちは、救いのない人生に投げこまれた。その期間に、経営者の側には、ますます不良債権が積み上がっていった。

ところが不良債権は、必ず隠されるものである。これ以上の破綻を避けるために、どの会社も、銀行も、証券会社も〝粉飾決算〟でうわべをとりつくろって、その日をしのぐようになった。

翌一九二一年には不況がさらに深刻化して、二月から一〇月にかけて、全国に労働争議が吹き荒れた。北海道蜂須賀《はちすか》農場……汽車製造会社……足尾銅山……大阪電灯……藤《ふじ》永田《ながた》造船所……住友電線……住友鋳鋼……住友伸銅所……三菱内燃機神戸工場へと、軒並み大企業での争議が広がり、団体交渉権を要求する争議が阪神地方全体に続発した。特に七月、神戸川崎造船所……三菱造船所……神戸製鋼所……ダンロップ……台湾製糖に争議が拡大すると、三菱造船所では三万五〇〇〇人の労働者がストライキ四五日の大争議に立ち上がり、姫路師団の軍隊が出動する戦前最大の争議となった。このあとも、川崎造船所……横浜船渠《せんきょ》……浅野造船所……石川島造船所へと、ストライキと争議が続いた。

この年の労働組合参加者は一〇万三四四二人に達し、ストライキに五万八二二五人が参加したのである。

この一九二一年九月二八日、財閥当主の安田善次郎が大磯の別邸で凶漢・朝日平吾《へいご》に暗殺され、一一月四日には東京駅で原敬《たかし》首相が中岡艮一《こんいち》という青年に短刀で刺されて暗殺された。ここに、殺伐とした〝暗殺テロ時代〟が到来したのだ。

殺された東北出身の原敬は、平民宰相と呼ばれたが、それは爵位を受けなかったというだけで、当人は長州閥族の代理人であった。西園寺内閣の内務大臣時代、神社は原則として一町村に一社しか認めないとする「神社合祀《ごうし》令」を出し、住民の信仰の拠《よ》りどころとして町村の集落ごとに祀《まつ》られていた神社をつぶすことにより、集落ごとの自治を奪おうとした人物が原敬であった。寺内正毅内閣を引き継いで総理大臣になってからも、長州の陸軍大臣・田中義一に動かされ、地方の金満家を中核とした利権内閣を組閣し、内閣全期間の三年一ヶ月にわたってシベリア出兵を続け、日本国民を疲弊に追いこんだのだ。先に述べた朝鮮〝三・一独立運動〟が起こったとき、軍隊を派遣して徹底的に弾圧し、朝鮮人七五〇〇人を虐殺させたのが、原敬なのである。

翌一九二二年にも争議が止まらなかった。横浜船渠……大阪電灯……石川島造船所……大阪鉄工所……大阪住友伸銅所……阪神電車……野田醤油《しょうゆ》で争議が起こったが、これらはいずれも大企業であった。さらに大阪・名古屋・八幡を中心に、官業労働者が巨大デモを展開し、軍縮に伴う失業救済を要求した。労働組合参加者は前年より三割も増えたのである。

全般的に、造船所の争議が非常に多いのは、それまでの好況が軍需景気にあり、なかでも軍艦製造を柱にしていたからであった。裏を返せば、この時代に造船所から追い出されたどん底の労働者が要求した失業の救済は、軍需産業に取りこまれた下層階級が、「軍備の縮小に反対し、戦争で息をつなごうとする」大衆のきわめて危険な動きであった。

その労働者を生み出した源は、農家で食えなくなって都市に流れこんだ人たちの極度の貧困にあった。農地における小作人争議も二年間で三二五八件に達し、江戸時代の百姓一揆とは比較にならないほど大きな数に達した。この数字が、全土の農民がどれほど貧しさにあえいでいたかを物語っていた。したがって、政府はこの国民を黙らせなければならなかった。一度、大戦争をはじめた国家は、果てしなく軍国資本主義に突進しなければならない。そのメカニズムに陥ったのが日本だったのである。

この時代のはじまりが、わが国の工業化政策が鮮明になった一九一七年（大正六年）にあたっていた。ここまで紹介してきた、それぞれの大産業に誕生した潤沢な資金と、贅《ぜい》をつくした生活は、膨大な数の貧乏国民と、軍国資本主義の上に成り立っていたのである。

関東大震災の衝撃

さて、二〇三～二〇四頁の表4に軍事費の比率を一九二三年（大正一二年）まで示したのは、この年から、軍事費の比率が三〇％台へと大きく落ちたからである。一九一九年の六五％から、一九二〇年の五八％、一九二二年の五三％から、一九二三年になぜ三〇％台へ落ちたか？　一九二二年の大争議の翌年、この一九二三年九月一日にマグニチュード七・九の関東大震災が起こって、死者・行方不明一四万二八〇七人を出し、史上空前の被害となったからである。ここで産業界と金融界が受けた深い傷跡が、そのあとの日本経済の根幹を揺るがすことになった。

死者数が最大だったのは本所・深川の火災を中心とした東京下町だったが、実は、最も強い揺れが集中したのは震源地近くの神奈川県南部であった。東京～横浜間の京浜工業地帯の工場が壊滅し、貿易港の横浜は繁華街の元町と山下町がほとんど何も残らず、全市の四分の一、住宅の六割以上が焼失してほぼ全滅する大被害を受けたのだ。東京市内では、東京証券取引所が焼け落ちて立会不能となり、銀行が本店一三八行のうち、大半の一三一行が焼失し、支店三一〇行のうち七割を超える二二二行が焼失した。全焼した会社と銀行の合計が四四七〇棟という甚大な被害であった。被害総額の推定は、東洋経済新報社によれば七〇億円、大蔵省によれば一〇〇億円（二〇〇〇年時価三・六～

五・二兆円）とされたが、後遺症を考えれば、実害はその二倍にも達した。ヨーロッパ大戦の終焉《しゅうえん》による世界的恐慌と共に、日本に大不況が広がってきたところへ、大震災が襲いかかり、東京市だけで一挙に七万人の失業者を出したのである。

このあと、昭和二年恐慌↓財閥の肥大化↓一九三一年（昭和六年）の満州事変へと、この連続する流れの中で、日本全体の国民感情がファッショの嵐に巻きこまれていった。そこから、日本は一気に真っ逆さまに急坂を転げ落ちていったのである。

震災発生時の政府は、外務大臣・内田康哉《やすや》（こうさい、とも読む）が臨時首相をつとめていた。のちに内田は満鉄総裁をつとめたあと、外務大臣として、「挙国一致、国を焦土にしてもこの主張（満州の利権確保）を徹すことにおいては一歩も譲らない」と焦土演説をして、日本が満州を傀儡国家とし、満州国の建設を推進する人物であった。

大震災の翌日、内田康哉は臨時首相を退き、日露戦争で海軍大臣をつとめた薩摩《さつま》藩・山本権兵衛《ごんのひょうえ》内閣が発足した。この大震災のなかで治安を担当する最も重要な内務大臣には、台湾民政長官・初代満鉄総裁としてアジア侵略の急先鋒《きゅうせんぽう》をつとめてきた後藤新平が就任した。震災が発生した九月一日の夜から、東京では「朝鮮人が井戸に毒を投げ入れた」、「暴動を起こして放火している」といった流言蜚語を警察が広めたため、恐怖にとり憑《つ》かれた日本人の民衆が朝鮮人・中国人に襲いかかって虐殺し、その虐殺に軍隊と警察と憲兵が加担するなか、朝鮮人・中国人六〇〇〇人以上が殺されていった。

これらの暴挙を指揮し、黙認したのは、内務省と、憲兵を管轄した陸軍であった。なかでも特高警察を主導する警視庁の官房主事だった正力《しょうりき》松太郎は、「朝鮮人が謀叛《むほん》を起こしているという噂があるから、それをあちこちに触れまわってくれ」と流言を広めてまわった。憲兵隊長の甘粕《あまかす》正彦は、関東大震災のどさくさにまぎれてアナキストの大杉栄《さかえ》と内縁の妻・伊藤野枝《のえ》と甥の三人を憲兵隊特高課に連行し、憲兵隊司令部で殺害したあと死体を井戸に投げこんだ。

この当時の重大責任者だった人物の履歴を追ってみる。のちに満州政界を支配したのが、その甘粕正彦であった。また長州出身の警視総監・湯浅倉平《くらへい》が朝鮮総督府・政務総監となり、警保局長・後藤文夫が台湾総督府・総務長官に転身した。戦後にA級戦犯となる後藤文夫が満鉄総裁一族であることを考え合わせると、彼ら内務省トップが、朝鮮・台湾・満州の植民地行政官の最高位として、国家ぐるみで組織的に動いたことが分る。しかも警視総監に湯浅倉平を任命したのが後藤新平であった。後藤新平は台湾総督府で初代民政長官をつとめ、日本の植民地支配に抵抗する三万人以上の台湾人を処刑したが、その民政長官を一九一九年に改称したのが、後藤文夫の就任した総務長官ポストであり、後藤新平は初代満鉄総裁でもあった。大震災後、彼らのために全国各地で収容された朝鮮人たちは二万三七〇〇人にも達し、その一部は民間人に引き渡されて殺害されたのである。

欲張りの商人たちでさえ投機を控えて関東大震災後の物価の騰貴をおさえようとし、全国の人が、震災の被災者を救おうと救援物資を送っているなかで、一体なぜ、これほどの理性を失う虐殺が起こったのか。

経済不況が続き、国民から追いつめられた政府と内務省が、日本の貧困層の不満と怒りを朝鮮人と中国人に向けさせる機会としてとらえたのが、関東大震災だったからである。翌年に後藤新平が右翼の頭目・正力松太郎に読売新聞社の買収資金として、大金を与えた。そうした中で、内務大臣の後藤新平は、帝都復興院総裁を兼務し、後年に「震災から東京を復興した偉人」とする伝記が流布してきたのだ。

大蔵大臣には大分県出身の井上準之助が就任し、甚大な被害に呆然《ぼうぜん》となっている商店や企業や銀行の救済を任された。ここからはじまった国家的な経済の大崩壊が、軍事国家への大きな転機であることに、日本人は気づかなかった。その激動の経過を追ってみる。

日本政府はまず、大震災時に借金の返済期限が迫っている手形（借金の証書）を「震災手形」として認定し、被災して資金難に苦しむ者がただちに借金を返さないでもすむよう、一ヶ月の猶予期間を設けた。しかし一ヶ月では効果がなかったので、たびたび延長した。こうなると金を貸している「銀行」が、不良手形を抱えて経営が行き詰まる。そこで銀行が持っている震災手形を、日銀が肩代りして引き受けた。すると今度は「日銀」に、到底返済される見込みのない手形が山のように積み上がり、この震災手形はやがて四億三〇〇〇万円を超える巨額に達したため、日銀が大損失を出すことは目に見えていた。日銀は皇族・華族・財閥などが株主となった株式会社であるから、このままではすまなかった（現在の日銀も、出資額の五五％を政府が占めているが、四〇％は個人出資者である）。そこで「日本政府」が、その損失を穴埋めすることになった。日本は慢性的不況から脱することができず、猶予期間を過ぎても決済できない人間が山のようにいたため、震災手形の支払猶予期間は再三にわたって延長され、その最終期限が震災四年後の一九二七年（昭和二年）九月末となった。

その期限が迫る一九二六年一一月二〇日、すでに島根県出身の若槻《わかつき》礼次郎内閣になっていたが、政府と日銀は、後述するように鈴木商店を救済するため、台湾銀行から八〇〇万円を融資する資金援助を決定した。この一九二六年の長者番付で、鈴木商店主の鈴木よね子は資産額一億円（二〇〇〇年時価五七四億円）で、日本全国第一〇位という図抜けた長者であり、〝現在ほとんど知られていない鈴木商店が、三井物産より大きな日本最大の商社〟だったのである。

ところが当時、震災手形の所持高は、ワースト第一位が台湾銀行、第二位が朝鮮銀行、第三位が後述する村井銀行であった。震災手形とは、決済できずに抱えている不良債権だから、所持高第一位の台湾銀行は、最も経営が不安な状態にあった。その原因が、巨額の震災手形を抱えて経営危機の鈴木商店に対する融資であった。その台湾銀行から、さらに鈴木商店に融資させようとする政府の決定ほど危険な取引きはなかった。この融資が、大事件からファシズムに発展したのである。

植民地特殊銀行の設立

震災手形の所持高ワースト・スリーの台湾銀行、朝鮮銀行、村井銀行とは何であったろう。銀行には、商業金融機関としての普通銀行もあれば、大衆の貯蓄機関としての貯蓄銀行もあり、地域の協同組合が経営する民主的な信用金庫もあったが、特別な事業の目的のために融資をする銀行は「特殊銀行」と呼ばれた。台湾銀行と朝鮮銀行は、事実上は植民地を経営するための特殊銀行であった。これらの銀行が設立された沿革を図解すると、二一六～二一七頁の図5のようになる。

図に描いた上の部分は、「植民地支配の特殊銀行」である横浜正金《しょうきん》銀行・日本興業銀行（興銀）・台湾銀行・朝鮮銀行と、そこにからんだ南満洲鉄道（満鉄）・満州中央銀行・日仏《にちふつ》銀行・日本銀行（日銀）・大蔵省預金部が、植民地に果たした役割を中心にした変遷である。

その下に、第一銀行・三井銀行・安田銀行・三菱銀行・住友銀行の民間五大銀行と、日本国内の農工業を支援するために設立された殖産銀行を描いてある。それら全農工銀行の上に立つ中央銀行が日本勧業銀行（勧銀）であった。北海道だけは、特別に北海道拓殖銀行（拓銀）が設立されて、北海道農地の半分以上を支配していた。

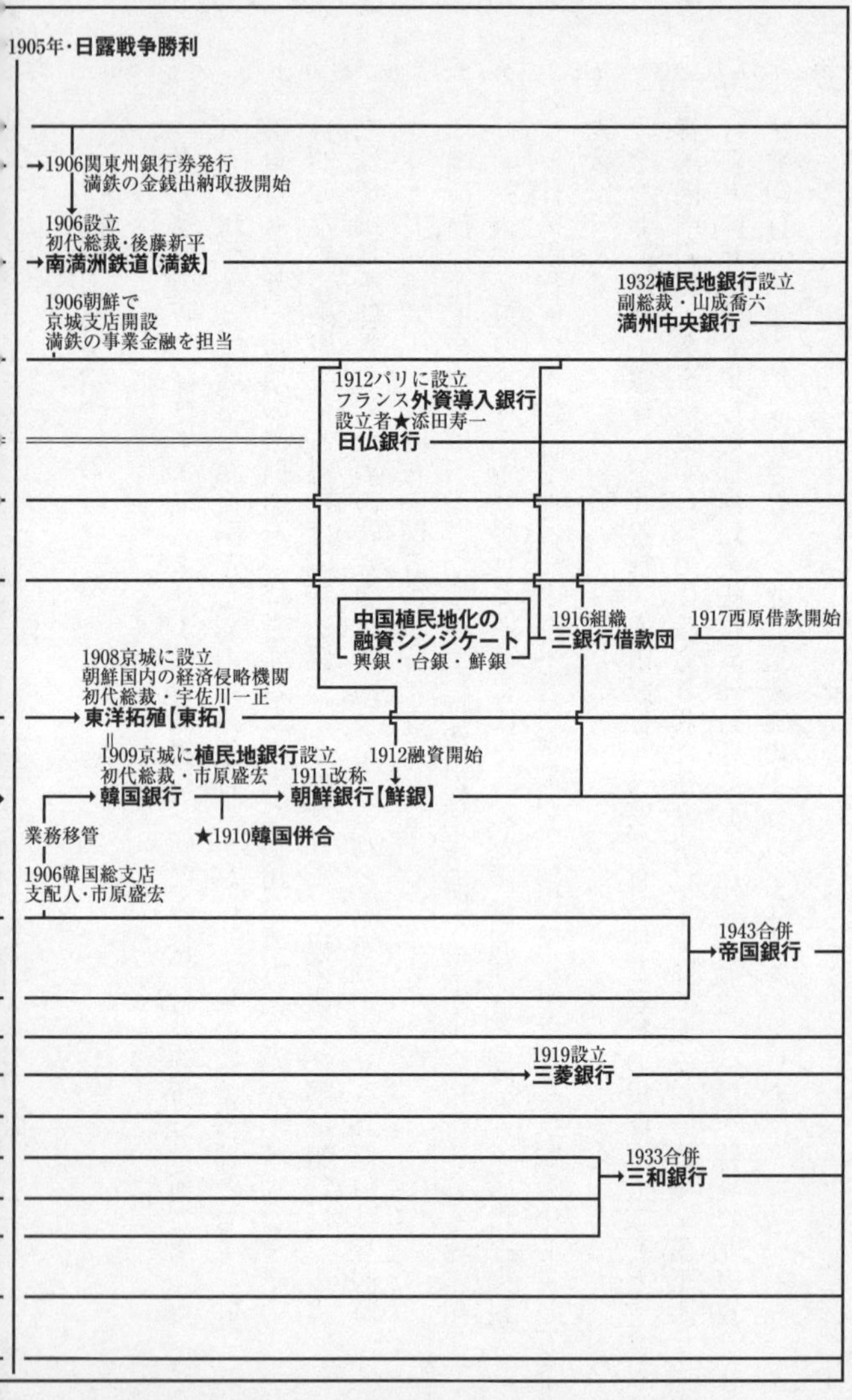

1905年・日露戦争勝利
→1906関東州銀行券発行
満鉄の金銭出納取扱開始
1906設立
初代総裁・後藤新平
→南満洲鉄道【満鉄】
1932植民地銀行設立
副総裁・山成喬六
満州中央銀行
1906朝鮮で
京城支店開設
満鉄の事業金融を担当
1912パリに設立
フランス外資導入銀行
設立者★添田寿一
日仏銀行
中国植民地化の
融資シンジケート
興銀・台銀・鮮銀
1916組織
三銀行借款団
1917西原借款開始
1908京城に設立
朝鮮国内の経済侵略機関
初代総裁・宇佐川一正
東洋拓殖【東拓】
1909京城に植民地銀行設立
初代総裁・市原盛宏
韓国銀行
1912融資開始
1911改称
朝鮮銀行【鮮銀】
業務移管
★1910韓国併合
1906韓国総支店
支配人・市原盛宏
1943合併
帝国銀行
1919設立
三菱銀行
1933合併
三和銀行

図5 植民地特殊銀行の変遷図

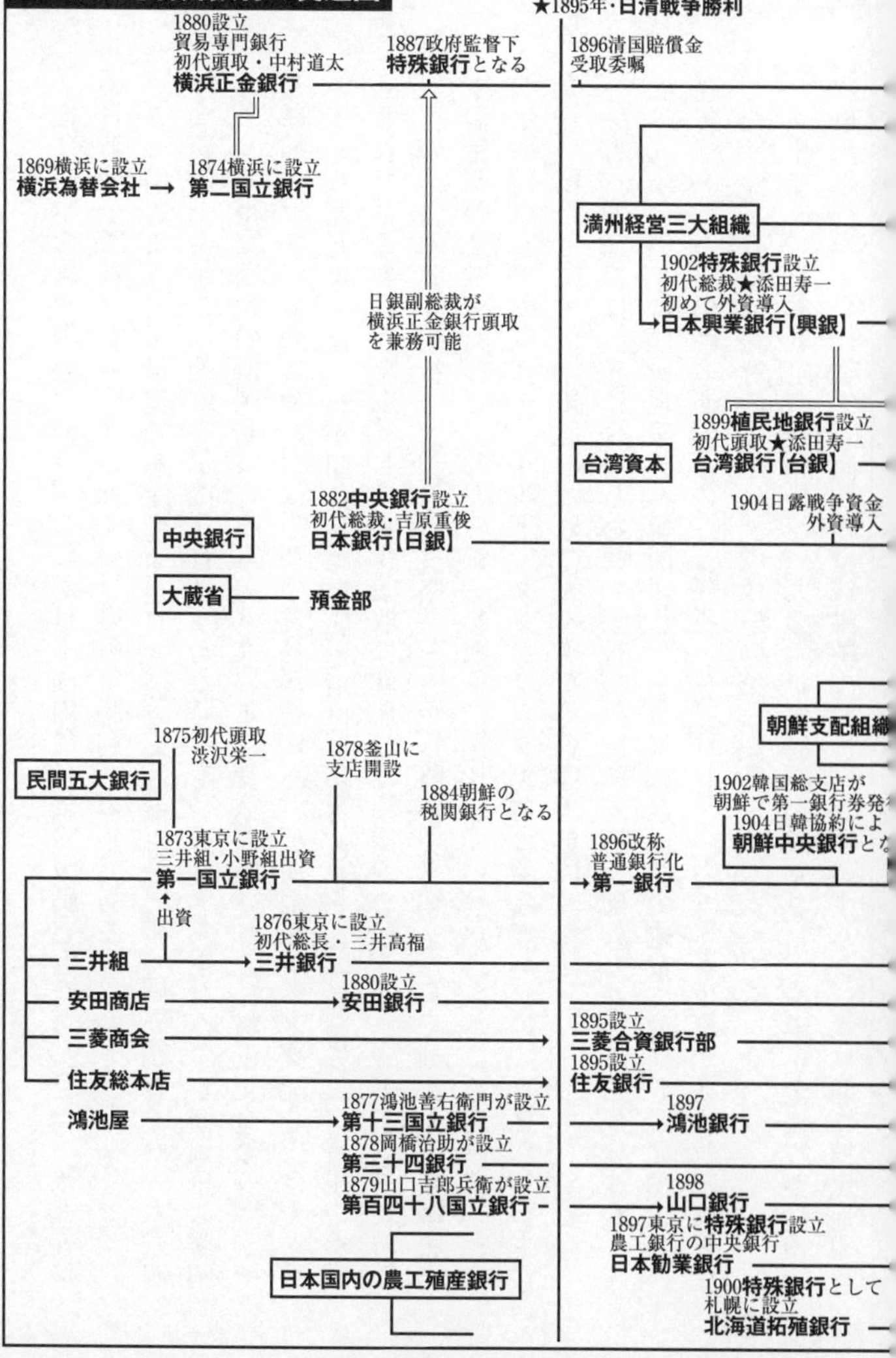

★1895年・日清戦争勝利
1880設立
貿易専門銀行
初代頭取・中村道太
横浜正金銀行
1887政府監督下
特殊銀行となる
1896清国賠償金
受取委嘱
1869横浜に設立
横浜為替会社
1874横浜に設立
第二国立銀行
満州経営三大組織
1902特殊銀行設立
初代総裁★添田寿一
初めて外資導入
日本興業銀行【興銀】
日銀副総裁が
横浜正金銀行頭取
を兼務可能
1899植民地銀行設立
初代頭取★添田寿一
台湾資本
台湾銀行【台銀】
1882中央銀行設立
初代総裁・吉原重俊
日本銀行【日銀】
中央銀行
1904日露戦争資金
外資導入
大蔵省
預金部
朝鮮支配組織
1875初代頭取
渋沢栄一
民間五大銀行
1878釜山に
支店開設
1884朝鮮の
税関銀行となる
1902韓国総支店が
朝鮮で第一銀行券発
1904日韓協約によ
朝鮮中央銀行とな
1873東京に設立
三井組・小野組出資
第一国立銀行
1896改称
普通銀行化
第一銀行
出資
1876東京に設立
初代総長・三井高福
三井組
三井銀行
1880設立
安田商店
安田銀行
三菱商会
1895設立
三菱合資銀行部
住友総本店
1895設立
住友銀行
1877鴻池善右衛門が設立
鴻池屋
第十三国立銀行
1897
鴻池銀行
1878岡橋治助が設立
第三十四銀行
1879山口吉郎兵衛が設立
第百四十八国立銀行
1898
山口銀行
1897東京に特殊銀行設立
農工銀行の中央銀行
日本勧業銀行
日本国内の農工殖産銀行
1900特殊銀行として
札幌に設立
北海道拓殖銀行

縦に二本の線が引いてあり、これが日本国内に景気の激動をもたらした「一八九五年の日清戦争勝利」と「一九〇五年の日露戦争勝利」の年である。

この図のように、植民地を支配する日本の金融機関は、「第一国立銀行」が一八八四年（明治一七年）に朝鮮の税関銀行となった時をもってスタートした。日清戦争の勝利によって得た巨額の清国賠償金を、一八九六年に受取委嘱された「横浜正金銀行」がそこに加わって、その正金銀行は当初の貿易銀行から、植民地銀行へと変貌をとげた。続いて一八九九年には、わが国最初の正式な植民地銀行として「台湾銀行」（台銀）が設立された。この設立を主導して初代頭取に就任した添田寿一《そえだじゅいち》は、次に一九〇二年に特殊銀行の「日本興業銀行」（興銀）を設立して初代総裁に就任し、この興銀が、終戦まで、軍需産業の金融機関として最大の資金を戦争に投入していった。さらに添田は、一九一二年に〝ロシアのロスチャイルド〟グンツブルグ男爵と組んでパリに「日仏銀行《にちふつ》」を設立し、侵略企業・東洋拓殖のために大規模な外資導入を図った。

一方、朝鮮では、先に登場した第一銀行の韓国総支店支配人となった市原盛宏《せいこう》が、一九〇九年に第二の植民地銀行「韓国銀行」を京城に設立して総裁に就任し、韓国併合の翌年、一九一一年に「朝鮮銀行」（鮮銀）と改称して、引き続き市原が初代総裁に就任した。つまり朝鮮銀行の実体は渋沢栄一の第一銀行であった。

満州では、日露戦争の勝利後、一九〇六年に満鉄が設立され、横浜正金銀行が満州で関東州銀行券を発行して、満鉄の金銭出納の取扱いを開始すると、本格的な植民地銀行の柱となった。翌一九〇七年には、正金銀行が清国政府の鉄道公債一〇〇〇万円の発行を引き受け、その後は国際銀行として伸び続け、第一次世界大戦後の一九一九年には、海外支店三〇を抱える大銀行となり、香港上海銀行およびチャータード・マーカンタイル銀行と並ぶ世界三大為替銀行の一つと称されるまでになった。

満州に、正式な「満州中央銀行」が設立されたのは満州事変翌年の一九三二年で、この植民地銀行は、表向きは現地人が経営することを建前として、満州人・栄厚《えいこう》を総裁に祭り上げながら、事実上は日本人の副総裁・山成喬六《やまなりきょうろく》が支配する日本の傀儡《かいらい》銀行であった。一方、満鉄の鉄道・炭鉱・製鉄所など、工業関係の融資は、興銀が担当した。

かくして、これら満鉄・正金銀行・興銀が満州経営の三大組織と位置づけられ、正金銀行は中国の鉄鉱や石炭を、満鉄と八幡製鉄所に運びこむ大がかりな金融機関となっていった。興銀は京城支店も開設して、鮮銀と共に朝鮮経営にも乗り出した。一九一六年には、これら興銀・台銀・鮮銀が中国植民地化の融資シンジケート「三銀行借款団」を組織し、一九一七年から悪名高い西原借款《しゃっかん》と呼ばれる巨額の中国融資を開始した。

西原借款とは、西原亀三《にしはらかめぞう》という男が、長州藩・寺内正毅首相の私設駐華公使（中国大使）となり、大蔵大臣・勝田主計《しょうだかずえ》と謀《はか》って、興銀・台銀・鮮銀から資金を調達し、総額一億四五〇〇万円という莫大な借款を中国の北京政府「北洋軍閥」に提供した融資であった。この融資は、袁世凱の流れを汲《く》む腐敗した北洋軍閥を嫌う中国国民から、日本に対する激しい反発を招いた。

ほとんどの書では、以上のような沿革は紹介されているが、これら相互の関係、つまり個人的コネクションを説明していないのは不思議なことである。この時代の植民地金融機関の支配者を総論すると、二二二～二二三頁の系図5のようになり、驚くほど小さな利権一族集団が、同時代にすべての植民地銀行と特殊銀行を設立し、主導していたのである。朝鮮銀行の初代総裁に就任した市原盛宏も渋沢栄一の遠戚だが、紙幅の関係で市原は系図で略してある（のちに登場する恐怖の警視庁特高部長・安倍源基《あべげんき》をここに加えておく）。これらの植民地銀行の経営を主導したのは、実は「日銀」であり、この系図に★印の日銀総裁が五人も顔を出している。

伊藤博文内閣のもと、薩摩藩出身で警視総監をつとめ、保安条例を布《し》き、自由党員ら五七〇名を大量検挙して弾圧をくり返し、悪名を轟《とどろ》かせた三島通庸《みちつね》の長男が、日銀総裁・三島弥太郎であった。

弥太郎は、父が山形県令だった関係から、県内で小学校の教師をしてから、東京の駒場農学校に学び、渡米してアメリカの農学校を卒業し、害虫についての研究を究めて学位を受けるほどの農学者となった。そのような農学者が日銀総裁になったのはなぜだろうか。三島弥太郎の弟・三島弥吉が、系図5「植民地金融機関の閨閥」の一番上に描いたように、タバコ王の村井吉兵衛の娘と結婚していたのだ。タバコは葉っぱの病害虫と戦う産業である。この結婚の時期は、弥太郎が正金銀行頭取から、日銀総裁へと大出世した時期とぴったり符合していた。村井吉兵衛が頭取として経営した村井銀行は、関東と関西でかなり大きな勢力を誇り、これが、さきほど述べた台湾銀行・朝鮮銀行に次いで、関東大震災後の震災手形の保有高が三番目に多かったワースト銀行であったのだ。日本経済の土台を揺るがす巨大な震源だったので、彼を追跡してみる。

タバコ王の村井吉兵衛は、一九二六年（昭和元年）の長者番付で、超大物と並んで資産額五〇〇〇万円、日本全国屈指の大長者であった。当時のタバコは、お茶や生糸、塩、酒、醤油と並んで、果てしなく富を湧き出す泉であり、数々の富豪を生んだのがタバコ産業であった。アメリカでは、全米最大の煙草会社アメリカン・タバコ社（のちのＢＡＴ）を創業したワシントン・デュークの孫娘ドリス・デュークが「世界一金持の女の子」と呼ばれる大富豪として君臨し、彼女の義兄弟ダグラス・マッカーサーが、タバコの宣伝マンとしてコーンパイプをくわえた日本占領軍ＧＨＱ総司令官となったほどである。

石川県から京都に出た村井吉兵衛は、そのワシントン・デュークと提携し、明治後半には日本のタバコ製造業者が五〇〇〇人を超える全盛期のなかで、その総所得額の六割近くを村井商会が占めて、タバコ王として君臨した。ところが一九〇四年に日露戦争が開戦すると、資金難に悩む日本政府が戦費を調達するため、この金の卵を産むガチョウ、タバコと塩の事業を個人から取り上げて、タバコと塩の専売法を施行して官営（専売局――戦後の専売公社）にしてしまったのだ。そのため村井商会は、タバコ事業を政府に譲渡して解散したが、ここで村井一族は、国から得た資金をもとに日本橋に村井銀行を興し、全国屈指の長者となった。当然この隆盛には、近親者である正金銀行頭取～日銀

系図5 植民地金融機関の閨閥

◆＝植民地銀行の支配者
★＝日本銀行総裁

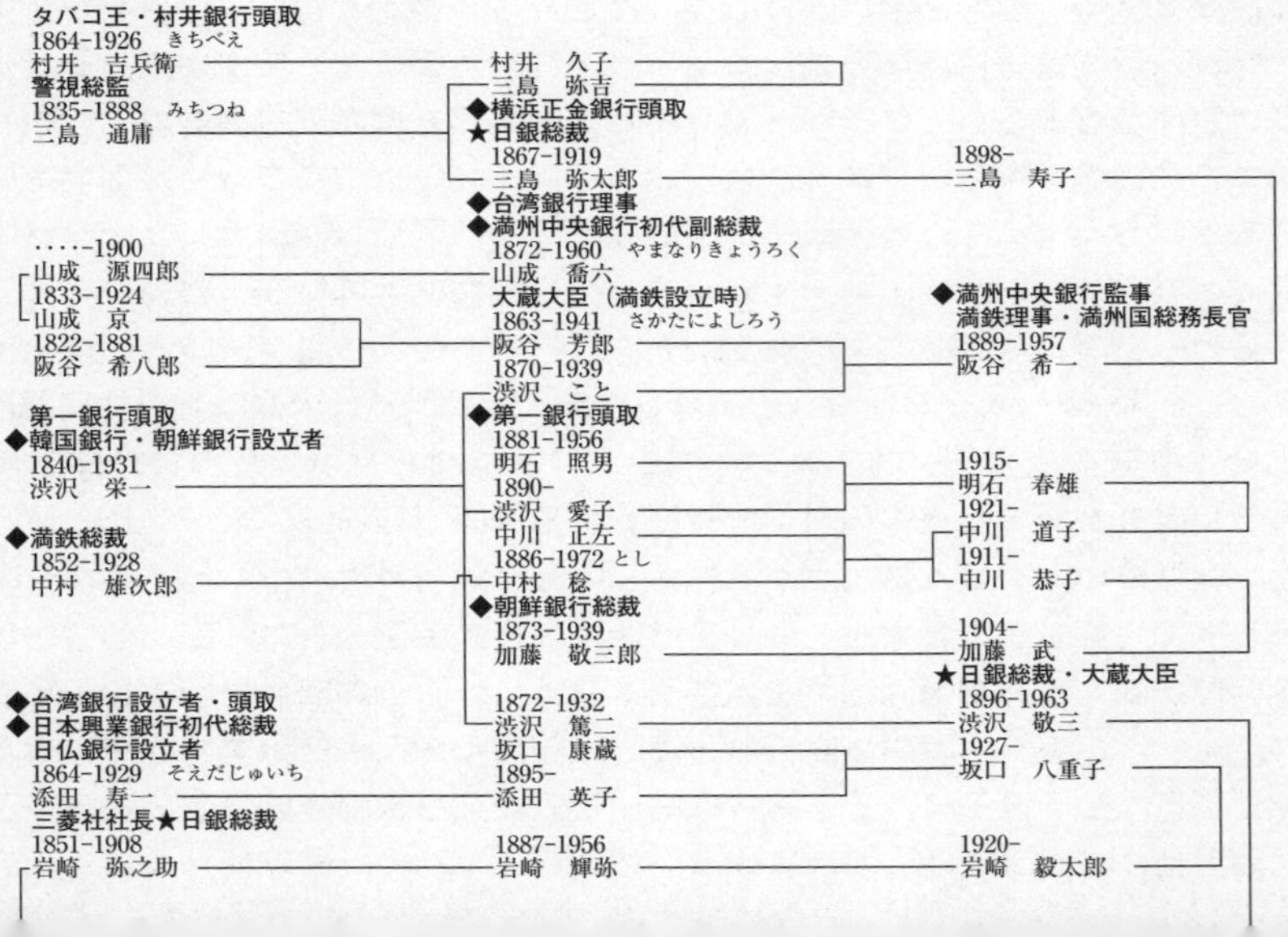

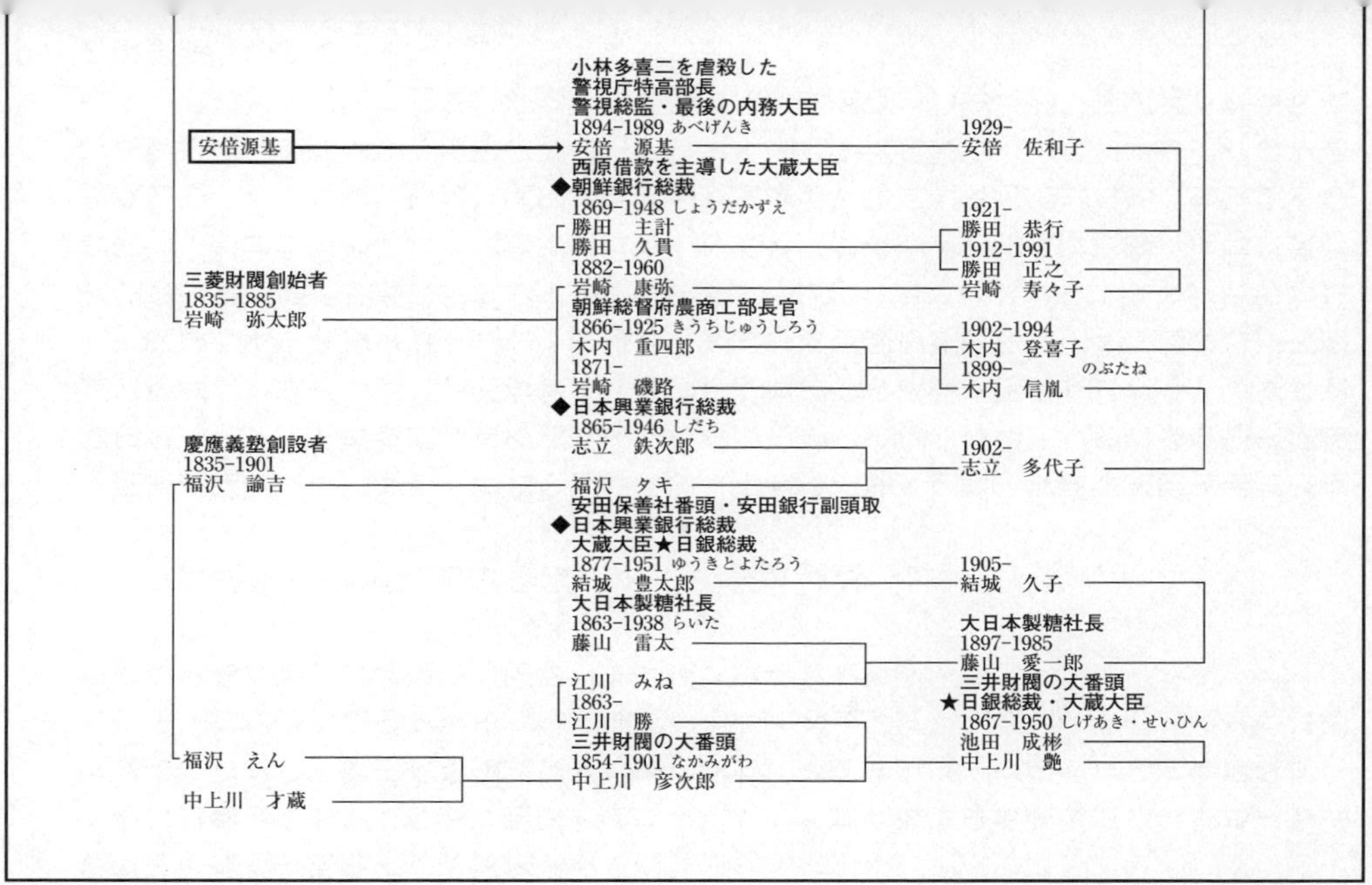

安倍源基
小林多喜二を虐殺した
警視庁特高部長
警視総監・最後の内務大臣
1894-1989 あべげんき
安倍　源基
西原借款を主導した大蔵大臣
◆朝鮮銀行総裁
1869-1948 しょうだかずえ
勝田　主計
勝田　久貫
1882-1960
岩崎　康弥
朝鮮総督府農商工部長官
1866-1925 きうちじゅうしろう
木内　重四郎
1871-
岩崎　磯路
◆日本興業銀行総裁
1865-1946 しだち
志立　鉄次郎
福沢　タキ
安田保善社番頭・安田銀行副頭取
◆日本興業銀行総裁
大蔵大臣★日銀総裁
1877-1951 ゆうきとよたろう
結城　豊太郎
大日本製糖社長
1863-1938 らいた
藤山　雷太
江川　みね
1863-
江川　勝
三井財閥の大番頭
1854-1901 なかみがわ
中上川　彦次郎
三菱財閥創始者
1835-1885
岩崎　弥太郎
慶應義塾創設者
1835-1901
福沢　諭吉
福沢　えん
中上川　才蔵
1929-
安倍　佐和子
1921-
勝田　恭行
1912-1991
勝田　正之
岩崎　寿々子
1902-1994
木内　登喜子
1899-　のぶたね
木内　信胤
1902-
志立　多代子
1905-
結城　久子
大日本製糖社長
1897-1985
藤山　愛一郎
三井財閥の大番頭
★日銀総裁・大蔵大臣
1867-1950 しげあき・せいひん
池田　成彬
中上川　艶

総裁・三島弥太郎の大きな支援があった。

そこに襲いかかったのが、関東大震災であった。村井銀行の預金貸出の七割以上が東京にあったため、貸出先が震災で大打撃を受け、震災手形（不良債権）の所持高がワースト第三位になったのである。この不況を脱しきれない時、追い打ちをかけるように起こったのが、歴史に名高い「昭和二年恐慌」であった。

昭和二年恐慌が国民の財産を吹き飛ばした

関東大震災から三年四ヶ月後の昭和二年（一九二七年）一月、若槻《わかつき》礼次郎内閣は政府補償によって、不良債権である震災手形の整理を進めることとし、そのための損失補償法案を議会に提出した。だが野党は「銀行の不良債権の実態を明らかにせよ」と攻めて、手形の整理が進まなかった。そうして震災手形問題を審議中の三月一四日に、大蔵大臣の片岡直温《なおはる》が突然、「東京渡辺銀行が破綻した」と発言したため、預金者が銀行に殺到して取付け騒ぎとなり、渡辺銀行とその姉妹銀行あかぢ貯蓄銀行が翌一五日に臨時休業に追いこまれた。実は、渡辺銀行はまだ破綻せず、何とか決済にこぎつけていたのだが、この歴史上有名な蔵相失言によって、本当の破綻に追いこまれてしまったのである。これが失言恐慌・昭和二年恐慌と呼ばれる大恐慌のはじまりで、国民的ファシズムの発火源となった。

破綻した「あかぢ貯蓄銀行」は「赤字」ではなく、渡辺銀行の頭取・渡辺治右衛門の屋号が明石屋治右衛門《ぢえもん》で「明治銀行《あかぢ》」と命名したものであった。大蔵大臣が「渡辺銀行が破綻した」と根も葉もない失言を口にし、それに端を発して取付け騒ぎが日本全土の銀行に波及していった。この昭和大恐慌からの日本は、大衆が生きるのに一銭の余裕もなくなり、財閥による独占が急拡大する方向へと進み、一気に財閥を憎悪する国民的な軍国ファシズムが広がり、一九三一年の満州事変へと雪崩をうって転げ落ちていったのだ。すぐれた商人が、昭和大恐慌で受けた影響は、どれほど大きかっただろうか。巨大な渡辺銀行の財産が一瞬で吹き飛ぶと、何が起こるか。

四日後の昭和二年（一九二七年）三月一九日午後には、震災手形ワースト第三位のタバコ王・村井銀行の東京本店が取付け状態となり、二二日には京都支店、神田支店など全店が休業に追いこまれた。近江出身で江戸屈指の両替商となった中井新右門家の中井銀行も、同時に休業に追いこまれた。この時にばたばたと連鎖的に破綻に追いこまれた銀行を、多くの書では小さな銀行としているが、とんでもない認識不足である。渡辺治右衛門と村井吉兵衛の資産はいずれも五〇〇〇万円、合わせて一億円に達していた。日本最大の紡績業である鐘淵紡績の総資産が、この二年後に一億四六〇〇万円、日本最大の海運業・日本郵船が一億四〇〇〇万円、いや日本最大企業の満鉄でさえ一〇億円に満たない時代である。満鉄の総資産の一割を二人で握るほどの資産家であった。

さらに海軍と密着した高田商会の救済は議会で大問題となったが、大蔵省預金部から救済資金は投入されず、高田商会が破綻し、その余波で中井銀行が閉鎖に追いこまれた。大蔵省でこの決裁を下した人物は、青木一男《かずお》であった。青木は、当時の理財局国庫課事務官として預金部の資金を動かし、のち大蔵大臣から東條英機《とうじょうひでき》内閣の大東亜大臣に出世し、戦後はA級戦犯に指名されたが不起訴となり、一九七〇年に靖国神社のA級戦犯合祀《ごうし》を画策した黒幕であった。したがってこのような人物が、高田商会の軍需輸入を食い止める平和的な判断を下したはずがない。高田商会を破綻させることによって、ライバルの三井物産が軍需輸入で覇者となったのである。

だがこの一連の取付け騒ぎも、翌四月の連鎖的な破綻よりは、まだよかった。昭和二年四月に入ると、五日に〝日本最大の商社〟鈴木商店が新規取引きを中止し、八日には鈴木商店が経営する神戸の第六十五銀行が休業に追いこまれ、株式相場が暴落しはじめた。一八日には、その鈴木商店に融資してきた台湾銀行が、台湾内の店舗を除いて全支店が休業し、同じ日に大阪の近江銀行が休業すると、全国に銀行取付けが波及していった。二一日には、日本一を誇る大名資産で出発した華族銀行までが休業に追いこまれたのである。鈴木商店は最終的に七月三一日に閉店し、息を止めた。

これら鈴木商店・台湾銀行・近江銀行・華族銀行の連続破綻は、関西や台湾を中心に起こった。つまり四年前に関東大震災が起こり、震災手形によって借金の支払い延期が許されるというので、全国の企業と銀行が「以前から粉飾決算によって隠していた不良債権」を、火事場泥棒的に震災手形として認めてもらい、経営の悪化をひた隠しに伏せてきた。それが全国で同時に噴出したのである。

神戸の鈴木商店は、第一次世界大戦前後には、スエズ運河を通過する船舶の積荷のうち、鈴木商店が一割を占めるほど、世界的な大商社であった。大震災の不況によって、鈴木商店系列の神戸製鋼所と播磨《はりま》造船所が大打撃を受け、ついに破綻に追いこまれた。

この恐慌は、実は財閥が待ち望んでいたものであった！　鈴木商店を消滅させ、中小の勢力を傘下におさめる格好の機会となったからである。三井銀行の経営トップとして資金を動かしていた池田成彬《しげあき》は、さきほどの系図5の一番下（二二三頁）に描かれている人物だが、この恐慌を目にして、台湾銀行から全額を引き上げた。そのため台湾銀行は、鈴木商店の救済どころではなく、自分の経営が危機に陥った。時の台湾銀行は、関東大震災の翌年には、鈴木商店に対する融資額が三億円を超え、台湾銀行の全貸出額の半額近くに達していた。しかし鈴木商店を切り捨てなければならない立場になり、三月二六日に台湾銀行から新規貸出の停止を通告された鈴木商店は、それから一〇日後に借金に追いつめられたまま最後の坂を転げ落ちた。そのため、連鎖的に台湾銀行が窮地に陥り、休業に追いこまれたのである。

大阪の近江銀行も、三井財閥には目ざわりな存在であった。三井の鐘紡にとって最大のライバルは東洋紡だったが、東洋紡社長が経営してきたのが名門の近江銀行であった。したがって、近畿地方の膨大な数の紡績業者が、この銀行経営に関わっていた。

しかも同時に破綻した華族銀行は、薩摩の松方正義《まさよし》の息子である松方巌《いわお》が頭取として経営してきたので、傘下には、薩摩の川崎正蔵《しょうぞう》が築いた川崎財閥系の神戸川崎銀行のほか、関西の浪速《なにわ》銀行もあり、松方巌が頭取をつとめる東京の丁酉《ていゆう》銀行もあって、みな破綻が表面化した。これら倒産の最終的なトドメを刺したのが誰かの差し金であった可能性は高い。なぜなら、倒産の少し前に、さる筋から「破綻間近だ」と知らされた多くの大名華族の資産家たちが、華族銀行から預金を早めに引き出して助かったと伝えられるからである。華族銀行は、のち一九四四年に帝国銀行に吸収合併されて、「三井銀行」会長だった万代《まんだい》順四郎頭取の傘下に入った。

このように渡辺銀行の破綻で幕を切って落とされたこの昭和二年恐慌は、陰で大衆の不安を煽《あお》った「実業家」たちによって加速されたものであった。日本経済に最も大きな不安を抱いていたのは、関東大震災前から日本の不良債権の実態を知っていた実業家たちであった。そこへ渡辺銀行の破綻を耳にして、家族や手代を銀行に走らせ、預金の引き下ろしを指図した。大衆はそのような事情を知るはずもなく、あとから動いて被害を受けた烏合《うごう》の衆にすぎなかった。金融危機を自らつくりだしておいて、真っ先に逃げたのが資産家たちだったのである。

恐慌で拡大した五大銀行の勢力

こうして各地で預金の取付け騒ぎが頻発し、多くの銀行が休業に追いこまれる中、ここまで述べた連鎖破綻が不思議な経過をたどっていったのである。巨額の不良債権を抱えた台湾銀行が破産に瀕《ひん》したため、政府が、日銀の特別融資で台湾銀行の救済案を、枢《すう》密院《みついん》に提出した。枢密院とは、名目上は天皇の最高諮問機関だが、歴代議長を伊藤博文と山縣有朋がたびたびつとめ、吉田松陰《しょういん》の思想を受け継ぐ長州の独裁権力の牙城であったから、いざとなれば三〇人以下の少人数で拒否権を発動して、好き放題に政策をコントロールできた。この時、保守派の牙城・枢密院を支配していたのが、伊藤博文一派で、軍部とつるんだ侵略主義者たちであった。

時の若槻内閣が、中国への内政不干渉の親善外交で臨んでいたため、若槻を失脚させようとするこの一派と軍部の差し金で、枢密院が〝台湾銀行救済案〟を否決して、内閣を追いつめた。そのため、台湾銀行を救済できずに立場を失った若槻内閣が総辞職に追いこまれた。その翌日、台湾銀行が台湾内の店舗を除いて全支店休業に追いこまれ、近江銀行が休業、ほどなく華族銀行も破綻したのである。

第一次若槻内閣が総辞職すると、田中義一内閣に引き継がれた。この男は、やはり長州藩の下級武士の息子で、シベリア出兵を決定した参謀本部次官から、陸軍最高権力者・陸軍大臣にのし上がり、この機に乗じて総理大臣の座を射とめた。

田中義一内閣のダルマ蔵相・高橋是清《これきよ》によって三週間の支払猶予令が出されて銀行が一斉休業に入り、このあいだに銀行に大量の札束を運びこむ演出効果もあって、ようやく取付け騒ぎが終息した。そして長州・三井の軍閥内閣なら何をしてもよろしいと、台湾銀行に日銀から巨額の非常貸出がおこなわれ、植民地金融が維持されたのである。したがって台湾銀行が救済されたのは、長州出身の軍事人脈が、大衆が苦しむ昭和二年恐慌を食い物にしながら、金融支配力を軍事支配力に換える行動であった。この経過が、日本が地獄に転落してゆく決定的な役割を果たした。

戦場の跡は、きわめてはっきりしていた。恐慌から年が明けた昭和三年（一九二八年）元旦に新たな銀行法が施行され、生き残った中小銀行の上には「最低資本金」の厳しい規定がのしかかり、経営は一層追いつめられた。金融恐慌が終息すると、一度引き出された預金は再び銀行に戻りはじめたが、大衆である預金者は、不安をかかえる中小銀行には戻らなかった。大衆は、さきほどの図5「植民地特殊銀行の変遷図」（二一六～二一七頁）の下部に描いた民間の五大銀行（第一・三井・安田・三菱・住友）に押し寄せ、のち、ここに関西の三和銀行を加えた六大銀行の窓口に大量の預金が集中した。

こうして恐慌後に、財閥系がたちまち中小銀行を吸収しはじめたのだ。一九二五年に一七〇三行を数えた銀行は、五年後の一九三〇年に八九七行へと半減した。彼らにとって、もはや相手とするべき銀行がないところまで、食べ尽くしていった。

ここに牢固《ろうこ》たる経済力をもって構築された五大銀行資本と野村財閥は、藤田（日立）・古河・大倉・浅野・川崎財閥の工業資本と一体となって、まったく強大な独占金融財閥に化けた。これらの家族は、全員がひとつの系図におさまる閨閥を形成していたのだから、この一軍団が日本を余すところなく征服したと言ってよかった。

だがこの先に待ち受けていたものは、信長の天下取りと同じであった。昭和二年恐慌のあと、わずか三年後の昭和五年（一九三〇年）から、彼らの予期せぬ運命の暗転が立て続けに起こった。非の打ち所のない「財閥の独占」と、これを批判する軍人と右翼による兇器《きようき》をもったファシズムの台頭、すなわち連続テロによる暗殺であった。

ドル買い事件——大不況とテロ暗殺事件の続発

五大銀行を動かす財閥の牙城が揺らぐときが、訪れようとした。とりわけ三井財閥の足元を崩すきっかけとなった、ドル買い事件が起こったのは、満州事変と同じ一九三一年（昭和六年）であった。

これは、財閥系の銀行や商社が大量にドルを買って、莫大な利益を手にした事件であった。一九二九年（昭和四年）一〇月二四日に起こったウォール街〝暗黒の木曜日〟の株価大暴落に端を発した大恐慌が世界中に広まり、それが日本にも波及して経済が悪化の一途をたどり、企業倒産が相次ぎ、国民が失業にもがき苦しんでいた。その時に、円相場の暴落によって財閥が金もうけをしたのだから、〝売国行為の国賊〟として、財閥が槍玉《やりだま》に挙げられたのである。なかでも、産業に対する広大な支配力で、ほかの財閥を圧倒していた三井財閥に批判が集中した。

当時の新聞紙上をにぎわした報道によれば、〝財閥は金もうけにうつつを抜かすあく

ど い集団〟であった。ドル買いで彼らが得た金は、当時の国家予算の三分の一を超えるトテツモナイ金額であった。しかもこれら財閥銀行は、ドル買い資金を調達しようと貸出の回収を急いだため、市中の資金が枯渇して、多くの企業が苦しめられた。まさに財閥は国賊であった。そして重大なことは、国民が、財閥の巨額の利益に憤激したことにあった。

事件の結末を要約すると、当時の内閣が、紡績・鉄鋼・セメント・製糖といった重要産業を指定して、合理化によって労働力の削減を謳《うた》っていたため、企業は労働者の首切りに走り、膨大な労働者が職を失う結果となった。しかも世界恐慌のなかで、ドイツと同様、緊縮財政のために日本国内でもすさまじい大不況が加速した。

最大の影響を受けたのは農家と、中小企業と、下層の労働者であった。巷《ちまた》には失業者があふれ、それまで職工を優遇してきた鐘紡でさえ給与の四割削減を発表し、東京の市電では給与停止が断行された。夏の冷害で凶作となった北海道・東北地方では、生糸をつくる繭《まゆ》の値段が暴落し、農家が生きられないほどに追いつめられた。特に悲惨だったのは若い娘がいても食わせることができない農村であった。遊郭に売られる口減らしに親子が泣き別れ、一家心中が相次ぎ、「娘身売りの相談所」という看板が堂々と掲げられる時代に突入した。この一九三〇年（昭和五年）には自殺者が全国で一万四〇〇〇人近くへと急増した。現在の日本は、毎日一〇〇人近くが自ら命を絶つおそろしい国家だが、総人口に対する比率では、当時が、その最近の数字とほぼ同じ水準であった。弁当なしで学校へ行かなければならず、ひもじい腹をかかえてほかの生徒の弁当を見つめた子供たちほど、かわいそうなものはなかった。この子たちは「欠食児童」と呼ばれた。この農村が、下士官や二等兵の最大の供給元だったのである。職業軍人のように高級将校になれない彼らは、兵役後も、郷里に戻って軍人の資格を持ち、在郷軍人と呼ばれた。それに対して、五大銀行の経営者は、政府・日銀・植民地侵略銀行と共に、ひとつの閨閥を形成し、彼らは財界の天皇・総理大臣・太政大臣・将軍・大統領を合わせたような力となって利益の独占に成功したのだ。

だが、昭和二年恐慌のあと、昭和五年（一九三〇年）から、彼らの予期せぬ出来事が立て続けに起こった。軍人と右翼によるファシズムが台頭し、連続テロによる暗殺が横行したのである。一九三〇年四月二二日にロンドン海軍軍縮条約を締結した浜口雄幸《おさち》首相が一一月一四日に東京駅頭で狙撃され、翌年に死亡すると……一九三二年二月に元日銀総裁・蔵相の井上準之助が暗殺され、同年三月には三井財閥の大番頭・団琢磨《たくま》が暗殺され……一九三二年の〝五・一五事件〟で犬養毅《いぬかいつよし》首相が暗殺され……一九三四年三月に三井財閥の元鐘紡社長・武藤山治《さんじ》が暗殺され……一九三六年の〝二・二六事件〟では、岡田啓介首相はからくも難を免れたが、大蔵大臣・高橋是清、内大臣・斎藤実《まこと》、教育総監・渡辺錠太郎《じょうたろう》が暗殺されたのである。

浜口首相のあとは、第二次若槻内閣が引き継いだ。しかし浜口内閣も、次の若槻内閣も、社会の暗澹《あんたん》たる様を見れば明らかに「政商のための施策しか講じていない」と国民がやり場のない憤りを覚えたのは、当然の感情であった。正論は口先ばかりで、財閥たちが政治家と官僚をあやつり、この大不況のなかでも法外な資産を抱えて生きていることは、誰の目にもはっきり見えていた。大半の政策に口を挟んだのは、三井銀行の池田成彬であり、三菱銀行の串田万蔵であり、住友銀行の八代則彦《やつしろのりひこ》である、との噂が絶えず、その裏ではドル買いで暴利をむさぼったのが彼らだったからである。

この連続するテロで殺された犠牲者には、政治家と財閥と産業資本家の名前が並んだ。財閥が、そのゆきつく果ての独占によって、国民から恨みを買ったのである。

軍部とファシズムの勢力拡大——ついに満州事変が起こされた

まさにそうした時代の真っ只中、一九三一年（昭和六年）九月一八日に起こされたのが、満州事変だったのである。関東軍参謀・石原莞爾《いしわらかんじ》、板垣征四郎《せいしろう》、甘粕正彦らの陰謀により、満州で柳条湖《りゅうじょうこ》爆破事件が引き起こされて関東軍が暴走すると、この満州事変を契機として、軍部参謀による本格的な満州支配の謀略がはじまったのである。

満州事変は、財閥の独占と同時に起こった事件であった。これまでの順序を整理すると、次のようになる。

◆一九三〇年一月一一日　浜口内閣の蔵相・井上準之助の金解禁政策が大不況を招いた。

◆一九三〇年一一月一四日　浜口雄幸首相が東京駅頭で狙撃され、翌一九三一年に死亡。代行・幣原《しではら》喜重郎《きじゅうろう》内閣発足➡一九三一年四月一四日、第二次若槻礼次郎内閣発足。
◆一九三一年九月一八日　軍部の謀略により柳条湖爆破事件＝満州事変が勃発。
◆一九三一年九月　満州事変に前後して財閥による大量のドル買いが進んだ。
◆一九三一年一二月一一日　第二次若槻礼次郎内閣が総辞職。
◆一九三一年一二月一三日　犬養毅内閣が発足して、即日、蔵相・高橋是清が、金輸出の禁止を決定➡翌日から円安ドル高が急速に進み、財閥が巨富を得た。

高橋是清による「円安ドル高への誘導」は、**財閥たちがすでにそれを知った上で**なされた政策であった。日本の真の経済を支えてきた町の商人と長者たちが、一九二三年の関東大震災と昭和二年（一九二七年）恐慌によって羽をもがれ、いかにして生きるかの方途さえ見失おうとしていた時に、財閥系の金融機関が、国家予算の何分の一かに匹敵する巨額の利益を翫《もてあそ》んだのだから、国民全体の怒りと疑いの目が、政治家と大蔵官僚や日銀に向かなければ不思議であった。

満州事変が、なぜ起こったか、その発端となった動機から追跡する。

「日露戦争」さなかの一九〇五年（明治三八年）三月一〇日、日本軍は満州南部の奉天を占領して満州支配の足がかりを築いた。このとき早くも軍人たちには、中国からロシア東部にまで支配力をおよぼそうとする軍事侵略の野望が芽生えていた。しかしこの年、日露戦争に勝利しても、中国の利権を狙うアメリカ・ヨーロッパ・ロシア列強の利害と衝突して、中国支配が叶《かな》わなかった。日本が日露ポーツマス条約によって「ロシアから」獲得したのは、長春〜旅順間の鉄道経営権と……鉄道施設……鉄道付属地……撫《ぶ》順《じゅん》炭鉱・煙台炭鉱とその採掘権……そして鉄道保護を名目とした鉄道一キロメートルあたり一五人の駐兵権であった（一七六頁の図2・鉄道地図参照）。翌年に満鉄が設立され、これら戦利品すべてを満鉄が所有して、経営することになった。

一方、日本が統治権を持つ租借地として「中国から」獲得したのは、満州のなかでも、遼東半島の南部先端だけであり、そこを関東州と呼んだ。しかし大陸を貫く万里の長城が海（渤海《ぼっかい》）に達した地点が山海関《さんかいかん》で、これより東の地域が関東にあたるので、「関東」の呼び名は、ほぼ満州全土を指していた。一方、日本人が関東州と呼んだ地帯は、遼東半島の南端にある旅順と大連の小さな租借地だけだったから、後年の満州全土の支配地域から見れば、関東州はごくちっぽけな地域であり、その行政は、関東都督によっておこなわれ、軍人の都督が満鉄を統括し、朝鮮の鉄道も管掌した。しかしその時、植民地の頭脳は軍部でなく、逆に、鉄道会社の満鉄にあった。

関東州はごくちっぽけな地域だったが、旅順から長春に至る満鉄の鉄道と鉄道付属地は、線路の両側に広大な幅を持っていただけでなく、駅のある都市全体と、鉄道従業員の住宅地を含めて、関東州から魚の骨のように北に伸びて、満州南部に日本が統治する領土として広がっていた。したがって、鉄道車輛《しやりよう》と、線路を建設するための工場と炭鉱も、広大な面積を自在にできた。だが、まだまだ満鉄の鉄道路線は限られたものであった。勿論、満州は全土が中国のものであった。

やがて第一次世界大戦後の一九一九年に、都督府を関東庁と改称し、このとき行政と軍部を分離した。つまり、「民政」を関東長官がおこない、「軍政」を関東軍（陸軍）がおこなうようになった。北京政府に君臨する大元帥・張作霖《ちようさくりん》が、時の満州の統治者であり、一時彼は日本人と組んで互いに利用し合ったが、この頃には日本から離反しつつあった。そして満州で、排日運動が激化していた時である。一九二八年六月四日、関東軍の高級参謀・河本大作《こうもとだいさく》と独立守備隊の中隊長・東宮鉄男《とうみやかねお》らが謀略によって列車を爆破し、奉天に引きあげる途中の張作霖を殺してしまったのである。殺人者の河本大作は何の処分もされず、四年後には満鉄の理事（重役）に就任したのだから、長州藩・田中義一内閣が国家をあげて、事実上の満州王・張作霖の暗殺テロを容認したのだ。その年、そこへ山形県生まれの石原莞爾《かんじ》という軍人が関東軍の参謀として赴任してきた。広大な満州支配のはじまりは、この石原莞爾が満蒙《まんもう》（満州・蒙古＝モンゴル）を領有しようと策謀をめぐらした時にはじまった。

石原莞爾は、日本が南部の狭い関東州から出て、満鉄の支配地である魚の骨のまわりに分厚い肉をつけ、満州全土を軍事占領したいと夢想したのである。石原の計画は、日本の国内で絶えず苦しみをもたらす食糧不足と資源不足を解決するために、満州の農作物と、石炭や鉄鉱などの鉱物地下資源によって自給自足を狙ったものであった。しかも思いついただけでなく、赴任から三年後に早速その足で行動に移したのだ。一九三一年九月一八日、石原らは、満州全土を軍事支配するため、奉天（現・中国遼寧省瀋陽《りょうねいしょうしんよう》）北郊の柳条湖《りゅうじょうこ》で謀略を企み、夜陰に乗じて自分たちで満鉄の鉄道路線を爆破した。そしてこれを、「中国軍による仕業だ」とデタラメをふれまわって総攻撃を命令した。

そのころ満州に居住する住民は、これから四年後の統計で人口がほぼ三五〇〇万人（現在の東京・神奈川・千葉・埼玉を合わせた首都圏人口とほぼ同じ）で、うち中国人（漢族）が四分の三を占め、満州族が一六％、朝鮮人が二％で、日本人は〇・四％にすぎなかった。この土地を耕してきた現地人は、すでに日露戦争でおそろしい苦難をなめさせられてきたが、彼らの暮らしを思いやる心を持たない石原莞爾をはじめ……岩手県南部藩士の出である関東軍高級参謀・板垣征四郎《せいしろう》……岡山県士族の出である奉天特務機関長・土肥原賢二《どひはらけんじ》……兵庫県丹波篠山《ささやま》藩士の出である関東軍司令官・本庄繁《しげる》……福岡県生まれの参謀本部第二部ロシア班長・橋本欣五郎《きんごろう》……さらに石川県金沢出身の朝鮮軍司令官・林銑十郎《せんじゅうろう》たちは、迅速な謀略行動に成功して、たちまち満州全土を制圧していったのである。関東軍が北上して満州全土に進軍すると、ほぼ五ヶ月で、西側の熱河《ねっか》省を除いて、満蒙の大部分を制圧した。これが、一九三一年の満州事変であった。

この謀略後、満州事変の首謀者たちは、一体どうなったか。石原莞爾は、秘匿名・東郷部隊（別名・加茂部隊）を発足させ、ここを母体として東京の牛込《うしごめ》若松町（現・新宿区戸山町）の陸軍軍医学校を拠点に、細菌戦研究部隊が設立され、石井四郎を隊長として、生きている中国人に細菌を植えつけて生体実験をおこなう〝悪魔の七三一部隊〟が誕生した。また板垣征四郎は七年後に近衛文麿《このえふみまろ》内閣の陸軍大臣となり、中国に対する全面戦争の指揮を執った。土肥原賢二は、中国謀略組織として土肥原機関を設立し、阿片《あへん》の密売で莫大な資金を稼いで出世し、陸軍士官学校長、教育総監などを歴任した。本庄繁は、陸軍大将となり、満州事変の功で男爵を受爵した。橋欣と呼ばれた橋本欣五郎は、翌月に若槻礼次郎内閣の全閣僚を殺害して軍部独裁政権の樹立をめざすクーデター未遂（十月事件）の首謀者となり、大政翼賛会の常任総務となった。朝鮮軍司令官の林銑十郎は独断で朝鮮軍を満州へ派兵して「越境将軍」と呼ばれ、この六年後に総理大臣となったのである。このうち戦後の東京裁判で絞首刑となったのは、土肥原賢二と板垣征四郎だけで、橋本欣五郎は終身禁錮刑であった。

日本の新聞は、犯罪者の関東軍が伝えるままに、いっせいに「中国の謀略を打ち砕け」とばかり、関東軍の行動が侵略だというのに、関東軍を支援する活字が大新聞に躍った。内地（本国）の日本人はすっかり、石原の謀略に乗せられて、熱狂したのである。

満州事変が起こった一九三一年には、まだ国家がメディアを統制する「情報局」が存在せず、軍部の操作が及ばない時代であり、どの新聞社も自主性を持っていたのに、である。資本家や長者の経営する大新聞が、自らの意志で関東軍に声援を送る旗手をつとめて、一気に満州全土に軍隊を送って支配したのだ。

だが大日本帝国が、満州事変で満州全土に進軍した行動は、事変などと呼ぶべきものではなく、第二次世界大戦を招いたナチスによるポーランド侵攻と同様に、あまりに露骨な、広大な面積におよぶ軍事占領であった。この時は、浜口雄幸首相が狙撃されたあと、第二次若槻礼次郎内閣になっていたが、彼は国際的な孤立をおそれて、暴走する関東軍の軍事占領に形ばかり反対しただけで、陸軍大臣の南次郎が「懸案の満蒙特殊権益確保のために、政府は一大決心をなすべき時が来た」と叫んで、関東軍の暴走を支援した。南次郎は、のちに朝鮮総督となって朝鮮人の強制連行をはじめる男であった。

石原莞爾たち関東軍は、こうした弱腰の政府の肚《はら》を見透かして作戦を次に進めた。土肥原賢二の謀略により、清国最後の皇帝（映画『ラストエンペラー』の主人公）・愛新《あいしん》覚羅《かくら》溥儀《ふぎ》を再び表舞台に引っ張り出すと、「満州民族が自ら新国家を建設する。それを日本人が支援する」という虚構ドラマを国際舞台につくりあげようと、甘粕《あまかす》正彦の手引きで第二の謀略にとりかかった。満州事変を指揮した関東軍司令官・本庄繁は、溥儀の弟・愛新覚羅溥傑《ふけつ》を、日本の皇室一族である嵯峨《さが》実勝《さねとう》侯爵の娘・嵯峨浩《ひろ》と結びつける政略結婚を仕組み、のち一九三七年四月三日にそれを成功させることになった。

満州国建国にとり憑《つ》かれた関東軍の暴走——国防婦人会の設立

満州事変が起こった一九三一年末に、第二次若槻内閣が総辞職に追いこまれ、一二月一三日に犬養毅《いぬかいつよし》内閣が発足すると、翌年一九三二年一月七日に、陸軍中央部が支那問題処理方針要綱として、「満州独立の方針」を関東軍参謀の板垣征四郎に指示した。石原莞爾や板垣征四郎が、満州を中国から切り離そうとする謀略に対して、政府がお墨付きを与えたのである。この決定は、犬養毅首相が〝外務大臣を兼務する内閣〟のもとで、陸軍大臣・荒木貞夫、海軍大臣・大角岑生《おおすみみねお》ら、陸軍省・海軍省・外務省の三省の協定によって出されたものであった。こうして満州国を生み出すレールを敷いた犬養毅の人格には、重大な疑問符がつく。同日、アメリカでは、国務長官ヘンリー・スティムソンが、「満州事変は不戦条約違反であるから、アメリカは満州事変を承認しない」とする怒りのスティムソン・ドクトリンを発表した。

かくして関東軍は、満州事変から五ヶ月後の一九三二年二月、東北行政委員会を設立し、かつて清朝の帝政時代に革命勢力を弾圧した武官の張景恵《ちょうけいけい》を委員長にかつぎあげた。満州は中国の東北部にあたるので、この東北行政委員会の東北は、満州全土を指す地名であった。次いで翌月の三月一日、ついに「満州国の建国」が宣言されたのだ。この瞬間、日本は、満州を中国領土から切り離すことに成功したのである。

全満州会議と銘打ったこの儀式を演出したのは関東軍であった。かつての清朝の高官と満州人の地方軍閥を集めて新国家が誕生し、満州国の形式的な行政権を地元満州人の国務院に与えておいて、実際には、次長のポストにぞろぞろと日本人が就いて、軍部独裁のもと一切の実権を握った。さらに国務院の下に総務庁があって、ここが事実上の最高行政権力機関として彼らを操った。総務庁のトップは時期によって総務庁長官、総務長官、総務庁長と呼称は変るが、これが事実上の〝満州国総理大臣〟で、一貫して日本人であった。つまり日本は、租借地である関東庁・関東軍のほかに、満州国政府の覆面総理大臣をつとめて、二本立ての行政で動きはじめた。

哀れだったのは、清朝末期に幼くして皇帝となりながら辛亥革命で追放され、三月九日に満州国執政として返り咲いた愛新覚羅溥儀であった。二年後の一九三四年三月一日には満州国が帝政となって、長らく復権を夢見てきた溥儀が初代皇帝・康徳帝《こうとくてい》として即位し、日本の操り人形とも知らず、「権力の座に復帰した」と思いこまされた。

満州国建国から四日後の一九三二年三月五日、世間から最も大きな批判を受けていた三井財閥で、三井合名理事長として総帥をつとめる団琢磨が、血盟団によって暗殺されたのである。テロの恐怖に取り憑かれたのは、世間の批判を甘く見ていた三井財閥であった。

満州帰りの怪僧・井上日召《につしよう》の「血盟団」や、岩田愛之助の「愛国社」など多くのテロリストは、同じような思想集団の右翼国粋主義者から出ていた。殺人者たちの言い分は、「国民の貧困を招いた責任者に天誅《てんちゆう》を加える」という分りやすい文言であった。これら殺人者たちは、世間から脚光を浴びたいという欲望が強く、世間に対して事を大きく見せるために、なぜ殺したかを斬奸状《ざんかんじよう》と呼ぶ犯行声明文に記して、これを新聞社に送りつけたり、書き残すのが好きであった。逮捕後の彼らの証言の数々は、まず財閥の独占と腐敗を槍玉にあげていた。ところがこの自称〝愛国者〟たちの中には、貧困を根絶する思想を敵とし、貧しさと失業に苦しむ労働者の結束をピストルや刃物で打ち砕こうとした者もいた。「愛国社」が合流した大日本生産党は、一九三一年一二月に、栃木県阿久津《あくつ》村で全農組合員・全国労働大衆党員らの小作争議に反対して暴行を重ねた阿久津事件などを起こしているが、これは自称〝愛国者〟たちの矛盾きわまりない言動を象徴するものと言っていいだろう。

団琢磨暗殺から一週間後、犬養内閣は、一九三二年三月一二日の閣議で、一月の「満州独立の方針」を決定して、すべての謀略を追認した。ところが、一連の出来事に対して責任を問われるべき犬養毅が、団琢磨の暗殺から二ヶ月後、海軍急進派の青年将校を中心とする反乱〝五・一五事件〟で暗殺されたのであった。犬養毅は、岡山県備中《びっちゅう》庭瀬の郷士の息子に生まれ、師団の増設に反対し、軍備縮小を唱えた人物として、また普通選挙法の実現に骨折り、清貧に安んじた潔癖な政治家・犬養木堂《ぼくどう》として歴史に名を残してきた。孫文たちの中国革命を支援し、孫文が臨時大総統に就任した一週間後に、南《ナン》京《キン》まで赴いて会見したのが犬養であった。ところが浜口内閣が、一九三〇年四月二二日に日本の軍備縮小を求めるロンドン海軍軍縮条約を締結したことに対して、ただちに鳩山一郎（戦後の総理大臣）と共に、「条約の締結は統帥権干犯《とうすいけんかんぱん》だ」と批判し、軍部の独裁権を守れ、と矛盾きわまりない言動をとり、総理大臣の椅子に就いたのが、犬養毅であった。これは、ただ政権をとる目的のために政敵を批判した犬養木堂の妄言《もうげん》であった。

というのは、統帥権とは、明治一一年一二月五日に長州の山縣有朋が初代参謀本部長（参謀総長）に就任し、参謀本部が発足した時にはじまったもので、日本を最も危険な道に導いた軍部の独裁権であった。日本の軍国主義育ての親の山縣は、自分でつくった軍部の〝参謀本部〟を当時の内閣と同列の強大な組織と位置づけ、しかも天皇直属の組織とした。つまり、「内閣（政治家）は軍事に口を出してはならない」という制度が統帥権であった。

その一二年後、山縣が自ら総理大臣として明治二三年に施行した明治憲法第十一条では、「天皇は陸海軍を統帥す」と定め、天皇が一切の軍事命令を出し、事実上は、天皇の直臣である参謀本部長が軍令に関して一切を決定し、内閣も議会も政治家は関知できない、としたのである。これが当時の統帥権であり、それを他人が犯すことが、統帥権干犯であった。うかつにも犬養毅は、政府が軍縮条約に調印したことはその統帥権に違反する（政治家には何の権利もない）、と批判したのだから、自ら政治家を軍人の下に位置づけ、その後の政治家が軍部に物言えぬ運命を決定づけたのである（ナチス時代のドイツと同じように、現在の日本国憲法に手をつけようとする集団が大きな目標に掲げてきたのが、この当時と同じような軍部支配力の拡大である）。

統帥権は、軍部独裁のこわさを秘めていただけではない。絶対に勝利しなければならない職業軍人として、いかにして戦うかという「戦術」と「戦略」の是非を論ずる局面で、内閣や議会の文民政治家が軍事的決断の議論から外されるような国家に、戦場の実態や軍需産業を把握できるはずがなかった。頭から多数の人間の知恵と知識を否定するこの軍事制度のもとで近代戦争をすることは、初めから無惨な敗北を意味した。一九四五年八月一五日の無条件降伏は、この日本軍人の狭量な性格によって、すでに決していたのである。

　さらに軍部は、裁判官を脅迫して五・一五事件の犯罪者たちを野放しにした。一九三二年五月二六日に犬養毅の後を継いだのは、斎藤実《まこと》内閣であった。この総理大臣は、四年後の二・二六事件で暗殺される運命にあった。

　一九三二年六月一四日には、衆議院が〝満州国承認〟決議を全会一致で可決し、翌一五日には、ただちに「満州中央銀行」が設立され、満州人の栄厚を総裁に担ぎあげ、副総裁に渋沢栄一の一族で、もと台湾銀行理事・山成喬六《やまなりきょうろく》（二二二頁の系図5「植民地金融機関の閨閥」上部）が就任して実権を握り、七月一日に開業した。それまで満州には、横浜正金銀行の支店、朝鮮銀行の支店、その子会社の満州銀行、安田銀行の子会社・正隆《せいりゅう》銀行など多数の銀行があり、それぞれが通貨を発行して各種の公私通貨が流通していたが、これをひとつの通貨に統一し、日本人が全金融をまとめて操りはじめた。かくて八月二五日に外務大臣・内田康哉《やすや》が、「挙国一致、国を焦土にしても」満州国を守ると決意表明したのである。戦争とは、古今東西、判で押したように「わが国の平和を守るために」と声を張りあげてはじめるのが常であった。戦争とは、「必ず勝利を！」と宣言し、兵士を奮い立たせてから突入するのが、まず世の掟《おきて》であった。国が焼け野原になるまで戦争する、と外務大臣が決意表明したのは……いかなる意味か？

建国ほどなく一九三二年七月二五日に、「満州国協和会」の発会式がおこなわれた。

そして満州国は、〝五族協和の王道楽土〟と謳う夢の新国家と位置づけられた。この五族とは、漢人・満州人・蒙古人・朝鮮人・日本人のことで、この異民族が仲良く暮らすという偽装宣伝工作が必要だったからである。満州青年同盟の小澤開作《かいさく》が中心となって、石原莞爾と手を結んで、国民的組織の拡大を目的として誕生したのが協和会であった。小澤開作たちは、五族協和が真っ赤な嘘だと知っていたので、この協和会のほかは政治団体を禁止してしまい、彼らが総務長官の政策を満州全土に浸透させる先兵となった（小澤開作の息子が指揮者の小澤征爾《せいじ》である）。

九月一五日には、「日満議定書」が調印された。というのは、ここまで表向きは、満州人が自発的に国家をつくったことになっているから、日本が満州国を正式に承認する議定書を交わす儀式がおこなわれたのである。と同時に、最も肝要な〝国際的な条約に基づいて、両国共に国家防衛にあたるため、日本軍が満州に駐留する〟形式を踏んで、「日満軍事協定」が締結されたのだ。この満の文字を米に変えると、現在の日米安全保障条約となり、日満と日米の立場が逆転する。「下手に動くと、一発食らわすぞ」という駐留軍の性格は、昔から現代まで変らない。この偽定書によって、満州に対する日本の軍事支配を全世界が認めると思ったのだから、日本人は、苗床の育て方も知らない素人農民のようなものであった。このような無法を、世界の良識が認めるはずがなかった。

議定書の調印者は、本来は外務大臣か、全権大使か、民政担当の関東長官のはずだが、調印したのは関東軍司令官の陸軍大将・武藤信義、つまり軍人であった。いやすでに日本は、国会が満州国建国を承認したあと、関東長官が関東州全権大使と関東軍司令官を兼務して、一人で行政・外交・軍事の三役を担当するように官制に手を加え、軍人が調印しても不備がないようあらかじめ手を打っていた。これで日本の肚《はら》の内は、国際社会にすっかり見えてしまった。

この武藤信義の妻は、国家総動員で大きな役割を果たした。日満議定書調印の年、一九三二年一二月一三日に「大日本国防婦人会」が設立され、会長に彼の妻・武藤能婦子《のぶこ》（旧姓・戸倉）が就任したのだ。この女性愛国ファッショ団体は、「国防は台所から」、「銃後の守り」をスローガンに、愛国軍国主義を家庭に持ちこんだ。伝統的な日本婦徳を鼓吹しながら、割烹着《かっぽうぎ》の白いエプロンにたすき掛けを制服として、出征する将兵の送迎と、傷痍《しょうい》軍人（傷病兵）や遺家族の救済に国家的な活動を開始したのである。真珠湾攻撃の翌年、一九四二年には、これが愛国婦人会、大日本連合婦人会などすべての婦人団体を糾合して、「大日本婦人会」へと全国統一組織化されたのだ。

誕生した大日本婦人会は、二〇歳未満の未婚者を除いて、すべての女性を総力戦に動員し、国土防衛戦の戦士として恥ずかしからぬ訓練を施す、という勇ましい大和撫子《やまとなでしこ》軍団であった。ところが実態は、隣組などを利用して、町内でつましく暮らしている人間にも〝召集令状の赤紙〟を押しつけ、戦場に送り出す総本部となった。その右腕の大日本婦人会の副会長、実質的な運営者に武藤能婦子が就いたのだが、この一九四二年に武藤信義はすでに死亡していたので、夫からの指示によるものではなかった。女たちも、自ら見事に軍国化していたのだ。

平頂山の大虐殺から中国全土の侵略へ
——軍人にすり寄った財閥

武藤信義によって日満議定書が調印される頃になると、満州の地元住民には、もはや日本人の動きをこのまま放置しておけば、自分たちがまともに生きられなくなることは火を見るより明らかであった。そこで、満州国反対を唱える抗日ゲリラが決死の覚悟を固め、日満議定書が調印された翌日、一九三二年（昭和七年）九月一六日未明に、満鉄の撫順《ぶじゅん》炭鉱を襲撃し、その時、日本人五人を殺害したのである（襲撃は九月一五日ともされる）。すると日本軍の撫順守備隊は、近くにある平頂山《へいちょうざん》の住民がゲリラに通じているとして、ただちに皆殺しを決定した。

平頂山集落に襲いかかった日本兵は、まったく抵抗しない無関係の村人三〇〇〇人を崖下に集めると、機関銃で一斉掃射をおこない、血の海のなかに生存者を探しまわっては銃剣でとどめを刺して歩き、幼い子供でも生きていれば銃剣で突き刺して空中に放り投げた。最後にはガソリンをまいて死体を焼却し、事件を隠すために崖を爆破して死体を埋め、村落の家に火をつけて焼き払った（死者数三〇〇〇人は中国側の発表値だが、日本側の主張でも七〇〇～八〇〇人を殺害したとされている）。

それから三六年後の一九六八年、ベトナムのソンミ村で農民五六七人が、理由も方法もまったく変らず、アメリカ兵に虐殺された。平頂山の虐殺は、奇蹟《きせき》的《てき》に生き残って逃れたわずかな住民と遺族の証言から明らかになり、戦後の一九四八年になって撫順炭鉱の関係者だった日本人七人が戦犯裁判で死刑に処せられた。当時虐殺に加わった日本兵だった人たちも戦後にすべてを認めて泣いて詫《わ》び、日本の東京高裁も二〇〇五年に虐殺事件の事実を認めた。ソンミ虐殺は、アメリカ兵の証言で明らかにされて全米を揺るがし、ベトナム反戦運動に関わった日本人の多くが記憶している。

私は若い頃にこの平頂山事件を短編小説に描いたが、ソンミ虐殺をはるかに上まわる残忍さを示した肝心の平頂山の虐殺について、現代の大半の日本人が知らないのである。それもそのはず、二〇一五年に報道界が〝戦後七〇年〟と言い立て、総理大臣・安倍晋三が無内容の「七〇年談話」を発表して過去の日本人の侵略犯罪に言及しなかった時に、日本の新聞のどこを読んでも、このように日本人が大虐殺をしたという史実を具体的に取り上げて批判する記事が書かれていなかった。日本の報道界には、ジャーナリズムが存在しないのである。

……と、ここまで書いてきた二〇一五年一〇月一日に東京新聞が、駿河台大学の井上久士《ひさし》教授の「不都合な歴史も直視すべきだ」との証言をもとに、「問い直す戦争70年目の視点」と題して、平頂山の虐殺について大特集を組んだ。国政を揺るがした憲法違反の「安全保障関連法案」が九月一九日未明に参議院を通過した直後だけに、この特集をもう少し早く掲載すべきだったが、ともかく同紙で報道された事実を日本人全員が知っておくべきである。

日本軍は、平頂山の虐殺のあと……五年後の一九三七年に、盧溝橋《ろこうきょう》事件に端を発した「日中戦争」に突入して……その年末に「南京大虐殺」を起こし……一九三八～一九四三年にかけて市街地を廃墟に変える「重慶《じゅうけい》の無差別爆撃」を展開し……一九四〇年以降には抗日ゲリラの掃討を目的に、村落の焼き打ちをくり返す「華北の治安戦」で数十万人を虐殺し……一九四四年には五〇万の兵を動員して中国北部から南部への大々的な侵攻「大陸打通《だつう》作戦」に踏み切り、この八年間にわたる日中戦争を通じて、日本側の見解で、三五〇万人以上の中国の〝軍人〟を死傷させたのである。だが中国側では、〝軍人と民間人の合計〟でそれより一桁上の三五〇〇万人の死傷者が出たとしている。軍隊同士の戦いではなく、この平頂山事件を皮切りに、日本人は二等兵をはじめとする末端兵士らが、中国・満州・朝鮮の民衆に対して平然と、日本刀で首を斬るなどしながら、村落からすべてを略奪し、残虐行為に本格的に手を染めていったのである。

平頂山の虐殺から一九日後の一〇月五日、満州国総理大臣職の総務長官に就任したのが、総務庁次官として満州行政の一切を動かしてきた阪谷《さかたに》希一《きいち》であった。彼は、系図5

「植民地金融機関の閨閥」（二二二～二二三頁）に描かれている通り、西園寺内閣が満鉄を設立し、狂乱の株価ブームのなかで満鉄株式公募をおこなった時の大蔵大臣・阪谷芳《よし》郎《ろう》の息子にあたり、母は第一銀行頭取・渋沢栄一の娘、妻は満州財政を預かる横浜正金銀行頭取・三島弥太郎の長女という申し分ない家系であった。満州中央銀行副総裁（実質総裁）・山成喬六の従兄弟違《いとこちがい》にもあたっていた。それより前の阪谷希一は、朝鮮人から土地を略奪した東洋拓殖の財務を運営して、朝鮮の植民地行政をとりおこなった男で、このあと満州中央銀行と満鉄そのものも経営していった。

日本の内地からの満州移民――満蒙開拓団の入植が開始されたのは、平頂山事件が起こった翌月、阪谷希一が総務長官に就任したと同じ一九三二年一〇月だったのである！　この満州移民は、日本国内で激動する庶民生活と密接な関係を持っていたので、のちに別項をもうけてくわしく説明する。

それからほどなく年末の一九三二年一二月一九日、東京日日新聞（現・毎日新聞）、朝日新聞、読売新聞を筆頭に、全国一三二の新聞社が、「満州国独立支持」の共同宣言を発表し、関東軍の行動を全面的に支持したのであった（当時、すべての新聞社がこのような共同宣言を発したことを、現在の新聞社の記者が記憶し、反省しているなら、二〇一五年に国民の大半が反対する原子力発電所が再稼働され、安全保障関連法案が国会で強行採決される前に、〝原発再稼働と安保法案議決に反対する全新聞社・テレビ局の共同声明〟を発するべきであった。私が新聞記者に共同声明を出すよう求めると、現場の記者は賛同してくれたが、そのような声明が出なかったのは、どうしたことだろうか。報道とは、事実を伝えるだけではなく、政府が悪事に暴走するのをくい止めなければ、存在意義がないのである)。

年が明けると一九三三年二月二〇日、『蟹工船《かにこうせん》』や『不在地主』など数々の作品によって、資本家の独占をペンによって攻撃し、多くの人から敬愛されたプロレタリア作家の小林多喜二《たきじ》が、特高による監獄内の拷問によって虐殺されたのだ。左翼思想や労働運動を弾圧するための組織として、特別高等警察（特高）が、一九一一年（明治四四年）に長州藩の桂太郎によって設立されていたからである。この昭和初期には、長州藩から出た安倍源基《あべげんき》が警視庁の特高部長に就任し、政治犯をぶちこんだ監獄で虐殺をくり返していた。鬼畜とおそれられた安倍源基が警視庁特高部長として特高を動かしたこの時期が、監獄での虐殺のピークにあたっていた。この長州藩の安倍は、岳父が朝鮮総督府参事官であり、その弟が満州車輌社長で、安倍の娘が西原借款の実行者である朝鮮銀行総裁・勝田主計《しょうだかずえ》の甥と結婚し、系図5「植民地金融機関の閨閥」（二二三頁）の一族として、明らかに植民地利権者のグループから出ていた。安倍源基は、戦後にA級戦犯となりながら、一九四八年に東條英機らが処刑された翌日、岸信介《のぶすけ》らと共に巣鴨プリズンから釈放された。

こうしたあらゆる暴力が国内外の巷に浸潤した原因が、無頼漢に口実を与える財閥側のゆきすぎた独占にあったことは、疑いを挟む余地がなかった。血盟団と愛国社だけの問題ではなく、農村部の小作人たち、貧困層から水がしみだすように、見えない姿をとって、新たな〝力の軍国思想〟が一般国民のあいだに広がっていたのである。

そして一九三三年二月二三日に、関東軍が最後の抵抗拠点の息の根を止める行動を起こした。日本軍は万里の長城の山海関を占領し、抗日勢力がいる満州各地を制圧してきたが、最後にまだ鎮圧していなかったのが、万里の長城によって中国北部に隣接する熱《ねっ》河省《かしょう》であった。そこでこの日に熱河作戦が開始され、三月四日に中心地の承徳《しょうとく》を落として入城し、一二日までに中国本土と満州・蒙古の接点にあたる全域をついに日本が支配したのであった。

しかし国際社会は、これを認めなかった。一九三二年二月から一〇月にかけてイギリスのヴィクター・リットン卿を団長とする満州現地国際調査団が、日本軍による残虐な侵略の実態を調べ、日本政府に報告書を通達していた。熱河作戦が開始された翌日、一九三三年二月二四日に、そのリットン報告を国際連盟が採択し、「日本の満州における軍事行動は、自衛の措置とは認めがたい」とし、賛成四二、反対一（日本）の圧倒的多数で満州国の独立を承認せず、日本の満州撤退を勧告した。この国連で日本全権代表・松岡洋右《ようすけ》は、大演説をふるったが虚《むな》しく、国連脱退を宣言して退場した。翌月三月二七日には日本政府が国連脱退を正式に決定し、内田康哉外相が国連事務総長に脱退通告文を通達した。国連脱退は、枢密院でも承認されていたのだから、小さな島国の植民地帝国が「全世界を相手に戦う！」と宣言したのだ（この松岡洋右は、妻の弟が韓国併合をおこなった総理大臣・桂太郎の孫娘と結婚し、姪・寛子《ひろこ》が安倍晋三の大叔父・佐藤栄作の妻という長州藩閥であり、二年後の一九三五年から一九三九年まで満鉄総裁をつとめ、翌年の一九四〇年九月二七日に、近衛文麿内閣の外務大臣としてドイツでヒットラー政権と「日独伊三国同盟」を調印する人物であった）。

この一九三三年八月九日、東京市を中心に関東一帯で夜間の電灯を消す本格的な灯火管制をおこない、防空演習がおこなわれたのだから、この戦闘態勢は、本気であった。日本本土が攻撃されて国民が逃げまどう事態になっても戦う決意であった。理非をわきまえない猪突猛進を、野蛮な勇気、すなわち蛮勇と呼ぶ。

このような陸軍の暴走に対して、日本中の新聞が沈黙を決めこんでいる時、二日後の八月一一日に、長野県の信濃《しなの》毎日新聞（通称・信毎《しんまい》）主筆・桐生悠々《きりゆうゆうゆう》が、蔑《さげす》み笑うという意味をこめて、社説「関東防空大演習を嗤《わら》ふ」を掲載したのだ。彼は要旨、次のように書いた。

「わが国が総動員で敵機を迎え撃っても、敵機は爆弾を投下する。そうなれば木造家屋の多い東京市は一挙に焼土と化する……狼狽《ろうばい》した市民は逃げまどい、阿鼻叫喚《あびきようかん》の一大修羅場を演じ、関東大震災当時と同様の惨状を呈するだろう。しかも空襲は幾たびもくり返される……つまり敵機を関東の空に、帝都（東京）の空に迎え撃つということは、わが軍の敗北そのものである……そのような防空演習をおこなうことは、滑稽である……夜襲に対して消灯（灯火管制）をすれば、かえって人間を狼狽させるだけである……要するに航空戦は、空襲したものの勝利であり、空襲されたものの負けである」と、痛烈な批判を展開した。

この一二年後の一九四五年に、東京大空襲によって、木造家屋の多い東京が焼土と化し、死者の規模が関東大震災と同じになるという凄惨な悲劇を、一新聞記者が的確に見抜いたことの意味は重大であった。桐生悠々《ゆう》（本名・桐生政次《まさじ》）は自由主義者として生き、生涯を通じて反軍部の気骨を貫いた稀有《けう》のジャーナリストであった。また全体主義の共産主義を嫌い、多くの資本家からも支援を得ていた男であった。新聞に弾圧を加える軍部に徹底的に反抗するだけでなく、その軍部を支える資本主義者にも容赦なく筆鋒《ひっぽう》鋭く斬り込む性格ながら、一方で信毎社長の小坂順造から絶大な信頼を得ていた。信毎が掲げた桐生悠々の社説は、おそろしく無謀な軍部と、冷静な資本家の精神的な分裂を象徴する事件であった。

一九四五年に日本全土の一四七都市が空襲の爆撃を受け、一挙に五〇万人の民衆が殺されたあと、戦後に有名になったこの社説は、よく読めば論理的な軍事科学論であり、もし日本が戦争に勝ちたいなら、こんなやり方では駄目だ、敵機を日本の領土内に入れてはならない、と冷静に分析した内容だったのである。しかし、軍人の妄想を痛撃したこの社説が、どれほど軍部を激怒させたかは、想像に余りある。ただちに地元では信州（長野県）郷軍同志会が信毎の不買運動を起こす激烈な脅迫を続けたため、断固として軍部と対立した小坂一家の信毎も屈伏せざるを得ず、九月に桐生悠々は退社に追いこまれた。これは単なる一記者の敗北ではなかった。日本の知性がとどめを刺された最後の転機であった。

一九三四年三月九日には、時事新報社長の武藤山治《さんじ》が、新報社に出社する途中、失業者の暴漢に襲われ、凶弾五発を浴びて倒れ、翌日に息を引き取った。この暗殺はほかのテロと性質が違っていた。皮肉にも武藤は、元三井財閥の鐘紡社長であり、五・一五事件の犬養暗殺直後から、「三井は利益をあげすぎて、資本主義の利益が社会に還元されていない。資本主義は間違った方向に進んでいる」と、三井財閥でただ一人、冷静な警告を発してきたトップであった。

時事新報社長・武藤山治が暗殺され、一九三四年七月三日に斎藤実内閣が総辞職に追いこまれた。斎藤内閣の後を継いだのは、福井県出身の海軍大将・岡田啓介内閣であった。岡田は軍人ながら、アメリカ・ヨーロッパと事を構えず軍縮を推進した海軍大臣だったため、陸軍の不満が岡田に向かってゆき、かえって軍部のファッショがふくれあがった。

三井の大番頭・団琢磨が殺され、武藤山治が殺された直後から、テロにおそれおののいた三井・三菱・住友・安田・古河の巨大財閥グループは、社会に対して何か手を打たなければ危ないことに気づいた。幕末から明治時代に、薩長軍閥を生み出した〝維新の志士〟の暴力至上主義と手を結んで、資金係となったのは彼ら財閥であった。だが不思議なことに、財閥の系譜は商人と実業家の長者ばかりで、身内には軍人がほとんどいなかった。三井家、岩崎家、住友家、安田家、古河家にも軍人が一人も見当たらず、古河財閥が結婚した薩摩の西郷一族も日清・日露戦争までの軍部主導者であり、この時代には、西郷家がみな実業家になっていた。つまり財閥側は、軍隊を育てても、自分たちが金もうけにうつつを抜かしているあいだ、血気にはやる青年将校たちに首輪をつけていなかったことに気づいたのである。

浅野財閥の初代・浅野総一郎の孫娘・歌子が、天皇神権を崇拝する皇道派を率いた陸軍大臣・荒木貞夫の息子・荒木貞発《さだあきら》に嫁いだのは、テロが横行したこの一九三〇年代よりあとであった。復古主義の荒木貞夫は、二・二六事件を起こす青年将校たちからクーデター後の総理大臣に予定された人物だが、「竹槍で近代兵器に勝てる」と主張した程度の頭脳だから、軍人として実力があろうはずはなかった。しかし最も危険な人物であり、戦後の東京裁判でA級戦犯として終身禁錮刑を言い渡された。

この陸軍大臣・荒木貞夫と共に、満州国の建国を強力に進めたのが、海軍大臣・大角《おおすみ》岑生《みねお》であった。彼は、ロンドン海軍軍縮条約の締結を求める理性派の人間を海軍から一掃する派閥人事をおこなったことで、軍人のあいだできわめて悪名高かった。この海軍大臣・大角の子供二人が、一人は三井家に、一人は安田家に入って結婚したのが、やはりこの一九三〇年代以後であった。テロの脅威におびえた財閥側が、急いで息子や娘を軍部の支配者に差し出したのである。

世間からさんざんに叩かれた三井は、暗殺された大番頭の団琢磨が、優秀な技術者というだけの人物ではなかった。私生活において「入ったものはすべて自分の懐に入れる人間」と評されていたのである。その団琢磨の後を継いだ大番頭の池田成彬《しげあき》は、すぐさま改革に着手すると、アメリカで石油王ロックフェラーが独占を批判されたとき、突然に全米一の慈善家となって社会を沈黙させた効果に学んで、財団法人「三井報恩会」を設置して、ここを通じて社会事業に巨額の寄付をおこなうように態度を豹変した。それは、手遅れにも、武藤山治が息を引き取ってから一七日後であった。三井元之助、三井源右衛門、三井守之助たち三井家の一族がいっせいに第一線の要職から退き、三井財閥が保有する株式を公開して、〝社会の公僕たる三井〟を世に売りこんだ。しかし世間はそれほど甘くなかった。三井報恩会がぽんと三〇〇〇万円（二〇〇〇年時価二〇〇〇億円）を寄付する姿を見て、それだけの搾取をしていたわけだ、と誰もがますます怒りを強める結果となった。

大企業の東洋レーヨンを設立し、豪腕をふるって三井物産を率いてきた筆頭常務の安川雄之助が三井から追放されたのは、ドル買い批判から身をかわすための三井社内のスケープゴートであった。安川は社会からそれほど憎まれ、社内ではそれほど切れ者であった。安川の追放劇はこの時代の有名な事件だが、それより重要なことは、安川が三井財閥の東洋レーヨンを退職してすぐ、朝鮮経営のトップである東洋拓殖「総裁」に就任して、今度は植民地の土地強奪に腕をふるいはじめたことであった。三井の豹変《ひょうへん》は、表の顔だけだったのである。

三井だけにドル買いの批判が集中したため、三菱・住友・安田は、都合よくも、罵声の銃弾を浴びずにすんだが、ドル買いでは莫大な利益をあげていたため、内心では身の縮むような恐怖を味わっていた。三井に倣って、おそるおそる自発的に株式を公開した三菱は、岩崎一族が関係会社の重役からの退陣を表明し、「これからは独占はいたしません」と急いで転向を宣言した。

このように財閥は、独占によって転がりこむ資金を社会事業に投入し、株を社会全体で共有する姿勢に変った。しかし株の公開では、払込金の二倍の値をつけて売り出したのだから、かえって莫大な現金をつかんだことが知られて、国民の怒りはおさまらなかった。

加えて、財閥がおこなった株式公開と慈善事業は、自分がテロの犠牲にならないことが目的だったので、寄付金の多くは、まず第一は慈善と社会事業に向けられても、次に莫大な金額が「軍事関係」に向けられたのである。上海派遣軍慰問金……軍人会館建設費……帝国飛行協会……帝都防衛費……海軍参考館復興建設資金……海軍兵学校などが、その献金先にずらりと並んだ。また、神がかり的な青年将校がその無知と純真さからテロに走ることを考慮して、神社仏閣にも多額の献金をした。植民地の朝鮮・満州関係、さらには危険な情報を得るため、警察にも金を配るというのが、三井の番頭・池田成彬がとった態度であった。こうして財閥が、軍部と右翼にすり寄って、国全体としてますます危険な方向に向かっていった。政治家も、次々と軍人にすり寄っていった。すでに財閥は、自分で育てた怪物を、制御できなくなっていたのである。

政治を操るため軍人が掲げた「一人一殺」の恐怖の暴力的思想は、すでにこの前から
軍部の若手将校や、農村の質素な生活に苦しむ在郷軍人に、深く浸透しはじめていた。

一九二八年の張作霖《ちょうさくりん》爆殺事件が、その前触れであった。

加えて、それに刺激された満州事変に前後して、一九三一年には三月事件と十月事件のクーデター未遂事件が発覚し、「全閣僚を殺害して軍部独裁政権の樹立をめざす」ところまで、陸軍将校の軍国ファシズム思想が進んでいた。同時期のドイツ・ナチ党が反対者の粛清につぐ粛清に熱中し、大量の血を流していたのとまったく同じであった。

明治維新以来、財閥と薩長藩閥は、自分の手で用心棒としてこれらの軍国主義者を育てあげ、アジアに対する武力の行使に酔ってきた。だが、その財閥子飼いの軍部が、いつしか自分に兇刃を向ける危険な存在になるという、歴史上で普遍の原理に気づいていなかった。軍人に制度上の力を与え、大きな資金を与えれば、必ずその子供たちが独り歩きをはじめる。軍人の子弟が言うことを聞かないと気づいた時には、手遅れとなるのだ。

目の前を見ればよい。二一世紀の新時代に、安倍晋三が二〇〇六年一一月に「教育」基本法改正案を成立させて「愛国心」を復活させ、直後に防衛庁が「防衛省」に昇格し

た。それから七年後の二〇一三年一一月二七日に成立した国家安全保障会議（NSC）創設法によって、集団的自衛権など一切の行使権を握ったのが、わずか数人で構成される閣僚の軍事グループNSCだった。だが、その戦争行使権を事実上動かす事務局の司令塔は、もちろん閣僚ではなく、米軍に手なずけられた飼い犬――防衛省の軍人である。現代日本に、はっきり見えた「正当防衛」から「軍国思想――集団的自衛権行使――戦争突入」への切り換えが、この歴史の法則に当たる。

新時代の軍需産業のスタート――二・二六事件

日本財政は、こうしたテロ頻発の時代に、どのような状態にあったか。

大蔵大臣・高橋是清がとった政策によって、財閥に対する国民の怒りをよそに、円安が進行したため、紡績業などにとっては輸出にきわめて有利な状況に転じた。一九三二年の半ばまで、国内では物価が暴落に向かい、安価な日本製品がどんどん売れるようになり、景気が回復しはじめたのだ。また歳出予算を組むために、歳入（税収）の不足（赤字分）を補う目的で発行される国債を赤字国債と呼ぶが、一九三三年にわが国でこれを最初に発行したのは高橋是清であった。彼の考えでは、「日本国内には、極端な貧富の差があるから、国民すべてが貧しいのではない。金が偏在しているだけである。資産家と財閥には、税収をまかなうだけの巨大な金がある」として、財閥の金を政府国債に吸収して財政規模を拡大させ、国民を窮乏から救おうとした。

確かに、一九三三年には工業生産が恐慌前の水準に戻りはじめた。だが、是清はもう一方の手で軍事費も増額したのである。これによって軍需産業に活気が戻ってきた。国家予算に占める軍事費の比率は、満州事変・ドル買い事件の一九三一年が三一％だったのに、年を追うごとに、三六％→三九％→四四％→四七％→四八％へとみるみる高くなっていった。言い換えれば、国債によって得た財閥の資産が、軍需産業に投入される比率が、ぐんぐん高まったのである。

しかしそれでも、高橋是清は二・二六事件で殺されなければならなかった。いまの数字の最後は、正確には一九三五年が四七・一％であり、翌一九三六年が四七・六％であった。最後が〇・五％という微増でしかなかった。是清は、日本経済が急成長しすぎていることを懸念して、インフレに突入する前に財政を縮小しようと、陸海軍の軍事費の手綱を引き締めた。

まさにその一九三六年二月二六日に、陸軍青年将校がほぼ一五〇〇人もの兵士を決起させる二・二六クーデターを起こした。大蔵大臣を七度つとめ、転んでもただでは起きないと言われたダルマ蔵相・是清が殺され、今度は起きあがることができなかったのである。この青年将校と、それに従った軍人たちこそ、庶民感情に根ざしたファシズム代表者であった。すでに、国民自体が、危険な感情を抱く時代になっており、彼らが侵略を愉《たの》しむ二等兵になっていたのだ。

図6 軍事費の変化（1930〜1936年）

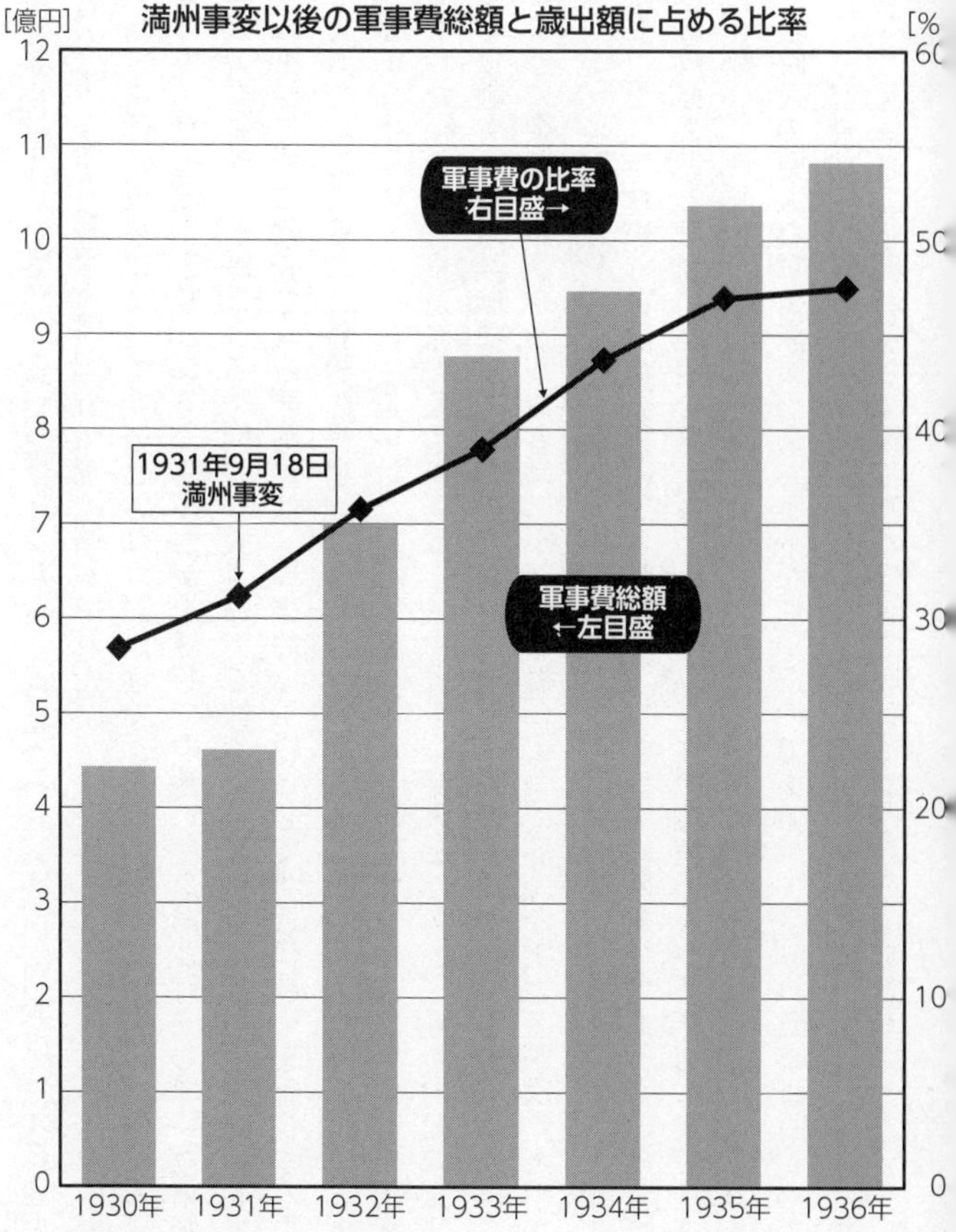

岡田啓介首相は、この二・二六事件でからくも難を免れたが、内大臣（元総理大臣）・斎藤実《まこと》と教育総監・渡辺錠太郎《じょうたろう》も暗殺された。

二・二六事件が天皇によって非道とされたおかげで、軍部内では、天皇に心酔する荒木貞夫らの〝皇道派〟と呼ばれる一団の力が消滅してゆき、皇道派と対立していた東條英機《ひでき》らの〝統制派〟と呼ばれる一団が、大きな力を持った。岩手県南部藩士の孫として生まれた東條英機に代表される統制派は、軍事的な手段として「近代戦」を重視する思考法を持っていた。そこに竹槍の皇道派と多少の違いがあろうと、軍人は軍人である。その攻撃的な本質の、どこにも違いはなく、天皇の前にひれ伏すことにおいても格別変りはなかった。一方、皇道派の荒木貞夫は、日中戦争に突入したあと、近衛内閣の文部大臣として教育の戦時統制に奔走したのだから、決して没落したわけでもなかった。

このように金融と産業を預かる者は、軍部や右翼によって邪魔な実力者が次々と消されるのを見て、「軍人の言うことを聞かないと、いつ殺されるか分らない時代」と感じはじめていた。それが、自由な発言の許されない〝ファシズム国家〟であった。そして、国家の財政経営者と財閥の心胆を寒からしめるテロ事件の連続という機を捕らえて、古い体制を嫌って台頭した統制派の軍部の手で、満州・中国の植民地拡大と近代戦をめざして、新時代の強大な軍需産業がスタートを切ったのである。アメリカとヨーロッパで開発される高性能の「銃砲」、「戦車」、「戦闘機・爆撃機」、「巨大戦艦」など、軍事技術のおそるべき急速な進歩が、ちょうどこの時期に重なっていたからである。

ナチス台頭時代のドイツで、ちょうど同時期の一九三二年にナチスが第一党に躍進した時、この選挙の資金を提供したのが、ほかならぬ大実業家たちであり、彼ら実業家自身がナチス党員という肩書を持っていた。それ以後は、大砲王クルップなどのドイツ全産業界がナチスに急接近し、またたく間に、親衛隊SSや国家秘密警察ゲシュタポといった殺人集団が国家全体を掌握し、巨大な軍事国家に豹変してユダヤ人虐殺に突進した。その現象と、日本の動きは軌を一《いつ》にしていたのである。

第五章　最終絶滅戦争に至った経過

満鉄調査部が生み出した全体主義国家

ちょうどこの時期の一九三四年（昭和九年）に、美濃部《みのべ》達吉の〝天皇機関説〟が批判の矢面に立たされた。彼は「国体を論じる者は、絶対、無制限なる万能の権力が天皇に属していることとするが、これは国体の認識において大いなる誤りである」と主張した。つまり天皇の権限が万能であるのは誤りであり、天皇は国家の一機関である、という主張であった。その美濃部達吉を、満州の奉天特務機関長であった昭和天皇一族の菊池武夫が猛攻撃して、在郷軍人や民間右翼などが立ち上がり、手の付けられない世情となったのが、一九三五年であった。

このとき関東軍にとって、植民地を完全支配するために残っていた大きな課題は、満州北部に〝ソ連が保有する〟広大な北満鉄道（旧東清鉄道の北部路線）を買収して日本の財産にすることだけであった。そこで、一九三四年にソ連と交渉を開始し、満州国の総務庁が興銀から巨額の資金援助の協力を取りつけると、一九三五年三月二三日、満州国がソ連から北満鉄道を一億四〇〇〇万円で買収する日満ソ三国の正式調印にこぎつけ、同日、満州北部の鉄道が満州国（日本）に引き渡された。満鉄はただちにロシア式鉄道線路を日本式の標準広軌にする改修工事にとりかかり、ついに満鉄が満州全土の鉄道を支配する絶頂期を迎えたのである。日本の銀行がこの鉄道買収資金を提供したのだから、

「満州国は日本のものである」という宣言でもあった。

二・二六事件の前年、一九三五年一〇月七日には、時の岡田啓介内閣の外務大臣・広田弘毅《こうき》が、孫文や蔣介石《しょうかいせき》の側近であった駐日中国大使の蔣作賓《しょうさくひん》と会談し、日中関係に関して、①中国は反日活動を徹底的に取り締まり、欧米と手を切って親日政策を採用すること、②中国は正式に満州国を承認し、中国北部（華北）における日中満の経済協力を達成すること、③日中満は防共問題で協力すること、との要求を突きつけた。この「広田三原則」を強要し、中国全土を日本の軍事・政治・経済統制下に置こうとしたのだ。

戦後に東京裁判でただひとり文官として絞首刑に処せられた広田弘毅は、岡田啓介内閣の後を継いで総理大臣となり、満州移民（満蒙開拓団）を大規模化した一方で、満州紡績と満鉄の利権を持つ一族であった。

おそろしいことではあるが、ここから図7「軍事費の変化」（二七一頁）のグラフに現われるような日本の変化が起こりはじめた。満州事変以来、軍需景気に火がつき、それを受けて、高橋是清《これきよ》による財政規模の拡大が一気に進められ、国民が満州獲得に酔ったのである。石原莞爾《いしはらかんじ》や板垣征四郎《せいしろう》たちの関東軍参謀は、英雄に祭り上げられた。

しかし軍事費のグラフが一九三六年に上昇を止めようとした時、陸軍若手将校による二・二六事件が起こって大蔵大臣・高橋是清が殺され、天皇側近の内大臣の職にあった斎藤実《まこと》が側近として巻きこまれ、是清と共に血祭りにあげられて死亡した。岡田啓介首相も襲われながら、かろうじて脱出して生き延びた。
殺された斎藤実は、満州国の承認から、満州中央銀行の設立、日満議定書の締結、平頂山《へいちょうざん》の虐殺、満州移民の開始、国連脱退まで、先に述べた一連の出来事を進めてきた総理大臣であった。そして、三菱財閥創始者・岩崎弥太郎の従兄の息子を養嗣子に迎えて財閥に取りこまれる人物であった。

ここまで軍部と政治家と財閥に話をしぼって述べてきたが、そのとき国民は、とりわけ貧しい労働者と農民はどのような状態にあったのか。二・二六事件が起こった一九三六年に労働組合員は四二万人を超えて、戦前の最高を記録していたのである。この年、ストライキの件数はほぼ五〇〇件という膨大な数で、参加者は二万六七七二人に達した。農村でも、小作人組合員がほぼ二三万人で、小作争議が五七六九件へと、異常なほどの件数に達していた。翌一九三七年には、ストライキ参加者が五万三四二九人へと二倍に増え、労働争議の参加者は二〇万人を突破した。貧しい労働者の運動がピークに達し、組合員が最高を記録したほど苦しかったのである。だがこれが最高とは、このあと減少したということである。なぜ減少したのだろうか？

それまでの景気の上昇は、決して労働者の暮らしを向上させてはいなかった。国内には天地の開きほど貧富の差があり、さらに労働者のあいだでも差別があった。原因は、明治時代に入って工場労働がはじまりながら、ほとんどの工場には「職制」に大きな差

図7 軍事費の変化（1930〜1945年）

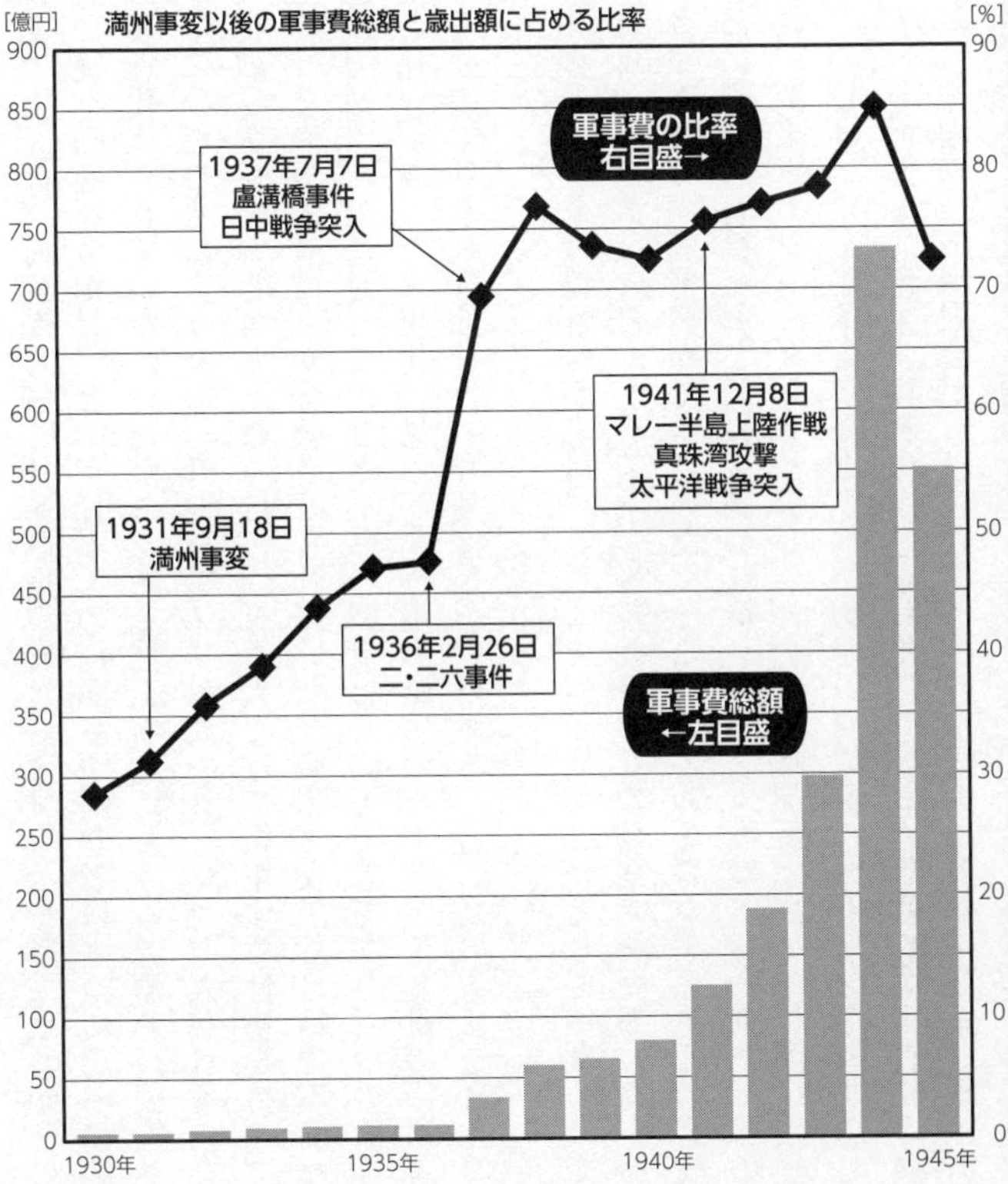
[億円]
満州事変以後の軍事費総額と歳出額に占める比率
[%]
900
850
800
750
700
650
600
550
500
450
400
350
300
250
200
150
100
50
0
90
80
70
60
50
40
30
20
10
0
軍事費の比率
右目盛→
1937年7月7日
盧溝橋事件
日中戦争突入
1941年12月8日
マレー半島上陸作戦
真珠湾攻撃
太平洋戦争突入
1931年9月18日
満州事変
1936年2月26日
二・二六事件
軍事費総額
←左目盛
1930年
1935年
1940年
1945年

別があった。江戸時代から続く徒弟制度における丁稚《でっち》奉公や職人気質がその底流にあり、親方に従う勤勉な労働者、という日本人の従順さが経営者によって巧みに利用され、ほとんど近代化されていなかったからである。工場内における労働者の勤勉さは、上からの命令にひたむきに従うため、外地でアメリカ人やヨーロッパ人が日本人を見ると、黄色人種の「黄禍《こうか》」としておそれるほど、日本人だけで結束する性格を持っていた。だが内実は、その労働者たちが分裂させられていた。職工・女工は日給で不安な日々を送る労働者であったのに対して、ひと握りの職員は月給労働者であり、その給与や待遇には格段の違いがあった。現代に見る、非正規労働者のパートと正社員の待遇差別と同じである。そこで日本政府は、この身分格差を利用する一石二鳥の方法を考えついたのである。

満州国を建国した陰謀家たちは、ここまで四年間、じっとしていたわけではなかった。満鉄には、創立直後の古くから策士の後藤新平総裁の発案で調査課（調査部）が設立され、さまざまな調査部門ができていた。そこにつとめるロシア係主任の宮崎正義が、世界経済について石原莞爾と共に各国の経済メカニズムを調べ、一九三二年の満州国建国直前に、関東軍のシンクタンクとして「満鉄経済調査会」を立ち上げていた。

彼らの目は、ロシア革命から生まれたソ連の独裁者スターリンが一九二七年に打ち出した五ヶ年計画を悪用する作戦に向けられた。二・二六事件で岡田首相が襲われた一九三六年に、満鉄経済調査会から東京勤務となった宮崎正義が「日満財政経済研究会」を発足させ、資本主義ではなく、国家が経済動脈の心臓部を動かす統制経済を調査し、〝官僚がすべてを主導する全体主義〟の産業政策を立案したのである。ここから生まれたのが、ソ連をモデルにした満州国の「満州産業開発五ヶ年計画」であった。商工省から満州に渡った岸信介《のぶすけ》（安倍晋三の祖父）ら満州国の官僚が、宮崎の構想に基づいて、きわめて危険な統制経済の実験を実施しはじめたのだ。つまり、国家の運営のために、個人の自由な活動を排除するという政策であった。

後年、現在に至るまで、「満鉄調査部の調査能力は高く、きわめて高度なエリートが多かった」という伝説が書物のなかで定着しているが、大間違いである。満鉄調査部は、国際情勢の人脈・実態・思想良識を知性的に理解していた人種ではなかった。すでに一八～一九世紀以来、ロシアにもヨーロッパにもすぐれた文学と思想哲学が隆盛し、日本でも明治維新後に土佐で自由民権運動を起こした中江兆民《ちょうみん》や植木枝盛《えもり》たちが、フランスで活躍した哲学者ジャン＝ジャック・ルソーの『民約論』を早くから読破し、自由と民権の意味を捉えていた先見性に比べて、満鉄調査部はおそろしく知性水準の低い集団であった。調査部は日本人中心の世界観を持った、我田引水型、国粋主義型で、井の中から出ない蛙《かわず》の学閥エリートにすぎないもので、ヨーロッパの文学界・思想界に花開いた良質な知性を取り入れる能を持っていなかった。官僚＝役人は、自分の身銭を切って商売をした経験がないため、国家に集めた他人の金を、机上のシロウト計算だけで濫費する無能で無責任な集団であり、当時の彼らの手になる世界の経済解析は、木を見て森を見ない類ばかりであった。

一方で当時の日本には、労働者を保護するための労働省は存在せず、労働者問題の所轄は内務省と内務大臣にあり、日本国内は、その内務省の恐怖警察が、労働者のストライキや暴動を取り締まっていた。そのため彼らは、貧しい人間の実情には、いやでも気づいていた。そこで岡田啓介内閣の内務大臣・後藤文夫が、一九三五年に国策調査機関として「内閣調査局」を設置させ、戦争に備えた国家的な統制経済を模索して立案するようになった。この後藤文夫は、すでに登場した人物で、関東大震災で朝鮮人虐殺を煽《せん》動《どう》した警保局長であった。一九三七年五月一四日に、後藤の設置した内閣調査局が企画庁に姿を変え、次いで一〇月二五日に「企画院」という新官僚の牙城に生まれ変った。ここが、満州国を経済モデルとした宮崎正義らの「満州産業開発五ヶ年計画」の国家統制思想のプランを受け継いだのである。

企画院のプランは、当然、ソ連をモデルにした共産主義経済を取りこんでいた。それが、左翼的と呼ばれたのだが、これは戦争のために全体主義をもって経済を動かすという「手段」であった。他国を侵略するために、企業の利益第一主義を排除し、国家に効率よく大金を集めるという意味で、スターリンの恐怖政治と同じ共産主義的な独裁体制であった。そこには、左翼本来の貧困者を救うための平等思想は、かけらもなかった。

こうして、庶民生活とすぐれた商人の活動にまったく鈍感無知な官僚による独裁権力の牙城として、企画院が誕生したのだ。そして二・二六事件の翌年、一九三七年から、軍事費が桁違いに伸びはじめた（二七一頁のグラフ）。大蔵大臣は、戦後に戦争犯罪者として終身禁錮刑を言い渡された賀屋《かや》興宣《おきのり》と、三井の大番頭・池田成彬《しげあき》の時代であった。なぜこの一九三七年に伸びはじめたのか。

盧溝橋事件（日中戦争）から南京大虐殺
——国家総動員体制へ直進

ちょうど企画庁が企画院になろうとする一九三七年（昭和一二年）七月七日深夜、北《ペ》京《キン》郊外の盧溝橋《ろこうきょう》で一発の銃弾が放たれ、日中両軍が衝突して、日中戦争が戦端を開いたのだ。

当時の日本政府は、「中国は正式に満州国を承認せよ」と満州侵略政策を推進した広田弘毅が、一九三六年三月九日に、軍部の独走体制を生みだす内閣を組閣したあと、翌一九三七年二月二日からは、満州事変時に朝鮮軍司令官として独断で朝鮮軍を大量に満州へ派兵した侵略者、林銑十郎《せんじゅうろう》が総理大臣に就いた。だが彼は、無能のため「何もせんじゅうろう内閣」と呼ばれた内閣が四ヶ月で崩壊し、一九三七年六月四日から第一次近衛文麿内閣が発足していた。その一ヶ月後に起こったのが盧溝橋事件であった。

公家最高の五摂家から出た近衛文麿公爵は、一見すると軍国主義者ではないので、国民に人気が高かった。彼の名前は一般に「ふみまろ」だが、正しくは「あやまろ」と読む。ちょうどこの盧溝橋事件の年に、彼の娘・温子《よしこ》が首相秘書官の熊本藩主嗣子・細川護貞《もりさだ》と結婚していた（二人のあいだにもうけた細川護熙《もりひろ》が、一九九三年に〝初の殿様宰相〟として総理大臣に就任し、フクシマ原発事故後の現在、原発ゼロ社会を主張している人で、近衛文麿首相の孫である）。ところが細川護貞の妹が新興軍需財閥として戦闘機・ゼロ戦をつくる中島飛行機の中島知久平《ちくへい》の甥・中島昭吉《あきよし》と結婚する重要な姻戚関係を持っていた。この中島知久平が近衛内閣の鉄道大臣として迎えられ、日中戦争の旗振り役をつとめることになったのだ。

近衛文麿当人は、軍人ではないが、このように軍需財閥と関係を取り結び、配下に革新官僚と呼ばれる「エセ左翼主義者」を集めてこれを新体制運動と呼び、喝采を浴びて総理大臣に就任した人物であった。国民もまた、軍人ではない近衛文麿の登場に期待した。だが軍人にとって、全体主義ほど好都合のものはなく、世界情勢に無知をきわめる凡庸な近衛ほど利用しやすい公爵様はなかったので、軍部が大歓迎した。

この盧溝橋事件で、日本と中国のいずれが先に発砲したかを論ずる者もあるが、先にどちらが攻撃したかはまったく問題外である。日本軍が当時、この北平《ペーピン》と呼ばれた北京の中国領土に、六〇〇〇人近くもの大部隊を駐留させていたこと自体が、あってはならないことであった。「満州の租借地・関東州は、日露戦争で日本がロシアに勝利して中国から貸し与えられ、日本が統治権を持つ土地」であると百歩譲っても、中国北部にある北京は満州租借地とまったく無関係で、中国領土であった。一九二八年二月に蔣介《しょうかい》石《せき》が中国の軍事と政治を掌握し、首都を南京《ナンキン》に移すまで、中国の首都は、ここ北京であった。そもそもここに日本の支那駐屯軍の大部隊がいたのは、先に述べたように、中国全土でロシアがおこなった民衆大量殺戮《さつりく》に乗じて、一九〇一年九月七日に日本がロシア欧米一〇ヶ国と共に、「義和団事件の最終議定書」を中国に強要し、北京公使館区に各国の軍隊を駐留することを無理やり承認させた結果にすぎなかった。アメリカ・ヨーロッパの列強が中国の民衆を大虐殺した軍事侵略に、日本が加わったからであった。

日本はこの駐留権をたてに、それからの三〇年間、日本公使館を守るという口先と逆に、植民地帝国主義者のアメリカ・ヨーロッパの列強さえおこなわないほど、租借地である関東州の狭い地域を出て、至るところに銃をかついだ軍人を配置した。欧米人が文句を言っても一切聞く耳をもたぬ態度で、横暴な侵略の手を広げてきた。「満州事変〜満州国建国」を口実に満州を支配し、さらに満州から、日本人が北支（北支那、華北）と呼ぶ中国北部地帯へ露骨な侵略の歩を進めてきた。陸軍が「華北の鉄・石炭・綿花などの資源を奪う」ことを堂々と戦略として掲げ、盧溝橋事件の前年まで次々と支那駐屯軍に増強部隊を送りこんできた。しかも日本国内では、日中戦争が間近に迫っていることが論じられていたのだから、北京郊外の盧溝橋における戦端は、日本の挑発によって引き起こされた満州事変に次ぐ謀略であった。

支那という呼び方は英語のChinaに由来する普通の言葉だが、現在、日本では使うべきではない、とされている。それは日本が満州国を建国していった当時、「満州を切り離した中国の大陸部」を呼ぶときに日本人が戦略的に使った地名が支那であったため、日本人が使う支那は、日本の侵略用語だったからである。

また日本人は、満州大侵略を満州事変と呼び、盧溝橋事件を支那事変・北支事変・日華事変と色々に呼び換え、日中戦争とは呼ばなかった。アメリカは一九三五年に「戦争当事国への軍需品輸出を禁じる中立法」を成立させていたので、アメリカから石油など膨大な軍需物資を輸入している日本が戦争を起こせば、日本の軍需産業が維持できなくなる。そのため、「これは一時的な地域紛争であって、戦争ではない」と、国際社会に向けて事実を糊塗《こと》するために創り出した言葉が「事変」であった。先年まで首都だった北京を爆撃しながら、日本の統治者は驚くべき厚顔な人種であった。

かくして巨額の軍需融資をもとに、日本は中国との大戦争に突入していったのである。実戦経験のない関東軍参謀長・東條英機《とうじょうひでき》が張り切り、第五師団長・板垣征四郎たちが日中戦争で激戦の指揮を執り、中国最大の都市・上海で両軍が激戦を展開し、ついには、中国四大古都の一つ、蔣介石の国民政府の首都・南京に日本軍が攻め入った。ここで、一九三七年末の一二月一三日に、中支方面軍司令官・松井石根《いわね》の指揮下で、中国人の軍人・民間人合わせて約二〇万人の死者を出す〝南京大虐殺〟がおこなわれたのである。死者数には諸説あるが、この死者数は、岩波書店『近代日本総合年表』によるものである。当時の日本軍人の証言では、「日本軍は女性でも子供でもスパイと思ったら縄でしばって生きたまま揚子江《ようすこう》に投げこんだ。朝起きると死骸が浮かんでいた」というほどの虐殺だったのである。東條英機と板垣征四郎と松井石根は、戦後の東京裁判で絞首刑に処せられた。

中国側では、すでにこの十数年前の一九二一年に共産党が結成されて、のちに毛沢東《もうたくとう》が幹部に就任し、抗日ゲリラの活動がはじまっていたが、日中戦争開戦から二ヶ月後の一九三七年九月には、ついに蔣介石の国民党が抗日戦線で共産党と手を組む「第二次国共合作」が始動した。中国の国民が全土をあげて日本軍包囲に乗り出したのである。しかし国民党と中国共産党は、国内の主導権を握る覇権争いで対立して、一体ではなかった。

そこで南京を攻略した翌年、一九三八年一月一五日に、大本営（陸・海軍の最高統帥機関）の連絡会議で中国との和平交渉が議題になったが、近衛文麿首相・広田弘毅外相・杉山元《はじめ》陸相・米内光政《よないみつまさ》海相が〝和平に反対〟し、翌日、近衛が「以後、蔣介石を交渉相手としない」旨を宣言して、中国との大戦争をますます拡大していった。こうして中国本土と満州で、先述の通り「重慶の無差別爆撃」……「華北の治安戦」……「大陸打通《だつう》作戦」を展開し、中国人はこれを殺光・略光・焼光、すなわち殺し尽くし、略奪し尽くし、焼き尽くす……三光作戦と呼んでおそれたのである（「光」は、……し尽くすの意）。「日中歴史共同研究」における中国側の見解によれば、日本人によって中国の軍人と住民合わせて実におよそ三五〇〇万人の死傷者を出したのである（共同研究で日本側が示した死傷者数は約六八二万人）。この大量虐殺のために、ほどなく一九三八年四月一日に近衛内閣が打ち出し、五月に施行されたのが、「国家総動員法」であった。続いて二年後の一九四〇年一〇月一二日に、やはり近衛文麿によって新体制運動を経て生み出されたのが、ナチスと同じ一党独裁の「大政翼賛会」であった。このつながりが最も固い結び目であった。この二つが、全体主義を支える二本の屋台骨となったからである。

国家総動員法の言葉から受ける印象は、国民が根こそぎ戦地に動員される徴兵制のように聞こえるが、これは戦場への兵士の動員ではなかった。軍需工場への動員であった。兵器……弾薬……船舶……航空機の製造はもとより、食糧……医薬品……鉄道……車輛……土木建築……燃料……電力まで、「国民は言われた通りに工場でよく働け」と命ずる条項が連綿と書かれていた。加えて、この国家総動員法は、当時の大日本帝国憲法より上位の法律として定められたのだから、戦争遂行のための完全な軍事立法であった。そのため総動員法を読むと、よくもこれだけ産業をくわしく規定したものだと思われるほど細かく定めてあり、知恵の足りない軍人がつくったものではなかった。この法に付随して、膨大な数の関連法が作成されたのである。

国家総動員法は、明らかに農商務省叩き上げの商工大臣・吉野信次が立案し、そのあと信濃毎日新聞主筆として左翼労働運動を支援してきた近衛内閣書記官長・風見《かざみ》章《あきら》が手を入れたと思われる内容であった。茨城県土浦出身の風見は、このあと近衛の右腕となって大政翼賛会事務総長をつとめたが、戦後は日本社会党左派に入党し、原水爆禁止運動の主導者となった。つまり右翼軍部だけが全体主義を生み出したのではなかった。左翼の頭脳がそこに参加していたのだ。

総動員法を生んだ商工大臣・吉野信次は、鮎川義介《あゆかわぎすけ》の右腕となって満州重工業開発副総裁をつとめた人物で、大臣就任の前年、一九三六年に「東北興業の総裁」に就任して、日本の東北地方の産業振興の旗振り役をつとめていた。この国策会社・東北興業が、ちょうど同じ年から本格化した満蒙開拓団を組織するため、満州移民の陰の先導機関の役割を果たしたのだ。日本の東北地方が冷害や凶作によってその日を暮らせないほど貧困に襲われ、満蒙開拓団に送りこまれた人数は、人口一〇万人当たり九三四人と、東北地方が最も高い比率となったのは、そのためであった。そして日本の無条件降伏と同時に、この開拓団がすさまじい数の犠牲者を出すことになった。貧困が日本を誤った方向に導いたと、戦後に軽々しく責任を転嫁する言説もしばしば聞かれるが、それはアベコベの説明だ。植民地拡大主義者が、満州に移民を増やす口実に、計画的に貧困を利用したのである。

一九三八年五月五日から施行されたその国家総動員法に、難解で、奇妙な、しかし企業家が読めば卒倒するような次の条項があった。「政府は戦時に際し国家総動員上必要あるときは勅令の定むる所に依《よ》り会社の設立、資本の増加、合併、目的変更、社債の募集若《もしく》は第二回以後の株金の払込に付《つき》制限若《もしく》は禁止を為《な》し、会社の利益金の処分、償却其《そ》の他経理に関し必要なる命令を為《な》し又は銀行、信託会社、保険会社其《そ》の他勅令を以て指定する者に対し資金の運用、債務の引受若《もし》は債務の保証に関し必要なる命令を為《な》すことを得」る、という条項であった。

分りやすく言うと、政府が勝手に企業経営に口を出し、仕事の内容から、会社の利益の処分についてまで命令することができ、銀行や保険会社についても資金の運用と債務の引受まで命令する、と規定したのだから、もはやこれは資本主義ではなかった。このような社会では、経営者ばかりか、投資家にとっても、この先、会社の運命がどうなるか、まったく分らない。まして企業と銀行の経営についてほとんど無知な政治家と官僚と軍人が、会社経営の船頭になるというのだから、そのように不安なものに誰一人として投資する気にはならない。当然、株式市場から投資家は姿を消し、株価は低迷して、すべての企業人がやる気を失っていったのである。ところが日中戦争はますます激しくなり、政府と軍人は銀行に対して「もっと金を出せ」と迫ってきた。一体、近衛文麿は何を考えていたのか。この男は、日本敗戦後の一九四五年一二月六日に、GHQのA級戦犯として逮捕命令を受けると、出頭期限前日の一二月一六日に服毒自殺を遂げたため、自分の言動の責任を墓場に持っていってしまい、国民に説明するつとめを果たさなかった。

産業報国会と大政翼賛会の謀略

日中戦争に突入すると、政府は労働者を戦争に協力させるために大量に動員しなければばならなかった。しかし国家総動員体制を実現するには、先に述べたような、ますます増えるストライキや争議を押さえこまなければならなかった。それには、争議を起こす労働組合を消滅させるのが一番手っとり早かった。そこで、労働争議の防止策として、経営者と労働者の代表が工場懇談会を設けるように提唱したのだ。お国のためにつくすので、それを「産業報国会」と称し、労働組合にとって代る組織を生み出した。しかもそこに、労働者の差別待遇をなくす左翼思想を盛りこんだのだ。労働者はみな正式な職員だというのだから、これは大変にすぐれた社会システムのごとく、輝いて見えた。

職工にも、安定した生業《なりわい》が保証されるのだから、大半の労働者は歓迎し、経営者としても、景気さえよければ順調に工場を操業できる。こうして一九三八年には内務省の指導のもとに、たちまち全国の事業所一万ヶ所に産業報国会がどっと誕生し、一九四〇年には一〇万事業所を超え、参加者が四八〇万人に達した。それに対して一九三六年に九七三あった労働組合のうち、残ったのは五％の四九だけで、組合員が一万人を切ったのである。一九四〇年一一月二三日には、それら全国の産業報国会が結集して、統一組織の「大日本産業報国会」が結成された。だが、それだけではなかった。

盧溝橋事件が勃発した時、中国に強烈な一撃を加えれば中国は降伏するという「中国一撃論」を掲げて、日中戦争への積極出兵を主張した悪名高い参謀本部作戦課長の武藤章《あきら》と話をつけた上での、大日本産業報国会のスタートであった（武藤はこの戦争拡大の重大責任のため、東京裁判で絞首刑となった）。したがって産業報国会の性格は、「労働者が初めに聞いていたものから巧みに姿を変え、「勤労は労働者の国家的使命である」というストーリーに途中ですり替えられ、いつのまにか天皇崇拝の皇国勤労観を公式見解として、事実上は労働者が奴隷のような労働を強いられるようになった。

組合運動ストライキの羽をもがれた労働者は、内務省と厚生省に監視されながら、「従業者移動防止令」によって転職が禁じられたので、企業・工場にしばりつけられる囚人労働者と変った。加えて、関東軍と手を結んだ財閥最高幹部が、その大日本産業報国会の理事長に就いたのだから、文字通り、財閥が経営する軍需産業への国家総動員が成し遂げられたのである。

一九三九年一〇月一八日からは、価格等統制令……地代家賃統制令……賃金臨時措置令……会社職員給与臨時措置令が一斉に公布された。一切が国によって統制されるようになったのだ。これらの法令名を見れば分るように、物価の釘付《くぎづ》けが命令され、庶民生活は完全な鉄格子の牢獄に投げこまれた囚人と化した。あとは、米の配給制度……台所のかまどで一番大事な木炭の配給統制……続いて一九四〇年から味噌《みそ》……醤油《しょうゆ》……塩……マッチ……砂糖までみな配給制となって、何が起こったか。日本全土から、町をうるおす商人と市場が消えたのである。配給制とは、配給してくれる制度ではなく、それまで平均すれば一家で三合必要だった米が、四分の一を削られ、二・三合しか食べられないという制度であった。この統制比率は、さらに日を追ってますます厳しくなり、国民を飢えと貧困に追いやっていった。しかも辻々《つじつじ》に立つ警官が手先となって、闇の食べ物を持っていないかどうか身体検査し、取りあげたものを懐に入れて、国民から憎悪を買った。

こうして軍国主義者たちは、無制限に囚人の国民から搾取できるようになった。国家も戦争体制を完成して、翌一九四一年末には、労働組合とは似ても似つかぬこの報国運動に五五〇万の労働者が組織され、その年一〇月一八日には、長州藩の木戸幸一《きどこういち》の差し金で東條英機内閣が発足して、ついに一二月八日にアジア大侵略に踏み出し、アメリカのハワイ真珠湾攻撃に突入したのである。

国家総動員法に対して、一九四〇年一〇月一二日に発足した「大政翼賛会」は、実質的に一国一党をめざして既成政党をすべて消滅させ、道府県の支部……市区町村の支部……町内会……隣組を置いて、国民的な精神運動を広げようと企んだ組織活動であった。手法の点では、ナチスが一党独裁を成し遂げるのに、青年や少年にヒットラー・ユーゲントのようなグループ活動をおこなわせた組織化を、そのまま踏襲したものであった。現在の国会にはびこる政治宗教団体や、過激派組織や、ねずみ講が、上からの思想や命令や勘定書を、小さな細胞のすみずみに伝えるやり方と同じであった。大政翼賛会の総裁は、初代の近衛文麿以下、東條英機、小磯国昭《こいそくにあき》、鈴木貫太郎の歴代総理大臣がつとめた。

大政翼賛の、大政とは天下の政《まつりごと》を意味し、翼賛とは翼のように力を添えて助けるこ

宮崎市平和台公園　平和の塔＝八紘一宇の塔

とであった。一体誰の政治を助けるかと言えば、大政翼賛会発足の一ヶ月後、一九四〇年一一月一〇日の〝神武《じんむ》天皇即位二六〇〇年記念行事〟と連動していた。その日、日本全土ばかりか……アジア侵略地の中国の北京……朝鮮の京城《けいじょう》……台湾の台北《タイペイ》など至るところで、「紀元二六〇〇年奉祝会祝賀行事」が奉祝会会長・近衛文麿によって開催された。

この祝賀に合わせて、初代神武天皇の発祥の地とされる宮崎県に〝八紘一宇《はっこういちう》〟の塔なる一大モニュメントが建設されたのである。「日向《ひゅうが》の国を統治した神日本磐余彦命《かむやまといはれひこのみこと》が美々津《みみつ》から東征に旅立ち、紀伊の国に上陸し、大和地方を平定した後、奈良に新宮を営み、神武天皇として第一代天皇の地位に就いた」との伝承に基づいていた。八紘とは、四方と四隅、すなわち地の果てを意味し、転じて全世界のことだった。一宇の宇もまた、天地四方だが、ここではその全世界を覆う屋根のことで、一宇は「一つ屋根のもとに統一する」、すなわち〝日本が全世界を軍事支配する〟という意味だから、侵略思想そのままであった。

日中戦争のためアメリカが激怒したので、いよいよ目前に迫ったアメリカ攻撃の太平洋戦争に臨んで、日本の海外進出を謳歌《おうか》するため、「アジアを欧米の列強から解放するのはわが大日本帝国である。そのために軍隊を進めて全世界を一つ屋根のもとに支配せよ。天皇のもとに！」と謳《うた》った標語が、八紘一宇であった。この宮崎県に建立された八紘一宇の塔は、大日本帝国の軍隊がアジア各国を侵略した当時、中国の城や朝鮮・台湾など要所を攻略し、その建物の貴重な壁面を切り取って勝利の証《あかし》とした紋様入りの切石を、二〇〇〇個近い礎石にちりばめ、その石に侵略者の部隊名が明記された無気味なものである。ドイツに譬《たと》えれば、〝ナチスの戦勝記念塔〟のごときその八紘一宇の塔が、現在呼び名だけ「平和の塔」と改称され、侵略戦争の動かぬ証拠が、宮崎市平和台公園に平然と屹立《きつりつ》しているのだ。戦後、いまも、この現代に！

つまり大政翼賛会は「昭和天皇を支える」ことを意味していた。しかし実態は、昭和天皇が広げた翼の下にひれ伏す形をとって、全政治家が軍部にかしずく図であった。一党しか認めずに議会を開くのだから、異論を戦わせることができない議会政治には、一片の意味もなかった。だが日本の議会は、もともと国民の声を聴くことを望まない伊藤博文らが、いやいや作ったものであった。議会がなぜ必要であるかという原理を理解せずに出発したものであったから、その疑問さえ抱かなかったのである。日本の議会は、自民党が牛耳ってきた現今の国会も、民衆の声を聞くために設置された民主主義を論ずる場ではなく、烏合《うごう》の衆に頼る大政翼賛会に堕し、いかにして民衆の声を切り捨てるかに徹している。つまり一九四〇年代の戦時中に逆戻りし、急速に堕落して、自ら国家転落の道へ入りつつあるのである。

近衛文麿がしようとしたことは、第一に、資本主義と議会主義を完全破壊し、第二に、左翼的な共産主義を手段として全体主義独裁国家をつくり、第三に、軍事力によって欧米のアジア進出を排除せよと主張して軍部・国民の喝采を浴び、第四に、天皇が全世界を統治する国家をめざす愛国右翼思想を広めようとしたことであった。この矛盾だらけの政策を理解できる現代人はいないであろう。

この謎を、解かなければならない。

国家総動員法と大政翼賛会から出ている指令系統や、人間関係をたどってゆけば、その答に行きつく。これらは、満州事変と満鉄の調査会を経て、最後に「企画院」にたどりつくのである。また、一方で、思想宣伝のための通信会社となった同盟通信社と「情報局」が、大きな役割を果たした。そして興銀を中心とした、「金融機関」の動きがあった。これらすべてが一体化したのが、全体主義であった。

企画院の人脈

では、企画院を誰が育て、企画院は何をしたのであろうか。企画院幹部のめぼしい人間を紹介しておく。

企画院の母体となった内閣調査局で初代長官の部下となった石渡荘太郎《いしわたりそうたろう》（いしわた、とも読む）は、戦時下の国家財政を動かす東條英機内閣・大蔵大臣へと出世し、のちに大政翼賛会の事務総長をつとめた。

企画院総裁となった武部六蔵《たけべろくぞう》は、一九四五年六月、満州国の最高位・総務長官（総理大臣）として、すでに日本敗戦必至のこの時期、満州からのラジオ放送を通じて、断固戦うよう日本人を鼓舞して数十万の満州在留者の多くを悲惨な死と、シベリア抑留に導いた最大の責任者であった。彼自身は石川県士族の出なので長州出身ではなかったが、系図4「長州のアジア侵略者」（一四七頁）に描かれているように、長州藩の山縣有朋《やまがたありとも》の縁戚にあたっていた。

企画院総裁・青木一男は、特に満州問題に力を注いで、「大蔵省の三羽烏《さんばがらす》」と謳われた大蔵官僚だが、大蔵大臣・企画院総裁となって鮎川義介の満州重工業開発の設立に尽力し、東條英機内閣で初代の大東亜大臣に就任して植民地政策を統括して、郷里・長野の満蒙開拓団送りこみにも大きな役割を果たした。戦後は、自分がA級戦犯容疑から解放された後、靖国神社総代会でA級戦犯を「速やかに合祀《ごうし》すべきだ」と提案して、処刑された戦争犯罪者たちを英霊に祭り上げた右翼だった。

同じく企画院総裁・星野直樹は、満州国総務長官（総理大臣）となった。仲間の国務院事業部総務司長〜産業部次長〜総務庁次長の岸信介《のぶすけ》と共に、満州国の統制経済を推し進めたのが彼であった。岸信介は、のちに初代軍需大臣・東條英機のもとで初代軍需次官をつとめ、戦後に戦争犯罪者として投獄された。

企画院次長の安倍源基《あべげんき》は、警視庁特高部長として小林多喜二《たきじ》を虐殺した時代の労働運動弾圧の最高責任者であった。

企画院次長・小畑忠良《おばたただよし》は、労働運動を撲滅するためにつくられた大日本産業報国会の理事長となり、大政翼賛会事務総長もつとめたが、満州での事業を得るために関東軍の幹部と接触し、住友の最高幹部となった人物であった。

企画院総裁の鈴木貞一《ていいち》は、満州事変を仕組んだ石原莞爾、土肥原賢二《どひはらけんじ》ら軍人グループの一夕会《いっせきかい》から出た軍人で、第三次近衛内閣の末期に真珠湾開戦を推進し、続いて東條英機内閣で企画院総裁となり、大日本産業報国会会長をつとめて軍需産業に労働者を総動員した。東京裁判では終身禁錮刑の判決を受けた。

この不思議な人脈は、実際にどのように機能したのか。

通信社と新聞社を飼い馴らした情報局

この企画院から生み落とされたのが、報道界を支配した悪名高い「情報局」であった。同盟通信社は、国内の情報操作のため情報通信機関を一本化することを軍部が要求したため、満州事変から五年後の一九三六年に国内二大通信社の日本電報通信社（電通）の通信部と、新聞連合社が強引に合併させられて誕生した国策通信会社であった（戦後に分割されて、現在の時事通信と共同通信となった)。この母体となった電通は、もとは広告代理店で、広告業界トップに立ってから通信にも進出し、ライバルの帝国通信社と共に、日清・日露の戦争で各界から迅速なニュースを求められて、通信業界は急成長した。

そこに関東大震災が起こって、帝国通信社が倒産すると、電通が通信業界の覇者となった。しかし同盟通信に通信部門を奪われて、広告業専業に戻った(これが現在日本最大の広告代理店・電通である)。ところがこの時、電通創業者の弟が国策企業・同盟通信社の理事に就いていた。そこで翌一九三七年からニュース映画に同盟通信社の「同盟ニュース」が加わると、その年の盧溝橋事件から、日中戦争で皇軍の快進撃を伝える映像と、気焔《きえん》をあげるナレーションが全国の映画館で国民の歓呼を呼ぶようになり、軍部の大本営が発表する偽ニュースを頭から信じる、慢心した国民が激増していったのである。

もうひとつの通信会社として、ラジオの電波を牛耳る日本放送協会があった。こちらは、三井財閥の岩原謙三を理事長に、一九二四年に東京放送局を設立し、初代総裁に策士の後藤新平が就いてスタートしていた。東京に続いて、大阪と名古屋にラジオ放送局が設立され、一九二六年には東京・大阪・名古屋の放送局が統合されて日本放送協会(NHK)となり、初代会長には引き続き三井財閥の岩原謙三が就いた。この人物はイギリスの軍需産業ヴィッカース社の日本代理人をつとめていた当時、巡洋戦艦・金剛をヴィッカース社に発注させるため海軍高官に贈賄し、有罪判決を受けた三井物産幹部だったので、軍人の言いなりに国策通信会社を経営する適任者であった。

その後、一九三〇年代半ばから、日本政府と軍部大本営は、新聞記事と書籍のきびしい検閲を実施し、世論操作を積極的におこなうため、国家情報宣伝機関の創設に乗り出した。一九四〇年一二月六日、第二次近衛内閣が、総力戦態勢を整えるため「挙国一致の世論の形成」を図ろうと内閣に設置したのが、「情報局」であった。総裁は伊藤述史《のぶふみ》↓谷正之《まさゆき》↓天羽英二《あもうえいじ》↓緒方竹虎《たけとら》↓下村宏へと受け継がれ、初めの三人が外務省出身、最後の二人が朝日新聞社出身であった。こうして、政府が思うがままにニュースを操れる体制が確立された。特に天羽英二は、外務省情報部長時代に、中国侵略政策を露骨に表明した天羽声明で、世界的に悪名を轟かせていた男であった。同盟通信とNHKのニュース映画やラジオ放送は、すべて情報局が検閲し、戦争の足を引っ張る文言はすべて削除して、大本営が発表する軍人の文言だけを伝達する化け物に変ったのである。近衛文麿から終戦までのすべての内閣は、軍部と共に、異論を唱える人間をまず血祭りにあげ、ジャーナリストの事実報道を認めない、愚将を絵に描いたような専制集団であった。

この企画院に関わった革新官僚のなかで、福岡県生まれの奥村喜和男《きわお》は、最もよく全体主義社会を実現した中心人物としてきわだっていた。逓信省《ていしん》（戦後の郵政省）に入った彼は、満州電電や同盟通信など、ファシズム国策通信機関の創設に参画した。そこから企画院が生み出した悪名高い組織が「情報局」だったのである。

このようなシステムを生み出した奥村喜和男は、同盟通信を設立したあと、企画院に入って国家総動員法の起案を担当し、一九四一年に東條英機内閣が成立すると、情報局の専任総裁が欠員している時に情報局次長に転じて最高権力者となり、陸軍軍務局長・武藤章（東京裁判で絞首刑）らの権威を笠に着て、独裁者として振る舞った。ハワイの真珠湾攻撃がおこなわれた夜には、午後七時にラジオから君が代が流れ、東條英機の言葉のあと、奥村が「宣戦の布告に当りて国民に訴う」と題して開戦の正当性を訴えた。こうして彼は、言論統制と、太平洋戦争初期にアメリカ・イギリスを敵とする「鬼畜米英」思想戦と宣伝戦に動きまわった。

この奥村喜和男の情報局に操られたのが、全国の新聞社であった。しかし情報局ができる前の新聞社は、どうであったのか。東條内閣の文部大臣となった岡部長景《ながかげ》子爵は、一九四三年一〇月二一日、神宮外苑競技場で催された歴史的な「学徒出陣」壮行大会で、激戦地に向かう学生たちに向かって、総理大臣・東條英機と共に、訓示を垂れた人物であった。当時の記録映像を見ると、彼らの弱々しく頼りない語り口は、ヒットラーのような力強い演説ではなかったのに、どうして日本の国民がそれに従ったのか不思議なほどである。しかしすでに戦地が凄惨な玉砕戦に突入した時代に、見送りの女学生たちが死地に向かう学徒数万人に向かって涙を流し、悲壮感ただよう雨中の行進シーンがニュース映画となって大きな話題となった。大量の若者を戦場に送り出したこの岡部文部大臣の実弟が、朝日新聞社長・村山龍平《りょうへい》の入婿となって村山長挙《ながたか》を名乗り、一九四〇年から朝日新聞社長となって、戦意をあおる国策映画を世に提供していったのである。この人脈が、情報局による「国家的報道宣伝の一元的統制」であった。

彼ら情報局は、新聞などのマスコミだけでなく、芸能分野と芸術に対しても統制を進めた。すでに満州では、一九三七年に国策映画会社の満洲映画協会（満映）が設立され、岸信介が送りこんだ甘粕《あまかす》正彦が理事長に就任していた。甘粕正彦は、関東大震災のさなかにアナキストの大杉栄《さかえ》ら三人を憲兵隊特高課に連行し、憲兵隊司令部で殺害したあと死体を井戸に投げこんだ犯罪者として軍法会議で懲役一〇年の刑を受けたが、出獄後は、満州国建国のために愛新覚羅《あいしんかくら》溥儀《ふぎ》を天津《テンシン》から拉致《らち》し、満州国創立の仕掛け人として暗躍した。そして溥儀を操って満州政界を支配し、一九三二年から満州国の民政部警務司長をつとめ、渡欧してヒットラーとムッソリーニに接見し、謀略機関の親玉として悪名を響かせた男だった（甘粕は敗戦五日後に青酸カリをのんで自殺した）。

日本本土では、朝日新聞副社長の緒方竹虎と下村宏が、いずれも情報局総裁となって、陸海軍の大本営が許可した以外は、一切の記事の掲載を情報局が禁止するという危険な動きに入った。下村宏は台湾総督府の総務長官のあと、朝日新聞に入社して副社長となり、一九四三年にNHK会長、続いて一九四五年四月七日に情報局総裁となって終戦を迎えた。したがって、「戦時中は、情報局に新聞社と放送会社・通信会社が操られて何も言えなかった」とは、言えるはずがない。大新聞のマスコミ幹部が自ら、軍部大本営と手を握って、国民をおそろしい無知に誘導したのである！

一九三八年に一一二四紙あった日刊紙が、一九四二年末までに二〇分の一以下の五四紙となる統合が、情報局の手でおこなわれたのである。各新聞社が国家命令により急速に合併を余儀なくされた恐怖時代の流れがよく出ている。よく見れば、大新聞による独占トラストであり、これによって発行部数を伸ばし、経営者の座を占めた人間たちにとっては喜ぶべき国家統制であった。国家総動員の実態が、この企画院と情報局にあったのだ。この歴史事実を糊塗するために、現在は、マスコミ・芸能・芸術を動員して、この時代の責任者を美化するドラマと贋作《がんさく》史が隆盛しているのである。そしてテレビ局と新聞社の幹部が、電力会社幹部と会食を重ね、記者クラブの特権の上に原発推進という国策の宣伝機関になりさがった姿を見ていると、「戦時中と変らないのではないか？　一体、いつになれば日本のテレビ局と新聞社は、国民のためのジャーナリストとして自立するのか」という疑念をぬぐいきれない。まともな記者たちがいるのだから、社を超えて結束し、反旗を翻すべきである。

満蒙開拓団を誰が送りこんだか

ひとつだけ、別項をもうけて説明しておかなければならないのが、この時代に農民を植民地に駆り立て、終戦時に大悲劇をもたらした満蒙開拓団の歴史であった。「満州への農民移住」という哲学と思想は、もしそれがこのような時代の出来事でなければ、すぐれた考えのものであった。思想的な濫觴《らんしょう》は、江戸時代の末期に農村復興運動を指導した篤農家の二宮金次郎（二宮尊徳）にあった。金次郎は、江戸時代の一八三六年（天保七年）の大飢饉で、農村が共同体として一致団結することを呼びかけて、小田原藩の領民四万人を飢饉から救済し、一人の餓死者も出さなかった。その後は、全国の農政改革に手腕をふるい、彼の孫・二宮金之丞も福島県から移民団を率いて北海道十勝に入植して農村経営をおこない、福島県農工銀行を経営した。

二宮金次郎は、農民の倹約と協力を義としたが、それは、神が与えてくれる徳に報いる、すなわち報徳の思想にあった。そこで日露戦争勝利の翌年、一九〇六年（明治三九年）に、満鉄の設立と同時に、二宮金次郎の遺徳を学ぶ報徳会が設立され、農業を国の基本とし、金次郎を手本とした農本主義を掲げる国民高等学校運動が懐胎した。ここまでは、何らおかしなことではなかった。だが、これが明治政府によって、都合のよい物語にすり替えられ、金次郎と農業が、常に神道（天皇制）と結びつけられるようになったのである。

そして一九一六年元旦に、初代満鉄総裁を退任後の後藤新平が福岡日日新聞紙上で、「満州は農業国であるから、五〇万〜一〇〇万人という大量の農業移民をおこなって日本の満州経営をおこなうべきである」と提唱したのだから、後藤新平の言葉はすでに満州の植民地化を露骨に狙ったものであった。続いて京都帝国大学農学部教授に就任した橋本伝左衛門が、農林経済学というひとつの新しい学問領域を確立し、一九二四年に日本から満州に農業移民を送るべきだという学説を提唱して、移民計画の具体化を模索しはじめた。やがて文部省の唱歌に「手本は二宮金次郎」の歌が登場し、昭和に入って茨城県友部町《ともべまち》に、農村を経営する人材を養成する日本国民高等学校が開校され、「農業こそ民衆が生きる基本である」と唱える熱烈な天皇制農本主義者の加藤完治《かんじ》が校長に就任し、橋本伝左衛門と手を結んだ。

張　作霖《ちようさくりん》が爆殺された一九二八年には、二宮金次郎を生んだ神奈川県の小学校をはじめとして、全国に二宮金次郎が薪を背負いながら読書する銅像や石像が建立され、満州事変の一九三一年からその数が急速に増えた。前年から、アメリカのウォール街大暴落による世界的恐慌が日本に波及していた時であった。アメリカとヨーロッパでは贅沢品のシルクがぱたりと売れなくなり、これが日本の生糸（絹糸）生産に大打撃を与え、繭《まゆ》の価格が大暴落したのである。このころ、養蚕《ようさん》で日本一を誇った長野県は、第二位の群馬県を大きく引き離して、養蚕農家が八割を占めて、しかもほかの田畑の耕作に手を出さないほど生糸産業に依存していたので、大半の農家が食べられなくなる危機に陥った。また同時に、東北地方では冷害による凶作のため、娘身売りの深刻な不況となり、農村が壊滅するところが続出した。

そうした中で、張作霖爆殺事件の首謀者だった鉄道守備隊の東宮鉄男《とうみやかねお》が、「日本から満州へ武装した移民団を送りこんで、その移民の手を借りて、日本に抵抗する現地住民を鎮圧し、またロシアに対する防衛をおこなわせよう」と目論んだ。そこで、東宮鉄男と、農本主義者の加藤完治と橋本伝左衛門が鳩首《きゅうしゅ》の上、武装農民を組織する計画を立て、内地で苦しい地方の農民を送りこめばよいと、危険な武装化の策を練った。こうして、「満州の別天地へゆけば、好きなだけ土地がもらえる」という誘惑的な募集政策を打ち出したのである。

凶作被害が深刻だった東北と北陸・甲信越の苦しい農民が重点的に選ばれ、農業訓練と射撃訓練を受けて満州移民の入植が開始されたのは、一九三二年一〇月であった。それは、日本が満州国を正式に承認する日満議定書が調印された翌日に起こった平頂山虐殺事件の翌月のことであった。移民たちは、平頂山の虐殺のことなど、まるで知らなかった。続いて翌一九三三年二月には、追いつめられた長野県を中心に、「満州に渡れば大地主になれる」と勧誘して募集がおこなわれた。こうして次第に移民が本格化し、財閥が統治する満州で、現地の中国人と、満州人と、朝鮮人がすでに耕作した土地と住宅を、長州藩・鮎川義介の満州重工業開発の子会社である東亜勧業が掠奪《りゃくだつ》しながら、本格的な満州移民が送りこまれていったのである。

一九三六年八月七日には、広田弘毅内閣が、首相と、外務大臣・有田八郎、陸軍大臣・寺内寿一《ひさいち》、海軍大臣・永野修身《おさみ》の四相会議で帝国外交方針を決定し、大蔵大臣・馬場鍈一《えいいち》を加えた五相会議で国策の基準を策定した。それは、二〇年で一〇〇万戸・五〇〇万人の本格的な満州開拓移民を送りこむという壮大な計画であった。農本主義者・加藤完治が満州農業移民推進の中心人物となり、新聞各紙が満蒙開拓団を持ち上げるなかで、このあと大規模な移民団が入植を開始し、二ヶ月後には日本の東北地方を救済する名目で東北興業が設立され、総裁・吉野信次（のち満州重工業開発副総裁）が動き、続いて東北興業総裁に満鉄副総裁の八田《はった》嘉明《よしあき》（のち東條英機内閣運輸通信大臣）が就任した。東北の振興という謳い文句は、常に満州の経営と連動していたのである。国民高等学校には、満蒙開拓「青年義勇隊」訓練所が開設され、終戦までに、一般開拓民二二万人と義勇隊一〇万人、合わせて三二万の移民が満州に渡っていった。満州国総務庁次長として満蒙開拓団を悲劇に陥れた官僚トップが、安倍晋三の祖父・岸信介であった。

後年に満蒙開拓団と呼ばれた彼らは、その名とまるで違い、ほとんど開拓をおこなわなかったのである！　特に経済的に苦しい土地から集中的に選ばれた農民たちは、国際情勢に無知であっても、この人たちが悪いわけではなかった。明らかに、日本政府と満鉄と関東軍によって、貧困が悪用され、出発前に、日本人の優越感がその頭に埋めこまれていたのである。このあと朝鮮の東洋拓殖と同じように、一九三五年末には「満州拓殖」という国策会社が設立され、露骨に軍隊付きで満州の住民から土地を略奪しはじめ、一九三九年までにほぼ六〇〇億坪という広大な土地を現地人から取り上げ、移民用に確保した。実際に日本人が開拓したのはそのうち八％にも満たなかった。つまり九二％は、中国人と、満州人と、朝鮮人の農民が血と汗を流して田畑を耕作してつくりあげた村落を、すっかり奪って、日本の移民が住みついたのである。

日中合作ドラマ『大地の子』は多くの人を感動させたが、日本人移民がおそろしく美化された物語であり、事実上、彼らは開拓民ではなかった。真の悲劇は、ドラマがはじまる前の、満州現地で土地を奪われた住民の側にあったのだから、その姿を描かないのはおかしいのである。こうして、地方別では東北地方が日本一で、道府県別では、長野県が三万七八五九人と、群を抜く日本一の満州移民団の供給地となった。第二位は、満州移民を強力に推進した石原莞爾の地元・山形県の一万七一七七人で、第三位は中国一撃論を主張した武藤章の出身地・熊本県の一万二六八〇人であった。

日本興業銀行の巨大な軍需融資

以上述べてきたすべての軍人と軍需産業の活動を支えたのが、戦争資金であった。そこで、軍需産業に最大の融資をした日本興業銀行（興銀）と、戦時中の軍需産業の関係を、数字で検証してみる。これは戦後に『日本興業銀行七十五年史』（『興銀史』）を編《へん》纂《さん》した元興銀関係者の、貴重な記録である。もし隠そうと思えば資料を焼き捨てればよかったはずだが、戦後にその人たちが、以下の事実を隠さず記録し、公表した決断に大いなる敬意を表す。『興銀史』から、三つの表をA・B・Cにまとめたものが、次頁の表6「日本興業銀行の融資額」である。

その表A「一九四五年八月一五日　終戦時の大銀行の軍需融資額と軍需融資比率」を見ると、終戦時までに大銀行がどれほど軍需産業に融資したか、一目瞭然である。敗戦

表6 日本興業銀行の融資額

◆表A　1945年8月15日　終戦時の大銀行の軍需融資額と軍需融資比率

	軍需融資残高【億円】	総融資残高【億円】	軍需比率[%]
日本興業銀行	79.75	107.28	74
帝国銀行（三井銀行＋第一銀行）	50.03	143.75	35
住友銀行	33.93	92.12	37
三菱銀行	30.43	81.09	38
安田銀行	22.75	110.00	21
三和銀行	19.03	67.93	28
日本勧業銀行	7.42	28.57	26
合計	243.34	630.74	39

『日本興業銀行七十五年史』

◆表B　日本興業銀行の主要系列別融資状況

	系列	総帥	1938年末	1941年末	1943年9月末	1945年8月15日 敗戦日
1	中島飛行機	中島知久平	0.57【億円】	3.82【億円】	8.23【億円】	26.93【億円】
2	満州重工業開発	鮎川義介	1.38	2.98	3.01	9.58
3	日本窒素肥料	野口遵	0.22	0.86	2.25	5.40
4	鐘淵紡績	津田信吾	……	0.04	0.54	4.36
5	日本曹達	中野友礼	0.45	1.43	1.73	4.36
6	日本製鉄		0.11	0.01	0.13	3.40
7	大倉		0.02	0.55	1.24	3.08
8	三菱		0.24	1.41	1.14	2.49
9	理化学研究所	大河内正敏	0.06	0.54	0.56	2.36
10	三井		0.15	1.26	2.09	2.27
11	山下汽船	山下亀三郎	0.32	0.58	0.77	1.83
12	古河		0.05	0.73	0.92	1.51
13	石原産業	石原広一郎	0.05	0.38	0.43	1.46
14	森コンツェルン	森矗昶	0.37	0.11	0.04	1.19
15	大阪商船		0.17	0.24	0.40	1.08
16	林兼（大洋漁業）	中部兼市・謙吉	0.12	0.21	0.61	0.90
17	日本郵船		0.05	0.67	0.82	0.53
18	住友		0.08	0.21	0.46	0.28
19	浅野		0.03	0.01	0.22	0.08
	財閥合計		4.44	16.00	25.58	73.08
	総融資残高		11.11	27.36	47.69	146.49
	財閥／総額の比率[%]		40.0 %	58.5 %	53.6 %	50.0 %

備考　(1) 命令融資を含む。
　　　(2) 興銀融資残高には「別途貸」および「コール・ローン」を含まない。

◆表C　日本興業銀行の融資状況の分類

表Bを分類したもの

	金額(億円)			
	1938年末	1941年末	1943年9月末	1945年8月15日 敗戦日
○新興財閥【中島飛行機・満州重工業開発・日本窒素肥料・日本曹達・理化学研究所・石原産業・森コンツェルン】	3.10 (27.9%)	10.12 (37.0%)	16.25 (34.1%)	51.28 (35.0%)
○既成財閥【鐘淵紡績・大倉・三菱・三井・古河・大阪商船・日本郵船・住友・浅野】	0.79 (7.1%)	5.12 (18.7%)	7.83 (16.4%)	15.68 (10.7%)
○その他【日本製鉄・山下汽船・林兼(大洋漁業)】	0.55 (5.0%)	0.80 (2.9%)	1.51 (3.2%)	6.13 (4.2%)

目前の一九四三年に「三井銀行と第一銀行が合併した巨大な帝国銀行」が、軍需総額で、五〇億円を融資したのに対して、興銀一行で、それをはるかに上まわる八〇億円の軍事費を産業に送りこんでいたのである。しかも興銀内部における、平和産業も含めた総融資額のうち、実に七四%、四分の三が、軍需産業に対する融資であった。戦時中の興銀は、国策によって生み出され、育てられた軍需銀行であった。

事実上、興銀の軍需融資は一〇〇〇億円前後に達していたと考えられ、終戦時の一〇〇億円は、二〇〇〇年時価で一兆九〇〇〇億円に相当する。

興銀ばかりでなく、帝銀（三井＋第一）・住友・三菱も軍需融資が三五～三八%と、きわめて高い比率である。表中の七銀行総額で二四三億円の軍需融資残高は、二〇〇〇年時価で四兆六一七〇億円に相当する。

では、興銀を支えた株主は誰だったか。『興銀史』によれば、一九三〇年までずっと、群を抜いて最大の株主は聞きなれない「内蔵頭《くらのかみ》」とある。これは皇室の財務主任のこと、つまり天皇家であった。天皇家に次ぐ株主は、もちろん資産家ぞろいだが、彼らの多くは満鉄の大株主であった。満鉄を支えた人間が興銀を支えたのは、当然である。さて、次の大株主リストが残念ながら『興銀史』では一九三九年に飛んでしまうので、一九三一年の満州事変と一九三七年の日中戦争のあいだの、いつ起こった激変か不明だが、一九三九年には、これらの個人株主が一人もいなくなっていた。一〇大株主は、筆頭が第一銀行で、以下すべて大手財閥であった。三井銀行・三菱銀行・住友銀行・三和銀行・

安田銀行・三井信託・三菱信託・安田信託、さらに川崎財閥のメインバンク・第百銀行（一九四三年に三菱銀行が吸収合併）が揃《そろ》い、真珠湾攻撃に突入した時の興銀は「六大銀行の分身」に化けていたのである。

次に、表B「日本興業銀行の主要系列別融資状況」を見ると、興銀が、その巨大な融資をどの企業に向けていたかが示されている。ここにある企業一九社は、大半が、財閥またはコンツェルンを形成しており、敗戦日の金額では、圧倒的に中島飛行機の二七億円が大きい。それ以外の会社の数字は小さく見えるが、当時の一億円を二〇〇〇年時価一九〇億円に換算してみると、ほぼ二〇〇倍であるから、その巨額さが分る。大手財閥を除いて、社名の隣に書き加えた名前が、戦時中の総帥であり、これらの人物が主に昭和初期から急台頭した「新興財閥」と呼ばれる集団であった。

中島飛行機の中島知久平《ちくへい》……満州重工業開発（満業）の鮎川義介《よしすけ》……日本窒素肥料（チッソ）の野口遵《したがう》……鐘淵《かねがふち》紡績の津田信吾《しんご》……日本曹達《ソーダ》の中野友礼《とものり》……理化学研究所の大河内正敏《おおこうちまさとし》……山下汽船の山下亀三郎……石原産業の石原広一郎《こういちろう》……森コンツェルンの森矗昶《のぶてる》……林兼《はやしかね》（大洋漁業）の中部兼市《なかべかねいち》・謙吉《けんきち》兄弟である。

表Cは、その一九社を大きく分類して、融資分野別に金額と比率を示した数字である。既成財閥は自分の銀行を持っているので、興銀から融資を受けた額は少ない。したがって表Cの金額には、既成財閥が軍事融資を受けた額の一部しか示されていない点に注意する必要がある。興銀の融資先は、中島飛行機を筆頭に、もっぱら新興財閥に対して重点的に向けられていたのである。五大新興財閥と呼ばれてきた満業・日窒・森・日曹・理研に、ここでは、中島飛行機と石原産業を併せて、新興財閥としてある。興銀融資の三〜四割を占めたこれら七社は、軍需産業に特化していたと同時に、植民地を荒らしまわった集団であった。

こうして、「政府＝軍部」が銀行資金の融資先を支配する戦時金融統制の基礎が築かれ、これが、『興銀史』に出てくる命令融資、つまり軍部の命令による融資となったのである。資金の裏付けを得た軍部と軍需産業は、日本軍が中国戦線への増派を次々と決定し、無謀きわまる日中戦争の拡大から、一九四一年一二月八日のシンガポール攻略〜真珠湾攻撃……マレー半島……フィリピン……ビルマ……インドネシア……南部仏印（現在のベトナム〜カンボジア）……北部仏印（現在のラオス）……タイへと、アジア全土の侵略へ、狂気の戦争を進めていったのである。

第一次近衛内閣でこの決定を誰が主導したかが、大きな鍵である。満州事変の時に陸軍次官として、関東軍参謀の暴走侵略を強力に推進した杉山元《はじめ》が、この時の陸軍大臣で、軍事的に彼の発言が戦線拡大に最大の影響を及ぼした。杉山は、無条件降伏による敗戦翌月の一九四五年九月一二日に、占領軍GHQに捕らわれることをおそれて自決してしまったので、東條英機や板垣征四郎たち東京裁判のA級戦犯処刑者たちに比べて、日本史のなかで記憶の薄い男だが、重大な戦争犯罪者であった。南京大虐殺による首都・南京占領後の日中和平交渉を阻止し……南方のアジア侵略作戦を決定し……アメリ力を三ヶ月で片づけると豪語して真珠湾攻撃に踏み切らせた陸軍のトップ、参謀総長が杉山元であった。一九三七年に近衛内閣鉄道大臣だった中島飛行機創業者の中島知久平が、その時「徹底的にたたきつけてしまうがいい」と、中国攻撃を挑発する意見を吐き、杉山元の日中戦争拡大論に手を貸したのである。

中島飛行機と満州重工業開発の台頭

一九四一年に真珠湾攻撃が開始されて、太平洋戦争に突入するまでに、膨大な金額が「航空機産業」に向けられた。その受取先は明らかであった。当時、重点的に融資を受けた航空機産業は、爆撃機と戦闘機の開発中であり、三菱重工業と中島飛行機の二社を中核としていた。

急速に航空機開発が加速されたのは、一九三七年七月七日の日中戦争からであり、中島飛行機に対して興銀が融資を開始したのが、その年九月からであった。中国の国民党中央政治会議主席・蒋介石は、首都・南京が日本軍に占領されたあと、国民党政府の臨時首都を内陸奥部の重慶に移したが、南京から武漢へと侵略を進めた日本軍が翌一九三八年二月に重慶に爆撃を加え、一九三九年からこれが大規模となって、一九四三年まで五年間にわたり〝多数の市民を無差別に殺戮〟する重慶大爆撃をおこなったのである。一万人規模の大殺戮をおこなったこの絨毯《じゅうたん》爆撃によって、日本はますます世界的な批判を受けるようになった。零戦《ゼロせん》も駆り出したこの爆撃機の資金源が、興銀であり、中島飛行機を創業した中島知久平が、日中戦争の拡大を挑発した当の近衛内閣の閣僚であった。これが、さきほどの興銀融資表で、中島飛行機が終戦までに群を抜いて大きな二七億円の金額を手にした背景であった。

この当時、戦闘機・零戦の開発を命じられた三菱重工は、戦闘機のほかにも造船・戦車・重機械など多くの軍事製造工場を抱えていたのに対して、中島飛行機はアメリカ・フランスの飛行術を学んだ中島知久平が創業して、航空機だけに特化したメーカーであった。三菱重工が開発した零戦のライセンスを受けて零戦の半数以上を生産し、軍用機生産で莫大な利益をあげた知久平は、陸軍戦闘機やエンジン生産で中島飛行機を一大コンツェルンを形成する大企業に成長させ、終戦までの〝飛行機生産機数が日本最大〟に達し、日本全体の三割を占めた。そのため敗戦の直前には、東京郊外の三鷹と、群馬県太田《おおた》にあった中島飛行場周辺は、たびたび米軍の大空襲を受けた。

一方、日中戦争がはじまった一九三七年の年末、一二月二七日には、近衛内閣が「軍事力を保つために必要な金属資源と石炭などを収奪するために、満州国を維持する必要がある」との政策のもとに、政府が支援して満州国に国策会社・満州重工業開発（通称・満業）が設立され、日産コンツェルンの長州藩・鮎川義介《よしすけ》が総裁に就任した。勿論これは、鮎川自身が構想した組織であった。この資本金四億五〇〇〇万円を日本の傀儡《かいらい》国家・満州国と日産が折半で出資し、ここで日産は本社ごと満州に移駐して、撫順《ぶじゅん》炭鉱を除いて、〝満鉄の傘下企業〟を一手に引き受けたのだから、巨大コンツェルンであった。これが、先の表6にある表B（三〇一頁）で興銀の第二位の融資先となった満州重工業開発であった。満鉄の経営は、当初から興銀が鉄道……炭鉱……製鉄所などの事業への金融を担当してきたので、鮎川の満州重工業開発が興銀融資の受け皿となったのである。日産コンツェルンは、持株会社日本産業を中核として、日本鉱業を筆頭に、日立製作所……日立電力……日産自動車……日本化学工業……日本油脂……共同漁業（のちの日本水産＝ニッスイ）……日産ゴム……日本蓄音機……日本ビクター……合同土地……大同マッチ……大阪鉄工所（のちの日立造船）……東洋捕鯨……大日本製氷……三好鉱業……大倉炭坑……合同漁業など総計七七社に達し、三井、三菱に次ぐ日本第三位の財閥集団にのし上がった。このうち、コンツェルンの中核企業の沿革だけを描くと、三〇八～三〇九頁の図8のようになる。

日産コンツェルンは「戦時中に台頭した新興財閥」と呼ばれてきたが、この沿革に見られるように、明治維新と共に動き出した長州の藤田伝三郎の藤田組を母体に、一族の井上馨・伊藤博文《ひろぶみ》・桂太郎という政界・財界の黒幕を後ろ楯として、一五一頁の系図4その4長州閨閥《けいばつ》に見られる通り近親者の藤田伝三郎・久原房之助《くはらふさのすけ》・鮎川義介の三人組で生み出した巨大グループであった。コンツェルンの形成こそ昭和年代だったが、実際には新興どころか、まぎれもなく既成財閥の一つであった。

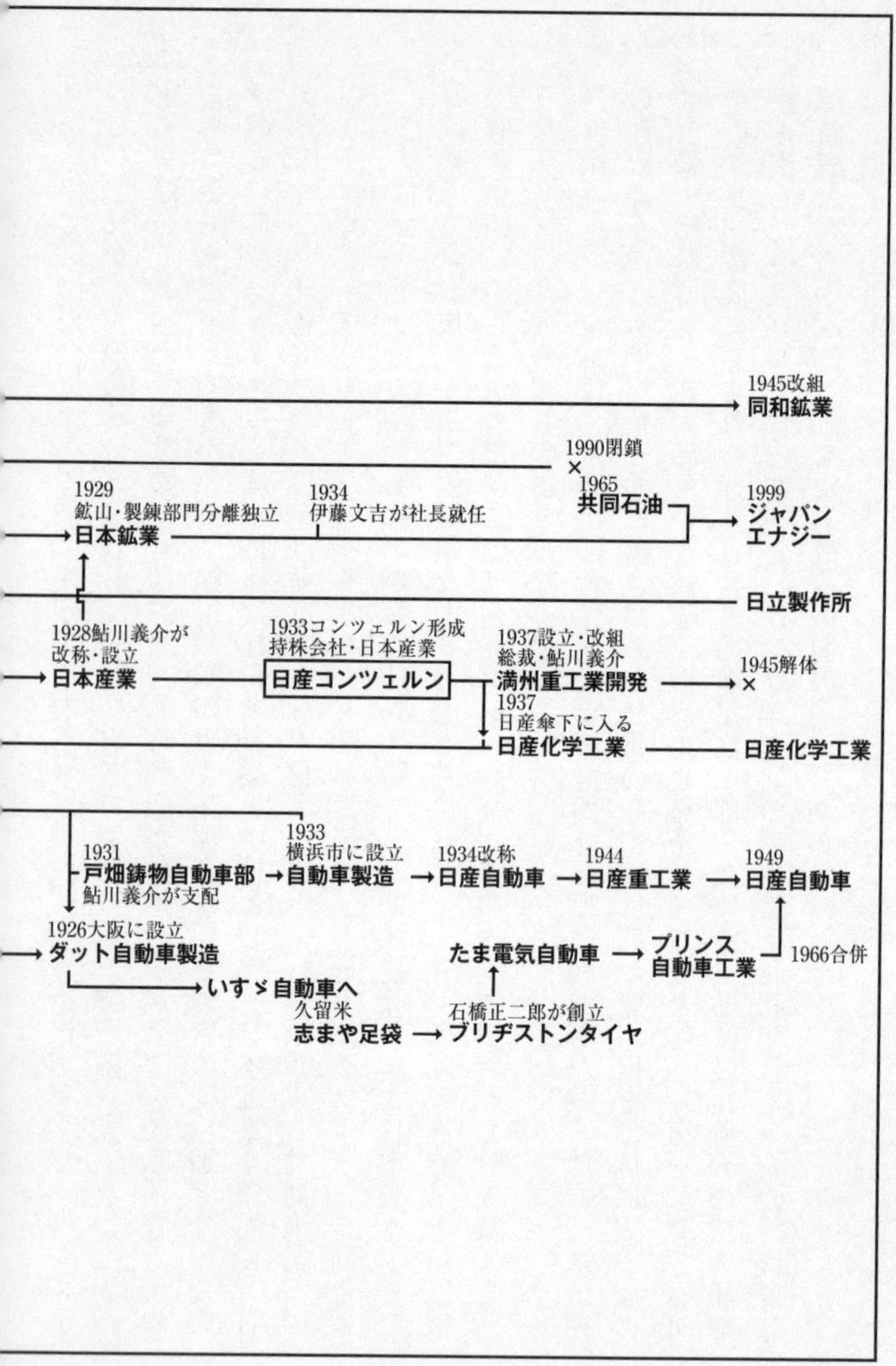
1945改組
同和鉱業
1990閉鎖
×
1929
鉱山・製錬部門分離独立
日本鉱業
1934
伊藤文吉が社長就任
1965
共同石油
1999
ジャパン
エナジー
日立製作所
1928鮎川義介が
改称・設立
日本産業
1933コンツェルン形成
持株会社・日本産業
日産コンツェルン
1937設立・改組
総裁・鮎川義介
満州重工業開発
1945解体
×
1937
日産傘下に入る
日産化学工業
日産化学工業
1931
戸畑鋳物自動車部
鮎川義介が支配
1933
横浜市に設立
自動車製造
1934改称
日産自動車
1944
日産重工業
1949
日産自動車
1926大阪に設立
ダット自動車製造
いすゞ自動車へ
たま電気自動車
プリンス
自動車工業
1966合併
久留米
志まや足袋
石橋正二郎が創立
ブリヂストンタイヤ

図8 藤田組・日産・日立コンツェルンの沿革図

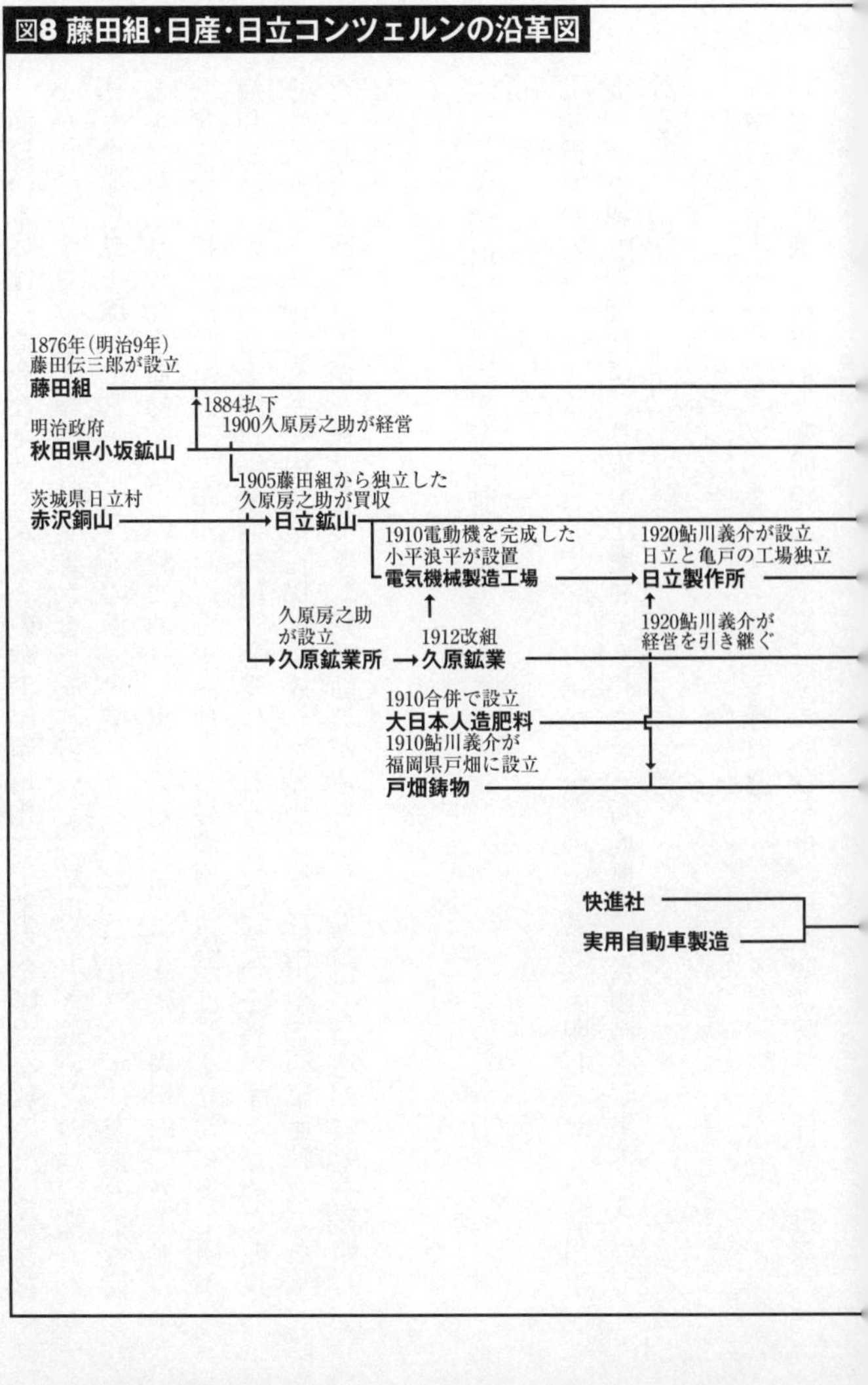
1876年(明治9年)
藤田伝三郎が設立
藤田組
1884払下
1900久原房之助が経営
明治政府
秋田県小坂鉱山
1905藤田組から独立した
久原房之助が買収
茨城県日立村
赤沢銅山
日立鉱山
1910電動機を完成した
小平浪平が設置
電気機械製造工場
1920鮎川義介が設立
日立と亀戸の工場独立
日立製作所
久原房之助
が設立
久原鉱業所
1912改組
久原鉱業
1920鮎川義介が
経営を引き継ぐ
1910合併で設立
大日本人造肥料
1910鮎川義介が
福岡県戸畑に設立
戸畑鋳物
快進社
実用自動車製造

満鉄の本体は鉄道会社だったが、その傘下に満州化学工業など膨大な数の出資会社をかかえて、すでに巨大なコンツェルンを形成していた。鮎川が引き継いだのは、鉄道本体と撫順炭鉱を除くそれら〝すべての満鉄事業〟であった。一九二一年に満鉄の子会社として設立された東亜勧業は、朝鮮における東洋拓殖と同じように、満州内での土地の強奪を受け持った。一九三二年から、日本内地からの満州移民がはじまり、移民集団が満州に渡った三二万人の〝満蒙開拓団〟を受け入れ、移民の農地を獲得するために関東軍と共同で、中国人や満州の現地住民を追放したのが、その鮎川傘下の東亜勧業であった。政府と商人世界が一体となって、東亜勧業が運営され、満州で土地の強奪を展開したのである。

新興財閥を率いた総帥の横顔

新興財閥のコンツェルンについて、そのほかの企業の一端だけ説明しておく。満州事変～日中戦争の時代に、日本の工業界を変化させる新興財閥の台頭時代が来ていたのである。

◆日本窒素肥料（チッソ）コンツェルン・野口遵

中島飛行機と満州重工業開発に次ぐ第三位の融資を得た日本窒素肥料（日窒・窒素）

は、熊本県水俣《みなまた》市で有機水銀による大公害の水俣病を起こした企業チッソとして、戦後にあまねく知られることになった。だが戦時中のチッソは、植民地朝鮮に進出した〝民間最大の企業〟として、傑出した存在だったのである。チッソは、朝鮮において、〝三井・三菱・住友の三大財閥と、東洋拓殖と、日産の進出企業を合わせた〟規模であり、三大財閥を合わせても、チッソの三分の一に達しないほどであった。

チッソが朝鮮に進出したのは、一九二六年（昭和元年）に朝鮮水電を設立して水力発電をめざし、翌一九二七年に朝鮮窒素肥料を設立してからであった。総帥の野口遵《したがう》は、朝鮮半島に水力発電を進める開発計画を立て、現在の北朝鮮の港湾都市・興南《こうなん》（フンナム）一帯に朝鮮窒素火薬……朝鮮人造石油……日窒宝石など、膨大な数の化学工業会社をかかえる東洋一の電力化学コンビナートを建設する工事に着手した（一七七頁の「満州の鉄道地図（1940年当時）」に興南工場の位置を示す）。これらの工事は、やがて朝鮮半島北部の鴨緑江《おうりよくこう》上流を堰《せ》き止め、鴨緑江の支流にあたる長津江《ちようつこう》（チャンジンガン）に水力発電所を建設する巨大プロジェクトに発展した。ちょうど一九三七年の日中戦争開戦前後から多年の歳月を費やして、日本国内にもなかった数十万キロワットの巨大発電所コンビナートを完成してゆき、この電力を利用して、朝鮮の総合的化学工業化に邁進《まいしん》した。日本では、リスクが大きいとして既成財閥が深入りを避けてきた化学工業に、新興財閥の野口が、日産化学工業を率いる鮎川と共に大きな突破口を開けたのである。一九三一年に関東軍によって満州事変が引き起こされたあと、野口遵は中国大陸北部へ進出し、満州の利権にも介入していったが、当時、満州国の商工次官をつとめて水力発電を支配していた岸信介《のぶすけ》と折衝して、満州〜朝鮮の共同水利開発の条約を締結することに成功した。

日窒コンツェルンに対しては、興銀融資と共に、朝鮮銀行の融資が重要であった。野口コンツェルンはその朝鮮銀行からの資金と、軍部が動かす朝鮮総督府と密接な連携プレーを演じながら、朝鮮人の労働者を牛馬のように酷使することによって、これらの支配を成し遂げた。特に、陸軍大臣の南次郎が、関東軍の暴走を自ら挑発して一九三一年の満州事変を引き起こし、事変後も一九三六年から朝鮮総督に就任していた。一九三九年七月四日に平沼騏一郎《きいちろう》内閣が「労務動員実施計画綱領」を閣議決定し、重筋力労働を必要とする内地の石炭……鉱山……道路やトンネル建設の土建業などの重要基幹産業部門に〝朝鮮人の労働者を移入する〟ことを決めると、これを受けて、朝鮮総督の南次郎と、部下の朝鮮総督府政務総監・大野緑一郎《ろくいちろう》が「朝鮮人労務者募集並《ならびに》渡航取扱要綱」を定めた。そして九月一日に大野が朝鮮国内の各道知事に対して、また総督府警務局長が各道警察部長に対して、これを通達し、朝鮮総督府配下の警察力を動員した、おそるべき日本への〝強制連行〟が開始され、終戦までに七〇万人を超える朝鮮人と、およそ四万人の中国人が強制連行されたのである。現代の日本人は、北朝鮮による日本人の拉致だけを非道だとして問題にしているが、日本人が朝鮮人に対しておこなった拉致は、ケタ違いの数であったのだ。戦後の東京裁判でA級戦犯として終身禁錮刑の有罪判決を受けたのが南次郎と平沼騏一郎であった。野口遵は敗戦の前年に死んだので、からくも戦争犯罪を問われなかった。

◆鐘淵紡績・津田信吾

三井財閥の鐘淵紡績（カネボウ）が、興銀の融資リストで三井から抜き出されて別格扱いになっているのは、一九三〇年に武藤山治《さんじ》が社長を退任後、後を継いだ社長・津田信吾《しんご》が、工業部門として「鐘淵実業」を設立して工業化を進め、傘下に六三社を抱える軍需産業に化けたからであった。この時代の紡績業（繊維業）は、軒並み政府からの命令で深刻な影響を受けていた。日中戦争開戦時に八二社を数えた紡績会社が、政府の命令で終戦時には一〇社にまで統合され、最後には、産業に無知をきわめる軍人のため、貴重な紡績機械までただの金属とみなされ、スクラップのくず鉄として回収される有様で、本業の紡績どころではなかった。その中で鐘紡は、こうした波にさらわれず、軍部と深く手を握った津田信吾の事業拡大計画のもとに、満州と朝鮮に大進出し、航空機……ゴム……燃料……製鉄所……木材……パルプ……非鉄金属までありとあらゆる工業に手を広げて、国策の申し子となった。もはやこの時代の鐘紡は、数ある三井の子会社のひとつではなく、繊維会社でもなく、鐘紡軍事帝国となっていたのである。

◆石原産業・石原広一郎

石原産業の総帥・石原広一郎《こういちろう》は、一九一六年にマレー半島で鉄鉱山を掘り当て、南洋の鉱山王となった男であった。その後はもっぱら軍部の動きを見て、満州事変後の軍需景気に乗って海運に進出し、石原コンツェルンを形成した。右翼に資金を送りこみ、二・二六事件では、鮎川義介の義兄弟・久原房之助《くはらふさのすけ》と共に反乱幇助《ほうじょ》罪で逮捕されるほど、過激な男であった。

日本軍のアジア侵略に密着して行動した石原広一郎は、中国やフィリピンをはじめとする東南アジアの各地から鉱物資源を略奪して日本に運びこみ、チッソの侵略を支援した朝鮮総督・南次郎と組んで朝鮮半島からの強制連行を実施したことで悪名高い。戦後はA級戦犯として巣鴨拘置所に拘禁され、東條英機らが処刑された翌日に岸信介らと共に釈放された。高度成長期に入って、三重県四日市は国内最大規模の石油化学コンビナート基地として発展したが、公害時代に入った一九六七年（昭和四二年）、石原産業の四日市工場からの廃水汚濁が起訴され、刑事責任を問われる公害企業第一号となった。

◆昭和電工（森コンツェルン）・森矗昶

千葉県勝浦市生まれの森矗昶《のぶてる》が築いた昭和電工の森コンツェルンも、軍需景気に乗って生まれた。満州事変の翌年から、肥料そっちのけで海軍の魚雷爆薬の原料製造に乗り出した森は、次々と化学薬品の生産技術を開発し、当時は膨大な需要があった国産マッチの生産に成功した。

　この頃から、猛烈に海軍に働きかけて援助を取り付けると、森は火薬製造の免許を獲得して爆弾製造に進出し、さらに照明弾……発煙弾……発火信号弾などの製造で唯一の海軍指定工場だった日本火工を買収して、ますます戦争屋の色を強めていった。

◆理化学研究所（理研）コンツェルン・大河内正敏

　理研軍事コンツェルンとして知られる理化学研究所は、国家ぐるみの機関であった。理研創立に参加し、三代目所長に就任した大河内正敏《おおこうちまさとし》は、この時から理研の性格を一変させた。大学を卒業後にドイツ・オーストリアに留学した大河内正敏は、東京帝国大学の兵学科の教授となり、理研の運営を任されると、満鉄、住友、三菱、古河らと共同で事業を興しながら、直系二三社のほか、満州特産工業など傍系八社を支配して、コンツェルンと呼ぶにふさわしい巨大組織となった。

　さらに陸軍大臣・東條英機の同意を得て、安田武雄中将が大河内所長に原爆製造の秘密研究を依頼し、仁科芳雄《にしなよしお》博士のもとで、博士の名をとって理研で「ニ号研究」が開始されたのは、真珠湾攻撃開始のほぼ半年前のことであった。この研究は、アメリカのマンハッタン計画と比較にならない粗末なものだったが、少なくとも日本が、理論的にはその新兵器の可能性を知り、原爆開発に取り組んでいたのである。

歴史は何を語ろうとしているか

日本人によるアジア侵略の歴史を見てきた。その原因は、何であったか。

もし日本国内の貧困が、これらアジア侵略の動機であったと言いたいなら、まず先に、これらを先導した資産家と財閥の財産を、国民に開放するべきであった。

もしアジアをアメリカ・ヨーロッパの帝国主義者の手から守り、アジアを解放することが日本の侵略の目的であったと言いたいなら、どうして日本人は、最も貧困に苦しむアジアの人間から土地を奪い、強制連行して重労働を課し、民衆を殺戮するようなことができたものなのか。そのような言葉と、歴史上に日本人のおこなった事実がまったく整合しないにもかかわらず、現在もその釈明が世に氾濫するのは、彼ら責任者の一族が歴史を隠したいからである。

しかし、その意図は、逆の結果しか招かない。史実を隠せば隠すほど、被害者によって事実は掘り起こされるのである。ついに軍事大国アメリカの報道界が、安倍晋三を「危険な歴史修正主義者」と指弾するに至った。歴史の記述内容と表現を書き換えても、歴史とは、現代人の感情と無関係に存在し、過去に起こった出来事の事実であるから、後世の人間が、事実に手を加えることは不可能なのである。

ならば日本が侵略した事実を、〝加害者側の日本人〟が先に語る必要がある。それに

図 9　大日本帝国の最大版図

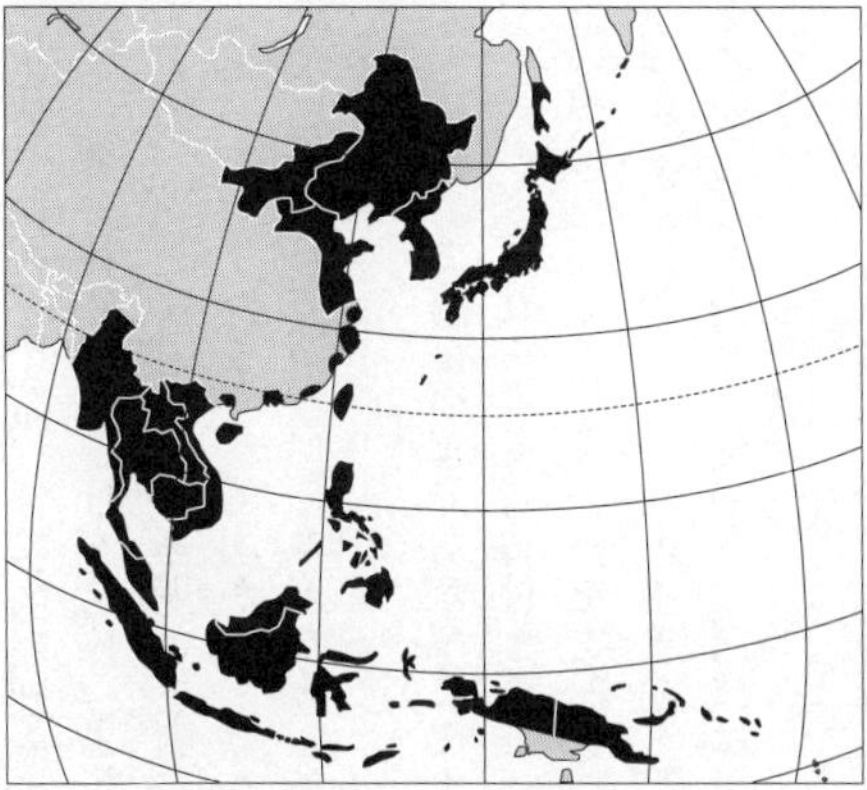

これが侵略ではないのか！

よって、被害者と加害者が理解し合い、過去の忌まわしく思われる出来事から解放され、現在と未来のために、誰もが憎しみを忘れることができるようになる。歴史の検証とは、そのような理解と解放を目的にしたものである。戦争責任者を処罰し、批判しても、この理解が成り立たなければ、なにひとつ前進をもたらさない。

中国政府は現在も、これら日本人の戦争と侵略は、「日本の軍人の一部が悪かった」のであって、日本人もまた被害者であった、と語ってくれる。大変にありがたく、奥に深い意味を秘めた言葉だが、だからといって日本人が、歴史を頭から忘れてよいという話ではない。われわれの子と孫の日々を思うなら、ここで思考を止めてはならない。日本人としての自主独立の見識がなければならない。その軍人を育て、放任した原因は何であったのか、と。軍人とは、日本の国民ではなかったのか、と。

まず第一に、専制武断の封建時代と変らず、個人の言論の自由を奪い、国家が第一に重要であるとする、社会的な制度の欠陥が、大きな原因であった。第二に、〝忠君愛国〟の念に凝り固まる日本全体の思想の未熟さが、軍国主義と天皇神権思想を一方的に育んだ。第三に、幕末から明治維新にかけて、日本人全体は外国に対する劣等感のためもあって、まだまだ、外国から学ぼうとする謙虚さを内に秘めていたが、日清・日露の戦争に勝利してから、日本人の誇りが傲慢さに変った。ほかにないだろうか。それが最大の問題である。

資本と軍事力の結びつきである。ここまで、ことあるごとに出身地と個人の係累を記述してきたが、これらは長者番付と企業ランクをもとに、資本の金額が物語るままに問題を追ってきたので、日本経済を支配した人間集団の中心を外れようがない事実であった。実名をあげたのは、ただの抽象論を避けるためである。また、戦後にそれらの人たちの多くが自らの過ちに気づき、口には出さなくとも、戦時中の日本の狭量さを恥じたからである。

軍事的な戦争犯罪者と、それに連なる長者集団がいたとしても、資産家だからという理由で個人が直接に問われるべきことでは決してない。時には、大変に迷惑な関係であったかも知れない。

しかし軍人の側では、その富を背景に、日本国内で発言力を強め、民衆を暴力でおさえつけ、殴りつける集団が台頭したことは事実である。そのような性格の人間が、どれほど貪欲飽くことを知らざるアジア侵略行動に走り、侵略地でアジア人虐殺を重ね、国内でも国民を痛めつけることに快感を覚えたかは、われわれ戦後に育った人間でも、容易に想像できることである。軍人たちと植民地の経営者たちは、不断に、政治権力と、国家総動員体制という神器《じんぎ》を頭に入れ、我欲に飢えて行動したのだ。そのとき、軍事的にも思想的にも未熟な頭脳の日本軍人の行動が、彼らの後見人である資本家と財務官僚によって支えられたことは、明白な事実であった。しかしそれに呼応して、アジアに利益を求める一般庶民と企業が、軍人の権力を利用しなかったと、誰が言い切れるのか。水は高きより低きに流れる。功成り名遂げたほとんどの大物実業家・政治家の履歴を調べると、満州・朝鮮・台湾での職歴があり、大半の大企業の支店・工場が植民地に置かれて、朝鮮人と中国人の強制連行を実施し、現地での利益を狙ったのである。これらの資産家と政治家が、軍部に通じて、己の野心を遂げようとしたことは、火を見るよりも明らかであり、山のごとく動かざる事実である。

アジア植民地の「企業」と「軍人」のあいだに、完全なる了解が成り立って、強い協力関係のもとに、ものごとが進んだ戦時中の時代は、歴史の事実を日付順に積みあげてゆくと、きわめてはっきりした形で姿を現わす。この戦時中の歴史が、今、目の前で再現されようとしていることに、ただならぬ事態であると感じる。たとえば一九九七～一九九九年に外務事務次官をつとめ、その後、安倍晋三の私的諮問機関「安全保障の法的基盤の再構築に関する懇談会（安保法制懇）」の座長をつとめてきたのは柳井俊二《やないしゆんじ》である。彼こそが、アメリカの戦争に対して日本の自衛隊の戦争介入を認める「集団的自衛権」容認のために動いてきたリーダーであった。そして彼は、中国を侵略した興亜院経済部長だった柳井恒夫《ひさお》の息子だったのである。また岳父の松井明が、原子力委員会の委員であり、その父・松井慶四郎が朝鮮支配時の外務大臣であった。

強制連行を開始した総理大臣・平沼騏一郎の養孫が、大阪の橋下《はしもと》徹や石原慎太郎と組んで「日本維新の会」代表代行となり、「慰安婦は戦地売春婦だ」と暴言を吐いてきた平沼赳夫《たけお》である。彼は、日本国防軍を創設して、個人の自由をしばる条項を日本国憲法に加えようと目論む「日本会議」国会議員懇談会の会長でもある。

戦争犯罪は、国家の犯罪である。だが、国家には姿がない。ここまで述べた通り、個人ひとりずつがその行動に走った。そして歴史修正主義者たちが、国会ぐるみで悪しき歴史を再現しようと目の前で動き出してきたことに、ただならぬものを感じる。

この章の最後に、戦争被害について記録を残す。

日本の戦争被害の記録

これから日本が受けた戦争被害の記録を述べるが、この大被害を静かに追ってゆくと、戦争を知らない世代の〝現在の日本人〟が観念的に想像している出来事と、まったく違う戦史が、次々と見えてくる。その違いに疑問を抱けば、この記録は生きるはずである。

この記録は、自分の愛すべき部下や、民衆が殺されることに、何の心の痛みも感じない、政治家と官僚と、高級軍人がとった行動の集大成である。

基本的な資料として、『日本の空襲・十巻　補巻資料編』（企画＝松浦総三・早乙女勝元・今井清一、編集＝日本の空襲編集委員会、一九八一年初版、三省堂発行）を用い、新聞各紙などの内容を加えたものである。同書によれば、アメリカと開戦してから敗戦までに、太平洋戦争で失った損害額は次の通りで、それを日本降伏の前年、一九四四年（昭和一九年）基準で二八六倍した二〇〇〇年時価の換算額も併せて示すが、時価は企業物価指数を基準に比較した額である。

	実額	二〇〇〇年時価換算
◆日本国内の平和的資産の損失額	六五三億円	＝一八兆六七五八億円
◆終戦時の残存資産（資産的一般国富）	一八八九億円	＝五四兆　二五四億円
合計	二五四二億円	＝七二兆七〇一二億円

この数字を見ると、日本国内の平和的資産は、合わせて二五四二億円のうち、ざっと〝四分の一〟の六五三億円（二〇〇〇年時価一八兆円以上）が焼失したことになる。残った平和的資産一八八九億円は、一九三五年当時の資産一八六八億円とほぼ同じである。ということは、一九三五年以後、一九四五年の敗北に至る一〇年間に、国家総動員のもとで戦争のために国民が囚人のごとく働き続けて築いた血と汗の努力は、アジア大侵略

と太平洋戦争ですべて消え去った勘定になる。一〇年間にわたって、国民は大和魂と、愛国心と、武士道を日の丸に掲げて、「天皇万歳！」と叫びながら、まったく無駄な労力を注ぎ続けたのである。

しかし、これは国内資産だけの被害額である。国内の大半の被害は、一九四五年三月一〇日の東京大空襲からあとの都市空襲によるものであり、この金額に、後述する〝沖縄の大被害〟は含まれていない。さらに、第二の膨大な国外の資産が、植民地と侵略地に注がれてきたので、満州・朝鮮・台湾にあった在外資産は、ポツダム宣言を受諾した〝無条件降伏〟によって、すっかり雲散霧消した。敗戦で失った海外資産は、国内資産の被害額よりはるかに多い三七九五億円（二〇〇〇年時価一〇八兆六九五一億円）にも達し、大打撃を受けたのである。

また第三の軍事資産は、最大の銀行融資が注がれた艦艇と航空機の被害額は四〇四億円（二〇〇〇年時価一一兆五五四四億円）に達し、平和的資産と合わせると、一〇五七億円（二〇〇〇年時価三〇兆二三〇二億円）であった。

同書では、「被害は推計を避けて、確認し得るものだけを集計したので、実際はこれに数倍する有形無形の被害があった」と述べている通り、二〇〇〇年時価で一〇〇兆円をはるかに上まわる規模の被害に遭った。

一体、どのようなものが失われたのであろうか。

◆軍需産業の被害

興銀が融資に最大の精力を注いだ〝航空機産業〟の結末の哀れさは、特に顕著であった。日中全面戦争に突入直後、一九三七年九月から興銀が融資を開始し、終戦までに二七億円という巨額の軍需融資をおこなった「中島飛行機」と、翌一九三八年一月一七日に海軍と設計者が零戦の開発会議を開いて設計を開始した「三菱重工業」の名古屋航空機製作所を中心に、日本各地の軍需工場が、米軍による空襲の狙い撃ちにされた。

一九四四年六月一六日以後、北九州重工業地帯の八幡……若松……福岡……小倉が中国からの米軍飛来機で空襲を受け、長崎……佐世保……大村へと攻撃が広がると、あとは全国の軍需工業都市が立て続けに攻撃を受けた。特に一一月一日に太平洋のマリアナ基地よりB29（改装偵察機F13）が空襲の爆撃ターゲットを確認するため、東京上空に一万メートルの高高度を飛行して初来襲し、偵察写真を撮影したことが決定的であった。アメリカのボーイング社が開発した全長三〇メートルのこの巨大な爆撃機B29は、爆弾九〇〇〇キログラムを搭載して五二〇〇キロメートルの航続距離を有し、最高時速五七六キロメートルの高速度で飛行し、〝空飛ぶ要塞〟と呼ばれた。日本の北海道最北端・稚内《わっかない》から沖縄本島までが、直線で二五〇〇キロメートル足らずであるから、その二倍以上を給油なしで飛行できたのである。このとき、日本の高射砲はB29に届かず、迎撃機もB29のスピードにまったく追撃できず、航空技術の差が歴然として敗戦必至が明らかとなった。

それから三週間後、一九四四年一一月二四日に、太平洋のサイパン島を飛び立ったB29が、軍用機トップメーカーだった中島飛行機の東京郊外・武蔵製作所を爆撃し、初の東京空襲がおこなわれると、一二月には三菱重工・名古屋発動機製作所……航空基地を持つ軍需都市の静岡県浜松市……最後の年、一九四五年が明けて三菱重工・名古屋航空機製作所……川崎航空機工業の兵庫県明石《あかし》工場……中島飛行機の群馬県太田製作所が爆撃され、太田では製作中の「零戦」、「月光」、「隼《はやぶさ》」五一〇機が炎上した。軍需産業の占める比率が九〇%を超えた名古屋も三菱重工を中心に五四回の来襲を受け……愛知県豊川市の東洋一の規模を誇る海軍工廠《こうしょう》は八月七日の大編隊による爆撃で女子挺身《ていしん》隊員と国民学校児童ら二四〇〇人余りが即死……福島県郡山《こおりやま》市の保土谷《ほどがや》化学と日東紡の工場が集中爆撃を受け……岡山県倉敷市の三菱航空機水島製作所が三回の爆撃で全滅……京浜工業地帯の横浜市は二五回……川崎市は一八回の攻撃を受け……平塚市も完全に焼失した。山口県の軍需工業都市は徳山市……岩国市……下関市など瀬戸内海沿岸が集中的に狙われ……宇部市も市内が全滅し……茨城県日立市の日立製作所も、千葉市の日立航空機工場も壊滅した。

日鉄の八幡製鉄所と釜石製鉄所も壊滅し……三重県最大の軍需都市・四日市市……戦艦大和を建造した海軍工廠(造船工場)のある広島県呉《くれ》軍港は全市が火の海となり……熊本市も全市が火の海となり、三菱航空機工場が焼失した。北海道は釧路……室蘭……函館……小樽の港湾が大破壊され……岐阜県各務原《かがみはら》市の陸軍航空廠・飛行基地・川崎航空機工場が攻撃され……茨城県日立市の日本鉱業が艦砲射撃で壊滅した。一九四五年八月九日には長崎に原爆が投下され、幕末から日本の重工業を育てた三菱重工・長崎造船所が壊滅した。

◆一般の市街地と文化的資産の被害

右は軍需産業に対する攻撃だが、一九四五年にはじまった都市空襲による一般市街地における被害は、これらをはるかに上まわる凄惨なものであった。その意味を探ってみよう。

神戸市街地への爆撃は一九四五年二月四日にはじまり、兵庫県は終戦までに五五回の爆撃を受け、六月五日には垂水《たるみ》から西宮市まで焼け野原となり、七月四日に姫路市の市街が全滅した。名城・姫路城は空襲されなかったため、幸運にも現在世界遺産に登録されているが、全部で一四七都市が空襲された中に、数えきれないほどの歴史的に貴重な建築資産があった。五月一四日に「名古屋城」が二時間炎上して崩壊・焼失し、城内にあった多数の国宝や建築物と、本丸御殿の金の鯱《しやちほこ》と国宝が焼失した。三種の神器の一つ、草薙神剣《くさなぎのみつるぎ》が鎮座する「熱田《あつた》神宮」も焼け落ちた。

六月二九日には、岡山市が火の海となる中で、死者一八〇〇人と共に、宇喜多秀家《うきたひでいえ》が築造して以来の池田藩の烏城《うじよう》として知られる名城「岡山城」の天守閣が炎上した。七月四日には「高知城」の天守閣が攻撃され、かろうじて焼失を免れたが、市街地は逃げ場のない火の海となり、山内一豊《やまのうちかずとよ》を祀《まつ》る「藤並神社《ふじなみ》」が焼失した。七月一〇日には伊達《だて》政宗《まさむね》が築いた仙台市の城下町がことごとく灰塵《かいじん》に帰し、「青葉城」の大手門、瑞鳳殿《ずいほうでん》、唐門《からもん》と、伊達忠宗の霊廟《れいびょう》・感仙殿《かんせんでん》が焼失した。七月二九日には織田家・豊臣家由来の岐阜県の国宝「大垣城」が炎上した。八月二日には徳川斉昭《なりあき》が造った日本三名園の一つ、茨城県水戸の「偕楽園《かいらくえん》」が全焼し、八月八日には広島県福山市の国宝「福山城」が焼失した。それは幕末にペリー来航時の幕府老中首座として日米和親条約を締結した福山藩主・阿部正弘の居城であった。鎖国を破り、ペリーと戦火を交えず下田条約に署名してアメリカと和親条約を結び、開国を実現した彼は、後世の日本人がアメリカに〝負けるための戦争〟を仕掛けた様を見て、草葉の陰から何を思ったか。

ほかに焼失した国宝の建造物は、数えきれないほどあり、戦災で失われた国宝は二九三件、史蹟名勝天然記念物は四四件、重要美術品が一三四件にもおよんだ。

次に、日本の商人衆と庶民が焼け出された代表的な大都市被害を取り出してみる。

最大の被害を出したのは一九四五年三月一〇日の東京大空襲であった。深夜〇時八分、マリアナから飛び立ったB29の爆撃機大編隊が東京を空襲した（人間の感覚としては、三月九日の深夜からはじまった）。初めての「無差別 焼夷弾《しょういだん》爆撃」で、江東地区を中心に市街地の四割、下町がほぼ全焼した。この焼夷弾は、爆発による殺傷を目的としたものではなく、火災を誘発する可燃物を仕込んで、多数の子爆弾が火の玉となって飛び散り、日本の木造家屋を焼きつくす爆弾であった。代表的な建築では、帝国銀行……安田銀行……野村銀行……東京芝浦電気……資生堂が全焼し、江東地区を中心に、逃げる場所もなく一夜で八万三七九三人の死者を出し、〝人類の歴史上最大の空襲被害〟によって壊滅的な被害を受けた。実際の死者は一〇万人を超えたとされる。

その二日後、三月一二日に名古屋大空襲がはじまり、三月一九日に最大の空襲を受けて中区、中村区、東区など市中心部が焼け野原となり一五万人以上が被災、死者八二六人を数えた。名古屋は最盛期の人口一三五万人が終戦時に半分以下の六〇万人となり、廃墟と化した。

名古屋に続いて三月一三日夜から翌日未明にかけて、初めて大阪が大空襲を受け、心斎橋、御堂筋、道頓堀など、すべて焼け野原となって五〇万人が被災した。以後、合計二八回の大阪空襲が続き、七月二四日には西日本に二〇〇〇機が来襲、終戦までに大阪の空襲死者は一万人を超えたのであった。

空襲のパターンと特徴

多くの都市空襲で見られた攻撃パターンは、市街地のまわりに大量の焼夷弾を投下して大火災が発生してから、逃げる場所もなく住民が市街の中心部に集まったところへ、大量の爆弾を投下するという無慈悲な爆撃であり、市民の無差別殺戮を目的とした空襲が終戦まで続けられた。これをして、アメリカ人は残忍だと言う人間があるならば、そこにまず日本人の問題がある。先に無差別先制攻撃に手を出したのは、一九三八年から中国に重慶無差別爆撃をおこない、一九四一年にハワイの真珠湾奇襲攻撃によってアメリカの艦船を大量に破壊し、一瞬で軍人二三二六人を殺し、一九〇〇人以上を負傷させた日本人だったのである。日本軍の秘密兵器・風船爆弾が作られ、気球によるアメリカ本土攻撃を開始したのは、一連の日本都市空襲に先立つ前年の一九四四年一一月三日であった。実際に風船爆弾は効果をあげなかったが、これらの製造には中学生や女性が動員されていた。そのことが米軍に、日本の民衆が何をするか分らないという恐怖を呼び覚まし、アメリカ人をどれほど怒らせたか。しかも太平洋戦争で、米軍の死者はほぼ一〇万人に達した。この数字が、日本でほとんど語られないのはなぜなのか。日本では、その復讐《ふくしゆう》を受けて、この一連の都市空襲で五〇万人が焼き殺されたのである。

右に挙げたほか、市街地や主要部がほとんど壊滅するような大被害を受けた代表的な都市名の〝一部〟を北から順に挙げると、以下の通りである。青森市、仙台市、水戸市、宇都宮市、前橋市、熊谷市、千葉市、銚子市、甲府市、長岡市、富山市、静岡市、岐阜市、大垣市、福井市、敦賀市、岡山市、福山市、高松市、今治市、松山市、高知市、福岡市、大分市、宮崎市、延岡市、鹿児島市……現在あるこれらの都市は、戦後に造り直されたものである。

この五〇万人の死に方は、数字で扱うべきものではない。その人たちがどのような人生を送っていたかを知ることは不可能だが、それでも、数字を見てから、その意味を考えなければならない。六月一九日に福岡市が一撃で中心部のほぼ半分が焼失したとき、十五銀行ビル（もと華族銀行、この時点では帝国銀行）の地下室に避難していた博多商人一五〇人が猛火の中で蒸し焼きとなった。都市空襲犠牲者の多くは、軍人を家から送り出したあとの、大半は罪もない老人・女・子供であった。

死者より、負傷者のほうが過酷な人生を強いられたはずである。親を失って戦災孤児となった子供たちは一二万人を超えたのである。

◆沖縄戦の被害

前掲書で、空襲として扱われていないのが沖縄戦の大被害である。東京大空襲の二週間後、一九四五年三月二三日からはじまったのが「沖縄戦」だったが、実は前年の一九四四年一〇月一〇日にアメリカ空母の艦載機が沖縄の各地を空襲して、那覇市の市街の九〇％が焼失して、大量虐殺が始まっていたのである。そのあと翌一九四五年に入ってからの沖縄戦では、アメリカ艦隊が沖縄本島への艦砲射撃を開始し、三月二五～二六日に米軍が慶良間《けらま》列島に上陸すると、四月一日には沖縄本島西海岸に上陸した。硫黄島の戦いを除けば、日本領土に対する初めての米軍侵攻であった。米軍は北飛行場（読谷《よみたん》）と中飛行場（嘉手納《かでな》）を占領しながら東進して、沖縄本島を南北に両断したが、日本軍が勝算もなく無謀な反撃をくり返したため、七月二日に米軍が沖縄戦終了を宣言するまで三ヶ月におよぶ戦闘が続いた。沖縄県の統計では、終戦までの戦死者一八万八一三六人、うち民間人一二万二二二八人とあるが、実数はこれを大きく上回るとされている。ガマと呼ばれる洞窟に隠れた沖縄住民に対して米兵が火炎放射器を向けて焼き殺し、多くの住民が「日本の軍人の指示」で集団自決させられ、母親がわが子を殺さなければならなかった（現在でもガマには、白骨が残されている）。アメリカ側の死者・行方不明者もおよそ一万二〇〇〇人を数えた。

◆広島・長崎への原爆投下

東京大空襲、沖縄戦と並んで最大級の被害を出した空襲が、一九四五年八月六日の広島原爆投下と、八月九日の長崎原爆投下であった。人類史上最初の核兵器の実戦使用は、エノラ・ゲイ号から広島に投下されたウラン型原子爆弾リトル・ボーイであった。一九四五年末までの広島被爆者の死亡者数は、一九七六年に広島市が国連に報告した数で約一四万人だが、即死者と被爆による直接死因者の合計は二十数万人とされる。

長崎に投下された原爆は、プルトニウム型原子爆弾ファット・マンで、一九七六年に長崎市が国連に報告した数では、一九四五年末までの長崎被爆者の死亡者数として約七万人となっている。二〇の学校が全焼し、授業中の生徒・児童の六割が死亡した。現在も被爆者《ひばくしゃ》と、放射能被曝者の死と苦悩が続いている（この原爆開発のマンハッタン計画と投下のくわしい経過については、ダイヤモンド社刊『東京が壊滅する日　フクシマと日本の運命』に述べてある）。

◆被害の経過が意味したこと――惨殺された日本人は浮かばれない

ここまで、日付を入れて被害を説明してきたことに、重要な意味がある。広島・長崎に原爆が投下され、これによって日本政府が降伏を決断したというのが通説である。しかし八月九日に長崎に原爆が投下されて全滅しても、翌日から終戦日（八月一五日）の前日まで、五日間があった。その間、八月一〇日に東北地方……千葉県房総半島……東京周辺の工場地帯……九州の熊本……大分……宮崎……山形県酒田市が空襲を受け……八月一二日に福岡県久留米が大空襲で二万人が罹災《りさい》し……福島県郡山……佐賀県……愛媛県松山が空爆を受けた。八月一三日には長野市がグラマンによる大攻撃を受け……長野県の松本・上田・須坂も……山梨県大月も空襲された。終戦前日の八月一四日には埼玉県熊谷市の中心部が火の海となり……大阪……秋田……群馬県高崎・伊勢崎・太田・桐生……神奈川県小田原……大分県佐伯も空襲され……大阪陸軍造兵廠（大阪城公園）が空襲されて全滅し……山口県光《ひかり》市の光海軍工廠が絨毯爆撃を受けて七割が破壊され、死者七三八人を出した。この五日間の大量死者は、鈴木貫太郎内閣が優柔不断にも無条件降伏しなかったことが原因で、殺されたのである。

振り返ってみると、これら都市への大規模な空襲は、三月一〇日の東京大空襲から激化したのである。当日の経過はこうであった。三月九日夜一〇時三〇分に東京に警戒警報が出されたあと、大阪・名古屋では「敵機が北上中」とラジオでしきりに放送していた。ところが東京の人間はそれをまったく知らされずに寝こんでいた。西日本が知っていながら、不思議なことではないか。東京では陸軍が報道管制を敷いて空襲警報を出さなかったからである。陸軍が企画院や情報局と一体になって、東京の人間を見殺しにしたのである。しかもこれは、桐生悠々《きりゅうゆうゆう》が一二年前に予告した通り、人類史上最大の空襲死者であった。ところが、翌日にラジオも新聞も、東京大空襲についてまったくふれなかった。「国家総動員体制」を構築した人間の名前と肩書を、被害者と遺族はよく知っておかなければならない。

同盟通信社も、ＮＨＫも、新聞社も、軍部と一緒になって、その隠蔽をおこなったのだ。大日本婦人会と大政翼賛会も、大日本産業報国会も。

では東京大空襲のＢ29はいつどこから飛来したのか。小笠原諸島の南にある太平洋のサイパン島などマリアナ諸島からＢ29は出撃したが、それはマリアナと日本本土との中間にある硫黄島を制圧してからであった。なぜそこに米軍の爆撃機が大量にあったのか。

東京大空襲の三週間前、二月一六日に米軍が硫黄島に空から猛攻撃を開始したからである。日本軍は全島にわたって地下壕《ちかごう》に要塞を掘りめぐらし、陸軍中将・栗林忠道は大本営から全軍による死守を命じられていた。二月一九日に米軍が大挙して硫黄島南部から上陸を開始し、たちまち全島を制圧していった。そして三月九日に東京を空襲するためマリアナの飛行場からＢ29が飛び立っていった。三月一七日には、栗林忠道が大本営にあてて訣別《けつべつ》の無電を打ち、地下壕に潜伏して抵抗を続けていた日本軍も最後には玉砕死者二万三〇〇〇人を出して、食べるものも水もないまま地獄の中で死んでいった。アメリカ人の死者は、硫黄島で六八二一人を数え、太平洋における米軍最大の死者であった。このアメリカ側の大被害が、その後の都市空襲と沖縄戦、広島・長崎の原爆投下を残忍なものにしたのである。

われわれが目にし、手にする当時の軍人や政治家の伝記やドラマでは、みなエリート教育を受けた、賢い上流社会の日本人ばかりが登場するが、嘘をつくものではない。賢いならば、勝てるという成算があったはずだ。ところが大本営は、硫黄島の戦闘について、米軍上陸前から全員が玉砕する結果を確実に予測して、硫黄島の戦闘という日本兵の英雄的な攻撃を偽記録映画として撮影しておき、これを国民に上映して、日本中をあざむき、新聞もまた、大本営発表をそのまま報道した。これら映画を制作したのは、文部省、日本映画社、朝日映画社、電通、理研科学映画であり、朝日新聞社、大阪毎日新聞社、東京日日新聞社などが提供するものが大部分であった。彼らは、日本軍が硫黄島で玉砕後も、敗北したと言わず、英雄の死として国民に伝え、「一億玉砕」を呼びかけた。

つまり日本人が戦後、アメリカによる都市空襲と沖縄戦、原爆投下について批判するのは、日付の順序から見て、まったく見当違いである。日本の国家指導者が、国民の無残な死を選んだのである。では、これほど大量の日本人犠牲者を出した責任者は誰だったのか。最高責任者は「昭和天皇」である。国家総動員法を制定し、大政翼賛会を生み出し、情報局を創設した「近衛文麿」である。一九四一年一〇月一八日から一九四四年七月一八日まで総理大臣をつとめ、陸軍大臣を兼任して、アジア侵略のマレー半島上陸作戦とアメリカへの真珠湾攻撃を命じた「東條英機」である。「生きて虜囚の辱《はずかし》めを受けず」の戦陣訓を示達《じたつ》し、「捕虜になる前に自殺しろ」と命じた張本人・東條英機がおめおめと生き残り、敗戦後に東條逮捕命令が出されると拳銃自殺を図るも一命を取りとめた事件は、疑わしい自殺未遂であり、この東條の姿はぶざまである。一九四四年七月一八日に東條退任後も戦争をやめずに、翌年の大量の空襲死者を出した「小磯国昭」内閣と「鈴木貫太郎」内閣の罪は、国内死者数から見ればそれより重い。これら五人の責任者をもっと追及すべきではなかったのか？

サイパンや硫黄島を取られれば、都市への大空襲が容易におこなわれることは、航空機の航続距離から軍人にとって自明の理であった。本書に登場した日本の指導者たちは、戦争に勝てないと分っていたから、国民に玉砕＝死を求めたのだ。いつからか。

そのはるか前、三年前からである。実は、本土に対する空襲が始まったのは、一九四五年ではない。真珠湾攻撃から半年もたたない一九四二年四月一八日という早い時期からである。この日、米軍の空母から発進したB25爆撃機一六機が東京・名古屋・神戸などに爆弾を投下して、日本の大都市の防空体制が無防備であることが明らかになっていたのである。そしてその直後の一九四二年六月五日〜七日にミッドウェー海戦で日本がアメリカ艦隊に大敗した時に、百パーセント分っていたことが順次起こったにすぎなかった。同年に米軍がインドネシア東部のソロモン諸島ガダルカナル島に上陸し……一九四三年にはニューギニア……アリューシャン列島西端の極寒地アッツ島……太平洋ギルバート諸島のマキンとタラワ……一九四四年には太平洋マーシャル諸島のクエゼリン……ルオット……ナムルに米軍が上陸した。インド北東部の都市インパール攻略軍も全滅し……ニューギニア西部のビアク島が落ち……太平洋マリアナ諸島のサイパンに米軍が上陸した。中国〜ビルマ戦線の拉孟《らもう》と騰越《とうえつ》で中国軍に大敗し……太平洋マリアナ沖海戦で日本の連合艦隊が壊滅し……太平洋のパラオ諸島のペリリューとアンガウル……続いてフィリピン中部レイテ島に米軍が上陸し……一〇月二五日に生身の人間が爆弾と化して敵艦などに体当たり攻撃する特攻戦術をはじめたが、一九四五年二月一九日からの硫黄島玉砕に至った。

真珠湾攻撃を開始した一九四一年に、日本は石油の七割をアメリカからの輸入に頼って、軍艦も飛行機も戦車もトラックも動かさなければならない状態にあり、石油保有量でアメリカの一〇〇分の一、生産量では五〇〇分の一より少なかったのだから、エネルギーの兵糧攻めにあえばイチコロという国家だったのである。参謀本部はそれを知りながら、無謀な戦争に日本の国民をひきずりこんでいった。この一連の戦闘による玉砕だけで、八三万四七六四人の若い生命が散ったのである。ここまで記録した被害のすべてが、無駄死にだったのだ！　死者は英霊ではない！

戦争とは、一度限りの貴重な人生を放棄し、意味もなく殺し合うことである。

日本のぶざまな敗北

一九四五年(昭和二〇年)八月一四日、御前会議で陸軍大臣・阿南惟幾《あなみこれちか》、参謀総長・梅津美治郎《うめづよしじろう》、軍令部総長・豊田副武《そえむ》の三人が、広島・長崎に原爆が投下されたこの期に及んでも、連合国のポツダム宣言が要求した無条件降伏の受諾に〝反対する〟意見を述べたあと、鈴木貫太郎首相の求めに応じて、昭和天皇がポツダム宣言受諾を決定した。政府がポツダム宣言受諾を連合国に通告し、昭和天皇が戦争終結の詔勅《しょうちょく》の玉音盤を録音した。

八月一五日、早朝、陸軍大臣・阿南惟幾が戦争敗北の責任もとらずに割腹自殺した。早朝に陸軍将校が決起して、終戦阻止と玉音放送阻止の反乱を起こし、畑中健二少佐が、天皇を護衛する近衛第一師団長を射殺した。午前四時、占拠隊長と配下の占拠隊が日本放送協会(NHK)の放送会館に侵入して占拠すると、会館内の職員全員を排除し、放送室で玉音放送の準備をしていた報道部副部長・柳澤恭雄《やすお》に「一億総決起の放送をさせろ」と要求した。柳澤が穏やかに拒むと、畑中は断念して立ち去り、宮城《きゅうじょう》(皇居)内で自決した。

正午、情報局総裁・下村宏の「重大発表であります。天皇じきじき……」との前言があって、昭和天皇の録音盤のラジオ放送が開始された。

「朕《ちん》深く世界の大勢と帝国の現状とに鑑《かんが》み、非常の措置を以《もっ》て時局を収拾せんと欲し、ここに忠良なる爾《なんじ》臣民に告ぐ……堪へがたきを堪へ、忍びがたきを忍び、以《もっ》て万世の為に太平を開かむと欲す」

太平の時代を開くことは、堪えがたいものだが、仕方なく和平を受け入れる、と聞こえないか？　この昭和天皇の玉音放送によって、初めて日本国民が、神の国・日本の敗北を知ったのである。中国・満州全土では、中国共産党が解放戦争に突入し、日本の敗戦により「朝鮮」と「台湾」と「満州」と「アジア全土」が、日本の植民地支配から解放された瞬間であった。終戦時に日本にいた在日朝鮮人は、強制連行を含めて驚くべき数、二〇〇万人に達した。一九三七年の日中戦争開戦から敗戦までの八年間における戦争犠牲者（死者）は、資料によって異なるが、主に新聞に掲載された数字を参考に示しておく。この数字は、加害者である日本側の推測なので、実数よりかなり少ないはずである。

◆アジア全土の現地住民　一七六〇万人以上
中国本土・満州　一〇〇〇万人以上
台湾　三万人
朝鮮　二〇万人
タイ　一万人

シンガポール・マレーシア　一〇万人
インドネシア　四〇〇万人
ビルマ　一五万人
ベトナム　二〇〇万人
フィリピン　一一一万人
◆日本人　三五一万人

アジア各国の犠牲者総計一七六〇万人以上は、日本人犠牲者の五倍で、はるかに多かったのである。本書でここまでまったく述べなかったが、インドネシアの死者は四〇〇万人、ベトナムの死者は二〇〇万人、フィリピンの死者は一一一万人である（二〇一一年にわれわれが目の前で体験したあの痛ましい東日本大震災の死者・行方不明者は、二万人余りであるから、戦争の蛮行がいかに巨大であったか分る）。

日本軍がアジア全土を侵略し……殺戮と暴行に明け暮れ……現地人から土地を強奪……強制連行による重労働……従軍慰安婦……細菌兵器と毒ガスで生体実験を展開した戦争が、無条件降伏のみじめな敗北に終ったのだ。

無条件降伏後は、次のような経過をたどった。

八月一六日　満州の関東軍に停戦命令が出された。

八月一八日　満州国皇帝・愛新覚羅溥儀の退位式がおこなわれ、満州国が消滅した。

八月一九日　関東軍がソ連と停戦交渉――関東軍総参謀長・秦《はた》彦三郎、ハルビン総領事・宮川船夫《ふなお》、作戦主任・瀬島龍三《せじまりゅうぞう》の三人が、ソ連領ジャリコーウォにて極東軍総司令官ワシレフスキー元帥と敗戦交渉――以後、満州の日本軍が武装解除され、現地にいた日本人のシベリア抑留が開始された。

満州にいた一般の日本人は、行政官僚と商人を含めて一五五万人（そのうち満蒙開拓団と義勇隊員は合わせて三〇万人前後）だったが、終戦前に大人の男はほぼ全員が軍に召集されていたので、開拓地に残っていたのは女性・子供・老人だけであった。日本の無条件降伏により、関東軍は先に撤退して逃げてしまい、取り残された開拓団に対しては突然の避難命令が出された。だが、八月八日にソ連が日本に宣戦布告していたので、満州と朝鮮への侵攻を開始したソ連軍と、中国人に追われた開拓団は逃げまどい、地獄の逃避行のなかで大勢が川に呑まれて死んでいった。全体の死者約二〇万人のうち、四割の八万人が開拓団の病死者と、自殺者で占められた。シベリア抑留者としてソ連軍の捕虜になった日本人は五七万人に達し、冬は零下三〇度以下の酷寒《こっかん》で、食べ物も着るものもないまま強制収容所に収容され、ソ連兵に強姦《ごうかん》される女性が多数出た。抑留された人たちは、酷寒のシベリアで森林伐採と鉄道建設に駆りだされ、飢餓の中を必死に生き続けたが、ほぼ一割の約五万五〇〇〇人が、モンゴルを含むシベリア地域で死亡したと推定されている。戦時中に満州にいた人のうち三〇万人以上が帰国できなかった。そのうち子供は、多くが中国残留孤児となり、中国人はこの孤児たちを育ててくれたが、多くの人が辛酸をなめた。

朝鮮半島は、北緯三八度線を境に、北部をソ連軍が、南部を米軍が統治して、日本軍に対してこの両国軍への降伏が命令された。日本の植民地から解放された台湾は中華民国が統治し、満州国と千島列島・南樺太はソ連が統治し、南洋諸島ミクロネシアはアメリカが占領して武装解除した。しかし日本占領下の東南アジア植民地にはアメリカ・ヨーロッパの宗主国がどっと復帰して、植民地は解放されなかった。

八月二八日　連合軍先遣隊の米軍が神奈川県厚木飛行場に到着した。陸軍大佐以下一五〇名が横浜に初上陸し、横浜に連合軍本部＝連合国最高司令官（Supreme Commander for the Allied Powers＝ＳＣＡＰ《スキャップ》）の総司令部（General Headquarters＝ＧＨＱ）を設置。以後、全国で人員と物資の上陸が相次いだ。のち、連合軍四三万人が進駐・駐留して、日本が歴史上初めて完全に占領統治下の国家となった。

八月三〇日　マッカーサー到着――アメリカ合衆国陸軍ダグラス・マッカーサー元帥がＧＨＱ最高司令官として神奈川県厚木飛行場に到着し、コーンパイプをくわえてタラップをおり、車輌で横浜に入った。

九月二日　戦艦ミズーリ上で日本が降伏文書に調印した――署名したのは日本の全権・重光葵《しげみつまもる》外務大臣と、大本営代表全権委員・梅津美治郎《うめづよしじろう》参謀総長（細菌戦七三一部隊育ての親）であった。

ここに真珠湾攻撃から三年八ヶ月におよぶアメリカとの太平洋戦争が終結し、同日、「連合国軍総司令部（GHQ）指令第一号」が発表され、陸海軍の解体と、軍需生産の全面停止などの命令が出された。

神奈川県の横須賀市と鎌倉市は、占領後に米軍が使用するため大規模な空襲は受けなかった。

京都市と奈良市も、日本の文化財のある都市として激しい空襲を受けなかった。

この戦争は一体何であったのか？

無条件降伏の敗北に至るまでの国家狂乱の日本史を見てきた。

日本人は、東京大空襲と全土の都市空襲を語り、沖縄戦で殺され、集団自決した人々の最期に胸を痛め、最後には広島・長崎に原爆が投下された凄惨な結果を語り継いできた。満州からのシベリア抑留で、どれほど苦難を強いられたか。涙を催さずには聞けない体験談であった。

しかし、すぐれた書籍を除けば、広く一般に語られる話のほとんどが、〝戦争加害者である日本人の被害〟であることは、奇妙な印象を与えずにはおかない。

侵略戦争を起こしたのは、日本人である。加害者としての日本人はどうなのか。

現在の議論を聞いていると、そこから先は、いきなり日本がなぜ敗北したかという軍事戦略の失敗と、A級戦犯合祀問題と憲法論議に飛んでしまう。おかしな話ではないか。靖国問題も、戦後の新憲法のいわれも、日本軍が起こした戦争のために〝一七六〇万人以上の犠牲者〟が出たというアジアでの加害事実を報道メディアが徹底的に語ってから、おこなうべきではないか。被害者意識は、日本に存在する国内問題を、外国を憎む方向にすり替える思考法である。その原因となった、もっとはるかに大きな、加害者としての日本人のアジア侵略と太平洋戦争の流れを知る機会を、大半の日本人はほとんど持たなかった。無条件降伏に至る最後の数年間の話には、軍人と政治家と官僚ばかりが登場して、町の庶民や、商人たちの姿が歴史の記録に見えない。その歴史にこそ、都市空襲、沖縄戦、原爆被害を招いた、真の問題が潜んでいるはずだ。なぜわれわれは、何も知らないのだろうか。

敗戦から三〇年後の一九七五年二月九日の毎日新聞が、戦後生まれの女子短大生との問答を報道した（次頁）。


「太平洋戦争って、何？」

「日本は戦争したんだよ」

「どこと？」

「アメリカと」

「どっちが勝ったの？」

一九七二年、占領軍アメリカから沖縄が日本に返還されて三年後、これが敗戦後の日本人の姿であった。女子短大生の問題ではなく、彼女たちに事実を伝えてこなかった報道界の問題である。第二次世界大戦後のドイツ人が、ナチスの時代について徹底的に学んで、ナチスがおこなった残虐な行為を現在でも映画化しているのに対して、この国家狂乱の一時代を招き、自らつらい思いを味わった日本人自身が、戦争犯罪を、戦後に一度も深く学ばなかったのである。日本の映画界は、戦時中を描くといえば必ず日本の軍人を正義の主役にした映画をつくり、平頂山の虐殺についても、南京大虐殺についても、重慶無差別爆撃についても、強制連行についても、一度も正確な映画化を試みていない。NHKも民放テレビ局も、一切、日本人の残虐な行為について記録映画を製作していない。文化人や報道人として、恥ずかしくないのだろうか。

「太平洋戦争って、何?」
「教わらなかった」若者ふえる
受験優先、素通り
教師や親から「見直し」の動き

毎日新聞　1975年2月9日

戦後一貫して、この経過を学校で教えさせなかった文部省の責任が第一に疑われる。だが、それだけではない。NHKを含めて、すべての報道マスメディア、テレビ局と新聞社が国民を無知に導いてきた責任は、きわめて重大である。ここ十数年の民放テレビ局が、日々の娯楽番組だけに走って満足する状況は、目を覆うばかりだ。

忘れてならない大きな問題がある。軍人と政治家だけが大半の責任者だという視点でよいのか、という疑問である。ジャーナリズムの世界では、一九二八年（昭和三年）の張作霖《ちょうさくりん》爆殺事件と一九三一年の満州事変以後が、侵略責任を問う主題となっている。これが、日本人側にとって最後に大悲劇を招く大きな転機となったことは事実である。

しかし、戦争は、突然に口火を切るものではない。

本書でくわしく述べたように、日本は明治維新直後から商人と長者たちを巻きこみながら、台湾と朝鮮半島への侵略に手を染めていったのだ。台湾への侵略を大々的におこなった行動は、当初から、軍人による武力侵略だけでなく、砂糖を手に入れるために商人が乗りこんでゆく商業的な利権を求めた侵略と並行しておこなわれたのである。その金銭欲が動機となって、あたかも樽の中で酵母がぐつぐつと発酵するように、日清・日露戦争へと発展して朝鮮を大侵略してゆき、ついには、財閥一族を中心とした満鉄というマンモス会社を隠れみのにして、満州への大々的な侵略の第一歩が踏み出されたのだ。

その結果、幕末維新時代を通じて、職人技術者と商人たちによってすぐれた努力が払われ、新しい産業を次々と興しながら、それを無にするに等しい蛮行が、同じ日本人の手によっておこなわれたのである。敗戦前の最後の数年間には、民間企業が国家の命令のままに動かされ、企業としての体を成していなかった。日本史の舞台から町人や女がいなくなってしまった。出てきたのは軍人と政治家・官僚ばかりだ。その原因は、どこにあったのか。長州藩の吉田松陰が鼓舞したアジア侵略論に裏付けされた明治維新の本質と、明治政府要人の傲慢さと、大日本帝国憲法と、帝国議会の独裁制、これに対する批判をはじめることから、日本人の歴史認識を変えなければならないことは、明らかである。

一体、日本の軍人は、何のために存在しているのか？　日本の軍人は、明治維新以来、現在まで一度も日本の国民を守ったことがない――世界でも稀有《けう》の珍奇な軍隊組織である。日本では、兵士自らが、「戦って血を流し、捨てられる存在だ」と覚悟し、国民の生命を守ることが眼中にないからである。その死を武士道に帰し、美化して終る。だからこそ、国民を守らず、むしろ民衆を弾圧し、特攻で散ることを讃《たた》える軍隊になったのである。捨てられた兵士の大半は、貧しい階層から出ていたのだ。現在、沖縄の辺野古基地建設に反対する県民の抗議行動を排除するために、県外から大量の機動隊が動員され、地元の民衆に殴りかかってきた。彼らの姿は、大日本帝国時代の軍隊と同じで、国民を守らない性格を持っている。機動隊員と、彼らに暴力を命じてきた安倍晋三は、日本人として恥ずかしくないのか。

それればかりではない。現代日本人が、名古屋城などわが国の貴重な城郭や建築物の国宝文化を自ら破壊に導いた歴史について、戦時中のわが身を批判する言葉を吐いたことは、まずほとんどない。城郭は、コンクリートで外見を再現すればよいというものではない。なぜテレビと新聞は、過去を正視して、その時代を厳しく批判しないのか。なぜ、エセ偉人を持ち上げ、讃える話ばかりで、歴史を語ろうとするのか。悪事を語らないのでは、日本の歴史が動きようがない。

第二次世界大戦中の歴史書や伝記類を読むと、「誰も分らないうちに、いつしか大戦争になっていた」と弁解する言葉によく出くわす。一人前の大人であるなら、このように無責任な言葉を吐いてはいけない。

明白な日付のある出来事が歴史に順序よく示されても、なお、日本人がこの歴史をやむを得なかったと弁じ、いま世界で最も戦争好きな米軍と手を握ろうとしていないか？目の前の現実は、危険な領域に近づいていないか？

それでも、その前に語っておくべきことがある。

反旗を翻した人間たちがいた

この歴史と、目の前の現実を見るとき、本書の論旨とまったく同じ心境に達していた人物が、戦時中の日本にいたからである。すでに登場した桐生悠々《きりゆうゆうゆう》である。

満州事変から二年後の一九三三年（昭和八年）三月二七日、日本が国際連盟からの脱退を正式に決定すると、全世界を相手にした本土決戦に備えて、八月九日に関東地方防空大演習が実施され、新聞記者・桐生悠々がそれをあざ笑ったことをすでに述べた。

信濃毎日新聞社を退社したあとの彼は、名古屋郊外の守山町に移り、読書会を組織して個人雑誌『他山の石』を刊行し、世界の思想を紹介して発禁と戦いながら時局批判を続けた。

そこで桐生悠々はこう書いた。言いたいことと、言わねばならないことを区別しなければならない。私は言いたいことを言っているのではない。言わねばならないことを、国民として、同時に人類として言っているのだ。言いたいことを言っていれば愉快に相違ない。だが、言わねばならないことを言うのは、愉快ではなくて苦痛である、と。

ついに病状が悪化した桐生は、一九四一年九月に『他山の石』廃刊の辞を読者に送った。

「……この世を去らねばならぬ危機に到達致《いたし》居候《おりそうろう》。小生は寧《むし》ろ喜んでこの超畜生道に堕落しつゝある地球の表面より消え失《う》せることを歓迎致居候も、唯《ただ》小生が理想したる戦後の一大軍粛《ぐんしゆく》を見ることなくして早くもこの世を去ることは如何《いか》にも残念至極に御座候」

ほどなく九月一〇日、戦時下最大の反骨ジャーナリスト、石川県金沢に貧しい藩士の息子として生まれた本名・桐生政次《まさじ》は、喉頭癌《こうとうがん》のため六八歳で死去した。その三ヶ月後、日本は一二月八日にハワイの真珠湾攻撃に突入していったのである。

桐生悠々の言葉は、愛する日本人に向けた的確無比の警告であった。それからの長い歳月、超畜生道に堕落しつつある日本人は何をしていたのか。戦後に一大軍粛がなされる日の到来まで予言したこの人物が、図抜けた天才であったとは思えない。論理的に思考すれば、これだけのことは、誰にも予測できたはずである。桐生悠々が傑出してすぐれていたのは、道を外れないことに徹し、並々ならぬ勇気をもって意志を貫いたところにあった。桐生悠々は死ぬまで悟らなかった。

「為《な》せば成る　為さねば成らぬ何事も　成らぬは人の為さぬなりけり」と、江戸時代に米沢藩主・上杉鷹山《ようざん》が語った言葉が思い起こされる。誰にもでき、なすべきことをしない、それが超畜生道だと、桐生悠々は語り遺《のこ》したのだ。

道とは何か。武道とは何か。武士道とは何か。

柔道の講道館を創設した嘉納治五郎《かのうじごろう》の名を知らぬ日本人はいないであろう。治五郎は、柔術と称された古来の武道を改良して柔道とした人である。選手二人を率いてスウェーデンのストックホルムに赴き、日本の初めてのオリンピック出場を実らせたのが彼であった。このような治五郎の国際的精神は、どこにあったのだろうか。嘉納治五郎は本来、柔道家ではなかった。兵庫県灘《なだ》酒造「菊正」醸造元の大長者である本嘉納家・嘉納治郎右衛門一族の嘉納治郎作の三男として生まれ、酒を造る「商道」が何であるかを知り、東京大学文学部に入学して、政治学と理財学、哲学科に学んだ教育者であった。治五郎が参加したオリンピック閉幕三日後の一九一二年七月三〇日に明治天皇が死ぬと、天皇大葬の九月一三日夜、日露戦争の旅順攻撃で虐殺の指揮を執った長州・乃木希典《のぎまれすけ》大将が割腹して殉死した。そのとき、「陋習《ろうしゅう》打破論　乃木将軍の殉死」と題する社説で、この「武士道」の悪習を批判したのが、またしても桐生悠々であった。

軍人は、戦うことが能ではない。幕末には、日本の国防を考えて、幕府が長崎海軍伝習所を設置し、兵術ばかりでなく、若者に広く先進知識を学ばせた。その伝習生となってオランダ人から深く学んだ一人、柳楢悦《やなぎならよし》は、若くして和算に長じ、明治維新後は海軍に出仕して海軍少将にまでなったが、彼はただの軍人で人生を終えなかった。日本の近代天文学を大きく前進させ、明治政府の地租改正を主導した屈指の西洋経済学者・神田孝平《たかひら》と共に、東京数学会社を創立した。ここで、和算の問題を西洋数学で解き、ここから、日本の数学物理学会が誕生することになったのだ。

女性でも、桐生悠々と同じ鉄のごとき勇気を示した人物がいた。一九一四年（大正三年）に『カルメン』のハバネラを日本で初演し、日本最高のアルト独唱歌手と讃えられた〝声楽の神様〟中島兼子《かねこ》がいた。彼女は、戦時中の日本軍部の朝鮮侵略に強く反発し、軍歌を歌うことをかたくなに拒み続け、そのため日本では、舞台から完全に追放された。だが兼子は、まったく意に介さなかった。

軍人の中にも、不屈の抵抗を示した人物がいた。一九三〇年四月二二日に締結されたロンドン海軍軍縮条約を批准させた海軍軍令部長の谷口尚真《なおみ》である。連合艦隊司令長官をつとめ、海軍大将にのぼりつめた谷口は、海軍内部の猛反対に遭いながら、この条約で軍縮の方向に日本の舵取《かじと》りをおこなった。続いて翌一九三一年、満州事変が勃発すると、陸軍から海軍に支援の要請があっても、「山海関《さんかいかん》に艦隊を派遣すれば、アメリカとイギリスの介入を招く」と言って反対し、関東軍への支援を拒否し続けた。山海関とは中国北部で満州の境界にあって、万里の長城の一部を成す要塞なので、当時の満州事変を起こした関東軍にとって最重要の攻撃拠点であった。そのため彼は、海軍大臣の大角《おおすみ》岑生《みねお》によって粛清されてしまったのである。

この人たちは、どこから出たのであろうか。柔道の父・嘉納治五郎の姉・嘉納勝子を妻としたのが、西洋数学の開拓者・柳楢悦であった。その息子・柳宗悦《むねよし》は、反日暴動となった朝鮮人による三・一独立運動を支援し、日本人の非道を強く批判した。反軍アルト歌手・中島兼子とは、その柳宗悦の妻・柳兼子のことであった。柳楢悦の娘・柳直枝《すえ》子《こ》を妻としたのが、連合艦隊司令長官・谷口尚真であった。これを閨閥とは呼ばない。家族である。この強靱《きょうじん》な人たち全員に通じるのは、世界の誰もが認める「人間」であろうとした精神である。それが、彼らに日本人としての誇りを胸中で守り抜かせた信念であった。

誤解を持たないよう、また心の救いを持てるよう、敗戦後の時代に進む前に、ここまでまったくふれなかった事実を記しておく。

日本が最も危険な道を歩んだ時代に、軍需産業に融資をおこなった興銀総裁は河上弘《こう》一《いち》だったが、彼は山口県の岩国藩士・河上又三郎の孫にあたる。ところが同じ又三郎のもう一人の孫は、日本におけるマルクス主義経済理論の先駆者的な指導者となった。満州事変の翌年に共産党に入党し、一九三三年には治安維持法違反で検挙され、懲役五年の刑で投獄された文学者の河上肇《はじめ》であった。軍閥の興銀総裁と、反戦主義者が、従兄弟であったのだ。当時は、資本家の一方的な収奪、カルテルに対して、対抗できる手段は共産主義思想であり、労働運動にとって最大の武器であった。

河上肇は、一九〇一年に開かれた足尾鉱毒事件の婦人鉱毒救済会の演説会に立ち、聖書に書かれたキリストの教えを忠実に実践しようと、その場で外套《がいとう》、羽織、襟巻《えりまき》を寄付してしまった。さらに下宿に帰ると、身につけているもののほか、すべての衣類を行李《こうり》に入れて救済会に届けた。彼の最期は、日本敗戦から五ヶ月後、栄養失調に肺炎を併発してこの世を去るという人生であった。

満州重工業開発が、満鉄の利権をごっそり引き受けて、総裁の鮎川義介がそれを動かしたことを述べた。その時、鮎川の右腕として副総裁に就任したのが、吉野信次《しんじ》であった。宮城県に生まれた吉野信次は、治安維持法などによって労働運動を弾圧した同郷の警保局長・萱場《かやば》軍蔵の一族であった。第一次近衛内閣の商工大臣として国家総動員法を立案し、満州重工業開発の設立に協力した吉野信次は、自ら副総裁となり、また満州国の顧問として植民地支配に力を注ぎ、その後、翼賛政治会の幹部もつとめて国家統制を進めた。ところが、この信次の兄が、民本主義を主張し、普通選挙と政党政治を実現するために尽力し、大正デモクラシーを主導したクリスチャンの吉野作造であった。米騒動の時代から、日本に数々の労働運動が芽生えてゆき、政府や資本家の横暴な振る舞いに、日本人がいっせいに立ち上がった時、その自由思想の中心人物となり、立役者となったのが、歴史に名を残す吉野作造だったのである。

作造は普通選挙の実施を強く求め、貴族院と枢密院の権限を縮小するよう主張し、軍閥の跋扈《ばっこ》を痛烈に批判し続けた。「政治を民衆の手に取り戻せ」と、大正デモクラシーの代表的な論客となった彼は、もう一人、権力批判を続けてたびたび発禁・差し止め処分を受けた異色の反骨ジャーナリスト宮武外骨《みやたけがいこつ》と組んで、一九二四年には明治文化研究会を組織した。明治政府が、維新の行動によって、藩を忠勤藩と朝敵藩に分類して、筋の通らない不平等を日本全体に押しつけていることを明らかにし、批判したのが彼らであった。また吉野作造は、このあと登場する鈴木安蔵《やすぞう》に、世界各国の憲法資料を提供して、屈指の憲法学者に育てあげ、現在の日本国憲法の土台を築かせた人物でもあった。

しかし吉野作造のすべてが正しかったわけではない。一九一五年に日本政府が中国の袁世凱に対華二十一箇条の要求を突きつけ、世界大戦渦中で巨大な利権の強奪を画策し、日本の有力新聞がこぞってこれを支持したとき、吉野作造もまた、「ことここに至れば、ほかにとるべき手段はない」と賛同したのである。

満州国が建国されて、これを日本人が完全に支配した時、国家としての満州国は、日本人官僚が実務すべてを動かした。その最高位、事実上の総理大臣が「満州国総務長官」のポストだったことを述べた。日中戦争前年から一九四〇年までその職にあったのが、星野直樹であった。彼は満州重工業開発総裁の鮎川義介を助け、関東軍参謀長の板垣征四郎や東條英機、満鉄総裁の松岡洋右と共に行動し、満州財政を統括した大蔵省出の人物であった。東條が陸軍大臣になると請われて帰国し、近衛内閣で国務大臣となり、真珠湾攻撃がはじまって太平洋戦争に突入した時代には、星野直樹が東條英機内閣書記官長として東條側近をつとめた。戦後は東京裁判でA級戦犯として終身禁錮刑の実刑判決を受けた彼は、一九五八年に巣鴨刑務所から釈放され、数々の会社重役に就き、東急国際ホテル、羽田国際ホテルの社長となってから、雑誌「ダイヤモンド」の創刊者・石山賢吉《けんきち》と親交し、ダイヤモンド社の社長となった。

戦時中に、「日本人のおこなっている軍事侵略は間違っている」と批判し続けたため、一九三三年にその活動が非合法とされ、七年近くも投獄されたのが、その弟・星野芳樹であった。芳樹は、神武天皇即位紀元二六〇〇年祭の恩赦で長い牢獄生活から釈放された後、上海に渡って中国語を学び、数々の中国人と交わって交流を深めてゆき、ますます自分の信念の正しさに対して確信を強めた。上海市に中国人児童のための中学校を創設して日華親善のために奔走し、日本敗戦の日までこの学校を経営し続けた。戦後は、ソ連に抑留された日本人が帰国できるよう、市民運動を立ち上げ、参議院議員となって救済活動を続けながら、今では別の人生を歩んでいた兄・直樹の協力を得て、その後も国際親善に生涯を捧げた。次兄の星野茂樹は東大で土木工学を学んでから鉄道省に入り、トンネル建設の第一人者として清水・丹那・関門トンネルの建設工事に腕を振るった。

この三人兄弟は、キリスト教界の指導者・星野光多《こうた》の息子たちであった。光多の妹が、日本の女子教育の先駆者・津田梅子の後を継いで生涯を捧げた二代目・女子英学塾（のちの津田塾）塾長の星野あい、であった。

理研軍事コンツェルンの総帥である大河内正敏の息子・大河内信威《のぶたけ》は、共産党系の東大新人会に入会し、日本共産党員となって労働者を解放するための運動で積極的に活動したため、軍国主義に没頭する大河内子爵家の跡継ぎでありながら廃嫡《はいちゃく》されてしまった。しかしそれでもあきらめない信威は、父に抵抗し続けて、一九三二年に検挙され、信念を貫いて投獄されたのである。

戦後に田中角栄首相が金脈問題で失脚後、環境庁長官だった三木武夫が首相の座に就いた。三木武夫は、戦前に、大江山ニッケルと日本冶金工業の取締役をつとめていたが、この両社とも、森矗昶《のぶてる》の長男で昭和電工社長・森暁《さとる》が社長として経営する会社だったので、三木武夫は新興軍需財閥・森コンツェルンの政界代表でもあった。そこで扱うニッケルが、日中戦争時代に重要な軍需用金属であった。ところが三木武夫は、戦時中に代議士となって、日米開戦に反対し続けた。総理大臣となってからも、ロッキード汚職事件の全容解明に取り組み、田中角栄逮捕に踏み切って自民党内で孤立したが、睦子《むつこ》夫人は夫を助け、一九八八年に武夫の死後も、平和運動を続けてきた。朝鮮半島の南北統一を支援する「アジアの平和と女性の役割」シンポジウムの呼びかけ人となり、従軍慰安婦の問題を日本の国民自身が解決しようと訴え、日本軍の性奴隷となった被害者たちへの国家賠償を求める精力的な活動で知られた。日本国憲法の改定阻止を訴える九条の会と、憲法行脚の会の呼びかけ人でもあった。二〇一二年に亡くなった彼女は、軍需産業に邁進《まいしん》した森コンツェルンの創業者・森矗昶の次女であった。

以上で明らかな通り、ＤＮＡや遺伝子が何かを動かすわけではない。脳外科医が脳の構造を解明すれば、手術には役立っても、そのようなものが、人間の知性を一歩でも進歩させるわけではない。脳外科が発達すると共に、現在の日本政府のナショナリズムが、ますます戦時中とよく似てきた現実を見ればよい。日本を誤った方向に動かしたのは、明治維新以来の軍事支配思想である。利権に目がくらんだ傲慢不遜な長州軍閥・薩摩軍閥は、安倍晋三に至るまで、系図４「長州のアジア侵略者」（一四七〜一五一頁）でたびたび言及した通り、きわめて狭い姻戚関係のかたまりであったから、彼らが山口県と鹿児島県の全県を代表するものではまったくなかった。権力を握った、ひと握りの集団であった。その人間たちにかしずき、抗《あらが》うことも知らずに動かされた国民全体の意識が問題だったのである。

日本の寓話として美麗に創作された『古事記』と『日本書紀』の神話は、興味深い物語である。だがそれを権力のために悪用し、天皇は神であるという思想をふりまいた、狂信的な維新の志士と国学者たちの思考の浅さは、驚くほどであった。もともと「仏教」を国教としたのが天皇家で、奈良・東大寺大仏を建立したのが聖武《しょうむ》天皇であることも知らないのか、彼らは「神道」のほかには目もくれず、仏教を弾圧した。神道には、古来の美しい信仰があり、古木に包まれ、村落を支える尊い神社があるにもかかわらず、それを権力化して汚したのが明治維新政府であった。天皇神権の信仰に取り憑《つ》かれたその若き軍人たちが、次々と暗殺とテロとクーデターに走って、日本をファシズムに大きく切り換えたのである。

戦後になって、皇国青年軍人だったその者たちが、戦友たちがあらぬ妄想のために特攻隊で自殺しなければならなかったことを、どれほど痛く悔いただろうか。霊魂を信じない人間でも、先に世を去った人の霊や魂を、ふと感じることはある。不信心な人間でも、路傍のお地蔵様には礼をもって接するものだ。妄想を信じるのは自由である。『古事記』と『日本書紀』を歴史学的な事実だと信じ、主張するのも勝手である。だが、イワシの頭を信心するのと同じ己の妄想を、法によって事実と決めつけ、他人に強要する者たちの権威が、国家の国法としてまかり通れば国は破滅する。妄想のために死ねと、国家の手で皇国史観が若者の頭にたたきこまれ、日本の経済がひっくり返されたことは、特筆されるべき深刻重大な事実である。この軍人たちの一生をそこに導いた人間たちは、重大な責任を問われる。それは誰だったか。

暗殺者たちにやすやすと暗殺の口実を与え、軍人を野放しにして植民地侵略の支配力を与えた財閥・華族と、大蔵大臣・日銀総裁・大銀行・大企業・官僚の幹部たちの考えの未熟さと、世界を見る目の曇りは、当時、日本の植民地進出を煽《あお》り続け、軍国主義を礼讃《らいさん》した新聞界・放送界ぐるみの無知と共に、重大な責任を問われる。なぜなら、右のように、すでに日本全体に筆舌につくしがたい貧困が蔓延し、植民地では、土地と生活・商売を奪われて追いつめられた現地住民によって、数限りない反日運動・抗日運動が激化していたからである。それに気づいた人間が誰一人いなかったなら、「私は知らなかった」と釈明もできよう。だが史実は、そうではない。数々の報告が山のように出され、その事実を伝えていた。気づいた者の中には、田中正造がいた。幸徳秋水がいた。河上肇がいた。吉野作造がいた。星野芳樹がいた。大河内信威がいた。星野芳樹は共産主義の欠陥にも気づいていた。いま記したのは、ごく一部の先覚者であり、見識ある者が大量に政治犯として投獄されていたのである。

日本の植民地支配に対して抵抗し、人間的な行動をとった日本人の実例を、多くのクリスチャンに見ることができる。だが一方でクリスチャンは、当時、アジア人に対する優越思想をかなり強く持っていた。日本のキリスト教指導者の代表者である内村鑑三は、日清戦争を「義戦」であると肯定していた人間である。クリスチャン新渡戸《にとべ》稲造は、後藤新平に招かれて台湾総督府技師「殖産局長」となり、台湾総督府の植民地行政、とりわけ日本の製糖業の勃興に熱中した人間であった。日本人の道徳の基礎を〝武士道〟に求めたこの新渡戸の思想が、どれほど多くの人間を、教育勅語によって富国強兵をめざす国民的な洗脳教育に導いたか知れない。クリスチャン矢内原忠雄も、東京帝国大学教授として、児玉源太郎と後藤新平の台湾政策について、「台湾のごときは本国財政および経済にとり最も価値多き植民地である」と高く評価したのである。東京帝国大学植民地政策の教授をつとめた新渡戸と矢内原は後年に、日中戦争は正義と平和に反すると主張し、軍国主義に反対したが、気づくのがあまりにも遅すぎた。

華族の子弟たちのなかには、大河内信威だけではなく、一九三〇年代にいっせいに検挙され、赤化（共産主義化）華族事件として世間の耳目を集めた数々の若者がいた。爵位を与えられ、ぬくぬくと豊かな生活に甘んじることができたはずのこの華族の若者たちも、もはや蹴鞠《けまり》に興じ、和歌を詠《よ》んでいればすむ時代ではないことぐらい分っていた。考えも行動も未熟ではあったが、「天皇制はおかしい」と論じ合い、心中には、平民と共にすべてを分かち合える真の平等を求めるまともな心を持つ者がいた。明治政府の権力者となり、利権に飢えたのは岩倉具視だが、その曽孫・岩倉靖子は、治安維持法違反で検挙され、赤化華族事件で裁判にかけられ、収容されていた拘置所から出てまもなく、一九三三年一二月二一日に自らその命を絶った。満州国建国の翌年……わずか二〇歳の生涯であった。

日本の長者番付で第一位を守り続けた三菱財閥・岩崎弥太郎の御曹司は久弥であった。彼の娘・美喜は、弥太郎の孫にあたるが、沢田廉三《れんぞう》と結婚して沢田美喜を名乗り、戦後にエリザベス・サンダースホームを経営して、進駐軍のアメリカ人と日本女性のあいだに生まれた混血児の救済に生涯を捧げた。

本来、日本史は、このような人間に、関心を注がなければならない。それが、桐生悠々の果たせなかった、最期の無念の心境であった。

　ほかにも、議会で反軍演説をした衆議院議員・斎藤隆夫がいた。彼は、軍人が政治に関われば「立憲政治の破滅は言うに及ばず、国家動乱、武人専制」につながると批判し、軍部にすり寄る政治家が出ていることに強い警鐘を鳴らした。加えて、一九四〇年に全政党が合同する大政翼賛会が発足して一党独裁国家に成り下がり、一九四一年に真珠湾攻撃によってアメリカとの太平洋戦争に突入した翌年、一九四二年に実施されたファシズム翼賛選挙で、大政翼賛会を拒否した斎藤隆夫がトップ当選したのだから、全国民が狂っていたのではなかった。

　東京日日新聞一面に「竹槍《たけやり》では間に合わぬ、飛行機だ、海洋飛行機だ」と書いて陸軍を批判し、東條英機を激怒させた新名丈夫《しんみようたけお》という記者がいた。軍人批判日記を書き続けた反骨のジャーナリスト、清沢洌《きよし》がいた。すぐれた精神を貫いた数々の人間がいた。その精神が、戦後の日本に立ち上がったのである。一九四五年八月一五日の戦争終結を告げる天皇玉音盤レコードを守り抜き、NHKラジオで放送した報道部副部長の柳澤恭雄《やすお》は、NHKに残って抵抗を開始し、ストライキで首を切られたあと日本電波ニュース社を創業し、同社で若き獅子《しし》たちを育て上げた。その人たちがわれわれの師となって、ドキュメントを伝えてきた。

　財閥が悪いわけではない。長者であることが悪いはずはない。日本の至るところに、彼ら資産家の残してくれた庭園・邸宅・美術品など、貴重な遺産がある。江戸時代から豪商の資金によって生み出された屋敷と寺社建築の数々は、現在も日本文化の伝承に大きな役割を果たし、観光客ばかりでなく、地元の誰にとっても郷土の誇りとなる最大の魅力的な遺産である。彼ら豪商がいなければ、日本列島の文化は何も残らなかったと言えるほどだ。

何をするか、その行動が、人を決める。何を語るか、では充分ではない。言葉は、いかようにも修飾できる。「平和を守るために!」と叫んで進めるのが、すべての国の戦争である。むしろ言葉が、悪をはびこらせるのが、人間の社会である。

戦後は、東京オリンピックと高度経済成長からはじまったのではない。明治維新以来七七年の栄華も槿花《きんか》一朝《いっちょう》の夢と消え、無残な焼け跡から、日本人は再び人生にとりかかった。では戦後の闇市とは、どのようなものであったのか。彼らの前に立ちふさがっていたのは、アメリカ占領軍であった。

飢餓のため一〇〇〇万人が死ぬと言われた敗戦国・日本に乗りこんできたのは、おそれていたような鬼畜米英のアメリカ人ではなかった。開口一番、占領軍最高司令官マッカーサーは日本の軍国主義退治に乗り出し、民衆のために自由を与えようと骨折った。

このGHQの民主化の正しさに気づいたのは、相変らず時代遅れの日本政府要人ではなかった。商人と庶民が真っ先に、民主主義の時代をリードしたのだ。日本人は、堰《せき》を切ったように自由に飛びついた。

ところが、この純真な日本人は、再び世界の荒波に呑まれていった。今度は、世界中が別の戦争をはじめたからだ。何ということだ。原爆実験をやる、朝鮮戦争をはじめる、水爆実験をやる。そうしてついには核戦争一歩前のキューバ危機……ベトナム戦争の地獄が続いたのである。さあ、日本はどうなった……

危機を救ったのは、誰だったか。

第六章　敗戦直後の日本の改革と日本国憲法

日本に乗りこんできたポツダム宣言のアメリカ人

一九四五年（昭和二〇年）八月一五日、日本は、全世界に挑んだ無謀な戦争で、およそ人間の悲劇のすべてがここにあるばかりの、みじめな無条件降伏の敗北を喫し、そのあと、今日まで七十数年の歳月を刻んだ。日本史は、奈良時代から数えても一三〇〇年を超えるが、「戦後」とはそのうち最後のほんのひとつまみ、七十数年間でしかない。しかし、その「戦後時代を生き抜いた現在の高齢者」だけでなく、「いま第一線に働く若い人と、壮年世代」と、「これから社会に出て未来を生きようとしている若い世代」にとって、この七十数年間には格別重大な意味があったのである。

なぜなら、現在の社会制度とテクノロジーの根幹のほとんどが、敗戦直後のダイナミックな激動期に芽生え、戦後の前半に基礎が築かれたからである。この時代に、大地に根を張り、幹を伸ばした大樹を知らずに、今の人間が至極当然と思っているあらゆる生活の常識……道具……文化……制度を語ることは一切できない。

そこでまず、戦後日本の再スタートとなった、日本がアメリカによって軍事占領された状況について説明する。そう、日本は、ただ敗北しただけでなく、外国の軍隊・米軍によって全土が占領されたのである。そして敗戦後のトテツモナイ苦難と、生活苦に抵抗する大衆の情熱から、〝軍国主義に反対する意志〟と、〝復興の意欲〟が芽吹き、〝平和を求める民主主義経済〟が築かれたのである。

アメリカをはじめとする第二次世界大戦の連合国に全面降伏した日本で、当時の七二〇〇〇万人の日本国民は、想像を絶する飢餓と生存の危機に立たされていた！　それは、軍事的に戦争に敗北したからではなかった。アメリカ人の占領下に置かれたからでもなかった。国民がまともな生活を取り戻そうとするのを邪魔する日本人がいたからである。まず当時、廃墟《はいきょ》となった日本が、最初にしなければならないことは、三つあった。

第一は、食べ物を確保し、空襲を受けた焦土を復興して、国民が生き延びること

第二は、敗戦によって海外に取り残された日本人を日本に帰還させること

第三は、戦時中の悪業を清算すること

この三つとも、ある集団によって妨害されたのである。日本の主な都市は、前章でくわしく述べたように、一九四五年の大空襲によって大半が焼け野原となったので、生き残った人間は、大方が貧困のどん底にあり、まず食べ物を求めなければならなかった。それを妨害して国民を苦しめたのが、またしても日本の軍人たちだったのである。日本敗戦後に、マッカーサーをボスとするアメリカ占領軍が日本に入って、軍需産業と軍人組織、内務省の特高警察を根絶やしにしようとした。それにもかかわらず、なぜ軍人が、戦後も活動できたのか？　それを知るには、どのようにして占領軍のＧＨＱが入ってきたか、その経過の初めから理解しなければならない。

一九四五年八月一五日の日本の無条件降伏の日からの出来事は、のちにくわしく述べ

るが、それよりはるかに遡る三年八ヶ月前……

一九四一年一二月八日（現地時間一二月七日）、日本がハワイの真珠湾を奇襲攻撃した。アメリカはその翌日に日本に宣戦布告し、ただちに翌一九四二年二月に「戦後の対外政策に関する諮問委員会」を発足させ、三月にはその小委員会が設立されて、日本の外務大臣にあたるコーデル・ハル国務長官を中心に〝領土問題などの実務的な占領政策〟にとりかかっていた。日本が真珠湾の戦勝に沸き返り、国民が日の丸をうちふって歓喜している時、すでに相手は、日本をたたきつぶしたあとの「戦後」を計画しはじめていたのだ。

一九四二年八月には、日本の外務省にあたるアメリカ国務省の特別調査課に「日本占領政策グループ」と呼ばれる東アジア政策の研究班が誕生し、主任ジョージ・ブレイクスリーのもとに、日本通の人材が結集された。ブレイクスリーは、アメリカで最初の歴史・国際関係学を創始したマサチュセッツ州クラーク大学の主任教授で、国際会議で京都を訪問したことがあり、日本を見てきた人物であった。一九三二年に日本の満州侵略を調査したリットン国際調査団にも参加した彼は、「日本の国民が軍国主義者に支配されている実態」をくわしく理解していた。しかもアメリカは、日本の状況を把握する情報収集の基本的な手段として、陸軍と海軍に〝日本語学校〟を設置して、日本語の上手な日系人を集めて、軍人に対して日本語の徹底的な学習をスタートしていた。

ところがその頃、日本人は、英語を〝鬼畜米英の敵性言語〟だと断じて、英語の使用を禁止した。この時代には、各国がスパイを敵国に送りこみ、相手の機密を調べてから軍事戦略を決定したというのに、日本は敵国の言葉も知らずに戦争をしようというのだから、勝てるはずはなかった。日米の知識に格段の差が生じて、日本の敗北は初めから決していたのだ。

そして翌年、一九四三年七月には、ブレイクスリーたちがアメリカの基本方針をまとめて「日本の戦後処理に適用すべき一般原則」を起草し、一九四四年三月に「アメリカの対日戦後目的」リポートを作成した。ここに、アジアの極東地域をどのように占領するべきかという政策を立てたのである。その提言の基本は、第一段階で「日本から海外領土を剝奪して、日本軍の武装を解除させ」……第二段階で「厳しく監視しながら日本の軍国主義を一掃して民主化を進め」……第三段階で「日本を国際社会に復帰させる」、というものであった。この文書をもとに、のちに最重要文書となる「初期対日方針」が作成された。

この間、ファシズム国家を相手として、次々にドイツと日本の軍事基地を攻略する激戦を進めた連合国の政治家は、世界のゆくえを決する重大な首脳会談を開いてきた。一九四三年一一月下旬にアメリカのフランクリン・ルーズヴェルト大統領、イギリスのウィンストン・チャーチル首相、中国（国民党政府）の蔣介石《しょうかいせき》主席がエジプトの首都カイロで会談をおこない、一二月一日に、日本の占領政策の基本となる〝カイロ宣言〟を発表した。この内容は、日本に対して無条件降伏を要求し、降伏後は「一九一四年の第一次世界大戦開始以後に日本が奪取・占領した太平洋すべての島嶼《とうしょ》地域を日本から剝奪する」……「日本が清国から奪取した満州・台湾・澎湖《ほうこ》諸島などの全地域を日本から剝奪して中華民国に返還する」……「日本が略取したその他の地域から日本を駆逐する」……「奴隷状態に置かれている朝鮮を自由な国家として独立させる」を骨子として、この重要事項の決定が、日本降伏時のポツダム宣言の基礎となり、日本の新たな領土権の定義となったのである。

このカイロ宣言は、侵略によって獲得した領土と、日本による韓国併合は侵略である、と断定した点で、まったく正当な認識を示していた。つまり、日本が獲得した尖閣諸島も竹島も、日本の領土とは認めない内容であった。このカイロ宣言によって、日本の無条件降伏後、満鉄をはじめとする日本の企業・財閥は、アジア全土の侵略地に投資していた莫大な資産を一挙に失うことになったのである。

カイロ会談直後には、ルーズヴェルトとチャーチルに、ソ連のヨシフ・スターリン首相が加わって、初めて米英ソ三首脳の会談をイランの首都テヘランで開き、スターリンがソ連の対日参戦を約束した。

そしてドイツと日本の軍事的な敗北が決定的となった一九四五年には、二月四〜一一日に、ソ連ウクライナ共和国南部、黒海に面する港ヤルタでルーズヴェルト、チャーチル、スターリンが歴史的なヤルタ会談をおこない、戦後処理について議論した。この会談で、アメリカが再度ソ連の対日参戦を強く求めたため、スターリンは、ソ連の参戦条件を、大きな利権の取引きに利用できると企んだ。参戦条件は、日露戦争によって失われたロシアの権利の回復、すなわち①樺太（現・サハリン）南部をソ連に返還すること、②満州の大連港と旅順港におけるソ連の権利を回復すること、③ロシアが敷設した東清鉄道と、日本の南満洲鉄道（満鉄）を、ソ連と中国で共同経営して、ソ連の利益を保証すること、とし、これをアメリカに要求した。

ここまでの要求は、中国さえ了解すれば、不自然な内容ではなかった（のちに中国の蔣介石主席は、日本降伏の前日にこれを承認した）。しかしスターリンはヤルタ会談で、もう一つ、④北海道の千島列島をソ連に引き渡すこと、も求めた。千島列島は、明治初期の一八七五年（明治八年）五月七日、ロシアに駐在する特命全権大使の榎本武揚《えのもとたけあき》が、ロシアと「樺太・千島交換条約」を結び、それまでロシア領であった択捉島《エトロフ》より北も含めて千島列島全一八島を日本領とし、代りに〝日本とロシアの共同統治であった樺太〟を日本が放棄してロシア領とすることをロシアが承認したもので、批准書も交換していた。樺太と千島の両方をよこせ、というスターリンの要求は、この日露条約を破るものであった。

それればかりではなく、スターリンの要求は大西洋憲章にも違反していた。ナチス・ドイツによって第二次世界大戦が開戦した二年後、真珠湾攻撃の四ヶ月前だったが、一九四一年八月一二日にルーズヴェルトとチャーチルが米英の共同宣言として発表し、次いで九月二四日にソ連など一五ヶ国が参加を表明したのが「大西洋憲章」であった。この大西洋憲章は、「領土の増大と、関係国民が自由に表明した意思と一致しない領土変更」、つまり〝侵略〟を否定する世界的良識の表明であった。この憲章を第二次世界大戦の原則に掲げて、連合国がナチス・ドイツとの戦闘に突入していたにもかかわらず、スターリンが要求した「千島をよこせ」という条件は、日本に対する侵略であった。

ところがルーズヴェルトは、日本軍が一九四四年一〇月から自爆を軍人の花とする〝特攻〟体当たり攻撃をはじめたのを見て、無謀な日本民族が「一億玉砕」を叫んで最後の血の一滴まで戦いかねない危険な相手であるため、日本本土への上陸作戦で米軍兵士の犠牲をできるだけ少なくしなければならなかった。そのためソ連の対日参戦を急がせ、ソ連軍によって日本の関東軍を満州にクギ付けにさせようと、スターリンが出した条件の一切を受け入れて、一九四五年二月一一日に秘密協定（ヤルタ協定）を結んだ。

このヤルタ会談に先立つ二ヶ月前、一九四四年一二月一九日には、日本占領政策を決定するために、アメリカの国務省・陸軍省・海軍省の三省調整委員会ＳＷＮＣＣ（スウィンク――State-War-Navy Coordinating Committee）が設置され、ハル国務長官の右腕である国務次官ジョゼフ・グルー（グリュー）が主導して、ＳＷＮＣＣ主任にユージン・ドーマンを任命した。

このジョゼフ・グルー次官は、幕末日本に黒船で来航して恫喝《どうかつ》開港を迫ったペリー提督の兄の曽孫アリス・ペリーを妻としていた。また従姉妹ジェーン・グルーの夫がモルガン財閥の二代目総帥ジョン・ピアポント・モルガン・ジュニア（通称ジャック）であったから、彼はアメリカ最大の財閥ファミリーから出ていた。

しかもグルーは、満州事変翌年の一九三二年から駐日アメリカ大使をつとめ、在日一〇年の間に、宮内省や近衛文麿首相はじめ日本を支配する皇族・華族・財閥たちと深い関係を取り結び、日本軍の真珠湾奇襲計画を察知してアメリカ本土に警告を打電したことで名高い人物であった。真珠湾攻撃後に日本に抑留されたグルーは、翌一九四二年には日本の外交官と交換に、引揚げ船でアメリカに帰国した。その時、昭和天皇の弟で、侵略の象徴・八紘一宇《はっこういちう》を喧伝《けんでん》した陸軍少将・秩父宮雍仁《やすひと》の妃・勢津子《せつこ》から餞別《せんべつ》の品を届けられたほど、日本のファッショ的な保守集団と密着していた男であった。

グルーから日本の占領政策を任されたユージン・ドーマンもまた、宣教師の息子として一八九〇年（明治二三年）に大阪に生まれ、少年期まで日本の学校で学んだ男であった。日露戦争直前の一九〇三年にアメリカ本国の土を踏み、その後も通訳や大使館員としてたびたび日本に赴任し、グルーの右腕をつとめた屈指の日本通であった。日本敗戦の年、一九四五年一月五日に、日本占領政策委員会SWNCCの下部組織として極東小委員会が設立され、委員長にドーマンが就任すると、グルーとドーマンは「日本の民衆は無能だから、民主化などは不要である。天皇制を維持したほうが占領統治をやりやすくなる」と主張したのである。さらにドーマンは、日本降伏後は、日本に派遣されるGHQの軍人を指導して、戦時中に〝ワイルド・ビル〟・ドノヴァンが設立した諜報《ちょうほう》工作組織ドノヴァン機関（ＯＳＳ――Office of Strategic Services）のプロパガンダ部隊をしばしばニューヨークで教育してきた。このドノヴァン機関が、戦後にアメリカ中央情報局（ＣＩＡ）となったのである。そして日本占領軍総司令部（ＧＨＱ）の情報を担当する参謀第二部（Ｇ２）にドーマン機関を生み出し、これが特殊諜報工作機関となって、国鉄三大事件など、たびたび戦後日本の重大事件の陰に暗躍する悪名高いキャノン機関となり、日本の再軍備を進める軍事的人脈となってゆこうとしていた。

このように、日本占領軍のアメリカ人は、一枚岩ではなかった。「国際的に深い洞察力をもって権力に立ち向かう学者グループ」と、「世界的な奸計《かんけい》をめぐらす政治家グループ」と、「軍事的な陰謀に長《た》けた軍部・諜報グループ」、このまったく性格を異にした三種類のアメリカ人が、敗戦国・日本に乗りこんできたのである。

一九四五年四月一二日にルーズヴェルト大統領が急死して、ハリー・トルーマンが大統領に就任したが、この新大統領は国際情勢に無知で、ホワイトハウスでもほとんど無視されてきた人物であった。しかし日本降伏の二ヶ月前には、アメリカ国民の大半が「昭和天皇を極刑ないし厳罰に処する」よう望んでいたので、グルーやドーマンが求めた「天皇制を維持する」という保守的な意見は、受け入れられなかった。

そして日本に対する最後通牒《つうちょう》、ポツダム宣言が発せられる日を迎えた。

一九四五年五月七日にドイツが降伏したので、七月一七日に、ドイツの東部ベルリン郊外の都市ポツダムにトルーマン大統領、チャーチル首相、スターリン首相の米英ソ三巨頭が集まり、ポツダム会談が開催された。戦後のドイツを中心としたヨーロッパ処理を取り決めるための会議だったが、トルーマンは日本の占領政策をここで決定することにし、七月二六日にソ連抜きでアメリカ・イギリス・中国の三国による対日ポツダム宣言を発表した。なぜ七月二六日だったかと言えば、その三週間前、七月五日にイギリスの総選挙で労働党が勝利し、ナチス・ドイツを倒した〝戦争の英雄〟であるはずの保守党チャーチルが、国民から「戦争屋」として拒否されて敗北し、翌日七月二七日に左翼系の労働党アトリー内閣が発足するからであった。したがってこの時点で、ルーズヴェルトはこの世になく、チャーチルも明日がなく、ポツダム宣言が彼の最後の置き土産となったのである。

日本と違って、世界中の国民は、戦争そのものに辟易《へきえき》とし、イタリアではファシズムと国王を拒絶する広大なレジスタンス運動が広がって新政権を生み出していた。降伏したドイツも、敗北前から軍人たちが広範な活動を展開してヒットラー暗殺計画を実行し、からくも独裁者が生き延び、最後にヒットラーが自殺する末路を迎えていた。

さらにアメリカは、ポツダム会談がはじまる前日、七月一六日にニューメキシコ州で秘かに世界最初の原爆実験に成功し、早期の勝利を確信したため、もはやソ連の対日参戦を求めず、トルーマンはスターリンを無視した。蔣介石には電報だけで承認を得て、ポツダム宣言を発表したのである。

しかし宣言の内容は、人類としてきわめて高度な良識に満ちたものであった。

「第一条」～「第五条」は、日本の軍事的敗北は決定的であり、無益な抵抗をやめないと徹底的に日本を破壊する、すみやかな降伏を求めるという、軍事的な威嚇を表に出した文字通りの最後通牒であった。だがそのあとに、すぐれた条文が続いた。

「第六条」日本から軍国主義者を完全にかつ永久に排除する。

「第七条」日本の新体制を確立して、戦争遂行能力を粉砕し、その確証が得られるまで日本を占領する。

「第八条」カイロ宣言の条項を履行し、日本の領土を本州、北海道、九州、四国と、われわれが定めた小諸島に限定する。

「第九条」日本の軍隊は完全に武装を解除されたうえ、各自の家庭に復帰し、平和的かつ生産的な生活を営む機会を与えられる。

「第十条」われわれは、日本民族を奴隷化したり滅亡する意図を持たない。しかし俘虜《ふりょ》虐待などをおこなった一切の戦争犯罪人を厳重に処罰する。日本政府は、民主主義のため、言論・宗教・思想の自由と基本的人権に対する敬意を確立しなければならない。

「第十一条」日本は、経済を復興し、賠償可能な産業を維持した国家とする。再軍備は許されない。それ以外の産業は許され、将来は世界貿易にも参加が許される。

「第十二条」以上の目的が達成され、日本国民が自由に表明する意志に従って平和的な責任ある政府が樹立されれば、連合国占領軍はただちに日本から撤退する。

「第十三条」日本国軍の無条件降伏を求める。日本国政府がその保障をおこなうよう要求する。それ以外の選択は、日本の完全なる壊滅あるのみ。

このポツダム宣言が良識的であったのは、米軍が日本を占領するために、最も人道性の高いものにすることによって、アメリカが占領軍として自らの立場を強め、作業をおこないやすくすることが目的であった。そのため、アメリカ国民と、全世界に対する良識の明示が、ここになされたのである。日本の〝初期の占領政策〟は、この宣言の通りに遂行されることになった。

しかし鈴木貫太郎首相が、ポツダム宣言二日後の七月二八日、何を血迷ったか、記者団に対して〝ポツダム宣言黙殺（無条件降伏拒否）〟と〝戦争邁進《まいしん》〟を表明したのである。この鈴木貫太郎は、海軍大将と連合艦隊司令長官を歴任してきた生粋の軍人だが、すでに三月一〇日に東京大空襲があって、四月一日に米軍が沖縄本島に上陸し、戦艦大和が沈没した四月七日に総理大臣に就任した男であった。つまり、日本の軍事的な敗北が決定的となった時点で〝終戦内閣〟として発足したはずであったのに、この暴言を発したのである。そのため、〝ポツダム宣言黙殺〟を表明して九日後の八月六日に広島に原爆が投下され、続いて八月八日にソ連がポツダム宣言に参加し、日本に対して宣戦布告した。その翌日、長崎に原爆が投下された。七月に無条件降伏していれば、広島・長崎に原爆が投下されずにすんだのである。

このポツダム宣言第九条にある、日本の軍人の家庭復帰と、平和的な生活を保証した文言によって、敗戦後の大日本帝国の陸海軍部隊の帰国が可能となった。しかし外国（アジア・太平洋の日本侵略地）にいた軍人ではない〝一般人〟、たとえば満州に取り残された満蒙開拓団の人たちについては、ポツダム宣言にその保証が述べられていなかった。そのため日本降伏後、日本の大本営が、一般人の帰国に責任を果たそうとせず、占領軍最高司令官マッカーサー元帥を怒らせることになった。

八月一五日からの出来事――
戦後の闇市に流れた軍需産業の隠匿物資

一九四五年八月一五日に、日本は無条件降伏を受け入れた。その後は、国民が飢餓とインフレに襲われ、闇市時代がはじまった、とすべての歴史に書かれている。しかし、水に恵まれた緑豊かな国・日本で飢餓が起こるのは、奇妙なことであった。この原因から、戦後史の第一歩を探る必要がある。

敗戦直後の時期に、日本人はアジア全土から憎悪を買い、アメリカとヨーロッパの民衆から、ナチス・ドイツと共に、黄色い肌をした醜い愚か者の代表者ジャップとされ、日本を代表する昭和天皇は、第二次世界大戦当時二五〇万部も発刊されたアメリカの雑誌〝コリアーズ（Collier's）〟で、真珠湾攻撃の翌年（一九四二年）の表紙にヒットラー、ムッソリーニと共に「殺人株式会社三人組」として描かれ、また一九四五年には

「昭和天皇が乗る馬の足から血がしたたる絵」さえも掲載されたほどであった。そのため日本人は、一度落とされた世界的な評価から這《は》いあがらなければならなかった。国をあげて強盗殺人に類するアジア侵略時代を謳歌《おうか》し、パール・ハーバーに奇襲攻撃を仕掛けた報いだから、当然であった。大正デモクラシーが消えて以来、民主主義という言葉を、ほとんど見たことも聞いたこともなく、自分たちに人間の権利があることさえ忘れていた民族が日本人だったのである。

それでも大半の日本人は、心を入れ替えるのに、さほどの時間を要しなかった。生きようとする限りは、あとを振り返ってばかりいられなかったからである。とりわけ母親たちは、いとおしい子供を飢えさせまいと、必死であった。母親は道ばたに落ちている下駄を見つけると、今夜の竈《かまど》のたきぎになると急いで胸にしまい、夕飯を子供に食べさせるため、そっと涙しながら家路を急いだものだった。こうした屈辱のあと、生き延びるために立ちあがったのが、女性たちと労働者であった。なぜわれわれは、いま、この戦後史を正確に知っておかなければならないか。

尋ねるだけ、野暮である。

米軍が乗りこんでくる前、すでに全国の日本人は、国家総動員体制によって工場に徴用工《ちようようこう》として動員されていた。また農民は、戦争のために食糧を確保せよという命令を受けて、イモや麦を無理やりつくらされ、地獄のような供給を強制されていた。そこへ大空襲を受けた都会から、疎開《そかい》学童だけで四一万人を超す大量の疎開民を受け入れなければならなかったのが、農村の実態であった。

東京では、敗戦間近だというのに、腐敗しきった将校連中が女を招き入れて連日連夜、酒を飲み明かしているという噂がしばしば聞かれた。その軍人と官僚から、配給制度を支配する官僚たちは立派な服を着こんで歩きまわっていた。その軍人と官僚から、国民に対する食糧など物資供給の要求は日ごとに厳しくなり、「農家が完納するためには盗むほかない」とため息をつかせ、「何のために戦争するのか。こんなことならアメリカの世話になりたい」とまで語られていたのである。

愚かの限りをつくした日本の支配階級は、戦争に惨敗しても、庶民生活のことなど眼中になかった。日本が降伏した暁に、ポツダム宣言の第十二条が求めるように、「日本国民が自由に表明する意志に従って平和的な責任ある政府が樹立された」場合、天皇制が維持されるかどうか、その一点だけに彼らの関心と不安が集中していた。この天皇制維持を〝国体護持《ごじ》〟と呼んでいた。しかし彼らにも、もはや逃げ道はなく、明日におそれを抱きつつ、一九四五年八月一四日の御前会議が、ついにポツダム宣言を受諾することを最終決定し、無条件降伏する旨を中立国を通じて連合国に通告した。

ところがその同じ八月一四日から、鈴木貫太郎内閣の悪事がはじまったのだ。彼らは、占領軍が進駐してくれば、軍需品を没収されると読んで、米軍が来る前にすべてを隠して、軍人に与えるほうが益になると考えて、軍需品の放出命令を出したのである。それが「軍その他の保有する軍需用保有物資資材の緊急処分の件」の決定であった。日本軍が米軍上陸後の本土決戦に備えて、全国に分散して備蓄していた軍需物資の燃料のほか……アルミ・銅……金銀ダイヤの貴金属……さらには米・味噌・醤油などの食糧が存在していた。ところが、それを醜悪な軍人のつかみどりに任せ、降伏直前に早くも戦後経済の破綻の第一歩を踏み出したのであった。最終的に放出された軍需品の量は、陸軍では総量の三分の一、海軍は当時の価格で一〇〇〇億円に達し、総額実に二四〇〇億円相当と言われている。一〇〇〇億円は敗戦の年、一九四五年の歳出総額（『日本長期統計総覧』）と同じであり、二四〇〇億円は企業物価指数換算で二〇〇〇年時価の四五兆円、米価換算で六〇兆円にも達する金額であった。つまり全国民が一年を楽に過ごせるだけの資産が、国庫から、戦争関係者たちの懐に流れ出したのだ。

しかも払下げ規則は、「原則として有償とするが、代金は直ちに全額を払う必要なし」としており、実質的には「盗める者は盗んでよし。その後の追及についてはないだろう」と暗示する指令であった。そのため軍人たちは、「米軍が進駐してくるまでに兵舎の整理をする」と偽って学徒を動員し、倉庫から物資をトラックに積みこんで、寺の本堂や床下に運びこむ手伝いをさせた。そこには、大量の食品……衣類……高価な機械類……カメラ……さらにはダイヤや真珠と貴金属まで、何でも揃っていた。それらは戦時中に軍人や警官たちが、民衆から押収強奪したものであった。大量の金塊を保管していた大阪造幣廠《ぞうへいしょう》からも、莫大な軍需物資が闇に消え去った。ここでは、日本の敗北近しと見て民間工場に引き渡しがはじめられ、鉄鋼ばかりでなく、繊維や油脂まで数々の重要な資材が「交付」の名目で大企業に流れこんでいった。そのほか翌年の一九四六年一月には、東京の板橋造幣廠跡で大量の隠匿物資が発見され、日銀支店に保管されていた金・銀の貴金属と宝石類、さらに東京芝浦沖に沈められてあった金塊一〇三本など、山のような隠匿物資が国会で問題になった。

のちに大蔵大臣・石橋湛山《たんざん》が明らかにした「一九四八年九月現在の行方不明物資」は総額一〇〇〇億円に達した。軍人だけでなく、戦時中に軍需省などの官吏と裏でつるんでいた商人も、払下げ物資の処分を打診され、資材を運び出す世紀の大強盗が、米軍が進駐してくる日まで白昼堂々と連日横行し、それが深夜におよぶまでおこなわれた。明治維新における薩摩・長州の維新の志士たちが、幕府の巨大な財産をくすねたのとまったく同じ火事場泥棒であった。こうした物資を預かる軍需省の親分だったのが、軍需次官だった岸信介《のぶすけ》や、次の内閣で軍需大臣となった中島飛行機の中島知久平《ちくへい》たちであり、莫大なヤミ物資が換金されて、戦後の政界に流れた。

これらの半盗難物資は、ただ持っていても役に立たないので、ヤミからヤミへと売りつがれて、見事な絹織物や貴金属が米に交換され、やがて米は、扱いやすい現金に姿を変えていった。そうして戦後に隆盛した闇市を、ますます活発にしたのである。

疲弊のどん底にあった国民は、ある者は見るのも嫌になるほど仕方なくカボチャを食べて腹を満たし、配給されたトウモロコシの粉でまずいパンをつくり、小麦や大麦を水でこねて団子にしてから、ありあわせの汁に芋などを投げこんで煮た「すいとん」なるものをすすって飢えをしのいでいた。こうして明治維新と瓜二つ《うりふた》、維新の志士の思想を受け継いだ野卑な人間たちによって、またしても政変にまぎれて膨大な国民資産が盗まれ、そのため全国民が深刻な飢餓の時代に投げこまれたのである。

新政府が軍人に大金をばらまく

続いて政治家と官僚・軍人がおこなったことは、戦争中に自分たちが手を下した「犯罪の証拠隠滅」であった。一九四五年八月一五日、早朝から目にまばゆい陽光が照りつけ、犬が舌を出す蒸し暑い日の正午、国民に向けて「昭和天皇の玉音放送」がラジオに流れた。日本の天皇制国家はじまって以来、初めて天皇が他国の前にひれ伏すみじめな無条件降伏のときであった。情報局総裁・下村宏、内大臣・木戸幸一《こういち》、陸軍大臣・阿南《あなみ》惟幾《これちか》らが仕組んだこの「天皇の言葉」は、右翼頭目の安岡正篤《まさひろ》たちが手を入れたもので、「朕《ちん》深く世界の大勢と帝国の現状とに鑑《かんが》み、非常の措置を以《もっ》て時局を収拾せんと欲し、ここに忠良なる爾《なんじ》臣民に告ぐ……堪《た》へがたきを堪へ、忍びがたきを忍び、以て万世の為に太平を開かむと欲す」と語り、ひと言も「日本は戦争に敗れた」、「日本は無条件降伏した」、「アジアの諸国民を苦しめたことを詫《わ》びる」と、語るべき文言を語らず、これを〝終戦の詔勅《しょうちょく》〟と呼んでごまかした。ラジオからよく聞き取れなかったにもかかわらず、日本が全世界に降伏したことを、放送を通じて国民が知った瞬間であった。

そのため今日まで、八月一五日を〝終戦記念日〟と呼び、決して〝敗戦記念日〟や〝降伏記念日〟と呼ばない習慣が、報道界に定着したのである。

日本が無条件降伏すると、国内だけでなく、日本軍が占領しているアジア・太平洋の全地域に白旗の掲揚が指示され、米軍が攻撃を停止すると、鈴木貫太郎内閣が「国民の等しく向かうところは天皇制を守ること（国体の護持）にある。日本人同士で相争えば敵を利するだけであるから過去を水に流せ」という内容の内閣告諭《こくゆ》を発して、総辞職した。「日本人同士で相争うな」とは、戦争を開始した犯罪者あるいは戦争敗北の責任者を取り締まるな、という呼びかけであり、犯罪者が自己弁護を偽装した訴えであった。国民は昨日まで軍人や政治家から「撃ちてし止《や》まむ（敵を撃って撃ちまくれ）」と鼓舞され、幻の勝利に向かって玉砕を叫び、いまやそれが大嘘だったと悟り、敗北と占領の悲嘆にくれていた。その国民から、やがてわきあがると予測される激しい怒りの批判に対して、罪を犯した国政責任者が自らの立場を守るために放った、最後の煙幕がこの発言であった。

その八月一五日、東京市ヶ谷の参謀本部では、軍部が戦争犯罪の証拠を隠すため、いっせいに膨大な書類の焼却が開始され、幾筋もの黒煙がもくもくと立ちのぼった。満州でも、ソ連が参戦した途端、哈爾浜《ハルビン》郊外の平房《へいぼう》にあった七三一部隊本部を、細菌戦部隊の石井四郎らが徹底的に破壊し、中国人捕虜たち四〇〇人余りを殺した上、大虐殺の証拠隠滅を図った。

日本の政府と、官僚と、軍人は、現在も、誰の目に隠れもない犯罪があろうと、自分に不都合な事実について公正な記録を残さない。一朝暴露せんかという事態になれば、国民が迷いから覚めないよう、ひたすら迷彩をほどこすという、文明国家として最も卑劣低俗な伝統を守ってきた。そのため、歴史家やジャーナリストが日本史の秘密を知るには、アメリカの国立公文書館で資料をあさらなければならず、時折これが新聞や雑誌にスクープとして流れるが、本来これらは、国民が日本の国会図書館で普通に知ることができなければならない事実ばかりである。日本は文明国家と呼ぶことができないほど、アメリカ・ヨーロッパであれば絶対に許されない、この恥ずべき状態を現在まで延々と続けている。無条件降伏時に重要文書を焼却した行動が、まさしくその象徴であった。

そのため、のちに東京裁判によって、戦時中の軍人と政治家の悪事が次々と暴かれ、すべての国民がうろたえたのであった。したがって日本の民主主義国家のスタートは、われわれの目の前で二〇一三年一二月六日に成立した「特定秘密保護法」を白紙撤回させ、〝全情報の公開〟という第一歩からはじめなければならない。

降伏二日後の八月一七日には、鈴木貫太郎に代って、皇族の東久邇宮稔彦《ひがしくにのみやなるひこ》が総理大臣に任命された。しかし東久邇宮はもともとまったく政治能力のない人物であった。気力を失った重臣たちが彼を総理大臣に引っ張り出したのは、東久邇宮稔彦が明治天皇の娘と結婚し、姪が昭和天皇の皇后となり、息子が昭和天皇の娘・成子《しげこ》（平成天皇の姉）と結婚した天皇一族だからであった。二人の重大な戦争犯罪者である公家出身の元首相・近衛文麿と、内大臣・木戸幸一が、枢密院議長・平沼騏一郎《きいちろう》たちと密談して、彼らが天皇制を守るために、最も昭和天皇に近い姻戚関係を持つ人物として、東久邇宮稔彦に白羽の矢を立てたのである。その内大臣・木戸幸一は、昭和天皇側近として戦時中の歴代犯罪内閣を生み出し、このあとA級戦犯・終身禁錮刑となった男であり、大伯父が桂小五郎こと木戸孝允《たかよし》、つまり明治維新直後に朝鮮侵略を煽動《せんどう》した長州閥で、妻が満州軍参謀総長・児玉源太郎の娘であった（一五〇頁、系図4「長州のアジア侵略者」）。

実際には、副総理格の国務大臣に近衛文麿が就任して、準近衛内閣として発足し、内閣書記官長に、国民に嘘をつき続けた情報局総裁の緒方竹虎《おがたたけとら》が座って、緒方と近衛が閣僚を人選した。緒方竹虎は、福沢諭吉一派として権勢を誇り、戦時中に朝日新聞主筆・副社長の新聞人でありながら、「情報局」総裁となって報道を弾圧し、新聞による戦意高揚に熱中した男であった（息子の妻が、国連難民高等弁務官となった緒方貞子である）。

緒方竹虎らによって戦後初代の「陸軍大臣」に選ばれたのは、一九三七年に盧溝橋事件が起こった当時、参謀本部作戦部長として日中戦争を拡大して南京大虐殺を引き起こした下村定《さだむ》であった。「軍需大臣」（八月二六日から商工大臣）には、同じく日中戦争の拡大を主張し、中島飛行機創業者として軍需産業中島コンツェルンを率いた総帥の中島知久平が選ばれた。さらに、満州事変の首謀者・石原莞爾《いしわらかんじ》が東久邇宮首相と親しかったため、石原が内閣顧問になるよう要請されたが、このとき病身のため断った。しかし石原はこの内閣に強い影響を及ぼして、戦時中に石原莞爾の東亜連盟と結びついていた児玉誉士夫《よしお》が「内閣参与」に就いたのだから、これが敗戦内閣かと驚くほど、実におそろしい新内閣が発足したのである。

児玉誉士夫は、後年に田中角栄のロッキード事件でロッキード社秘密代理人をつとめた黒幕として脚光を浴びた男だが、戦時中の海軍物資の調達役として、上海などで児玉機関を運営した右翼の怪物ファシストで、終戦時のこの一九四五年末には、海軍の国家資金をそっくり懐に入れて、アジアの植民地で戦時利得三〇億円以上をあげていたことが報道され、飢餓に苦しむ国民を驚かせた男であった（この経過はのちに述べる）。

この軍事的な人事を説明したのは、敗戦直後に日本の国民を苦しめた経済破綻の最大の原因が、この人脈にあったからである。東久邇宮首相がおこなった財政は、国民の救済ではなく、〝軍需産業の救済〟であった。当時は臨時軍事費特別会計という戦時用の特別予算が組まれ、これが「臨軍」と呼ばれた巨大予算であった。これは、議会の承認なしに軍部の担当者が、つかみどりのように使える金であった。臨軍予算は真珠湾攻撃後に次第にふくれあがり、敗戦した一九四五年には、歳出総額ほぼ一〇〇〇億円のうち軍事費が七二％を占める狂気の軍事国家にあって、その軍事費のほとんどが臨軍予算によって占められてきた。

東久邇宮内閣が発足すると、戦争が終ったはずなのに、再び巨大な臨軍特別会計が組まれた。軍人・軍属の退職金として……また軍人の復員費用として……さらに軍需品の未払代金や注文打ち切りに伴う企業に対する損失補償金として、浴びるような大金が用意されたのである。この年一一月にGHQ指令で臨軍予算が禁止されるまで、わずか三ヶ月間に二六六億円に達する莫大な金がこの軍事予算に支払われた。しかし日本政府には金がなかったので、この金を捻出するために赤字公債を発行し、一一月末までに財政資金の超過額が一八三億円に達した。その大金がすっかり軍部と、戦争に協力した軍需産業に支払われたのである。そして公債発行高一六〇億円のうち七五%にも達する一二〇億円を日銀引受けに頼った結果、日銀券の発行高が降伏直前の二八四億円から、米軍が進駐してきた八月末までのわずか二週間で一挙に四二三億円にはねあがった。最終的に、この年度の政府債務は一九九四億円に達し、国家財政はこの巨大な借金で完全に破綻した。

すでに日本は、降伏前から天文学的な軍事支出によってインフレがはじまっていたが、この時代の食糧不足に伴う社会不安のなかでそれが急速に加速して、ハイパーインフレーションと呼ばれる物価上昇が起こったのである。苦しんだのは、食べ物を買うこともできず、飢えを目前にした庶民であった。インフレは、国民に〝生か死か〟を迫るほど、とてつもない犠牲を強い、一方では軍需産業に巨大な利得をもたらした。ほとんどただ同然で手に入れた軍需資材がインフレによって暴騰し、大企業が莫大な利益を手にしたのだ。
これを仕組んだのが、ここまでに名を挙げた新内閣の軍閥関係者であった。

占領軍マッカーサーの厚木飛行場への来訪と新内閣の顔ぶれ

こうした中で占領軍が来日した経過は、以下の通りであった。八月一五日に天皇の玉音放送によって、「日本の占領と武装解除を求めたポツダム宣言」を受諾することが日本の国民に伝えられたが、日本が無条件降伏することは公式文書で調印されていないので、これで戦争が終ったわけではなかった。降伏は屈辱であるとする軍人が多数いて、日本各地で徹底抗戦を叫んでいたのである。特に、米軍が来日する予定の神奈川県厚木《あつぎ》飛行場では、ここを占拠する航空隊の司令官が、隊員に部隊の独立を宣言して戦闘態勢に入っていた。こうした日本軍兵士の反乱を予想していた米軍は、巨大な兵力を日本に派遣して軍事占領する作戦を立てていた。ところがソ連は、八月八日に日本に宣戦布告し、満州と朝鮮へ侵攻を開始していたので、ソ連軍が樺太（現・サハリン）の日ソ国境を突破して南下し続け、八月一六日にスターリン首相がトルーマン大統領に書簡を送って、北海道の留萌《るもい》～釧路を結ぶ線から北側をソ連軍が占拠すると伝えた。さらに八月一八日には、ソ連軍が北海道東部の千島列島へ侵攻を開始したため、占守島《しむしゅとう》で激戦が展開され、日ソ両軍の死傷者が二五〇〇人を超えたのである。

このソ連の独善的な動きはアメリカにとっても予想外で、急ぎ日本と正式な降伏条約を調印する必要があり、日本の公式降伏使節をフィリピンの米軍のもとに派遣するための飛行機を準備することになった。米軍と連絡をとりながら、機体を純白に塗って、平和使節として〝緑十字〟を描いた飛行機が千葉県木《き》更津《さらづ》を出発し、沖縄の伊《い》江《え》島《じま》経由でフィリピンに到着し、正式な降伏文書を持って帰国の途についた。日本国内では、厚木の反乱隊員を説得しながら、米軍の到着を待つ態勢を整えたが、日本に戻る緑十字機が途中、静岡県で燃料切れのため不時着し、かろうじて八月二二日に降伏文書が届けられた。この文書と共に、フィリピンからの米軍先遣隊の到着日時が八月二六日であることが日本政府および大本営に伝達された結果、厚木基地に反乱軍が放置していた滑走路の戦闘機や残骸を完全に撤去することができた。

こうした日本国内の危機的状況が進むなかで、予定より二日遅れて、日本降伏から二週間後の一九四五年八月二八日、連合軍先遣部隊の米軍（第八軍）が、ついに神奈川県の厚木飛行場に到着したのであった。同日、横浜に総司令部ＧＨＱが設置され、以後、日本本土への米軍の進駐が開始された。

その二日後の八月三〇日、連合国軍の最高司令官に任命されたアメリカ陸軍ダグラス・マッカーサー元帥が厚木飛行場に到着し、コーンパイプをくわえてタラップをおり、車輛で横浜に入った。九月一日には、ソ連軍が北方四島に侵攻して占領したが、その翌日の九月二日には、東京湾の戦艦ミズーリ上でマッカーサー指揮のもとに降伏式典が執行され、日本の全権・重光葵《まもる》外務大臣と、大本営代表全権委員・梅津美治郎《うめづよしじろう》参謀総長が「無条件降伏」文書に調印して正式に敗北し、日本が占領された、という素早い流れであった。したがって、日本の真の敗戦日は八月一五日ではなく、まったく忘れられている九月二日である。こうして日本の占領を果たしたマッカーサーは、スターリンが要求した北海道北部の分割占領を一蹴して、日本の領土分割を阻止したのであった。

以後、日本占領軍の総司令部にGHQという呼び方を用いるが、正確に定義すると、GHQはGeneral Headquartersの略で、当初はフィリピンのマニラから横浜に移動した〝アメリカ太平洋陸軍〟の総司令部であった。それに対して、一〇月二日にここが〝戦勝国の四五ヶ国〟から成る連合国軍の総司令部も兼ねるようになった。この米軍と連合国軍の、両者の総司令官が、同じマッカーサーであり、連合国の最高司令官を、SCAP（スキャップ——Supreme Commander for the Allied Powers）と呼んだ。一方、実際に日本に進駐して占領をおこなった軍隊の主力は、横浜に司令部を置くアメリカ第六軍（年末に帰国）と第八軍であり、この部隊は連合国軍と連合国総司令部に属さず、アメリカ太平洋陸軍総司令官マッカーサーに属する米軍で、のちにGHQと共に横浜から東京に移転し、日比谷の第一生命ビルにGHQ本部を設置した。したがって厳密には、GHQは国際的な機関であるのに対して、占領軍はアメリカの組織であった。日本政府は、屈辱的な〝敗北〟と〝降伏〟を国民に対して隠すため、この占領軍を進駐軍と呼び換え、日本の国民もそう呼んだ。

日本政府は、これらアメリカの軍隊を迎える二つの組織を生み出した。一つは軍人組織の「対連合軍陸軍連絡委員」で、委員長に陸軍中将・有末精三《ありすえせいぞう》、副委員長に陸軍中将・鎌田銓一《かまだせんいち》をあてたが、二人は陸軍士官学校の同期であり、有末はムッソリーニ全盛時代のイタリア駐在武官として権勢をほしいままにした男であった。鎌田はこのあと、吉田茂首相の側近・白洲《しらす》次郎、幣原喜重郎《しではらきじゅうろう》内閣の書記官長・楢橋渡《ならはしわたる》、当時日本最大の暗黒街の顔役と言われた安藤明と共に、日米パイプ役四天王と呼ばれて、強大な権力を握ることになった。以上の人脈で分る通り、これらの出来事が、いずれも戦後経済の根幹にかかわっていた。

米軍が到着した神奈川県の厚木飛行場は、厚木市ではなかった。やや離れた綾瀬《あやせ》市と大和《やまと》市にまたがる大日本帝国海軍の飛行場で、なぜ厚木と命名されたかは諸説あって定かではない。米軍を受け入れた厚木飛行場周辺の住民は大変であった。この海軍飛行場が、戦後に朝鮮戦争〜ベトナム戦争を通じてアメリカ第七艦隊の後方支援基地となって拡張され、一九七一年からアメリカ海軍厚木航空施設となり、同時に海上自衛隊までが便乗して厚木航空基地として使用を開始し、日米共同使用の軍事基地となったからである。その後、空母ミッドウェー、インディペンデンス、キティー・ホークの艦載機が厚木に駐留して、住宅地の真上を軍用機が飛びながらすさまじい騒音と墜落事故の頻発で、現在に至るまで住民の訴訟がたびたび起こされてきた。

二〇一五年九月一九日に、憲法に違反する軍事立法・安全保障関連法案が成立すると、一〇月一日には横須賀に原子力空母ロナルド・レーガンが入港して、厚木基地にその艦載機が飛来しはじめ、周辺二〇〇万人の住民が騒音被害と事故の恐怖に襲われてきた。米軍はこの艦載機を山口県の岩国基地に移すとしているが、岩国基地の周辺住民たちは、騒音被害に対する賠償や自衛隊機と米軍機の飛行差し止めなどを国に求めて岩国基地騒音訴訟を起こし、二〇一五年一〇月一五日に山口地裁岩国支部が、国に合計五億五八〇〇万円の賠償を命じる判決を言い渡したばかりであった。しかしこの判決では、飛行の差し止めを命じず、「騒音被害は賠償金で解決しろ」と、裁判官が自ら人権蹂躙《じゆうりん》を容認した不当な裁判であった。日本政府が、日本の住民より米軍を優先するのだから、あきれるほかない。

この厚木飛行場にマッカーサーを迎え、米軍接待役となった特権者・有末精三は、三井財閥の一族であり、もう一人の接待役・鎌田銓一も徳川家・天皇家の一族であった。このような閨閥《けいばつ》ができたのは、米軍におもねるのに必死となった戦後の皇族・華族・財界主流が、日米パイプ役の四天王を使って戦争犯罪の追及を免れようとしたためであった。

米軍を迎えるもう一つの組織は、GHQと日本政府との折衝をおこなうために、外務省の外局として設置された「終戦連絡中央事務局」（通称・終連）であった。終連中央事務局は、のちに外相・吉田茂（のちの総理大臣）が総裁を兼務し、その吉田のもとで終連事務局次長となって実務を握り、権勢を誇ったのが白洲次郎であり、彼もまた、アジア侵略者の横浜正金銀行頭取・白洲退蔵の孫で、妻の白洲正子はアジア侵略者の初代台湾総督・樺山資紀《かばやますけのり》の孫娘であった。三井の閨閥から出てきたのが白洲であるから、軍閥の有末精三とも遠戚だったのである。

こうして対連合軍陸軍連絡委員と終連中央事務局は、日本を支配するGHQと直接折衝したため、GHQの動向を最も早く知ることができる立場にあり、ここを握った彼らが、日本最大の経済支配者となった。というのは、日本は、占領軍を維持する莫大な経費を、責任者の敗戦国として負担しなければならなかったので、初期には「一般会計の半分がこの占領軍の経費で占められた」からであった。そのため、米軍のための土木工事と建設工事、ジープなど自動車類の修理などに、大きな需要があって、GHQに群がった彼らの利権が、巨大な額に達したからである。

この人脈を生み出した東久邇宮首相は、米軍到着の日に記者会見をおこなって、何を語ったかといえば、「国体護持と全国民総懺悔《そうざんげ》」を強調したのである。要するに「昭和天皇や重臣には戦争責任はない」ので、戦争に敗れた国民が懺悔しろというトンデモナイ無責任内閣であった。しかも内閣書記官長の緒方竹虎がその言葉をくり返し、「一億総懺悔」と言い出したのだから、敵艦に体当たりする特攻で子供を失った遺族たちが、「一体、この戦争と無残な敗北の責任が、私の息子にあると言うのか」と激しい憤りを覚えたのも無理はなかった。空襲被害者たちが、政府に強い反感を抱いたのも、この時であった。

しかし来日した米軍は、九月四日に横浜に上陸した戦争犯罪調査団の先遣隊が、ただちに軍人……政治家……官吏……財界などおよそ七〇〇名を尋問し、さらに三五〇〇名もの一般市民への聞き取り調査をスタートし、多くの関係文書を押収して、すでに日本の戦争犯罪者をリストアップしていた。そこでマッカーサーは、九月一一日に、真珠湾攻撃をおこなった総理大臣・東條英機《ひでき》のほか、東條内閣の閣僚としてアメリカ攻撃に邁進した岸信介《のぶすけ》たち、戦争犯罪者三九人に逮捕命令を出すと、これを皮切りに、以後、戦争犯罪者の指名と投獄が続いた。

ところが九月二六日になって、終戦直前に特高警察（特別高等警察）につかまって獄中にあった哲学者の三木清が独房の寝台から転がり落ち、死亡しているのが発見されたのである。三木の無残な死を知ったアメリカ人ジャーナリストの奔走によって、敗戦からすでに一ヶ月余りがたっていながら、政治犯が獄中で過酷な弾圧を受けている日本の実態が暴露され、驚いた占領軍が急いで政治犯の釈放を指示した。しかし一〇月三日に、特高警察のボスだった内務大臣・山崎巖《いわお》が、「治安維持法に基づく共産主義者の検挙を継続する」と発言したので、日本政府が大衆の立場に立って民主化をおこなう意志がまるでなく、ポツダム宣言の条文を履行しないことが明らかになり、GHQを主導する高官と外国人記者のあいだに、日本政府に対する国際的な烈しい怒りを招いた。翌一〇月四日にはマッカーサーが国務大臣・近衛文麿と二度目の会談を持ち、憲法改正をおこなって民主化を進めるよう指示した。ところが近衛は会談後に、「民主化とはどういう意味だろう」と側近に尋ねたのだ。救いがたい人間であった。

こうして同じ一〇月四日、GHQが「自由の指令」を発して、人権の確立……治安維持法の撤廃……特別高等警察の廃止……政治犯の即時釈放などをきびしく発令して、戦時中の特高警察ボスだった山崎巌をただちに免職した。このとき新たに外務大臣に就任していた吉田茂が、「治安維持法の維持と、共産党員の釈放取り止め」を工作したので、GHQがあきれて、吉田茂を完全に無視した。GHQの自由の指令は、「天皇に関して自由な討議を許す……政治犯を釈放する……思想・言論規制の法規を廃止する……思想警察を全廃する……内務大臣・特高警察全員を罷免する……国民の自由を統制する法規を廃止する」など、当然すぎるほどの内容であった。

ところが翌一〇月五日、東久邇宮内閣の緒方竹虎をはじめとする全員が、特高警察の山崎巌と同じ考えであり、その自由の指令を実行できないとして総辞職し、一〇月九日には幣原《しではら》喜重郎《きじゅうろう》内閣が発足した。東久邇宮は首相在任わずか五四日で史上最短内閣に終った。

新首相の幣原は、三菱財閥創始者・岩崎弥太郎の女婿なので、今度は金満ブルジョワ内閣を組閣した。日本政府が、GHQの求めに応じて、仕方なく明らかにした〝皇室の財産〟は、美術品・宝石・金塊を除いて、天皇家だけで一五億九〇六一万円に達し、一九四五年比の二〇〇〇年時価では、企業物価指数換算で四五四七億円であった。しかし当時と現在の予算規模で比較すると、優に一兆円を超えていたのである。ここで政府が明らかにしなかったものを含めると、財産は二倍以上の三七億円だったので、二〇〇〇年時価で二兆円を超えたのが天皇家の巨大資産であった。

実に国有地の六％が天皇家の所有であった。というのは、明治維新後にそちこちの山林が明治政府の所有となり、明治一八年から宮内省が官有の森林と、土地と、鉱山を皇室財産に編入しはじめ、木曽山林では明治二二年にほとんどが皇室の所有する土地（御料地）に編入され、北海道では、明治二三年までに北海道内の御料林が六〇億坪も設定されて開拓民の生活を妨害するという、信じがたいことがまかり通った。こうして全国に一〇〇億坪をはるかに超える面積を占有した天皇家が、〝日本一の土地所有者〟となった。日本一の大地主「酒田の本間様」の一〇〇〇倍を超え、日本一の長者は、ほかならぬ薩長藩閥がかつぎあげた天皇家だったのである。また、侵略した植民地の略奪企業・東洋拓殖や金融機関と、特に傑出して多い三井財閥系の軍事企業に対する莫大な金額の有価証券を、天皇家が財産として保有していたのである。この天皇家を崇《あが》め敬《うやま》ったのが日本の国民であった。

このような日本に対して、GHQが人道的な指令を出したのは、GHQや国務省高官、あるいは占領軍の兵士たちが、町で日本の国民と接触しはじめ、「日本人がおかしいのではなく、日本政府がおかしい」ことに気づいたからであった。統治者として日本に乗りこんできたアメリカ占領軍の兵士と国務省の高官たちは、初めは「真珠湾を奇襲攻撃した、卑劣な憎むべき民族を徹底的にやっつけてやろう」と意気ごんでいたが、次第に町で日本人に接して、「この国は大丈夫」と感じるようになり、考えを一変した。それは、日本人が働く姿と、その精力的な民衆の勢いを目にしたからであった。彼らは言った。「日本は、大丈夫。こんなにたくさんの人間が、みんな、実によく働くから」と。

特に米軍兵士の心を惹《ひ》きつけたのは、アメリカ人の目を避けようとする大人ではなく、物珍しそうに集まってくる子供たちの、その好奇のまなざしであった。子供たちは、初めは見たこともない動物でも見るようにアメリカ兵を遠巻きにして眺めていたが、食べ物に飢えていた彼らは、やがて兵士の差し出すチョコレートやチューインガムをはにかんで受け取り、いかにも幸せそうにそれを口に入れた。日本政府とGHQ幹部との陰湿なやりとりではなく、アメリカ人と日本人の、真の交流が町の中ではじまったのである。

確かに、占領軍兵士による犯罪はあとを絶たなかったが、ほとんどのアメリカ兵は、総じて純良な人間が多く、日本政府を嫌っても、日本人に好意を抱くように変ったのである。

おそるべき飢餓に襲われた国民

日本人は敗戦後、なぜ深刻なおそるべき飢餓に襲われたのであろうか。それを知るため、当時の国民生活に戻ってみる。敗戦の年、一九四五年は、日本の農業が大凶作であった。降伏時の総人口は、現在の六割程度、七二〇〇万人であった。この人口なのに、緒方竹虎が「一億総懺悔」と言ったのは、植民地とした朝鮮・台湾と中国占領地と南洋諸島ミクロネシアの人間を含めた数字だったから、戦時中に軍国主義者がアジアを支配したことを誇って濫用した数字が、〝大日本帝国時代の一億人〟だったのである。緒方は無条件降伏後にすでに日本が取り上げられた植民地の人間まで、日本人に数えていたのである。

無条件降伏時には、その実数七二〇〇万人の日本人のうち、男は多数の戦死者を出していたので、女性が男性を四二〇万人上回っていた。しかも働き盛りの男は多くが戦地に取り残されていたため、農地で食糧をつくる働き手となる男がまったく足りなかった。さらに敗戦のため農民の働く意欲も失《う》せて、食糧供給実績がたった二三％にまで落ちてしまい、ほとんどの人間が食べ物を手に入れられない最悪の事態となっていたのである。実りの秋が訪れても作物は実らず、東北からの上京者が集まる上野駅周辺では餓死者が続出し、一九四五年一一月一日には、〝餓死対策国民大会〟が東京・日比谷公園で開催されたほどであった。

戦災のため、親兄弟も身寄りも失い、ボロをまとって〝浮浪児〟と呼ばれた幼い子供たちは、電車のガード下や地下道に寝起きしながら、通行人やアメリカ兵の袖を引き、その日の食べ物を求めて、見るも悲惨な日々を送っていた。道端の至る所に片腕や片脚を失った傷痍《しょうい》軍人が坐って、彼らもまた物乞いをしていた。都会では、農家に知合いがいない人は、道ばたに生えている雑草から、サツマイモの葉っぱや茎まで食べて命をつなぎながら、空き箱を畑にして、どんな野菜でもいいから種をまき、ひと握りの食べ物でも作ろうと必死になった。一一月一八日の東京朝日新聞は、「はじまっている死の行進」と題して、全国の大都市で栄養失調による死者が大量に出はじめた深刻さを伝えていた。神戸では毎日一〇人ぐらいの餓死者が三宮《さんのみや》の高架下や湊川《みなとがわ》公園で発見されていたのである。

当初は虚脱感に襲われていた大人は、戦争をおこなった罪悪感と、子供たちを食わせられない罪悪感の板挟みとなったが、戦争への反省と回顧はひとまず胸にしまって、まず離散した一家が無事に再会し、家族が今日を生きるため、ひもじい思いの子供に飯を食わせたい、それだけを必死に願って、走り回った。これこそが戦後、日本人が戦争と近代史・現代史を忘却の彼方《かなた》に置き忘れた、最大の原因であった。誰もが求める食べ物の価格は、闇市が盛んなインフレのなかで、ますます上がり続けた。人間には誰しも生きる権利があるという高尚な思想に、日本人はまだ到達していなかった。子供たちは甘いものに飢え、イモアメが人気となって上野にアメヤ横町が生まれた。

都会からの買い出しは、農作物を生む地方に殺到した。ところが、農業・漁業が盛んな食糧供給地も食糧難に襲われると、ついには〝一〇〇〇万人餓死説〟が流れたのである。ポツダム宣言によって日本の国際貿易は敗戦と共に禁止され、領土面積はちょうど半世紀前の一九世紀末、一八九四年(明治二七年)の日清戦争前の状態に戻って、降伏前の四三%を失っていた。そのため、戦時中に米から砂糖まで、植民地に膨大な食糧を頼っていた日本人は、海外からの食糧供給手段を完全に失っていたからである。

この餓死寸前の日本人を救ったのは、無能・無策の日本政府ではなく、アメリカ人であった。GHQは飢餓の混乱を避けるため、一九四五年一一月二四日に食糧……衣類用の棉花《めんか》……石油……塩などの生活必需品について、最小限の輸入を許可し、一二月一四日に貿易庁を開設させると、早速に強欲な白洲次郎がその貿易利権に食いついて初代長官に就任した。米軍は食糧危機を救うため、フィリピンのマニラから残存食糧を緊急輸送し、アメリカ兵の携行食糧が日本人家庭に配給されはじめた。こうしてGHQが大量の食糧を放出して、国民の飢餓に手をさしのべてくれたのである。特に、アメリカから大量に送られた援助物資の小麦粉から、パンを製造する動きが高まり、国もパン食を奨励する運動をおこなって、戦後にパン食が普及すると共に、新たな食品会社が数々生まれていった。

しかし、基本的に食糧難は続き、闇米が横行し、それで莫大な富を得る者がいた。翌一九四六年春を迎えても、寒冷地の青森県では穀類が二日分しかない状況だったが、アメリカの奉仕団体から食糧と共に、医薬品と学用品が送られ、これによって復員軍人たちが生き延び、食糧援助をマッカーサーに感謝する盆踊りが開催された。四月末には北海道に対して七八〇〇トンの小麦粉が放出されたが、それでも一九四六年五月一九日には、宮城《きゅうじょう》（皇居）前広場で〝食糧メーデー〟が開催され、食糧不安が頂点に達した。ここで、参加者の一人、日本共産党員の松島松太郎がプラカードに「詔書《しょうしょ》　国体はゴ

ジされたぞ　朕《ちん》はタラフク食ってるぞ　ナンジ人民　飢えて死ね」と書き、不敬罪で逮捕される事件が起こった。昭和天皇に対する松島の怒りは、当然であった。パンは配給されたが、ひもじい子供でさえ食べないほど、海草でつくられた真っ黒のまずいパンばかりで、国民の飢えは、明日をも知れないところまできていたのだ。

マッカーサーはこの食糧メーデーに二五万〜三〇万人という大群衆が参加したことに驚いて、関東の京浜地区に小麦粉を大量に放出して配給する一方、デモ禁止令を発して、初めての組閣直前の吉田茂を守ろうと必死になった。さらに、新米が出る端境期《はざかいき》前の七〜八月には、全国的に輸入食糧の放出を続け、餓死を食い止めるよう努力した。

工業都市として発展した街ほど、終戦後の飢餓が深刻となり、軍需産業に邁進した北海道の鉄鋼の町・室蘭市のように農地の乏しいところでは、一九四七年に食糧配給の遅配と欠配が全国で最悪の六五日間にもおよんだ。

海外の日本人帰還に命を懸けた海員たち

さて、日本国内がこのような一大危機にあったなら、日本降伏時に海外に取り残されていた日本人は、この危機時代に、どのようにして帰国したのだろうか。日本の敗北直前、八月八日にソ連軍の侵攻を受けて、退路を断たれた満州と北朝鮮では、シベリアに抑留されて重労働を強いられ、命を落とした人をはじめ、帰国できない人が膨大な数にのぼった。それでも大半の日本人が帰国できたのは、軍人の帰還を保証した人道的なポツダム宣言と、中国の蔣介石が打ち出した驚くほど寛大な政策に負うところが大きかった。

蔣介石は、日本敗戦前に「日本軍閥を敵とするが、日本人を敵とは思わず」との声明を出していた。キリスト教徒であった彼は、日本敗戦直後に、「汝《なんじ》の敵を愛せよ」という聖書の言葉から、「暴を以て、暴に酬《むく》ゆるな」と中国国内に訓示を垂れ、「恨みに報《むく》ゆるに徳をもってす」として、中国現地にいた日本軍人のほとんどを、重罪でない限り、一九四五年内に日本に帰還させたのである。蔣介石はむしろ、日本の軍部に協力した中国人を、銃殺などの極刑に処した。

しかし、実際に帰還の船を動かして日本人を故国に運んだのは、日本人の海員であった。日本が占領していた太平洋諸島では、補給路が断たれたまま一〇〇万人が餓死寸前で敗戦を迎え、全滅する直前に米軍によって救出された。だが、ほかの地域では、敗戦国・日本に対するアジア全土の激しい憎悪の嵐をかいくぐって、日本人の海員たちが、最も厳しい状況のなかで命を懸けて、残る五〇〇万の命を救ったのである。この経過については、のちに日本郵船会長となる有吉義弥《ありよしよしや》が著《あらわ》した一九六一年初版の古い本『占領下の日本海運――終戦から講和発効までの海運側面史』（国際海運新聞社）にくわしい。淡々と記述されているが、涙なしには読めない同書に沿って、誰もが知っておかなければならない日本復興の第一歩となった苦難の日本人帰還作業を、以下に再現しておく。

神戸の海員会館には現在、「海に墓標を　海員不戦の誓い」の額が掲げられ、戦時中に沈没した船の膨大な写真資料を展示している。そして、どれほど夥《おびただ》しい数の海員が、軍人のために戦争で無残な死に追いやられたかを実証し、すべての日本人は、この史実を知って、今こそ目を覚ませと訴えている。

その戦時中の海運業界の苦難は、真珠湾攻撃の一年前、一九四〇年一〇月二一日に船員徴用《ちようよう》令が公布された日にはじまった。徴用とは、軍部の命令で強制的に軍人の手足となって働かされることであった。真珠湾攻撃の翌年の一九四二年四月一日に、戦時海運の国家管理の中枢をになう組織として「船舶運営会」が設立され、政府が民間所有船と全船員のすべてを実質的に徴用する体制になだれこんだ。

こうして船乗りは、国家が強制的に徴用した船に乗船を命じられ、徴用された船員の延べ人数は一〇万人にも達した。その上、船上でも戦地でも、船員は絶えず軍人から激しい差別を受け、充分な食糧も与えられず、危険な任務を命じられて最低の条件で酷使されてきた。徴用された船は大量の漁船にまでおよび、敗戦まで実に〝一万五五一八隻〟の民間船舶が撃沈され、犠牲になったのである。軍人やその関係者が書いた戦時中の美談では、軍艦ばかりが登場するが、それは嘘と虚飾に満ちた戯《ざ》れ言《ごと》にすぎない。撃沈された戦艦大和が三〇〇〇人を海の藻屑《もくず》とした最期に涙する前に、海員の苦労を知らずに、海運のカの字も知ったことにはならないのだ。

原因は、反目する陸軍と海軍が船の奪い合いをするような状況にあり、戦争に勝つという国家的な作戦など、微塵《みじん》もなしに戦争をはじめたことにあった。戦後に海員たちが語ったように、「軍人が低能で、政治家は馬鹿」という国家であった。そのため太平洋での米軍との大戦争のため、ミッドウェー海戦……ガダルカナルの戦闘で、軍用船ではない普通の商船が駆り出されて次々と撃沈され、続いてマリアナ諸島……フィリピン海戦で一層の被害を受け、備砲も爆雷も持たない商船の海員は、軍人の命令に従って、ただ死ぬために海上に乗り出さなければならなかった。

敗戦間近の一九四四年六月七日には、船舶運営会の総裁に日本郵船社長・寺井久信が就任し、関東軍参謀長・朝鮮総督だった小磯国昭首相が同年一〇月に内閣顧問制を復活すると、寺井が内閣顧問を兼任して一億総決戦の体制を生み出す責任者の一人となった。

厚生省の戦没者原簿によれば、太平洋戦争で戦没した船員は、わずか一五歳の少年から六〇歳まで、六万三三一人を数えた。船員の損耗率は四三〜四五%とされ、陸軍の二〇%、海軍の一六%よりはるかに高く、二倍以上であった。人間の数字を死亡率と呼ばず、損耗率と呼んで、あたかも軍需消耗品のように扱った異常な感覚こそ、死を賭して危険な航海に駆り出された船員の運命を示していた。彼ら船員は、撃沈と、餓死と、遭難などによって、ほぼ半数が、愛船と共に海の藻屑と消えたのである。

日本が降伏すると、その時に、船舶運営会が所有する外洋航海可能な船は、氷川《ひかわ》丸と、高栄丸と、聖川《きよかわ》丸のたった三隻だけという有様で、生き残った船員はおよそ六万六〇〇〇人であった。

それでも、米軍先遣隊が厚木飛行場に到着した一九四五年八月二八日に、海外日本人の内地への帰還輸送が早くも開始されたのである！　というのは、朝鮮半島には敗戦時に九〇万人以上の日本人が残っており、満州からの避難民も朝鮮に向かっていた。八月一五日に、日本（本土）と同じように朝鮮総督府が「正午に昭和天皇の重大放送あり」と告知して、ポツダム宣言受諾の玉音放送が流れると、現地で敗戦に涙する日本人など一人もなく、誰もが即座に死を予感した。翌一六日になると、朝鮮の人たちが「マンセー（万歳）」、「勝った！　勝った！」と叫んで一斉に家々から飛び出してきた姿を見た日本人は、彼らに襲われることをおそれて、一斉に現地から逃げ出し、日本軍も姿を消し、本土に帰国しようと朝鮮半島の南端、釜山《プサン》港に続々と集結しはじめた。いつ襲われるか知れない不穏な情勢のなかで、日本人の引揚げは一刻を争う急務であった。

そこで、国鉄所属の興安丸と、下関〜釜山間の関釜《かんぷ》連絡船だった徳寿丸を船舶運営会の指揮下に移し、八月二八日に釜山〜博多間に配船して第一船の帰還輸送が開始されたのである。ところがこの六日前の八月二二日には、終戦しているにもかかわらず、樺太からの引揚者を乗せた小笠丸と、泰東丸の二隻が、北海道の留萌《るもい》沖でソ連艦と思われる国籍不明の潜水艦から魚雷攻撃を受けて沈没し、第二新興丸も大破して、引揚者と船員の一七〇〇人以上が死亡する大悲劇が起こり、八月二四日には、下北半島で就労させられていた強制連行朝鮮人四〇〇〇人を釜山に送還中の浮島丸が、舞鶴《まいづる》湾で爆沈して死者五五〇人を出し、終戦しても航行そのものがまだ命懸けであった。それ以後、苦労の末にようやく五四隻の船と、地方の山村に疎開していた船員を集めると、釜山〜博多間に引揚者帰還船が就航したのである。

物資が欠乏していたため、帰還船に積みこむ食糧と備品を揃えることは至難の業であった。当時、日本国内には、ほとんどが強制連行によって朝鮮半島から拉致された朝鮮人が二一〇万人以上もいたが、そのうちまず二二万一五二三人を、年末までに日本から朝鮮に送還させ、帰りの船で日本人の引揚者二〇万九四六人を帰還させ、合計四二万二四六九人の輸送を果たした。日本から朝鮮に向かった朝鮮人送還船に、大阪生まれでまだ四歳の李明博《イミョンバク》が乗っており、二〇〇八年二月二五日に韓国大統領に就任した。彼は保守的な人間だったが、のち二〇一二年に日本と領土争いを続ける竹島に上陸し、天皇の謝罪を要求した。彼の胸中には、日本人に痛めつけられた父や祖父の苦難の記憶が焼きついていたはずであった。李明博とちょうど同じ時期に、入れ代りに朝鮮から日本に帰還したのが、前年に東京空襲を逃れて朝鮮に渡り、母の背におんぶされた二歳の私・広瀬隆であった。

表7　2016年3月31日現在までの引揚者の数
（厚生労働省統計）

	人
中国	154万1840
満州・大連	127万1479
タイ・ビルマ・ベトナムなど東南アジア	74万3810
南朝鮮	59万7319
台湾	47万9544
ソ連	47万2966
北朝鮮	32万2585
樺太・千島	29万3574
太平洋諸島	19万3357
オーストラリア・ニュージーランド	13万9640
フィリピン	13万3123
香港	1万9347
インドネシア	1万5593
ハワイ	3659
米軍占領下の沖縄	6万9416
引揚者総数	629万7252
残留在外邦人の合計数	660万0000

このとき日本は領土面積の四三％に相当する外地を失ったので、それだけ広大な土地に住むすべての在外邦人の数は、六六〇万人に達し、民族大移動に匹敵する大輸送であった。二〇一六年三月三一日現在までの引揚者（厚生労働省統計）の正確な人数は前頁の表7の通りで、地域別の概数では中国・香港と満州・大連合わせて二八三万人、朝鮮半島九二万人、台湾とソ連にそれぞれ四七万人、樺太・千島二九万人、フィリピン・インドネシア・タイ・ビルマ・ベトナムなどのアジア八九万人、オーストラリア・ニュージーランド・太平洋諸島・ハワイ合わせて三四万人、そして沖縄戦後に米軍占領下の沖縄にいた四五万人のうちおよそ七万人が内地に引き揚げたとされるので、この人たちを加えると、引揚者総数がほぼ六三〇万人であった。

この人数は当時の日本の全人口七二〇〇万人の一割近くなので、現在の日本人のなかで親戚に引揚者がいない人は一人もいないと言えるほど、全国民にとって、今日の生命の源となったのである。ところが、ポツダム宣言第九条が、「日本軍隊の家庭復帰」を約束して、敗戦後の「陸軍・海軍部隊」の帰国は可能となったが、在外「一般邦人」にはそのような規定がなかったため、帰国は軍人が優先され、民間人は無視されたのである。

それどころか、ポツダム宣言受入れを決定した当日早くも、一九四五年八月一四日付けの暗号電信で「居留民は出来得る限り定着の方針を執る」と在外公館に伝えていたのだ。敗戦後の八月二二日に内閣が設置した終戦処理会議は、総理大臣・東久邇宮稔彦、外務大臣・重光葵《まもる》、国務大臣・近衛文麿、陸軍大臣・下村定《さだむ》、海軍大臣・米内《よない》光政、参謀総長・梅津美治郎《よしじろう》、軍令部総長・豊田副武《そえむ》より成り、内閣書記官長・緒方竹虎が幹事をつとめ、八月三一日に、「在外邦人は現地に於《お》いて共存」、つまり帰国させないと決定していたのである。このあと九月一七日に外務大臣が交代して吉田茂に代り、吉田がこの政策を推進する主役となって、右腕の白洲次郎を使って、GHQと折衝した。そのとき彼らは、この決定に基づいて、GHQに対して、在外邦人を満州や中国、朝鮮の現地に定着させるよう積極的に要請し、一般人の切り捨てを具体化するという許しがたい行為におよんだのである。この事実は、日本の外交文書に明記されている。

戦後現在まで、引揚者の帰国にまつわる数々の悲劇が語られ、ドラマ化され、日本政府にはまったく引揚げについて発言力がなく、あたかもそれがアメリカやソ連の大国の思惑によってもたらされた悲惨な出来事だったかのように解説されるのは、論旨を外国の責任にすり替えようとするきわめて悪質な嘘である。ソ連のスターリンはまぎれもなく非道だったが、GHQの現場を動かしていたのは総司令官マッカーサーではなく、すぐれたアメリカ人たちであり、彼らはソ連と違って、血の通った人間として行動し、一般日本人が危地にあることを知ってからは、その救済に心血を注いで骨折った。ところが日本政府が冷血漢ぞろいで、特に、白洲次郎と結託して米軍との折衝にあたった対連合軍陸軍連絡委員長の有末精三が悪質で、大本営の支配者として、ほとんどの船舶をつぎこんで外征部隊（軍人）三〇〇万人の帰還を第一に進め、一般人を無視するよう主張したのである。

有末精三とは何者であったのか。そもそも戦争犯罪者の筆頭に数えられる悪魔の細菌戦七三一部隊長・北野政次《まさじ》が、翌一九四六年一月九日に、米軍機で中国の上海から日本に帰国したときのことである。翌日一〇日に対連合軍陸軍連絡委員長の有末精三から、「アメリカ軍とは、戦犯免責について話がついているので、心配する必要はない」と告げられ、満州の哈爾浜《ハルビン》郊外の平房《へいぼう》にあった七三一部隊本部を破壊して、徹底的に証拠隠滅を図った、という重大な事実も教えられていた（『医学者たちの組織犯罪』常石敬一著、朝日新聞社）。つまり有末は七三一部隊が中国人に対しておこなったペスト菌をうえつける生体実験など、鬼畜にも等しい犯罪すべてを知っていた人物であった。このような男が、トップに立って軍人の引揚げ帰還を差配していたのだ。しかも東久邇宮内閣が、軍人の帰還だけを考え、一般人切り捨てを閣議決定していたのだから、外地の一般人三〇〇万人には、刻々と危機が迫っていた。

このような場合、まず第一に、老人・女・子供を救い出し、弱い者の帰国を見届けてから最後に軍人が帰還するのが、どこの国でも人間の情である。ところが、日本の武士道は、軍人がわれ先に争って帰国する手順をとったのだ。最近の日本人は、いい加減な物書きによって賞讃される武士道やサムライを立派なものだと思いこんでいるが、実際の武士道とは、これほどぶざまなものである。それを聞いたＧＨＱが特権を発動して、外征部隊より優先して一般人の引揚げをおこなわせなければならなかったのである。敗戦におよんでも、民度は最も低い集団が、日本の政治家と官僚・軍人であった。しかし船員たちは違っていた。

船員たちが帰還船をあやつって海に乗り出すには、死出《しで》の旅を覚悟で、カミソリの刃を渡るような気持であった。日本近海には大量の機雷があったため、敗戦後に五〇隻以上の船舶が沈没したほど危険だったからだ。しかも海上では、停戦命令が出されても、敵と味方の判別さえつかないのが、戦闘停止直後のこの時期であった。それでも軍人の横暴な態度を胸のうちにじっと忍んで、この命懸けの作業をおこなったのが、戦時中に軍人のために最大の苦難を味わい、ようやく帰宅したばかりの船員たちであった。彼らの血のなかには、日本人を救わなければならないとの思いから、燃えるような船乗り魂が流れていた。

危機に直面して勇気を失わないこの海員の姿に、大きく心を動かされたのは、白洲次郎たちの腐り切った日本政府ではなく、日本兵と激戦をくりかえして同じ苦難をなめてきたアメリカの軍人たちであった。一九四五年末の一二月二七日に、米軍から、日本人引揚げ用として大量の〝アメリカ船舶の貸与命令〟が正式に出されたのである。一ヶ月間に米軍からそれらの二一五隻を受け取った船舶運営会は、その戦時標準船リバティーと上陸用舟艇などを見て、アメリカの軍用船が簡潔ですぐれた機能を備えていることを知り、戦時中の日本軍の脆弱《ぜいじやく》さをあらためて痛感しながら、ただちに、武装された備砲と武器を取り外し、弾薬や軍需品を陸揚げして普通船に改装する大作業にとりかかった。そこに燃料のほか、市町村の役所から必死の思いで調達した食糧と水を積んで航海に出すため、船舶運営会のメンバーは年末と正月の休日を返上して、引揚者の帰還に取り組んだのである。

明治維新以来、日本の国民をいじめぬいてきた陸軍省・海軍省が廃止され、代りにそれぞれが第一復員省・第二復員省に改組されて発足したのは、ようやく一九四五年一二月一日であった。この新設された両省の大臣を、幣原首相が兼務して、引揚者帰国のための救済組織に生まれ変ったはずであった。ところが、そこに勤務していた陸海軍の軍人が、戦時中と何も変っていなかったのである。船舶運営会が毛布やシーツなどの備品を求めて元陸海軍省の復員局を訪れ、軍需物資の中から引揚げに必要なものを探すと、横流しの利権商人と結びついている元軍人のいやがらせを受けなければならなかった。

船舶運営会では、この帰還史を記した前掲の『占領下の日本海運』の著者・有吉義弥をはじめ、そこに設立された帰還輸送課の課長を買って出た井上嘉瑞《よしみず》が中心となって動き、またアメリカ艦船の受け渡しを一手に引き受けた米船事務所長の末永権六が横浜に事務所を自分でつくり、体を張って米軍と交渉しながら、これらの激務をこなした。井上と末永の二人は、この仕事に文字通り命を懸け、早く死去しなければならなかった。

帰還輸送課長・井上嘉瑞は、〝最後の海軍大将〟として名高い井上成美《しげよし》の甥であった。井上成美は日中戦争開戦の年、一九三七年に海軍軍務局長となり、海軍大臣・米内光政、海軍次官・山本五十六《いそろく》と共に日独伊三国同盟に猛烈に反対し、「海軍左派三羽烏《さんばがらす》」と称されたが、翌一九三八年の海軍航空隊による中国の重慶無差別大爆撃では多数の市民殺傷を招いて、彼にも大きな責任があった。真珠湾攻撃後は海軍兵学校の校長に就任して、武士道精神を批判しながら、軍人が「鬼畜米英」を叫ぶなかで最後まで英語の授業を続けさせ、敗戦濃厚となった一九四四年には海軍次官となり、海軍省教育局長・高木惣吉《そうきち》に終戦の工作準備を命じていた。先進的な考えの高木惣吉は、戦時中のブレーントラストとして、決して平和主義ではないが進歩的な自由主義者を集めて思想懇談会を設立し、東條英機を暗殺するため、自動車事故と拳銃を用いる終戦計画を練っていた男だった。このブレーントラストの学者グループから、東京帝国大学教授・高木八尺《やさか》のように、戦後の憲法制定にかかわる人材が生み出された。

そうした人材をかかえた海軍大将・井上成美の甥で、船舶運営会の中心人物となった帰還輸送課長・井上嘉瑞は、敗戦前にロンドンで勤務した時代に、個人印刷所の「嘉瑞《かずい》工房」をつくったほど欧文の活版印刷の名人という変り者であった。妻は、「婦人公論」編集長として、また日本にシャンソンを普及した音楽評論家として名高い蘆原英了《あしはらえいりょう》の妹であり、その兄妹の母・藤田喜久子がパリ画壇で脚光を浴びた天才洋画家・藤田嗣治《つぐはる》（レオナール・フジタ）の姉という関係にあったので、進歩的で国際的な感覚豊かな人間に取りかこまれたファミリーであった。藤田嗣治も戦時中には戦意昂揚《こうよう》のための戦争画を描いて、戦後に批判された人間であったが。

ところが、もう一人の引揚者帰還の功労者である米船事務所長の末永権六は、姉の夫が牟田口廉也《むたぐちれんや》であった。牟田口はビルマ（ミャンマー）防衛のため、インド北東部にあるイギリス軍の拠点都市インパール攻略を目指す作戦を立案し、大量の餓死により、三万人余りを死に追いやった無謀なインパール作戦の指揮官として悪名高い。戦後は、ちょうど陸軍省・海軍省が廃止された翌日、一九四五年一二月二日に牟田口がA級戦犯としてGHQに逮捕されたので、義弟の末永は、日本郵船の船長として英語を流暢《りゆうちよう》に話せる自分の能力すべてを発揮して、苦悩にさいなまれるなかで、引揚者の帰還に生涯最後の力をふりしぼり、命を縮めたと考えられる。

現在では、敗戦から翌一九四六年末までの一年余りで、この海員たちによって、五〇〇万人以上が祖国日本に引き揚げ、最終的に帰国した日本人は福岡県博多港と長崎県佐世保港にそれぞれ約一四〇万人、京都府の舞鶴港に約六六万人を中心に、六三〇万人近くが帰国できたとされている。その中には、親を失って身寄りのない多くの孤児がいた。

一九五〇年四月一日に、GHQ覚書により、日本の全船舶が民営還元され、船が民間の船主によって運航される本来の姿に戻った。船舶運営会は、解散されるまで国庫から二四二億円を超える莫大な赤字補塡を受けて、六大銀行に一億円ずつ預金するほどの財政を維持したとされている。

その船舶運営会の資金は、日本の全船員の生活を守るために使われたのである。この海運業界の功労を紹介したのは、敗戦の年、一九四五年一〇月五日に、この涙ぐましい引揚げ作業を進める海員によって「全日本海員組合」が創立され、これが〝戦後最初の全国的な労働組合〟となったからである。当時、仮設のオンボロ建屋をバラックと呼んでいたが、彼らは早速、引揚げ作業のために船員が宿泊するバラック・シップと呼ばれる船舶を生み出し、そこを拠点に、バラック・シップ・ストライキをおこなって人間の生きる権利を主張したのだ。この組合には、海運業界の〝会社重役〟も加入して、このストライキが、戦後の日本経済を大きく引っ張る民主的な企業運営の流れを生み出したのである。戦後のサラリーマンやオフィスレディーと呼ばれる労働者にとって、賃金確保の基礎が築かれたのは、この労働組合運動がスタートしたおかげであった。戦後復興の最大の原動力となる民主的経済を生み出したのが、たくましい海員たちであった。現在多くの労働組合は、企業内の御用組合となって弱体化し、海運業界の幹部には朝鮮戦争・ベトナム戦争を通じて悪しき米軍と密着する傾向を強めてきた者もあるが、全日本海員組合はいまも、海員であればすべて受け入れる産業組織として、「戦火の海に船員は二度と行かない」と誓って、戦後に生み出された〝日本国憲法を改悪しようとする政治家〟に猛然と反対している。そして二〇一六年一月二九日には、「防衛省予算に、民間船員を海上自衛隊の予備自衛官補とする費用が盛り込まれている。これでは、戦時中におこなわれた海員徴用と同じではないか」と反対声明を出した。

さて、その新憲法――平和憲法は、どのように、誰の手で生み出されたか。

雨後のタケノコ政党の誕生

この戦後の新憲法は、GHQの手で、つまりアメリカ人によって押しつけられた憲法であると、長いあいだ多くの日本人のなかで語られ、歴史修正主義の「日本会議」や、ポツダム宣言さえまともに読んだことがない安倍晋三がそう主張してきた。しかしアメリカ人によって押しつけられたという説は、それ自体が、何を主張したいのか意味不明で、次元が低すぎる。アメリカ人とは民族の呼び名ではなく、大量の移民がまざり合った集団である。日本を占領統治したアメリカ人は、いくつものグループに分かれて対立した性格を持ち、その個人のあいだには右から左まで極端な違いがあった。アメリカ人を一個の容《い》れ物に入れ、ごちゃごちゃに論じようとするのは、カリフォルニア州より狭い島国に住む日本人の民度の低さを示す話である。

一方、これから紹介する鈴木安蔵《やすぞう》を中心とする戦後の先鋭的な日本人グループがすでに憲法草案を生み出して、GHQがそれを土台にして、憲法の内容を日本政府に指示したことは、歴史的に明らかにされているのである。したがって、日本人による日本人のための日本人の憲法であった、というのが厳然たる史実である。

しかし、「日本人の憲法」ではあっても、たまたま日本で生まれた世界に比類なき戦後の新憲法について、その性格を、狭い枠におさめる議論にしてはならない。第二次世界大戦後の人類全体は、〝未曽有の凄惨な大殺戮《だいさつりく》をおこなった〟あと、たとえ兇悪な軍人や侵略者と政略家が生き残っていたとしても、ナチスの戦争犯罪が明るみに出され、一兵卒に至るまで現在の人間が想像もできないほど戦争悪に打ちのめされていた。ちょうどそこに居合わせた〝最後の降伏国家〟が日本だったため、全世界が二度とこのような戦争を起こさせない保証を日本国憲法に求めたのは当然であった。そこで初めて、国際情勢の厳しさと、大衆の主権や自由というものに気づかされたのが、ほとんどの日本人であった。

その結果、日本が制定した憲法は、ポツダム宣言の要求内容として日本政府が受け入れた「民主主義」と、「日本から軍国主義者を完全にかつ永久に排除」して「再軍備を禁止する」という条項を取り入れただけでなく、ちょうどその前に生まれたばかりの国連憲章が定めた「基本的人権と、人間の尊厳」と「国際平和と安全のための脅威の除去」を活かすために、言論と宗教と思想の自由を確立する精神をもとに、〝民族意識を超えた崇高な理念〟を求めることになったのである。日本人とアメリカ人のほかに、戦勝国のさまざまな人間が口を挟み、さらに彼らが、世界的で広大な歴史的思想を土台に、条文の骨格が組み立てられた。そして最後には、日本国民も数々の要求を条文に入れさせて、「人類的良識の総力」から誕生したものが現在の日本国憲法だったのである。

本来、すべての国が、日本国憲法に倣って憲法を書き換えなければならないほどの人類的財産、それが日本国憲法であった。第二次世界大戦直後という短期間の偶然の幸運がなければ、起こり得ない理想が、〝最後の敗戦国〟だったために結実したものが、日本国憲法だったのである。日本人と議論したのは、ＧＨＱの民政局だけではなく、この思想を生み出すためにアメリカ国務省の高官や学者も、多数がここに関与していた。その国務省の人脈も、すでに日本降伏と同時に、保守派のモルガン財閥ジョゼフ・グルーが国務次官を退任しており、大きく変っていた。自由主義者であるカナダ人のハーバート・ノーマンもかかわった。

最後の骨組みを決定する段階で、たまたま通訳として居合わせたのが、強欲な利権者の代表である終連中央事務局の白洲次郎であった。アメリカ人に楯突《たてつ》いた男として、あたかも主役の一人だったような風説が幅を利かせているが、そのような事実はない。この男は、「鈴木安蔵草案に基づいてＧＨＱが作成した草案」に従って、日本政府が最後の「憲法改正草案要綱」を緊急記者会見で発表した翌日（一九四六年三月七日）の日記に、「斯《かく》の如くしてこの敗戦最露出の憲法案は生る『今に見ていろ』と云《い》ふ気持抑へ切れずひそかに涙す」と書いたほどであった。この期に及んでも、国民の主権と平等や、言論の自由の必要性も分らない、近衛文麿と同様、日本人のなかでも最も遅れた人間の一人が白洲次郎であった。民主主義を理解できなかったのは白洲だけでなく、幣原内閣の憲法問題調査委員長に任じられた国務大臣・松本烝治《じょうじ》や外務大臣・吉田茂をはじめ、先に登場した内閣関係者の大半が同じであった。

マッカーサーが民主化を求めたのは、彼個人の崇高な精神によるものではなかったと言われることが多い。自分が占領を順調に進めるためには、高貴なポツダム宣言に源を発する国際情勢に従うか、少なくともそのふりをすることがアメリカの利権に合致したからである。最高位にあった戦争責任者の昭和天皇を免責したのは、間違いなくその計算によるものである。しかしマッカーサーが日本に乗りこんだ前後に語った演説の言葉は、勝者の軍人として、いずれも日本人に対する寛容の精神に満ち、後年に彼が豹変《ひようへん》してからとは別人のようにすぐれた内容で、数多《あまた》の日本人に、「このように崇高な言葉を語れる日本の軍人は一人もいない」と言わしめた。

日本の国民にとっては幸いにも、憲法の制定を最高司令官マッカーサーから命じられたＧＨＱ民政局（ＧＳ＝Government Section）の局長コートニー・ホイットニーが弁護士出身で、大衆の立場から日本に自由主義を確立することを、己の基本理念としていた。日本占領初期にマッカーサーの心を完全につかんだホイットニーは、ニューディール政策を掲げたルーズヴェルト大統領が主張したように、「国民主権のために資本主義を活かす」という自由主義的思想のニューディーラーを部下として引き連れて日本に乗りこんできた。そのため、軍人中心主義で独裁を好む反動的なＧＨＱの参謀第二部（Ｇ２）のチャールズ・ウィロビーとは、ことごとく対立した。初期のマッカーサーがその民政局長ホイットニーに主導権を与えた結果として、日本の自由と民主化が、戦後経済復興の最大のエネルギー源となり、マッカーサーが偉大な功績を残したことは、動かない事実である。

迎える日本はどうであったか。GHQから矢継ぎ早に出される民主化指令の動きを知った日本人は、雨後のタケノコ政党を誕生させる不思議な時代を迎えた。

これら多数の政党のうち、終戦後の時代に活躍した何人かの要人だけを紹介しておく。

◆鳩山一郎

戦後に誕生した保守政党がすべて、最後には自由民主党（今日の自民党）へとなだれこんでいったが、その母体となった保守政党のはじまりは、岡山県出身の鳩山一郎（民主党政権の総理大臣・鳩山由紀夫の祖父）が、戦前に三井党と呼ばれた財閥系「政友会」の流れを汲《く》んで、敗戦の年、一九四五年一一月九日に三木武吉《ぶきち》、河野《こうの》一郎（衆議院議員・河野太郎の祖父）と共に日本自由党を結党した時にあった。この時、鳩山一郎の結党資金が、右翼の児玉誉士夫《よしお》から出たことは、広く人口《ひとぐち》に膾炙《かいしゃ》してきた事実で、経過はこうであった。

日本の敗戦まで、右翼の児玉誉士夫の児玉機関は海軍の資金で運営されてきた。そこで無条件降伏後、児玉が最後の海軍大臣・米内光政《よないみつまさ》のもとに児玉機関の財産目録を持参して、引き渡しを申し出た。すると、米内が「海軍はもうなくなったから、全部君の裁断で有効に使いたまえ」と、無責任にも国民の財産をファシストにただで与えてしまったのである。しかし児玉は、東久邇宮内閣の参与となりながら、GHQの逮捕命令が出てすぐにA級戦犯となり、一九四六年一月二五日に巣鴨拘置所（スガモ・プリズン）に収容された。その逮捕直前に、海軍資金のうちから大金を政商・辻嘉六《つじかろく》に手渡した。辻嘉六は総額七〇〇〇万円のほか、カマスに一つ半ほどのダイヤと、段ボール箱二〇箱ぐらいのプラチナを半分ずつ河野一郎らに渡し、河野らがダイヤなどを米屋に売って、この莫大な金が日本自由党の資金になったのだ（『黒幕・児玉誉士夫』毎日新聞政治部編、エール出版社）。

児玉誉士夫が大金を渡した目的は、天皇が支配権を持った国家体制を戦後も維持することにあり、そのための政党を鳩山一郎たちにつくらせることにあった。

◆吉田茂

この鳩山に対して、戦前に外交官だった吉田茂は、東久邇宮内閣〜幣原内閣で外務大臣として台頭し、鳩山が公職追放になった時、密約を交わして自由党総裁に就任して党を乗っ取ってしまい、その後、児玉誉士夫とつるんだ鳩山一郎と犬猿の仲となった男であった。ワンマン宰相として戦後史に輝く吉田は、ＧＨＱに対して治安維持法の維持を工作したり、外国人記者団との会見で、財閥解体に公然と反対して、保守むきだしの性格を現わした。いわく、「日本の経済は財閥によって樹立されたのであり、日本国民の繁栄は財閥の努力によってもたらされたのだ。悪かったのは軍部と結託した新興財閥である」と、いい加減な持論を述べて、内外から激しい批判を浴びた人物であった。

共産党を天敵のように憎んだ吉田茂は、戦後のＧＨＱによる共産党撲滅に名を借りたレッドパージ（自由主義者排除）では、総理大臣として率先して日本の良識を苦しめ、〝ＧＨＱのナチス〟と呼ばれたウィロビーと親密につきあって、諜報組織のキャノン機関とコンタクトしてきたので、民主化とはほど遠い存在であった。ところが彼の履歴には、敗戦間近になって〝反戦分子〟として憲兵隊に拘束され、投獄されたことがあった。これは、「日本は敗戦必至である。このままでは共産主義国になって、われわれ資産家が丸裸にされてしまうおそれがある」という不純な動機から、同根の近衛文麿を動かして天皇に対する終戦工作をおこなったため投獄されたので、まるで平和主義者ではないのに、GHQに勘違いされて、投獄の履歴が勲章となっていたのである。外務官僚時代には、中国を苦しめた対華二十一箇条要求を率先して推進し、奉天総領事時代には、中国に対して強硬な態度で悪名を轟かせた外交官が吉田茂であった。

実父は土佐出身の竹内綱《たけのうちつな》で、朝鮮に設立した京釜《けいふ》鉄道の社長として朝鮮侵略の急先鋒《きゅうせんぽう》となった人物なので、吉田茂が財閥の戦争犯罪者を擁護したのはそのためであった。吉田茂の養父・吉田健三は、横浜の大実業家であった。この健三の養子となって若くして遺産五〇万円を相続した吉田茂は、死んだ一九六七年の額で約二〇億円と言われる大資産家であった。妻は、〝維新の三傑〟大久保利通の実子・牧野伸顕《のぶあき》子爵の娘という日本最上層の富裕ファミリーであった。自分の女婿には、炭鉱の筑豊御三家の大富豪である麻生太賀吉《あそうたかきち》を迎えて首相側近とし、政界・財界を動かしたのである。

これほどの人物でありながら、外務大臣と総理大臣の在任中の成果としては、日本国憲法を成立させ、敗戦後の経済復興をなし遂げた。マッカーサーとGHQが朝鮮戦争にのめりこんだ日本占領の後期には、アメリカ支配層を自分の味方にひきつけることに成功して、サンフランシスコ講和条約による日本の独立を勝ち取った「偉大な首相」として名を残した。しかし憲法を生み出した時には、GHQ民政局をてこずらせた最も保守頑迷な男が吉田茂であった。貧乏人を嫌う貴族趣味のため、時折、それが保守のなかで輝くという奇々怪々な宰相であった。

◆芦田均《あしだひとし》

民主党党首に選ばれ、一九四八年に総理大臣となった芦田均は、「私は丹波《たんば》の百姓の生まれで……」を口癖に、吉田茂の貴族趣味を皮肉ったが、百姓といっても芦田家は京都の豪農であり、片倉製糸と東西の横綱を分けて日本近代史をひっぱってきた大企業、郡是製糸（グンゼ）社長の甥が芦田均であった。芦田の息子が、福沢諭吉一族として三井財閥を動かした鐘紡社長・武藤山治《さんじ》の孫娘と結婚していたのだから、その支配勢力は、養蚕を営む山間の農業界に大きく広がっていた。そこで一九四七年には、第一党となった社会党と合流して連立内閣に参加し、一九四八年にはそれを受け継いで芦田内閣を組閣したのである。

◆三木武夫

のちに日本国憲法を生み出す山本実彦《さねひこ》と、復員庁総裁として海外の日本人帰還に尽力した笹森順造と共に、国民協同党を結成して党首となった三木武夫は、日本社会党の片山哲と、また民主党の芦田均と連立内閣を結成した。彼は前章に述べた通り、戦時中の大富豪、新興軍需財閥の森コンツェルンの創業者・森矗昶《のぶてる》の娘と結婚しながら、アメリカとの戦争に反対する論陣を張った本物の反戦代議士であった。
以上のような人材が、離合集散して最後に生まれたのが、自民党であった。
これに対して革新系・左派系と呼ばれる政党はどのような性格を持っていたか。

◆片山哲

一九四七年三月三一日をもって、明治憲法下での六〇年近い大日本帝国議会が終りを告げたあと、熱気あふれる選挙がおこなわれた。日本社会党は、党首にクリスチャンの片山哲を立てて、四月二〇日の第一回参議院選挙と、ほぼ同時の四月二五日の第二三回衆議院総選挙で一躍〝第一党〟にのしあがった。月が明けて一九四七年五月三日には日本国憲法が施行され、すぐに第一回国会が召集されると、第二党に落ちた野党・吉田茂自由党も全員が片山哲に投票して新総理大臣が誕生し、芦田均の民主党、三木武夫の国民協同党と三党連立内閣を組織するほど、社会党は国民の人気が高かった。クリスチャン首相の誕生にマッカーサーもごきげんであった。弁護士として活躍してきた人物なので、もちろん自分の利権に目がくらむような男ではなかった。

ところが社会党の結成には、尾張名古屋藩の世嗣《よつぎ》である大資産家・徳川義親《よしちか》侯爵がパトロンとなったのだから、決して金と無縁の無産階級の政党ではなかった。戦後、この徳川の私邸に片山哲のほか、孫文の辛亥革命を支援した宮崎滔天《とうてん》の息子・宮崎竜介、加藤勘十《かんじゅう》、鈴木茂三郎が集まり、大大名・徳川家が資金援助して誕生したのが日本社会党であった。

しかし片山哲内閣は、わずか九ヶ月で崩壊し、芦田均を総理大臣とする同じ三党連立内閣にたらいまわしとなった。

◆徳田球一《とくだきゅういち》

残る日本共産党だけは、無産政党と呼んでよかった。党首となった沖縄県名護《なご》出身の徳田球一は、大正時代から非合法の日本共産党結成に参加し、一九二八年（昭和三年）に検挙されてから一八年間も獄中にあった。戦後、GHQの「自由解放の指令」によって一九四五年一〇月一〇日に政治犯およそ五〇〇〇人が釈放されたなかの一人が彼であった。釈放された人たちは、人民大会と称するデモ行進をおこなって、総司令部前で「万歳！」を叫び、その後の彼らが、連合軍を〝解放軍〟と呼んだことから、おかしなことになった。GHQは、ちょうどその頃まで、民政局を主体にすぐれた自由主義者で占められていたが、すでに内部では、ニューディーラーに代って兇暴な軍事勢力が台頭する機会を狙っており、共産党は大きな勘違いを犯すことになった。レッドパージ（赤狩り）の時代が、目前に迫っていたのである。

七人の男、日本国憲法制定に立ち上がる

これらの政党が、それぞれ憲法草案を打ち出すことになったが、明治時代の大日本帝国憲法に代って日本国憲法が誕生し、これを生活基盤として戦後の復興がはじまったの

で、その成り立ちを説明しておく。日本国憲法は、一時的に誕生したものではなかった。

第二章で述べたように、明治二三年（一八九〇年）に第一回帝国議会が開会された時に、長州藩の総理大臣・山縣有朋《やまがたありとも》のもとで、次のような大日本帝国憲法（明治憲法）が施行された。

第一条の「大日本帝国は万世一系の天皇之を統治す」にはじまった条文は、

第十一条で「天皇は陸海軍を統帥す」と規定し、

第十二条で「天皇は陸海軍の編制及常備兵額を定む」と規定し、

第十三条で「天皇は戦を宣し和を講し及諸般の条約を締結す」と規定したのである。

つまり日本は、無条件降伏するまで、完全な〝天皇を指揮者と戴く軍事独裁国家〟であった。これを、すべて破棄したのが、現在の日本国憲法である。

日付の順序にしたがって、無条件降伏した年、一九四五年における日本国憲法誕生に向けたいくつかの大きなグループの動きを追うと、次のようになる。

まず初めに声をあげたのは文化人グループであった。敗戦翌月の一九四五年九月二七日、辰野隆《たつのゆたか》・正宗白鳥《まさむねはくちょう》・山田耕筰《こうさく》・山本実彦《さねひこ》・村岡花子たちが、日本文化人連盟発起人会を開き、「文化の民主主義化を促進する」よう会合を持ち、このグループが日本国憲法誕生の起爆剤となった。

ここに参加した発起人メンバーは、以下の通りであった。

フランス文学者の辰野隆は、資本主義の牙城・日銀本店や、レンガづくりの東京駅の建築で知られる日本近代建築の先駆者・辰野金吾の息子であった。自然主義の小説家・正宗白鳥は、戦時中に一貫して戦争に非協力的態度を貫き、このあと、戦時中に軍部に抵抗を続けた反骨ジャーナリスト桐生《きりゅう》悠々《ゆうゆう》を世に紹介する口火を切った。

山田耕筰は、「からたちの花」、「この道」、「赤とんぼ」、「七夕」、「ペチカ」、「待ちぼうけ」で知らぬ者がない作曲家であった。戦時中には「壮烈特別攻撃隊」や「米英撃滅の歌」まで作曲したが、いまや民主化の先頭に立とうとしていた。

山本実彦は大正デモクラシーの自由主義を主導した東京毎日新聞社社長だったが、戦後に生まれた日本協同党の党首となり、先の三木武夫と共に国民協同党を結成した。

村岡花子はチャールズ・ディケンズの『クリスマス・カロル』や、女流作家ウィーダの『フランダースの犬』の翻訳家として有名であった。クリスチャン賀川《かがわ》豊彦一族の彼女も戦争中には軍部協力者だったが、今では反省していた。

一〇月二九日になって、高野岩三郎がこの日本文化人連盟発起人会に参加した。彼は、気鋭の大富豪・大原孫三郎が進歩的な大原社会問題研究所を創立して、その研究所の所長となった人物だったので、これが日本国憲法を生み出す文化人の気運を醸成する強力な第一歩となり、一一月一三日に文化人連盟が発足したのである。

高野岩三郎は、戦時中に逓信省や情報局に支配されて侵略戦争に加担した日本放送協会（NHK）を改革するため、戦後初めて民間から選ばれて会長に就任し、放送ストライキの渦中で、労働組合と、吉田茂らの保守政治家とのあいだに立って紛争を解決しながら、日本復興で最大の動因となった放送界民主化の大役を果たす人物であった。

長崎県出身の高野岩三郎は、わが国最初の近代的労働組合や消費者組合をつくった明治期の労働運動先駆者・高野房太郎の弟であった。この高野岩三郎を所長に招いた大原社会問題研究所は、倉敷紡績社長の豪商・大原孫三郎が大正時代に設立して、労働問題に取り組んできた先進的研究所で、一方で大原孫三郎は、印象派を中心に、ゴーギャン、ロートレック、エル・グレコなどの絵画、ロダンの彫刻、棟方志功の版画などの大原コレクションにより、わが国最初の先駆的な西洋美術館・大原美術館を設立した岡山県第一位の長者であった。その大資産家・孫三郎の研究所が、左翼マルクス経済学の中心となって、先進的な大内兵衛《ひょうえ》や、日本国憲法成立に尽力した憲法学者・森戸辰男などを輩出したのだから、たいした豪商であった。彼の倉敷紡績から生まれたのが、現代のクラレとクラボウであり、これらの人間関係は、敗戦後の商業界が強く民主化を求めた当時の気運を代表していた。

この文化人グループに続いて動いたのが近衛文麿グループであった。一九四五年一〇月四日に第二回目の近衛・マッカーサー会談がおこなわれ、マッカーサーが憲法改正によって自由主義を取り入れる必要性を近衛に申し伝えた結果、近衛のもとで、憲法学者・佐々木惣一《そういち》博士、高木八尺《やさか》博士、ジャーナリストの松本重治《しげはる》などが、アメリカ国務省と連絡を取りながら憲法草案の作成に着手した。ところが近衛文麿は、総理大臣となってすぐに日中戦争を起こし、国家総動員体制をつくりだした重大戦争犯罪者であり、このような人物が新憲法の作成にかかわっていることに内外から痛烈な批判が起こった。ニューヨーク・タイムズが、「近衛が憲法を起草する適任者であるというなら、ナチスのゲーリングを連合国のトップに据えるべきである」と酷評したのを受けて、一一月一日にはGHQが「近衛に憲法改正を頼んだ覚えはない」と声明して、自ら近衛との関係を断ち切った。一一月二四日にこのグループの佐々木惣一草案が発表されたが、翌月一二月六日にGHQがA級戦犯として近衛文麿の逮捕命令を出すと、近衛は整腸剤わかもとで巨万の富を築いた女・長尾よね邸に潜んだあと、出頭期限前日の一二月一五日夕刻、東京荻窪《おぎくぼ》の本邸、荻外荘《てきがいそう》に帰宅して、一六日に服毒自殺を遂げたので、この憲法草案は雲散霧消した（近衛に擬せられたナチス・ドイツ国家元帥ヘルマン・ゲーリングも、ニュールンベルク裁判後、死刑執行二時間前の一九四六年一〇月一五日に獄中で服毒自殺した）。

第三の動きは、松本烝治《じょうじ》グループであった。一九四五年一〇月一一日に幣原喜重郎《しではらきじゅうろう》首相・マッカーサー会談がおこなわれ、新任総理大臣の挨拶に来た幣原に対して、マッカーサーが憲法の自由主義化と人権の確保を口頭で要求したのである。この結果、満鉄副社長だった国務大臣・松本烝治を委員長として、一〇月二五日に政府の憲法問題調査委員会が設置されたが、単なる「調査」のための委員会であり、彼らは明治憲法を改正する意志をまったく持たないグループであった。

第四の動きが、最も重要な鈴木安蔵《やすぞう》グループであった。一九四五年一〇月一五日に憲法学者の鈴木安蔵が自由憲法の必要性について三日間にわたって講演し、その内容が新聞に連載されたことがきっかけとなって、一一月五日に先の文化人グループの高野岩三郎のほか、杉森孝次郎・室伏高信《むろぶせこうしん》・岩淵辰雄・馬場恒吾《つねご》・森戸辰男が加わって、この七人が「憲法研究会」を東京で結成したのである。

彼らは、言論の自由、男女平等、生存権、平和思想など、現在われわれが生きる民主国家の屋台骨となる思想を骨子として、具体化のための議論を開始した。たびたびの議論を経て、一二月二五日のクリスマスに鈴木安蔵が執筆して憲法草案を完成し、翌二六日に鈴木安蔵が起草した憲法草案を憲法研究会が最終案として確定した。骨子は、「日本国の統治権は国民より発する。国民感情を考慮して天皇制廃止には踏みこまないが、天皇を儀礼的存在に後退させる」とし、一二月二七日に憲法研究会の「憲法草案要綱」として発表したところ、一二月二八日の毎日新聞一面に鈴木安蔵草案が掲載され、これがGHQの憲法草案の土台となったのである。

第五の動きとして、同時期の一一月八日に、政党のトップを切って日本共産党が第一回全国協議会を開き、新憲法の骨子を決定し、一一月一一日には、人民主権の憲法草案「新憲法の骨子」を発表した。以後、各政党による憲法草案づくりがはじまったが、全体に、各政党の草案づくりは時期的にも内容的にも、非常に遅れたものであった。

つまり、一九四五年内に生まれた憲法草案は三つだけで、共産党案が最も早く、続いて佐々木惣一草案が出て、翌月に憲法研究会草案（鈴木安蔵草案）が出た。しかし共産党は〝天皇制の廃止〟を求める行動に出たため、当時の日本の世情では、支持される可能性が低かった。マッカーサーもその世論を考慮して、占領政策を容易にするため天皇制を維持する方針を固めていたので、共産党案には最初から育つ芽がなかった。

佐々木惣一草案は、自由主義者の高木八尺《やさか》博士や、ジャーナリストの松本重治も議論に加わったので、民主化については一部に進歩的な面を含んでいた。高木博士は、実父が高名な英学者の神田乃武《ないぶ》、養祖父が幕臣時代からの経済学者として地租改正に取り組んだ神田孝平《たかひら》で、平和主義者の柳宗悦《むねよし》らのグループにあったし、松本重治は戦後も国際親善と平和活動に従事してきた人物であった。しかし、〝天皇の統治権を維持する〟という佐々木惣一の封建思想がひどく時代遅れで、近衛の自殺と、佐々木の頑迷さのため、この草案は完全に空中分解した。残るは年末に登場した鈴木安蔵草案しかなかったのである。

アメリカは、ちょうどその直前の一九四五年一二月六日にGHQの弁護士で、民政局の法規課長だったマイロ・ラウエルが「日本の憲法についての準備的研究と提案のレポート」を作成していた。そこに、日本人の急な動きが出てきたのを見て、大晦日に連合軍翻訳通訳部（ATIS＝Allied Translator and Interpreter Section）が、鈴木安蔵らが打ち出した憲法研究会草案の翻訳に取りかかった。

あと一つは、アメリカではない連合国グループが動いていた。この一九四五年一二月一六日からモスクワで連合国のアメリカ・イギリス・ソ連の三国外相会議が開催され、戦争に敗北した日本を連合国が占領するにあたり、「アメリカ主導のＧＨＱ」だけに憲法など日本の改革を任せることに反対していたからである。そこで一二月二六日、日本を管理するための政策機関として一一ヶ国で構成される国際的組織〝極東委員会〟を翌年の一九四六年二月二六日に発足させることで合意し、翌日モスクワ宣言として発表した。一一ヶ国は、ドイツの戦争犯罪を裁くニュールンベルク裁判の裁判国アメリカ・イギリス・ソ連・フランスの四ヶ国に、オランダ・オーストラリア・カナダ・フィリピン・中国（中華民国）・インド・ニュージーランドが加わり、「ＧＨＱは極東委員会の決定に従わなければならない」とした。

こうして一九四五年を送り、明けて一九四六年以後が、有名な、世に論じられてきた憲法制定の議論だが、すでにこの段階で、民主的憲法の骨格は、鈴木安蔵草案によって決まっていたのである。

その骨格を決定した鈴木安蔵グループの七人は、どこから出てきたか。

実は、憲法研究会の七人のなかで最も若かったのが、全員のとりまとめをおこなった鈴木安蔵であった。日露戦争が開戦した一九〇四年（明治三七年）に、福島県小高町《おだか》（フクシマ原発事故によって放射能で大汚染された現・南相馬市小高区）に、クリスチャンの両親のあいだに生まれた安蔵は、京都帝国大学文学部哲学科に入学し、その後、マルクス主義経済理論の指導者・河上肇《はじめ》（三五一頁）に影響を受けて経済学部に移ったが、一九二六年（昭和元年）に〝治安維持法違反〟第一号の「学連事件」で逮捕されて退学し、一九二九年にも治安維持法違反で逮捕され、若くして二年半も投獄された。その時、獄中で憲法学を研究するようになった彼は、やがて出獄後に大正デモクラシーの指導者・吉野作造と出会って、世界各国の憲法資料を提供され、明治憲法制定の経緯を研究し、屈指の憲法学者となった。そこから、明治の初期に高知県で自由民権運動が興った歴史を調べるうち、土佐の植木枝盛《うえきえもり》ら先覚者が〝主権在民の憲法草案〟を起草し、人民主権と自由権・抵抗権・不服従権・革命権まで明記していたことを知って、日本の先人の知恵に大きく心を動かされた。そしてその思想の源が、同じ土佐の中江兆民《ちょうみん》によって翻訳されたジャン＝ジャック・ルソーの『社会契約論』（『民約論』）などであることを学び、鈴木安蔵は世界中の思想を広く身につけ、一九三三年に『憲法の歴史的研究』を著した。ここで「政治家の暴走を抑止する国家最高の法が憲法である」という原則を肝に銘じたのである。

日本敗戦後、この安蔵のもとを訪れたのが、戦前からの知己ハーバート・ノーマンであった。地元の日本人から愛された長野県のキリスト教伝道師カナダ人ダニエル・ノーマンの息子として軽井沢で生まれ、日本をよく知っていたハーバートは、戦後にGHQの依頼で来日し、占領下の日本の民主化に取り組んだ。そのなかで、日本の元禄時代、早くから〝階級差別の撤廃〟と、〝男女同権〟を唱えた先駆的な学者・安藤昌益《しょうえき》を日本人に紹介するほど、日本史に目が肥えていた。『忘れられた思想家—安藤昌益のこと—』（一九五〇年、岩波新書）の著者がハーバート・ノーマンであった。安藤昌益が秋田藩に生まれたのは江戸時代中期で、ルソーよりわずかに早く、大石内蔵助《くらのすけ》たち赤穂浪士が切腹した年であった。昌益はすぐれた医学者でもあり、青森県八戸《はちのへ》に住んで、大名や天皇の存在を批判した江戸時代の驚くべき人権思想の先駆者であった。その意味で、昌益の思想も、日本国憲法の底流に脈々と息づくことになった。

憲法研究会に顔を揃えた七人の男を、以下、年齢の順に紹介する。

二人目の大原社会問題研究所所長・高野岩三郎は、先述のように長崎県生まれで、戦後民主化運動の先頭に立った文化人グループ「日本文化人連盟」に参加していたので、鈴木安蔵草案には、多士済々《たしせいせい》の文化人の考えが反映されることになった。高野岩三郎は、天皇制廃止論者で、大統領制を主張した。

三人目の馬場恒吾《つねご》は、岡山県生まれで、明治時代末期からジャーナリストとして長くアメリカに滞在して、帰国後も国民新聞を本拠に、憲政の神様・尾崎行雄と共に軍部を批判して「軍縮同志会」を結成し、「普通選挙法」の即時実施を求めるなど新聞・雑誌に健筆をふるってきた。特に、五・一五事件によるファッショ化を憂える「日本よ何処《どこ》へ行く」の連載記事が光り、日中戦争の収拾のために論陣を張ったが、真珠湾攻撃後に政府から弾圧を受けて沈黙を余儀なくされてきた。戦後は、読売新聞社社長の正力《しょうりき》松太郎が戦争犯罪者として巣鴨刑務所に送りこまれたので、その後任として読売新聞社社長に選ばれ、読売争議後の再建に尽力したが、のちにＧＨＱ側について労働組合幹部を社外に追放して、レッドパージに手を貸す。

　四人目の杉森孝次郎は、静岡県出身だが、徳島県の豪商・後藤田《ごとうだ》一族の娘を妻とし、県内第一位の藍《あい》の豪商ともつながっていた（護憲派だった徳島県生まれの自民党官房長官・後藤田正晴との姻戚関係は不明）。杉森孝次郎自身は、語学に長じた早稲田大学教授として、広く国際文化を交流する海外の活動に多くの功績を残してきた。

　五人目の森戸辰男は、広島県福山の武家の後裔《こうえい》だが、高野岩三郎と同じ大原社会問題研究所のメンバーで、ドイツに渡って民主的なワイマール憲法を研究したほどの人物であった。日本国憲法第二十五条「すべて国民は、健康で文化的な最低限度の生活を営む権利を有する」という〝生存権〟の条項を生み出したのが彼であった。徳川義親たちが社会党を結成した時に参加し、社会党・片山哲内閣〜民主党・芦田均内閣で文部大臣をつとめて、教育の民主化を進めたが、妻は丸三証券会長・長尾秀一の姪であった。のちにくわしく述べるが、戦後最大の経済的な民主化となった「財産の平等化」の牽引力《けんいんりょく》となったのが、財閥解体と、その保有証券を引き受けて大活躍するこれら証券会社であった。

　六人目の室伏高信《むろぶせこうしん》は神奈川県生まれで、戦時中は軍部を批判して小田原に隠棲《いんせい》した評論家であった。右の杉森孝次郎のほか、敗戦を目前に控えてこの世を去った反骨のジャーナリスト清沢洌《きよし》、敗戦後に獄中で惨死してＧＨＱの民主化を急がせた三木清と共に評論家協会を設立し、雑誌「新生」を発刊して、馬場恒吾ら憲法研究会のメンバーの寄稿を掲載し続けてきた男であった。清沢洌が太平洋戦争中に書いた軍人批判日記は、戦後に『暗黒日記』として公刊され、大きな反響を呼んだ。

最後の七人目、宮城県生まれの岩淵辰雄は、日本敗戦を目前にして、吉田茂と共に「共産主義化の阻止と天皇制の護持」を目的に、天皇に対する終戦工作をおこない、そのためマークされて憲兵隊に拘束され、東京空襲のおかげで吉田茂と共に釈放された男であった。したがって、思想的にはこれまでの六人とまったく相容れない人物で、戦後は自分が側近として仕える近衛文麿に「憲法を変えて天皇に戦争責任がないことを明文化しないと天皇制を護持できない」と吹きこみ、マッカーサーのもとに近衛を走らせた男だから、岩淵の改憲論は、動機がまるで違っていた。官僚嫌いの彼は、このあと、読売新聞政治記者から主筆となって、連日のように戦後の国民的議論を主導し、報道界のボス的存在となった。

このように、かなり毛色の異なる七人で構成されたのが、憲法研究会であった。

一九四六年が明けて、急な動きに泡を食った日本政府の松本烝治が、ようやく憲法改正私案の起草を開始し、憲法問題調査委員の宮沢俊義らが加わったが、彼らは国民の主権さえ眼中になく、民主化とほど遠い封建的憲法をこしらえたのである。

一九四六年二月一日の毎日新聞スクープで、この日本政府の憲法改正案の内容を知ったGHQが驚きあきれて激怒し、二月三日にマッカーサーがニューディーラーの民政局に、急いで憲法モデルを作成するよう極秘に命じることになった。民政局メンバーは、ポツダム宣言と、国連憲章と、前年末に公表された鈴木安蔵草案を土台にして、アメリカ憲法、ドイツのワイマール憲法、フランス憲法、日本の各政党の憲法草案など、ありとあらゆる資料を並べて議論を重ねた。しかし憲法学者ではない彼らが、短時日での作成を命じられたため、結局は鈴木安蔵草案を骨格にして、二月一〇日にGHQ草案を作成した。それを知らない日本政府が、二月八日に「憲法改正要綱」（松本試案）をGHQに提出したが、二月一三日にGHQから政府案を拒否され、逆にGHQ草案を突きつけられ、以後はよく知られるように、徹夜の書き換え作業にかかった、という次第であった。情ないのは、日本の国民に自由を与えようとするそのGHQ草案に、吉田茂と白洲次郎が口を出して、民主化を妨害し続けた態度であった。マッカーサーはアメリカ上院軍事外交委員会で、日本人は「一二歳の子供」であると語ったが、まさにそのような振る舞いであった。

最終的には一九四六年三月五日、GHQとの交渉によって大幅に修正された日本政府の確定草案が採択され、翌六日に緊急記者会見で「憲法改正草案要綱」が発表されたのである。そこには、鈴木安蔵たちが求めた通り、主権在民が明記され、天皇制は維持されるが天皇を単なる国家の象徴とし、天皇の統治権が否定されていた。また、GHQがほかの戦勝国に天皇制維持を納得させるために、国際紛争を解決する手段としての「戦争放棄」が規定されていた。マッカーサーがこれを全面的に承認する声明を発したことは言うまでもない。

最近になって注目されているのが、「憲法第九条の発案者は誰だったか」という史実の発掘である。「戦争放棄の条項を発案したのはマッカーサーだった。アメリカの押しつけ憲法である」と吹聴する人間が多いが、実は「首相の幣原喜重郎が、憲法に戦争放棄の条項を入れたいと言った」と、一九五一年五月五日にアメリカ上院外交委員会でマッカーサーが述べた証言記録がある。また一九四五年一〇月九日から一九四六年五月二二日まで総理大臣をつとめていた幣原本人が、一九四六年一月二四日の幣原・マッカーサー対談について、一九五一年に秘書・平野三郎（のちの衆議院議員）に語った内容が、「幣原先生から聴取した戦争放棄条項等の生まれた事情について」と題した文書として一九六四年に内閣の憲法調査会に提出されていた。それによれば、幣原は、原子爆弾ができた地球は集団自殺に向かっているので、誰かが自発的に武器を捨てる必要があり、「その歴史的使命を日本が果たす」ために、マッカーサーに戦争放棄条項を進言し、その時、日本人の発案とせず、アメリカの発案とするように頼んだと書かれていた。そして一九五八年に憲法調査会の高柳賢三会長が渡米して、憲法の成立経過を調査して帰国した。

その年一二月五日に、マッカーサーが高柳会長に宛てて、「（憲法第九条は）世界に対して精神的な指導力を与えようと意図したものであります。本条は、幣原男爵の先見の明と経国の才と叡知《えいち》の記念塔として、永存することでありましょう」との手紙を送った。そこで同年一二月一〇日に、高柳会長がマッカーサーに宛てて、「幣原首相は、新憲法起草の際に、戦争と武力の保持を禁止する条文を入れるように提案しましたか。それとも貴下（マッカーサー）が憲法に入れるよう勧告されたのか」という質問の手紙を送った。それに対して、一二月一五日付けでマッカーサーから返信があり、次のように明記されていた。「戦争を禁止する条項を憲法に入れるようにという提案は、幣原首相がおこなったのです。首相は、私（マッカーサー）の職業軍人としての経歴を考えると、このような条項を憲法に入れることに対して私がどのような態度をとるか不安だったので、憲法に関しておそるおそる私に会見の申込みをしたと言っておられました。私は、首相の提案に驚きましたが、私も心から賛成であると言うと、首相は明らかに安堵《あんど》の表情を示され、私を感動させました」

以上、憲法調査会に関する動きは東京新聞二〇一六年六月一二日と八月一二日の記事によるので、この記事によって初めて史実を知った日本人も多いだろう。しかしこの記事が掲載される三九年前の一九七七年にアメリカで製作され、翌一九七八年に日本でも公開された伝記映画『マッカーサー』の中に、幣原首相がマッカーサーを訪問して、「軍国主義者をおさえるために、新憲法に武器保有の放棄を入れるよう幣原が提案し、マッカーサーが驚きつつ感動した」シーンが明確に描かれていたのである。この映画は、ハリウッド大スターのグレゴリー・ペックが主演し、アメリカ国防総省（ペンタゴン）

が協力して、史実を忠実に再現して製作された作品である。

憲法第九条が日本人の発案だったことは、動かない事実なのである。

かくしてGHQとの交渉で修正された日本政府の確定草案が採択され、「憲法改正草案要綱」が発表されたあと、連合国の極東委員会が、「これで決定するのではなく、日本の国民が憲法改正に自由に参加し、議会を経て決定しなければならない」と、これまた、まったく当然の勧告をおこなった。それを受けて議会でたびたびの議論が展開され、鈴木安蔵グループも次々と意見を加え、さらにそこに国民が数々の意見を寄せたのである。怪しげな密室の小委員会が修正案を出すなどもしたが、土壇場になって、一一ヶ国の国際的組織、極東委員会が「普通選挙制」と、「総理大臣と国務大臣は文民でなければならない」という重要な条項の追加を求めたおかげでそれを加え、一九四六年一〇月七日に衆議院が、憲法改正案の貴族院修正案を可決し、「帝国憲法改正案」つまり現在の「日本国憲法」が修正可決されたのであった。四ヶ月におよぶ議会を経ての成果であった。

憲法改悪の動きが出てきた最近になって、この骨格をつくった鈴木安蔵草案の存在意義がマスメディアで報道されるようになったのは好ましいことである。だが、それが「今発掘された新事実」であるかのように報じられるのは、まったくの嘘である。広く日本の文化人の考えを採り入れた憲法研究会草案をもとに、GHQ草案が生まれたことは戦後すぐに日本史の書物に書かれ、古くから知られた事実である。その存在を、知らなかったとすれば報道人として恥ずかしいことであり、実は故意に無視して、「GHQの押しつけ憲法」というデタラメ世論を生み出してきたのが、近年のテレビと新聞の報道界なのである。

しかし鈴木安蔵らの憲法研究会草案にも欠点があり、それをGHQの良識あるブレーンと世界的な極東委員会が補い、議会で広く国民の声を採り入れたものが、一九四七年五月三日に施行された日本国憲法であった、と言うのが正しい。憲法の口語化に尽力したのは、『路傍《ろぼう》の石』を書いた小説家・山本有三《ゆうぞう》であった。

こうして成立した日本国憲法について一筆述べておかなければならないことがある。近頃、「自衛隊という軍隊は実在するのだから、日本国憲法の第九条を修正する必要がある」という人間がいるが、条文の意味をまったく理解していないようだ。第九条は「日本国民は、正義と秩序を基調とする国際平和を誠実に希求し、国権の発動たる戦争と、武力による威嚇又は武力の行使は、国際紛争を解決する手段としては、永久にこれを放棄する」と定めたのである。つまり憲法制定後に生まれた自衛隊は、日本が侵略を受けるようなやむなき場合にのみ活動する、その名の通り「自衛に限られる」と憲法に縛られているのであって、自衛である限り憲法違反ではないと解釈されて、存在が認められてきたのだ。一方、外国の戦闘に参加する集団的自衛権の行使と、積極的に戦争を仕掛ける軍隊と、他国を威嚇する武力は憲法違反なのである。先に述べた通り、明治以来の日本軍人が敗戦まで日本の国民に貢献したことは一度もなく、戦後の事実としても、自衛隊が戦争に関して日本人に貢献したことは一度もないから、よく吟味すれば自衛隊の存在意義さえも怪しいのである。自衛隊が日本人に貢献したのは、すべて災害救助であり、それをもって存在意義を主張するなら、「災害救助隊」に改組すればよいのである。

そもそも、一九四五年末当時の内閣情報局による世論調査で、国民の四分の三という圧倒的多数が憲法改正を強く要求し、その意見として天皇制の改革……貴族院の廃止……国民主権……自由の保障などを求めていたのだから、日本の国民の情熱の結晶が新憲法であった。GHQが押しつけた憲法、と呼ぶのは、ただ白洲次郎たちが国民の意志に反して、無駄な抵抗をし続けた、時代錯誤の恥ずべき何日間かの行為を指しているにすぎない。

この民主化の気運のなかで、女性たちは「民主人民戦線を組織しよう（Organize the Democratic, the People's front)」と英語で書いたプラカードを持って勇ましくデモに参加するようになった。この女性の人権と言論の自由が確立されたのは、一九四六年四月一〇日であった。この衆議院総選挙で、女性に初めて参政権が認められ、投票率七二%で、女性議員三九人が誕生した時である。その半年後、一〇月七日に衆議院が、憲法改正案の貴族院修正案を可決し、一九四七年五月三日に現在の日本国憲法が施行された。この新憲法の誕生に幕を切って落とされた民主化のうねりはすさまじく、国会によって任命される総理大臣も、選挙によって選ばれる四七都道府県の知事も、象徴天皇制が誕生したのも、終戦直後のことだったのである。というのは、敗戦前まで、元老や内大臣が陰湿な密室の中で、総理大臣と内閣を勝手に決め、都道府県の知事も内務省が選んでいたからである。

鉄鋼産業の復活を妨げた賠償工場指定の苦難

　こうして民主的な平和憲法を初めて手にした日本国民は、これを経済復興の最大の武器とすることができ、本格的な産業の復興が始動することになった。その中心にあったのは、工業界と生活改善の鍵を握る製鉄業の再起であった。鉄はすべての産業において基本的な原料だからである。戦時中の鉄鋼産業は、海軍の巨大戦艦などを建造する国策として保護された最大の軍需産業であり、日本製鉄（日鉄）がトップに君臨して、日本政府がその株の八割を保有してきた。だが敗戦後の日本にただちに必要だったのは、軍艦や大砲ではなく、平和な生活に戻るための鉄であった。空襲で焼かれた家を再建するためのあらゆる建材や、金槌《かなづち》・鉋《かんな》・鋸《のこぎり》・鑿《のみ》・釘《くぎ》などの大工道具であり……水道管や……鍋・釜の台所用具であり……食糧を生み出す農作業用の農機具も……町村を走り回る自転車も……物を運搬する自動車……鉄道……商船も必要であり……ありとあらゆる工業機械を急いで生み出さなければならなかった。そして、これら一切にどうしても必要なのが鉄の原料であった。ところが、その製鉄業が復興を遂げなければどうにもならないというのに、軍需産業であっただけにGHQに規制されて、復興は容易ではなかった。

日本敗戦時の日鉄は、福岡県の八幡《やはた》製鉄所のほか……神奈川県川崎市の富士製鋼所……兵庫県姫路市の広畑《ひろはた》製鉄所……岩手県釜石市の釜石製鉄所……北海道室蘭市の輪西《わにし》製鉄所（のちの室蘭製鉄所）を主力としていたが、敗戦後の八幡は石炭がないため高炉がストップして瀕死《ひんし》の状態であった。川崎の製鉄所も大空襲を受け、釜石は敗戦直前に米軍から二度にわたって艦砲射撃を受け、室蘭も市街地が焼け野原となり、食糧さえない状態だった。最新鋭の広畑製鉄所だけは、米軍がその日本最大の生産能力を知っていたため空襲せずに温存したが、翌一九四六年にGHQが広畑を「賠償工場」に指定して接収したため、操業できなかった。

広畑製鉄所が受けたような賠償工場の指定は、戦後の基幹工業に大打撃を与えたGHQ政策であった。終戦時に日本国内に残っていた平和的総資産は一八八九億円だったが、敗戦で失った海外資産は、ちょうどその二倍の三七九五億円にも達して、各企業はすでに大打撃を受けていた。そこに一九四五年一一月一三日、連合国賠償委員会のアメリカ代表エドウィン・ポーレーが来日して、一二月七日に、暫定措置として戦争の賠償中間計画を発表した。この賠償は、日本の侵略によって被害を受けたアジア・太平洋諸国に対して損害をつぐなうと共に、日本が二度と軍事国家にならないよう、「兵器や軍需製品を製造する設備を撤去する」ことを目的としていた。そのため、金銭による賠償ではなく、日本にある現有設備・機械をもって賠償することにしたのだ。陸海軍工廠《こうしょう》……航空機工場……軍部指定の軍需専門工場は軒並みその対象となったが、軍需工場ばかりでなく……ベアリングや金属材料の製造工場……造船所……製紙工場などにある工作機械……船舶……鉄鋼プラント……アルミニウム工場……発電設備なども対象となり、これらの工業設備を撤去して、戦争賠償の代価として海外に輸送するよう、指令が下されたのである。これを指令したポーレーは、大戦中にヨーロッパ戦線でアメリカ政府の軍需用石油供給の調整官として活動した人物だったため、日本企業と競合する欧米の造船業界などから圧力を受けた彼の指令は、日本企業に対してきわめて厳しかった。

賠償の代価となる金額よりも、これから日本が復興しようという時に、何にも代えがたい工作機械など数万を超える貴重な製造設備が、トラックに乗せられてほぼ半分が中国に送られ、そのほかフィリピンやオランダ統治下の東インド（インドネシア）、イギリス統治下のビルマ、マレーなどのアジア諸国に輸送されていった。ソーダや硫酸の化学工場も賠償の対象となったが、日本が食糧危機にあったので、農業用肥料生産のためかろうじて指定を免除され、自動車工場も、輸送用トラック製造のため指定を免れた。この指令が大幅に緩和されたのは、ようやく翌一九四六年であった。

姫路市の広畑製鉄所は、賠償工場に指定されながら、幸いにも高炉が撤去されず、のちに日本に返還されることになった。そこで鉄鋼メーカーは、共同で広畑の経営権を譲り受けられるよう、政府に強く働きかけた。このとき白洲次郎は、終連中央事務局を支配する官僚として、賠償交渉にかかわって大きな発言力を持ち、「広畑製鉄所をイギリスに売ってドルを獲得したほうがいい」と妄言を吐いた。この製鉄所がどれほど日本の生活復興に必要であるかを知らず、吉田茂にそう進言したのである。白洲次郎は、幕末の勝海舟が造船の国産化に反対したと同レベルの、日本の将来を考えない無責任男であった。

財閥解体・戦争犯罪者の公職追放・企業解体・財産税の鉄槌が下る

続いて、日本の資産の大半を握って手放さない財閥の解体がおこなわれたのである。この動きは、日本が降伏文書に調印してから三週間後の一九四五年九月二二日に、トルーマン大統領がマッカーサー元帥に発していた「降伏後におけるアメリカの初期対日方針」の九月六日付け訓令が公表されて、早くからスタートしたものであった。その第四部「経済」の第二項「民主勢力の推進」に、「日本の交易と生産の大部分を支配する産業と銀行の大コンビネーション（財閥）を解体する計画を促進する」と規定されていたからである。しかし当の三井・三菱・住友・安田の四大財閥は、自分たちが〝日本の資本金の四分の一を占有〞していながら、国民と資産を分かち合うことが第一の民主化であることに思いが至らなかった。

続いて一〇月一一日にGHQが五大改革を指令したなかに、経済の集中排除と経済制度の民主化が指示された。そのため、その意味にいち早く気づいた安田財閥が、四日後に安田保善社（安田財閥本社）を解散して、保善社と傘下企業役員から安田一族が辞任することとし、さらに一族保有の株式を公開する方針を決定し、二〇日には解体案を発表した。

これに対して三菱財閥総帥の岩崎小弥太は、「三菱は政治に関与していない。戦争をしたのは軍人である」と主張し、GHQの財閥解体に猛烈に抵抗した。自分たちが戦闘機の零戦《ゼロせん》をつくったこと、陸軍の戦車の七割をつくったこと、軍艦をつくったこと、それで莫大な利益をあげたことなど忘れたふりをしていた。最大の軍需産業として働いた三菱重工業社長の郷古《ごうこ》潔が東條英機内閣の顧問になって大戦争に国民をひきずりこみながら、岩崎小弥太に言わせれば、郷古が「政治に関与してはならない」という三菱の社是に違反したので、会長に退かせたではないか、というわけだった。その一方で、社員一丸となって軍人の国策に従うよう命じてきたのが岩崎小弥太であった。

最後には、一一月一日に三菱本社の株主総会が、岩崎家の当主と財閥首脳の総退陣を決定して、財閥解体を受け入れ、その翌月、一二月二日に小弥太はこの世を去った。三菱財閥創始者・岩崎弥太郎の甥として、小弥太は一九一六年（大正五年）に従兄の岩崎久弥から三菱合資社長を引き継ぎ、三菱財閥四代目当主・三菱総帥となってから、三菱商事・三菱銀行・三菱電機・三菱地所・三菱重工業など、今日の三菱グループの中核となる企業群を次々と生み出してきたので、経営者として有能であったことは確かである。もし軍国主義と侵略戦争がなければ、と社員が戦争を恨んだとすれば、それはＧＨＱと平和時代の到来に感謝しなければならないことであった。

ぐずぐずしていた三井と住友も折れて、結局、一九四五年末を待たずに日本政府が「四大財閥の自発的な財閥解体計画案」をＧＨＱに提出する羽目になった。

一九四六年が明けると、一月四日にＧＨＱが軍国主義者の公職追放を指令し、平和国家に望ましからぬ人物を公職から罷免する命令が下された。

その分類は、以下のものであった。◆戦争犯罪人、◆職業陸海軍職員（職業軍人）と陸海軍省の特別警察職員及び官吏、◆極端なる国家主義的団体・暴力主義的団体・秘密愛国団体の有力分子、◆大政翼賛会・翼賛政治会・大日本政治会の有力分子、◆日本の膨張（植民地化）に関係せる金融機関と開発機関の職員、◆占領地の行政長官、◆その他の軍国主義者及び極端なる国家主義者。

これらの公職追放と並行して、軍事工業力を排除するＧＨＱの方針に従って、戦時中に軍部に協力した会社は、次々と「制限会社」の指定を受け、すべての会社資産を凍結されたのである。その後、これらの企業の社長と常務以上の重役が明らかになるにつれて、彼らも旧軍需会社の役員として公職追放の指定を受けた。そして「財閥」の呼称が拡大され、富士産業（旧中島飛行機）……川崎重工業……日産（日立）……浅野本社……渋沢同族……日本窒素肥料（チッソ）……古河合名……大倉組……野村合名（野村證券）……理研工業……日本曹達《ソーダ》が加えられて一五財閥となった。

そのほか、植民地支配に君臨したわが国最大のマンモス会社・満鉄……植民地の土地強奪企業だった東洋拓殖……樺太開発のような政府の開発投資機関……食糧営団……日本石炭……戦時金融金庫のような、アジア侵略戦争に加担した国策会社をはじめ、実に〝一〇〇〇を超える機関〟がGHQによって閉鎖指定を受け、閉鎖機関整理委員会によって、清算処理を命じられた。そこには外地の植民地銀行も含まれ、その総数は一九四七年一月までに四九の金融機関を数えた。

ところが翌年、一九四七年一月四日に発令された第二次追放指定では、この追放範囲がさらに拡大され、公職には、政府や自治体の要職だけでなく、〝民間企業の要職〟を含むことになったので、およそ戦時中に大企業の幹部要職にあった人間は、ほとんど全員が戦争協力者とみなされ、社外に追放されることになった。思えば日本の敗戦前には、基幹産業と大手銀行、国策会社のほとんどが、軍部の命令で軍需産業化していたので、これを免れる大企業と政府機関は存在しなかった。一九四七年九月末の第五次指定までに、八三の持株会社と、実に四五〇〇社におよぶ傘下の子会社が追放指定を受けたのである。全国の追放者は二〇万人という膨大な数に達し、経済界では「日本工業倶楽部」と、財閥と、軍需産業を中心に、ほぼ二〇〇〇人の大物経営者が退職に追いこまれた。

戦前に、「天皇の権限を万能とするのは誤りであり、天皇は国家の一機関である」という天皇機関説を唱えた憲法学者・美濃部《みのべ》達吉の長男・美濃部亮吉《りょうきち》は、戦時中に左翼思想家として検挙され、法政大学教授を辞任する苦難をなめたが、戦後は、この持株会社整理委員会の設立時の委員六人の一人に抜擢《ばってき》されて〝財閥解体〟をおこない、のちに東京都知事となって公害追放のリーダーとなった。

こうして、戦時中に経営陣として出世していなかった人間が、一挙に、これら大銀行や大企業の頭取と社長に就任して、日本経済を動かす立場に立ったのである。したがって敗戦直後の十数年間、優秀な経営トップは、すべてではないが、企業民主化の流れのなかから抜擢された平等指向の感覚の持ち主が多く見られ、彼らは大資産家にならなかった。

あとふたつ財界に加えられた大きな打撃は、一九四七年四月一四日に公布された「独占禁止法（独禁法）」と、一二月一八日に公布された「過度経済力集中排除法（集排法）」であった。独禁法は私的独占の禁止および公正取引の確保に関する法律であり、七月二〇日に全面施行され、業界のカルテル価格など独占的な取引きに目を光らせることになった。この独禁法は現在まで続いている。もう一つの集排法は、独占を防止する目的は同じだが、かみくだいて言えば、一社だけに極端に資本金が集まってはならないとする法律なので、大企業は会社そのものを分割しろという厳命であった。集排法に指定された会社は、翌一九四八年までに三二五社を数えたが、GHQが方針転換したため、最終的には、四五〇～四五一頁の図の巨大会社一一社だけに適用された。

日鉄や三菱重工、三井鉱山、住友鉱業、大日本麦酒、王子製紙、帝国繊維のような大企業は、資本力が大きすぎて業界に独占的な支配力を有するので、経済の民主化を進めるために分割して二〜四社が独立しなければならないとされ、新会社を分離設立して再スタートを切った。

　またこの法とは別に、戦時中に軍部の指導によって合併統合された東京急行電鉄（東急）のような私鉄も、東急から分離されて小田急、京王帝都、京浜急行が生まれ、現在のような形で各社が新たに開業した。映画会社も、国策統制会社だったものは解散させられた。本来は平和産業だった松下電器産業（現・パナソニック）のような会社も、戦時中に軍部の命令でやむなく軍需製品の生産を強いられたため、ＧＨＱからは兵器産業とみなされてきびしい処分を受けたが、創業社長の松下幸之助がＧＨＱに五十数回出頭して抗議をくり返し、最終的に撤回させた。

　これらの財閥解体作業は、ＧＨＱの指令のもとで、一九四六年五月に日本政府が任命した持株会社整理委員会が中心となり、八月から実務を開始し、解体が実行に移されたのだ。この委員会が掲げた目的は、「全体主義に協力した財閥機構を解体して、日本経済に巣喰っていた封建的残滓《ざんし》を取り除く」……「わが国の企業に、自由経済と自由競争を保障する」……「これまで独裁者に協力し、あるいは協力せざるを得なかった経済的諸機構を改変する」……「財閥家族や財閥企業を戦犯的に取扱う意図ではなく、永い将来にわたって日本経済を民主的基礎の上に建て直すことによって国際的信義を回復させ

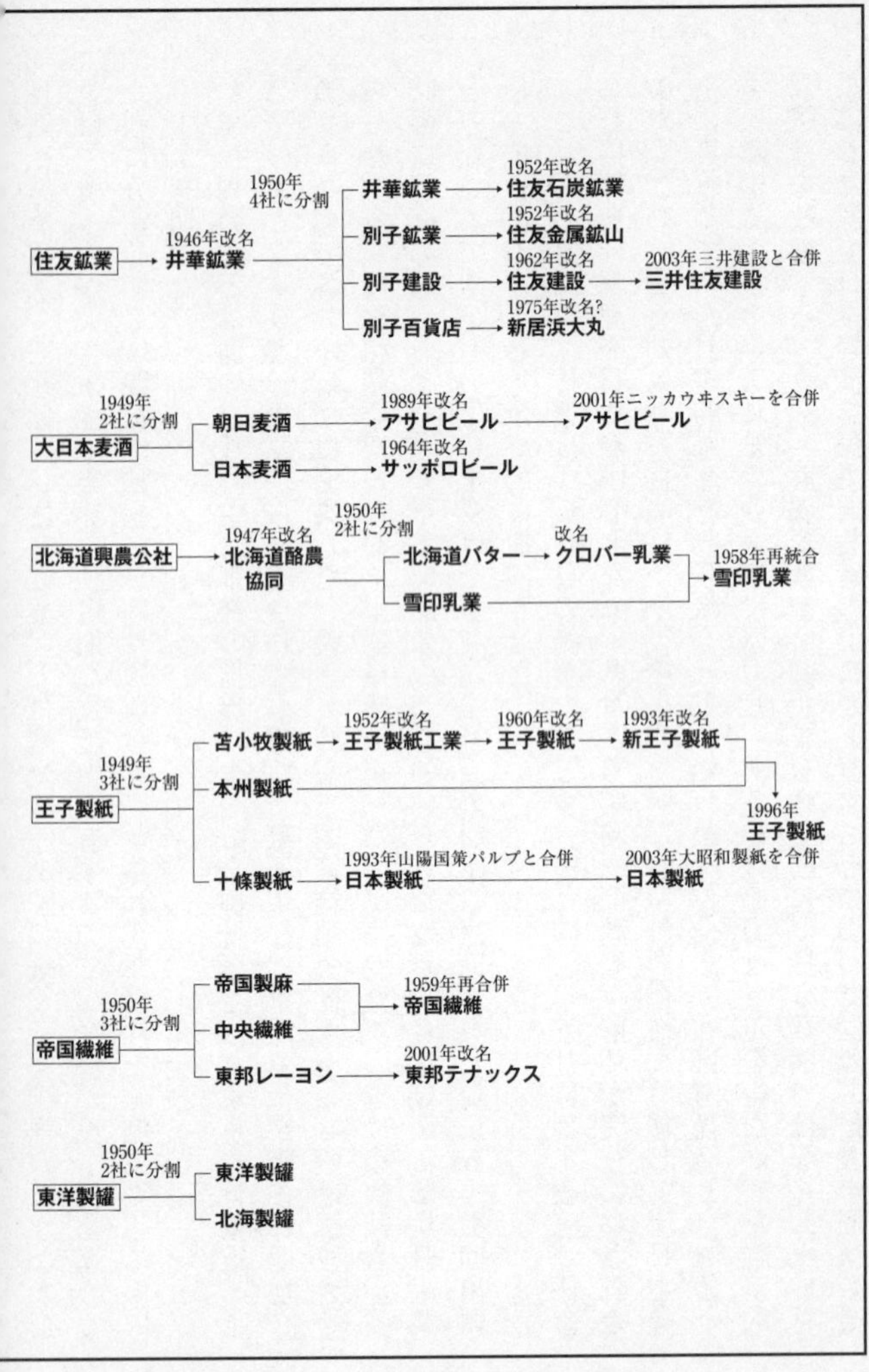

住友鉱業
1946年改名
井華鉱業
1950年
4社に分割
井華鉱業
1952年改名
住友石炭鉱業
別子鉱業
1952年改名
住友金属鉱山
別子建設
1962年改名
住友建設
2003年三井建設と合併
三井住友建設
別子百貨店
1975年改名?
新居浜大丸
大日本麦酒
1949年
2社に分割
朝日麦酒
1989年改名
アサヒビール
2001年ニッカウヰスキーを合併
アサヒビール
日本麦酒
1964年改名
サッポロビール
北海道興農公社
1947年改名
北海道酪農
協同
1950年
2社に分割
北海道バター
改名
クロバー乳業
雪印乳業
1958年再統合
雪印乳業
王子製紙
1949年
3社に分割
苫小牧製紙
1952年改名
王子製紙工業
1960年改名
王子製紙
1993年改名
新王子製紙
本州製紙
1996年
王子製紙
十條製紙
1993年山陽国策パルプと合併
日本製紙
2003年大昭和製紙を合併
日本製紙
帝国繊維
1950年
3社に分割
帝国製麻
中央繊維
1959年再合併
帝国繊維
東邦レーヨン
2001年改名
東邦テナックス
東洋製罐
1950年
2社に分割
東洋製罐
北海製罐

図10 集中排除法に基づく11社の分割

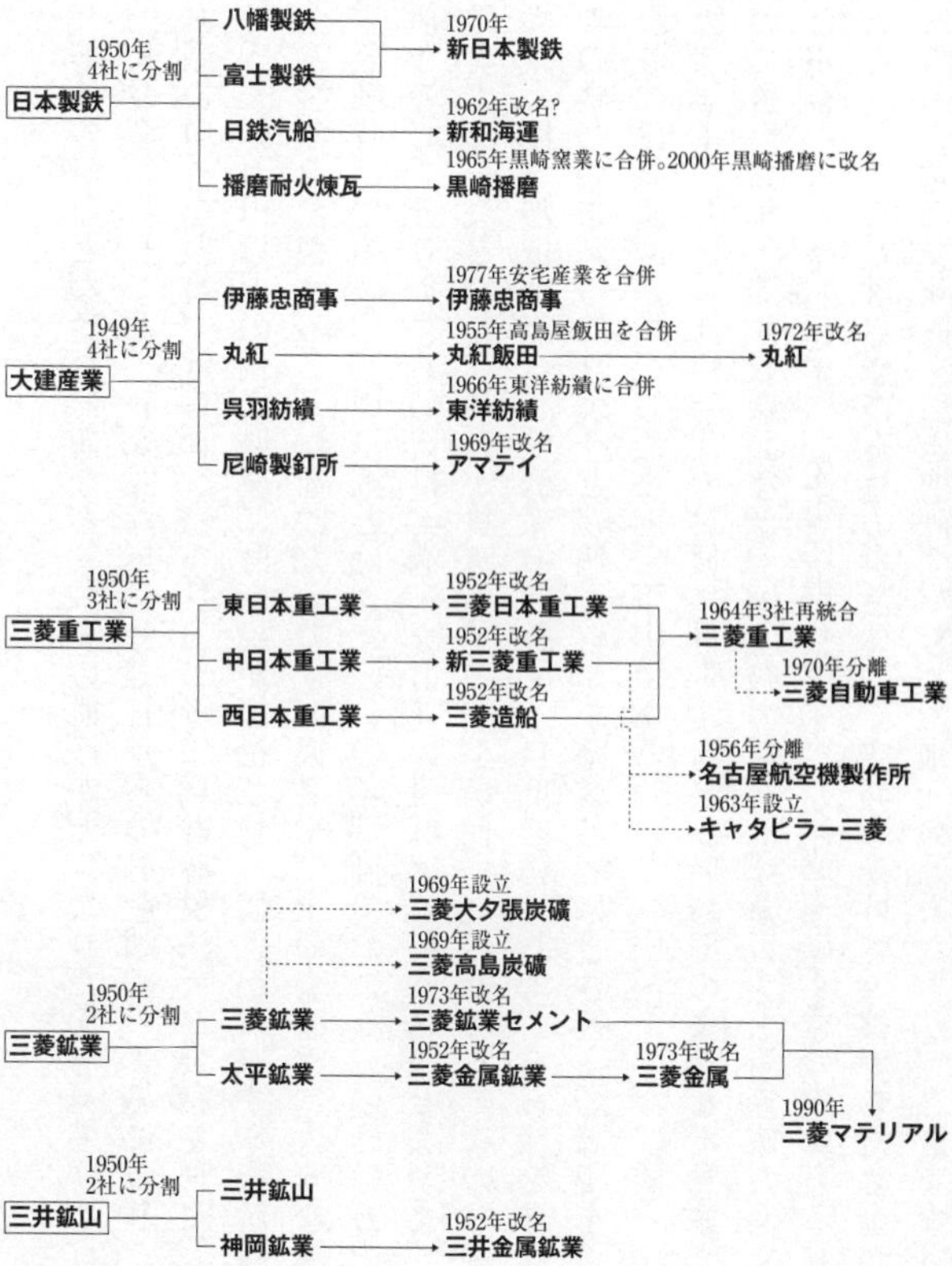

日本製鉄
1950年
4社に分割
八幡製鉄
富士製鉄
1970年
新日本製鉄
日鉄汽船
1962年改名?
新和海運
播磨耐火煉瓦
1965年黒崎窯業に合併。2000年黒崎播磨に改名
黒崎播磨
大建産業
1949年
4社に分割
伊藤忠商事
1977年安宅産業を合併
伊藤忠商事
丸紅
1955年高島屋飯田を合併
丸紅飯田
1972年改名
丸紅
呉羽紡績
1966年東洋紡績に合併
東洋紡績
尼崎製釘所
1969年改名
アマテイ
三菱重工業
1950年
3社に分割
東日本重工業
1952年改名
三菱日本重工業
中日本重工業
1952年改名
新三菱重工業
西日本重工業
1952年改名
三菱造船
1964年3社再統合
三菱重工業
1970年分離
三菱自動車工業
1956年分離
名古屋航空機製作所
1963年設立
キャタピラー三菱
三菱鉱業
1950年
2社に分割
1969年設立
三菱大夕張炭礦
1969年設立
三菱高島炭礦
三菱鉱業
1973年改名
三菱鉱業セメント
太平鉱業
1952年改名
三菱金属鉱業
1973年改名
三菱金属
1990年
三菱マテリアル
三井鉱山
1950年
2社に分割
三井鉱山
神岡鉱業
1952年改名
三井金属鉱業

る」という、まことに道理にかなった内容であった。

では、解体の対象となった財閥など、長者の財産がどうなったかを見てゆこう。

個人的な財産に対しては、一九四六年三月三日からの財産調査の実施により、日本人全員が財産の申告を義務づけられ、一一月一二日に「財産税法」が公布された。この法によって、一〇万円以上の個人財産に財産税が課税され、個人が所有する資産の七五％に相当する金額を徴税することになったので、旧大名や全土の資産家に大きな課税がなされた。敗戦時点での一〇万円以上とは、二〇〇〇年時価でおよそ二〇〇〇万円以上という金額なので、分りやすくいえば「過大な財産の没収」という結果となった。資産家たちには莫大な損失となり、これが貧富の差の縮小を促したのである。この財産税を導入した大蔵大臣・渋沢敬三は、渋沢栄一の孫で、自邸を物納して、自ら範を垂れた。しかし、この厳しい法から逃れようと、個人資産を企業名義に書き換えて課税を免れるなど、かなりの財産隠匿が横行したことも事実である。

昔の大名藩主たちは、江戸時代のお城に付帯する名高いお堀のような不動産や、代々受け継いできた骨董・美術収蔵品など、国宝級の財を有する巨大な資産家だったが、敗戦時には現金を持ち合わせず、「先祖に申し訳ない」と泣く泣く蔵の中からこれらを売りに出した。ところが財界や市町村の自治体も、空襲を受けて大被害のため金がないので、それらの貴重な文化財を引き取れず、むしろ地元の商人たちが、私財をなげうってそれらの大名文化資産を買い取り、彼らを助けて、郷土の文化を守った。

続いて一九四六年一一月二六日には三井・三菱（岩崎）・住友・安田・中島・大倉・古河・浅野・野村・鮎川《あゆかわ》の一〇大財閥五六人の保有株式の売買が禁止され、持株会社整理委員会に移管された。財閥家族の所有財産の七六％という大半を占めていたのは有価証券であり、動産・不動産は二四％にすぎなかった。これら五六人が保有した有価証券の総額は一二億円に達し、五六人で一人平均二一四二万円であり、二〇〇〇年時価に直すと、敗戦直前の一九四四年と比較して、米価換算で一人平均一七二億円、企業物価指数換算でも六一億円、という巨額であった。

このほか、台湾銀行や朝鮮銀行のように解散させられた植民地銀行などの金融機関も、所有する有価証券が処分の対象となった。第一次指定を受けた三井・三菱・住友・安田・富士産業（中島飛行機）が譲渡した証券は、最初の譲渡分だけで、四四八〇万株、一八億六八七〇万円に達した（一九四四年と比較した二〇〇〇年時価で、五三五二億円）。このうち、三井・三菱分が一二億円で圧倒的に多くを占め、一五万二〇〇〇枚におよぶ膨大な証券が、ものものしい警戒のもと、トラックで持株会社整理委員会に運びこまれた、と生々しく記録されている（『証券外史』東京証券業協会証券外史刊行委員会発行）。

これらの経過を知って、戦争中のすさまじい実態を知らない人は、資産家たちに大なり小なり同情するに違いない。ところが、彼らが処分させられた資産は、時価約二五二億円（払込金額約一八〇億円──一九四四年と比較した二〇〇〇年時価で、七兆二一七七億円）に達したのである。終戦時の全国の会社の払込総額四〇六億円（国全体）の四割四分、ほぼ半分という巨大なものに達し、敗戦まで、どれほどのおそるべき独占がおこなわれていたかが明らかになった。その内訳は、株式による納付も認められた財産税のほか、戦時補償特別税などによって国庫に入った株式と……財閥解体……独占禁止……集中排除……閉鎖機関の整理によって、持株会社整理委員会……閉鎖機関整理委員会……日本銀行に入った株式などであった。このトテツモナイ金額は、いまや民主主義の意味を理解しはじめた国民から、烈しい怒りを買う数字であった。

ただし、ここまでの大企業・資産家の財産差し押さえを主導したGHQのアメリカ合衆国は、〝地球上で最大の資本主義国〟の牙城であった。「株券を没収する」という行為は、資本主義に反するのである。ソ連と同じ、全体主義の共産主義国になってしまう。そのため、これら株式の多くは没収ではなく、売却代金を所有者に渡すことになっていたのである。

したがって、過大な財産を取りあげるまではよいが、国民一人ずつの保有財産を平等に近づけるため、経済の民主化を進めるにはどうすればよいか、それが最大の難題であった。

左翼が燃えた証券民主化運動

　ここでおこなわれたのが、証券民主化運動であった。証券民主化とは、株を買いたい国民の誰もが株を持てるようにすることであった。資産家たちは一日も早く株券を売って現金に換えたい心境にあり、じりじりしていたので、機は熟していた。世界で証券民主化の先鞭《せんべん》をつけたのは、ニューヨーク証券取引所で最初に〝小口投資家〟が簡単に株を買えるようにしたブローカーのチャールズ・メリルであり、のちに世界最大の証券会社となったメリル・リンチの創業者であった。日本では江戸時代の一六七三年に三井高《たか》利《とし》が江戸日本橋に呉服店越後屋を開業し、三井財閥の元祖となった極意も、〝大衆相手の薄利多売〟で大きな利益を得た画期的な商法にあったから、経済復興最大の起爆力が、大衆を相手にする証券民主化にあることは目に見えていた。戦後のまったく新しい経済メカニズムがここから花開いたのである。だが、それを成功させたのは、それまでの商才に長けた長者や大手証券会社ではなかった。誰が、その花に水をやったのか。

　この時期、一九四六年四月一〇日に新選挙法に基づく戦後最初の衆議院議員総選挙がおこなわれると、初めて女性参政権が認められ、投票率七三％に達する熱気のなか、自由経済を主張した鳩山一郎の自由党が第一党となり、幣原内閣が総辞職に追いこまれた。ところが直後の五月四日に当の鳩山一郎をＧＨＱが公職追放に指定したため、総理大臣就任目前だった鳩山に代って、五月二二日から、幣原内閣を継いで急遽《きゆうきよ》、鳩山と密約を交わした第一次吉田茂内閣が発足したのである。これが、先に述べた食糧メーデー直後の食糧危機のまっただなかであった。しかし、幣原が国務大臣として引き続き入閣し、追放された鳩山の院政がおよびはじめたので、世論は「代り映えのしない保守反動内閣」と受け止めて、評判はすこぶる悪かった。ただそこにGHQ民政局の意向を反映して、異色の国務大臣として戦時中に反軍演説をした斎藤隆夫が入閣し、大蔵大臣として石橋湛山《たんざん》が入閣していた。

兵庫県出石《いずし》(現・豊岡市)生まれの斎藤隆夫は、戦時中に軍部を批判し続けて衆議院で除名され、東條英機の翼賛選挙でも大政翼賛会を足蹴にしながら、トップ当選した反骨漢であった。「自国の戦争目的は正義であり、他国のそれは不正義であるから、最後の勝利は必ず我にありなどと宣伝した所で、何人も真面目に受け取る者はない」との名言を残したのが彼であった。

また大蔵大臣に就任した石橋湛山は、山梨県にある日蓮宗総本山の身延山《みのぶさん》久遠寺《くおんじ》第八一世法主の息子、という変り種であった。日蓮宗僧侶として得度した石橋が、どういう風の吹き回しか、東洋経済新報社に入社して頭角を現わし、戦時中には社説で日本の帝国主義に異を唱え、大正末期には主幹となって、一九三六年に『会社四季報』を創刊し、長く重宝がられたこの経済界の基礎資料をつくった。一九四一年に東洋経済新報社の初代社長に就任した異才が彼であった。経済についての石橋の見識は、日本は加工貿易で生きるべしという職人主体の立国論にあり、国民を挙げて満州建国に酔う時代に堂々と「満州を放棄せよ」と唱えて、中央集権と官僚主義を批判し続けた。盧溝橋《ろこうきょう》事件の日中戦争から敗戦に至るまで、弾圧される清沢洌のような正真正銘の反戦自由主義者に匿名で論説を書かせて、「日本はすべての植民地を放棄すべきである」と、帝国主義を真っ向から攻撃する健筆をゆるめなかった。

このような変り種が大蔵大臣として吉田内閣に入閣したため、一九四六年一二月に石橋湛山が金融制度調査会を新設して、あろうことか会長に水谷長三郎を据える画期的な人事をおこなったのである。京都伏見に生まれた水谷は、やはり大原社会問題研究所で経済学と労働問題を学んでから、京都帝国大学教授でマルクス経済学者の河上肇《はじめ》の知遇を得て、すっかり左翼となった男であった。一九二八年には衆議院総選挙に労働農民党から立候補して当選し、以後当選通算一二回という実力者であった。同党では、のちに部落解放同盟中央委員長となって「部落解放の父」と呼ばれた松本治《じ》一郎《いちろう》と共に、大政翼賛会にも抵抗してきた。この生粋の左翼・水谷長三郎が、証券業界の代表者を招いて、証券民主化の音頭をとったのである。

この時に招かれた証券業界の代表がまた、粒ぞろいの中小証券会社の精鋭であった。ここで、当時の証券業界の意外な特色について述べておく必要がある。証券会社＝金《かね》儲《もう》け＝すなわち悪、と決めつける単細胞の人間が多いが、実は、日本敗戦直前に金を儲けることは、〝反戦運動〟を主導する行為であったのだ。というのは、無条件降伏の二年前、ニューギニアやアッツ島で日本軍が敗戦・玉砕を続けていた一九四三年六月三〇日に、東京証券取引所など全国一一ヶ所の証券取引所が統合され、官僚に握られた無能な日本証券取引所が設立されたため、証券会社は急速に活気を失って衰退した。ところが、一九四五年三月一〇日に東京大空襲を受けると、株の売買を介して口銭を取る才取人と呼ばれるブローカーたちが、最も早く日本敗戦のにおいをかぎつけて、〝軍需株〟と〝外地株（侵略地の利権株）〟を売りに出して、〝平和産業株〟を狙ったのである。それを知った軍人が監視して、この生粋の商人魂を弾圧したほど、証券マンたちは平和志向であった。

結局、戦争のない時代を渇望していた彼ら金儲けのプロが「愚かな軍人どもめ！」と唾棄した通り、日本は敗戦の坂を転げ落ちてゆき、八月一〇日に政府命令で日本証券取引所が取引停止となり、五日後に無条件降伏の日を迎えたのであった。そこに乗りこんできた占領軍GHQは、取引所の再開を許さなかったので、四年近くも証券取引所は閉鎖された。しかし、彼らプロの証券マンは証券の売買を一日も停止しなかったのである。それは戦後の苦境にあって、生きるために債券と株券を売って、食いつながなければならない多くの日本人が全国にいたからである。戦後の町工場の再起には急いで資金が必要であった。そして取引所は閉鎖されても、証券会社が店頭で売買することは禁止されていなかった。こうして店内と路上での証券の売買がおこなわれたのだ。人気があったのは、民需株と言われた三越……繊維業界……セメント業界……ビール業界……映画界の松竹と東宝であった。これらは、生活の必需品を商うデパート……衣服のための企業……住宅再建のための建設業……敗戦にうちひしがれた人間に楽しみを与える平和産業、であった。やがてこの路上・店頭の売買をGHQが脅したり、大蔵省が禁じたりしたが、証券マンはひるまず店の地下室を立会場として取引きを続け、苦しい日本人を助け、平和産業の復興をリードした。

民需製品をつくる町工場は、どこも戦災で大打撃を受けていたが、兵器産業が一転して庶民のために台所の鍋や釜づくりにとりかかると、こうして証券プロの必死の努力によって資金が融通され、誰も見えないところで大きく息を吹き返しはじめたのである。偉かったのはこの証券取引きを維持した東京証券社長・小林光次《みつじ》と田口証券社長・田口真二であった。証券業界には金がなかったが、彼らは証券プロであった。中小証券会社のネットワークを通じて、京都が生んだ宝酒造の大宮庫吉《くらきち》社長に渡りをつけると、大宮庫吉の義気によって融通してもらった五〇〇〇万円の大金を得た彼らは、必死で株取引きを続けた。愛媛県宇和島から出て酒造りの職工からたたき上げた大宮庫吉社長は、次々と有力な酒造メーカーを傘下におさめ、酒類総合メーカーとして確固たる地歩《ちほ》を固めた屈指の長者であった。缶チューハイの焼酎で有名な宝酒造の閨閥は、酒造業界ばかりでなく、戦後の電機・オートメーション業界に旋風を巻き起こした制御機器のトップメーカー・立石電機（OMRON《オムロン》）創業者・立石一真《かずま》や、鳥取県第一位の豪商・坂口平《へい》兵衛《べえ》一族（ユニチカ初代社長・坂口二郎）の繊維業とも結びついて、平和産業を動かす商人と職人の復活を裏付けていた。これら平和産業の活躍があって、日本の経済民主化が成し遂げられたのであった。

そうした時期に、証券民主化の政策が、ようやくGHQから打ち出されたのである。水谷長三郎の会合に招かれた田口証券社長・田口真二や日東証券社長・土屋陽三郎たちは、日本中をまとめる全国証券協会連合会の会長に就任した東京証券社長・小林光次のもとで、精力的に呼びかけを広めた。かくして国民と、政界にも、それらの活動の意味が少しずつ浸透しはじめた。

一九四七年三月三一日に、労働者が全国的に決起する反政府ゼネスト気運が高まるなかで、GHQが吉田内閣に解散・総選挙を命じて、吉田内閣が衆議院を解散した。四月下旬の参院選と衆議院総選挙では、ついに社会党が第一党に躍り出て、五月三日に日本国憲法が施行され、吉田内閣が退陣して新憲法が吉田茂の置き土産となった。六月一日に社会党・片山哲首相を柱に民主党・国民協同党の三党連立内閣が発足すると、証券民主化を主導する水谷長三郎が「商工大臣」に就任し、鈴木安蔵の憲法グループにいた森戸辰男が「文部大臣」に就任したのである。

この間、戦時中に設立された不毛な日本証券取引所が四月に解散されるなか、一九四七年七月一五日には、日本証券取引所が持っていた東京、大阪、名古屋など全国七つの証券取引所の建物などの不動産を引き取る受け皿として、平和時代を願って「平和不動産」が設立された。明日に託す希望を象徴する、ふさわしい命名であった。小林光次が大蔵次官に掛け合って、国が保有する日本証券取引所の持ち分を譲渡させ、三井銀行や安田銀行（翌年に富士銀行と改称）からの借金で同社がスタートした。重要なことは、このとき公職追放によって戦時支配ファミリーが一掃され、これら大銀行の頭取が、新しい人材に入れ替っていたことであった。のちに平和不動産の社長に、証券民主化を主導した小林光次と田口真二が就任し、平和不動産株が兜町《かぶとちょう》で人気株となり、戦後長く東証株価の指標として輝くことになった。

一九四七年七月には、GHQの指示で持株会社整理委員会のなかに「証券民主化委員会」が設立され、七夕を期して、証券処理調整協議会による株式放出が開始されたのだ。先の『証券外史』にその経過がくわしく述べられている。この作業を進めるため、七月二三日に証券取引委員会が設置され、九月に証券界の長老・徳田昂平《こうへい》が初代委員長に就任したが、株式仲買業の専門家である徳田は、戦後にGHQに推奨されて日本証券取引所の総裁に任命された人物で、姪が平和不動産社長・田口真二の弟と結婚しており、互いに民主化で意気を通じ合っていた。

こうして一九四七年一二月一日に、かつて独占軍需産業の牙城だった東京丸ノ内の「日本工業倶楽部」大ホールで、証券民主化促進全国大会が開催されて、大々的な株式の放出活動が国を挙げて展開されるようになった。大会には、片山哲首相も臨席し、経済団体連合会（経団連）議長のもとに、全国証券協会連合会……全国銀行協会連合会……信託協会……生命保険協会……日本産業協議会……日本商工会議所まで、全員集合した国民運動であった。運動には、日本国憲法を生み出した高野岩三郎が会長をつとめるNHKがコマーシャルまで流す熱の入れようで、漫才師や宝井馬琴《たからいばきん》の講談まで飛び出して大成功をおさめた。

しかし、民主化されたからといっても、株式の売却先と売却方法が問題であった。この時には、まだ東京・兜町も大阪・北浜も証券取引所が閉鎖されたままだったのである。したがって、過去の満鉄株売出しや、現代のNTT株売出しのようにどっと購入者が申し込んだ、というわけではなかった。株式ごとに、引受け幹事会社となる証券会社を選んで、一般庶民が株を買うようにしたのだ。ここで再び〝財閥の買い占め〟がおこなわれては意味がないので、GHQが指示を出し、そのおそれがある方面への譲渡が禁止された。そして、当該証券の発行株数または発行額の一％以内で、少額ずつ、できるだけ多くの人に民主的に株券を分散させ、なかでも従業員（労働者）を優先することを運動の大方針とした。したがって共産党の左翼も、これを大いに支援し、株式の購入を労働者に奨励した。

国全体の株式の四割四分に達するこの巨大資金の分散を、右翼的な保守政界と財閥側がじっと傍観していただろうか？　食うや食わずの国民には、株を買う余裕などほとんどなかったし、工場再建に必死だった町の実業家や地方の豪商は、むしろ株式を売って生き延びようとしていたほどであった。財閥解体と過度経済力集中排除法の嵐にみまわれた財閥系の企業は、株が分散しないように、また投機屋に乗っ取られないよう、大手の証券業界と裏で結んで、秘かに株を買い集め、財閥解体を骨抜きにしようと腐心したのである。証券民主化は、肝心のところで至るところに抜け穴があった。

それでも、当時の証券業界で、左翼勢力が求める証券民主化が実現したことによって、現在のように広大なバイヤーを対象にした証券売買がおこなわれるようになったことは、まぎれもない事実である。

農地解放の革命と農作業の機械化——集団就職列車の運行

次に、一〇〇〇万人を飢餓から救った食糧生産現場の大革命から戦後を見てみる。現在一億を超える日本人の半分が、祖父母の代に農民であり、終戦直後、全就業者の実に半分を占めたのが農業従事者だったのである。したがって農民の力が、戦後の日本経済の帰趨《きすう》を握っていた。

それを動かした〝日本国憲法と並ぶ戦後日本の最大の革命〟農地解放について述べる。

古来、雑草一本でも抜いて、山間の傾斜地でも狭い棚田をつくりあげ、黄金色の田んぼを生み出した稲作に示されるように、日本の農民の勤勉さは世界的に図抜けていた。江戸時代から農民がみな文字を読むことができたので、世界中でも驚かれるほど国全体の識字率を高めてきた。しかし農民の勤勉さは、お上に対する従順さの裏返しでもあり、不条理な身分制度に対して、長いあいだ、百姓一揆《いっき》のほかには抵抗する術《すべ》を持たなかった。

アメリカをはじめとする連合国は、日本を侵略戦争に駆り立てた軍国主義の最大の原因を的確に分析しており、従順で勤勉な貧農の苦しい生活が、天皇を頂点とする上流階級と軍部・工業資本家によって巧みに逆用された結果だと見ていた。そのためGHQは、大地主から土地を取りあげる農地解放によって、まず農民に自立できる経済力をつけさせることを、占領行政の柱として取り組んだのである。証券民主化が株式の公平な分配なら、農地改革は土地の公平な分配であり、いずれも財産の平等化であった。

しかし日本政府は、保守的な地主支配層に政治資金を頼り、工業資本家は労働者を農地から工場に駆り出して低賃金で使いたいので、この部分にだけはアメリカを介入させまいと、初めて日本のイニシアティブを発揮して、GHQの先手をとって農地改革を進める気でいた。幣原内閣の「農林大臣」には、年来の〝地主制度反対・完全自作農〟主義者であった松村謙三を抜擢し、部下の「農政局長」に和田博雄《ひろお》を起用して、地主から土地を取りあげる革新的な農地改革を進めようとした。

松村謙三は「高潔さと清貧さで知られ、与野党を問わず信望を集めた」とされる珍しい政治家であった。一方、和田博雄は官僚出身だったが、彼もまた、戦前に治安維持法で投獄され、のちに左派社会党の書記長に就任した人物なので、農民の自立には本気で情熱を燃やしていた。ところがGHQは、高名な農政学者の東畑精一《とうはたせいいち》を招いて土地制度の検討をおこなわせたのである。東畑精一は地主の息子なので、むしろ〝農地改革に反対する地主階層〟の代表者であった。加えて弟・東畑四郎が当時農地改革に反対する農政局にあって農政課長で、のちに農林事務次官となっており、農地改革の適任者ではなかった。そのため、ＧＨＱの農政改革は人選を誤り、日本政府より遅れていた。

では日本政府側の政策がうまく進んだかというと、日本国憲法施行の直前、一九四七年三月三一日に帝国議会が終焉《しゅうえん》を迎えるまで、いまだ地主階層の金持代表がぞろぞろと〝貴族院議員〟の特権を握る議会であった。したがって、その二年前の一九四五年一二月四日に衆議院に提出された松村・和田の農地改革案を、農政官僚と地主が結託して骨抜きにし、全国の小作農地のうち、わずか四割にも満たない土地しか改革の対象とされなかった。その上、地主に五町歩（一万五〇〇〇坪）の広大な土地の所有を認め、それ以上でも保有できる抜け穴規定をもうける始末であった。さらに、〝解放される農地の売買〟は、地主と小作人の当事者交渉に委ねられたのである。

こうなると、農村は人の出入りが多くないので、小作人が孤立した環境に置かれ、「代々の地主様」に対してひどく弱い立場に立たされた。結局は、当事者交渉で土地を所有できずに泣き寝入りする農民が続出して、解放したはずの土地も再び地主が取り上げたり、闇売買が頻繁に横行して、それを知った国民から激しい怒りを買った。日本人のうち半分を農民が占めていたのだから、民主主義を実現するには、農地解放のほかになかったが、それでも悪質な官僚に牛耳られる日本政府は、農民を理解しようともしなかった。そこで一九四六年が明けて、ＧＨＱがこの成り行きに憤激して、三月一一日に議会のエセ改革案を拒否し、「地主の保有面積を平均一町歩（三〇〇〇坪）にし、農地解放を二年間ですみやかに完了せよ」と政府に勧告して、三菱・幣原内閣の第一次農地改革は、恥ずべき大失敗に終った。

一九四六年五月二二日に第一次吉田茂内閣が発足したが、先に述べた通り、前年が米の大凶作で、一〇〇〇万人餓死説が飛び交うなかでスタートした吉田内閣は、〝食糧確保内閣〟であり、最大の課題が農政にあった。そのためGHQの目の色をうかがう吉田茂は、周囲の反対を押し切って、再び和田博雄を起用して今度は「農林大臣」に抜擢し、今度こそ国民の怒りを鎮めなければ内閣が成り立たなかった。〝農地改革責任者〟にカムバックした和田は、GHQが政府に勧告した内容をめざして法案を提出し、日本国憲法が公布される前の月、一九四六年一〇月一一日に第二次農地改革法案を国会で成立させることに成功したのである！

それから一九五二年一〇月までの六年間にわたって、ついに日本の国開闢《かいびやく》以来の農地解放が実施されたのである。しかし翌一九五三年にも農林省が、地主による土地取りあげに対して「農地改革の趣旨を守れ」と、市町村の農業委員会にお達しを出すほど、かなりの不正もまだ続いた。そこで最終的に、不在地主の全所有地を国が強制的に買収し、小作人に売り渡すことにした。残りは、自作農地の保有限度を九〇〇〇坪（三町歩）とし、地主が保有できる小作地を三〇〇〇坪（一町歩）以下とし、これを超える分の土地を国が強制的に買収して、小作人に売り渡した。しかも価格は、それまでの賃貸価格に対して、田では四〇倍、畑では四八倍を標準とした。こうして買収された農地が、〝数百万人の耕作者〟に売り渡されたのだ。ちょうどインフレで、闇米が横行したため農家の収入が増えたことも重なり、この売渡し価格は小作人にとって安い買い物となり、旧地主は、広大な土地の解放、事実上の没収にうちひしがれた。

この農地改革の唯一の抜け道は、建築用の木材として大きな需要があった森林に手を付けなかったことにあり、その後も、山林の所有者が大きな利権を維持することになった。

それでも、農地改革が徹底しておこなわれたため、地主・小作人の関係が残った耕作地は一割を切り、全国の地主地図は完全に塗り替えられた。〝日本一の地主〟だった山形県酒田の本間家は、会社名義を含めて九〇〇〇万坪（三〇〇〇〇町歩）を所有していたが、私有地として残ったのは本間農場の一万二三〇〇坪だけであった。江戸時代から「殿様以上の本間様」と呼ばれ、農民にも愛されてきた名家としては無一文になったも同然で、この時をもって農薬や農機の販売などの事業に転身することになった。江戸時代日本一の両替商だった鴻池《こうのいけ》善右衛門一族も、最後の個人財産である土地を失った。財閥たちも、三井・三菱などが広大な土地を持っていたが、彼らの主力は、三井が東京日本橋、三菱が東京丸ノ内という大都会の土地で、農地ではなかったので、それほどの打撃を受けなかった。信州高遠《たかとお》藩主・内藤家の屋敷があった新宿の広大な敷地は、明治時代に皇室に召し上げられて庭園「新宿御苑《ぎょえん》」となっていたが、ここも戦後一九四九年に国民公園として解放されることになった。

農村における地主制度は、ここにほぼ完全崩壊したのである。自分の農地を持つ人間が田畑を耕せば、働けば働くほど収入が増えるので、生産意欲がまるで違うから、日本の食糧生産高はこのあと飛躍的に増大し、かつて小作人だった真の農民の経済状態が大幅に改善されたのだ。誰もが金銭的に平等に近づけば、それによって農村における民主化が進むものである。こうしてマッカーサーと吉田茂は、神様と崇められたのである。

◆農作業の機械化が進んだ——集団就職列車の運行

農村における第二の福音は、農作業の機械化であった。戦後に大きく発達・普及したものに、農耕機械があり、ヤンマー、ヰセキ、クボタ、小松製作所などの農機具メーカーが飛躍することになった。農民にとって、敗戦は悪いことばかりではなく、農地解放がおこなわれ、農作業の機械化が進んで、毎日のつらい肉体労働から大きく解放される喜びをもたらしたのである。

日本に機械的農耕がはじまった時代は古く、脱穀機のような機械化はかなり早くからスタートしていたが、それらは人力を使った機械であった。人力ではなく、動力を使う本格的な機械が登場したのは、山岡孫吉が創業し、のちにヤンマーディーゼルで知られる山岡発動機工作所が、一九二〇年（大正九年）に〝わが国最初の農業用石油エンジン〟の試作品を完成した頃からであった。日本最初のロータリー式耕運機を完成し……

籾《もみ》すり機……脱穀機……米選機の生産を開始して機械化で農民解放の先駆者となった山岡孫吉は、滋賀県の農家に生まれた男であった。戦後は、一九五二年にヤンマーディーゼルに社名変更し、一九六一年にヤンマー農機を設立しながら、トラクターのほか……稲・大豆・蕎麦《そば》などを刈り取って、籾《もみ》の脱穀、わらの裁断処理などまで一貫しておこなうコンバイン……田植機などの農業分野に本格的に進出して、自分の親の代まで苦労してきたきびしい農作業から農民を解放した。このヤンマーが、現在はその動力技術を活かしたエネルギー産業に進出して、ヤンマーエネルギーシステム社がパナソニックやアイシン精機と手を組んで、真夏のオフィスビルで四〇％もの電気を消費する冷房用電力を〝ピーク時に九割カットできる〟ガスヒートポンプ・エアコンの普及に活躍している。また、久保田鉄工（クボタ農業機械／クボタ）……小松製作所……井関農機（ヰセキ農機）も、すぐれた農機具の画期的な技術を競って製造・販売し、一九六〇～一九六二年に商品化に成功したのである。

しかし都市と山村ではまだまだ大きな貧富の差があった。その象徴は、吉田茂内閣が退陣した一九五四年に、「集団就職列車」の運行がスタートした出来事であった。その背景は、以下のようであった。

日本敗戦まで、農家では長男が家を継ぐのが基本的な慣わしであった。そのため田畑を継ぐことができずに食えない農家の次男・三男以下の男たちは、戦時中は軍隊に養われた。だが、戦後は中学や高校を卒業してもほとんど就職先がなく、農村は失業者であふれかえった。一方で東京から名古屋にかけての京浜・中京工業地帯では、活気が戻ってくると、安い給料で文句を言わずに働いてくれる若い人間を大量に求めた。こうして「金の卵が集団就職」と持ちあげるマスコミの言葉に乗せられて、東北・北陸地方を中心に、中学や高校を卒業した直後の若者が、東京方面の都会に向かって列車に乗り、人口の大移動が起こったのである。集団就職列車とは、国鉄が協力して二一年間にわたって運行した、若者のための臨時貸し切り列車であった。

資本主義の波に洗われた農村社会と里山は、農業の機械化の影響もあって、農業への就職者が急激に減りはじめ、この時期から都会への人口大移動への道を歩みはじめた。一九五五〜一九六五年の一〇年間で、働き盛りの一五歳〜二四歳の東京人口が一挙に一〇〇万人近く増えたのだ。ほかにも、農閑期の出稼ぎ労働者と、ひと旗揚げようと志を胸に秘めた学生たちが、東京の上野駅に向かった。こうして加速された求人倍率は、工業製品の伸びに比例して、さらに急激な上昇を示した。日本経済が一九五八年後半から景気回復に入ると、雪深い地方の若者は巨大な都市に吸収されていった。

しかし彼らは、上野駅でノボリを立てて歓迎する雇い主にもてはやされても、受けた待遇はかなりひどいものであった。全国の工場でも、無意味な学歴のために、中卒・高卒の男女は給与も低く、社宅の待遇でも大卒から大きな差別を受けていたのが、この時代であった。そして出稼ぎ労働者は、危険な工事現場に駆り出された。とりわけ都市の工業地帯では、集団就職した若者の大半は、油にまみれて肉体労働を求める単純作業の製造工場の労働者であり、そうでなければ使い走りの店員で、たいていは寮生活や住み込みで貧しく、まる一日働いて疲れ果てた体には、ラジオから流れる音楽だけが楽しみであった。街には売り出されたばかりの洗濯機・掃除機・冷蔵庫・テレビの新製品が電機屋の店頭に並んでいたが、都会生まれの若者と違って、それを目のすみに眺めて通りすぎるしかできなかった。

だが、この農村出身の若者と出稼ぎ労働者が、日本の都市を戦災から復興させる最大の原動力となったのである。こんな街で負けてはならないと気を張りつめ、根をつめて働いたため、彼らは東京人よりむしろ進取の気象に富んでいた。

さて以上の経過で、日本人は平和と自由平等を謳《うた》った日本国憲法を手にし、証券民主化が実施され、財閥が解体され、農地改革がおこなわれ、戦災に焼かれた国土が復興する国民の準備が整った。このあと、どのように奇蹟の復興がおこなわれたのであろうか。

第七章

戦後の工業・経済復興はどのようにおこなわれたか

アメリカ・ヨーロッパの映画が輸入されはじめた

敗戦の焼け跡を経済復興させた一番のエネルギーの源は、子供たちであった。食べ物に飢えている子供が喜ぶ顔を見たい親たちが、そのため必死に働いたからである。さて人間が食べられるようになると、次に求めたのは日々の悦楽であった。自由な世界に解放された日本人は、戦争中に苦難が絶えなかっただけに、その反動として、無条件降伏の敗戦のなかで娯楽を熱望する時代を迎えた。なかでも映画は、世界中で名作が山のように次々とつくられ、その質がきわめて高かったこともあって、今日では想像もできないほど大きな産業であった。一九四五年の敗戦前のディズニー作品ばかりか、戦時中に禁じられていたアメリカ・ヨーロッパ映画が、戦後の作品と共に、どっとまとめて日本に輸入されるようになり、日本で一九五〇年に公開されたヴィットリオ・デ・シーカ監督の『自転車泥棒』は、戦後の荒廃したイタリアにおける失業者の悲劇を描いて涙を誘い、現在でも多くの映画人から〝歴代最高の名画ベスト・テン〟の一つに挙げられている。そのなかで邦画の名作も盛んにつくられ、松竹、東宝、大映、東映、日活、新東宝の六大興行師が闊歩《かっぽ》した。映画はフィルム産業でもあり、戦後の精密機械工業の土台となるカメラ産業の復活をうながし、現在のIT産業の土台となった。それは、映画というものをテレビではなく映画館でしか観《み》ることができなかった佳《よ》き時代であり、同時に、世界中が苦難にあえいでいたため、映画のストーリーに戦争前後の苦難と葛藤が満ちあふれていた時代だからの出来事でもあった。近年一九八九年に公開されたイタリア・フランス映画の『ニュー・シネマ・パラダイス』が、ちょうどその時代の、同じ敗戦国だったイタリア人の情感と郷愁を見事に描いていたが、日本人も同じであった。

日本の映画は、戦時中に内閣情報局や大本営と結託して、国民をあざむいた産業だったため、一九四五年九月二二日にGHQが映画製作会社の代表を招いて民主化促進と軍国主義撤廃など、映画製作について一連の方針を発表し、二七日には映画に対する一切の国家統制を撤廃すると発表した。同時にGHQは、焼け残った戦前の映画フィルムのほとんどを処分し、日本人が好きなチャンバラ時代劇も、刀は軍刀に結びつく右翼のシンボルとして禁止され、よほど啓蒙《けいもう》的な映画しか許可されなかった。だが一方で、GHQは、アメリカ文化がいかにすぐれているかという観念を日本人の頭にすりこむために、アメリカ製の劇映画とニュース映画を日本の映画館に登場させることにした。ついに来るものが来た。真珠湾攻撃によって途絶えていた懐かしいハリウッド映画の再登場であった。日本人は、夢の世界に引きこまれ、すっかり魅了されていったのである。

確かにこれが、世に言うアメリカの3S政策（スポーツ・スクリーン・セックス）による日本人骨抜きの開始だと批判の声があがっても、GHQが実際に、海外日本人の帰還を助け、飢餓目前で食糧危機から救ってくれ、日本国憲法の民主化を主導し、女性の解放をなし遂げたのである。議会の民主化も、軍国主義者の徹底追放も、証券の民主化も、財閥解体も、農地解放にも手を貸し、彼らの手で山のような良識を実行してくれたのだから、GHQ批判の声は、負け犬の遠吠《とおぼ》えにしか聞こえなかった。映画街となった東京の銀座は、レストランや洋装店の看板にGINZAと書かれる華やかなアルファベットの街に変りつつあり、若い男女の心を浮きたたせた。新着ロードショー映画の大きな看板にハリウッド、パリ、ローマ、ロンドンの世界的なスターの顔が描かれ、日本の女性はその美男子に心をときめかせ、日本の男性はその美女に恋をした。江戸時代の貨幣鋳造所だった銀座の名残は、どこにもなかった。

のちのち、今日まで、この文化交流に最も大きな役割を果したのは、クリスマスという祝祭であった。ほとんどの日本人にとって、クリスマスはイエス・キリストの生誕を祝う宗教的な行事ではなく、クリスマス・ツリーとクリスマス・プレゼントに飾られた童話の世界の夢であり、子供たちを果てしない空想につれこみ、アメリカとヨーロッパの美麗な音楽と文明に、日本人はわくわくする買い物の楽しさを味わった。この時代を回顧して「昭和の〇〇」という特集がしばしば現在のテレビで放映されているが、当時の日本人が楽しんだのは、決して昭和という忌わしい年代ではなかった。〝アメリカ・ヨーロッパの文化輸入時代〟だったのである。

ところがこれと並行して、日本の自由主義者の報道人を裏切るように、一九四五年九月一〇日には、GHQが「言論及び新聞の自由に関する覚書」(新聞法・プレスコード)の指令を出した。GHQの占領政策を非難する行為を取り締まる名目で、「公共の安寧《あんねい》を妨げる報道の禁止」を日本政府に要求し、言論と新聞の自由が、またしても統制されたのである。当時ほとんどの日本人は気づかなかったが、アメリカ本国では戦後に共産主義者に対する赤狩りが再燃し、米ソが原水爆の開発に熱中する時代だったことが影響して、広島・長崎に投下された原爆のすさまじい被害についての報道は、厳しく制限された。続いて一九四六年一月二八日には、GHQが「映画検閲に関する覚書」を出して、民間検閲課が日本映画の検閲を開始し、〝GHQへの批判〟を封じこめるために、民主化と逆行する行動をとりはじめたのである。ここまでGHQのよい面ばかりを並べてきたが、占領軍による数々の悪事が横行しはじめたのが、この動きであった。

戦後すぐの映画界は、スタッフもキャストも、世界的な自由主義とレジスタンスの流れを愛し、また勉強熱心な本の虫が大半であった。彼らは左翼的な思考が強く、貧乏人に味方するロシア文学・フランス文学・日本文学を求め、その映画化を天職としていたので、全国的に労働運動の嵐が吹き荒れるなかで、映画会社・東宝でも生活権を守ろうとする映画人組合と会社が正面衝突した。この東宝争議のなかで、時代劇大《おお》スターの大河内《こうち》伝次郎が「会社にも組合にもつかない」と宣言すると、彼を筆頭に、人気役者の長谷川一夫、山田五十鈴《いすず》、原節子、高峰秀子たち一〇大スターが組合を離脱して、一九四七年に新東宝を設立した。

一九四七年末には、東宝に、戦時中に日独伊三国同盟に反対していた渡辺銕蔵《てつぞう》が社長として送りこまれた。しかし渡辺は労働運動を嫌って共産党撲滅の思想を持っていたため、映画人は渡辺社長を強く嫌っていた。そこへ、一九四八年四月八日に、東宝が一二〇〇人の映画人解雇を発表したのだから、一大騒動となった。組合員がバリケードで撮影所に籠城すると、これを排除するため、東宝社長が警官隊の出動を要請したので、警察が出ようとした。ところが、そこへなんとGHQが銃で武装したMPと武装中隊を送りこんできたのだ。MPとは、当時の日本で、銃をかかえて闊歩した占領軍Military Policeの略で、MPの腕章を見れば泣く子も黙ったアメリカ陸軍の憲兵であった。米軍の装甲車と戦車がくり出して組合員を包囲し、さらに上空には厚木基地から飛来した戦闘機まで飛びかって、組合員を恐怖に陥れ、ついに組合側も折れなければならなかった。

東西冷戦と朝鮮戦争——特需で自動車産業が息を吹き返す

戦後奇蹟の復興と呼ばれるまでには、そこに至るまでに、政治的にも、国際的にも、日本人にとって巨大な山を乗り越えなければならない時代があった。その最大の激動が、米ソ対立の東西冷戦によって引き起こされた恐怖の原水爆時代に、実際に朝鮮半島を南北に二分して、同じ朝鮮民族同士が戦わされ、大量の死者を出した「朝鮮戦争」であった。

この戦争で米軍が朝鮮半島に投下した爆弾の総重量は六〇万トンと言われるから、太平洋戦争で米軍が日本全土に投下したあのすさまじい爆弾の総重量の四倍であった。死者はニューヨーク・タイムズによるとおよそ一〇〇万人だが、韓国内では五〇〇万人説も出るほど多くの犠牲者を出し、南北の国境線によって家族が離散させられる大悲劇を招いて、いまもそれが続いている。しかも日本人には明治時代以来の朝鮮侵略の責任があったにもかかわらず、この戦争をバネにして、日本経済が大々的に復活したのだから、これを知らずに戦後は語れない。というのは、二〇一五年にわれわれの目の前で**「日本が米軍と軍事同盟を結ぶことによってスタートした集団的自衛権と安全保障関連法の危険性」**を、この朝鮮戦争が、すでに実証していたのである。当時平和国家として再興したばかりの日本を巻きこんで実際に起こったその史実を、くわしく説明する。

東西冷戦とは、アメリカの資本主義と、ソ連の共産主義の国家的対立であった。米ソの対立は一九一七年のロシア革命によってはじまったものだが、思想的な対立としては、産業革命後の一八～一九世紀以来の労働者と資本家の対立なので、それよりはるか昔から続いてきた、根深い労働者の貧困と、彼らを酷使する巨大資本家の独占支配が原因であった。

日本の無条件降伏直前のポツダム会談によって、アメリカのトルーマン大統領およびイギリスのチャーチル首相と、ソ連の独裁者スターリンが、戦争勝利のために内心の対立をおさえて、日本占領政策で外面上は合意したが、戦後にそれが崩れ、激しく敵対した原因は、数々あった。

第一は、アメリカが最初の原爆製造に成功して、世界を圧倒する軍事的優位に立ったこと。

第二は、満州に侵攻したソ連が、中国の共産党指導者に武器を提供したため、中国の国内で共産党軍の勢力が強まり、アメリカが支援する蔣介石《しょうかいせき》の国民党軍が台湾に逃れなければならなかったこと。

第三は、日本の正式降伏後に、ソ連が北海道の北東部などの領土獲得をアメリカに要求したが、アメリカがそれを拒否して、互いに敵愾心《てきがいしん》を抱いたこと。

第四は、これが決定的だったが、第二次世界大戦が終った翌年の一九四六年三月五日、イギリスのウィンストン・チャーチル〝前〟首相が、アメリカ大統領トルーマンに招かれ、ミズーリ州フルトンの大学で有名な演説をおこなった。その中で、「ヨーロッパ大陸を横切る鉄のカーテンが降ろされた。中部ヨーロッパと東ヨーロッパの歴史ある首都は、すべてその向こう側にある」と、〝共産主義国・ソ連による鉄のカーテン〟演説をおこない、「ソ連が敵になった」と、爆弾発言を放った時であった。これは、一九四五年のヤルタ秘密協定に基づいて、米英ソが、横暴にも勝手に他国の領土の所有権を取り合った分割の密約を、ソ連のスターリンが破って、ポーランドをはじめとする東ヨーロッパ全土を共産主義によって支配しつつあることに、チャーチルが怒りを爆発させたことに起因していたのである。大国の横暴が招いた〝狼《おおかみ》とハイエナの争い〟であった。

これを受けて翌年、一九四七年三月一二日、トルーマン大統領が上下両院合同会議で「トルーマン・ドクトリンを宣言し、「自由な民族をアメリカが支援しなければ共産主義のドミノ現象が起こる」と主張し、すでに国際的な支配力を失っていた大英帝国イギリスに代って、アメリカが世界の紛争に介入する覇権主義政策を打ち出し、米ソ冷戦を世界に告げたのである。

このアメリカの政策は、単純な反共主義ではなかった。長いあいだ植民地にされてきたアジア・アフリカ・中東・中南米諸国では、戦後にすべての植民地で独立運動が燃えあがり、その運動の主導者が共産主義と結びついていたからであった。たとえばベトナムでは、フランスの横暴な侵略支配に対して指導者ホー・チ・ミン率いる独立運動が起こって、共産主義のゲリラ勢力が台頭していた。一九五四年には、ベトナムのディエンビエンフーの戦いで、ついにフランス軍を撤退させるまでに共産主義ゲリラが力をつけ、アメリカの裏庭キューバでも、一九五九年に革命に成功した。しかしイギリス植民地インドでもエジプトでも、オランダ植民地インドネシアでも、フランス植民地アルジェリアでもベトナムでも、植民地からの完全自立を切望したのに、イギリス人もオランダ人もフランス人などのヨーロッパの宗主国が、植民地の利権を容易に手放さなかった。

戦勝国の米英仏ソは、悪魔のナチス・ドイツと大日本帝国を倒しはしたが、自分たちもまた正義の国家ではなく、別の姿をした侵略国家だったのである。こうした強欲な〝植民地の利権〟維持が大きな動機となって、アジアでもヨーロッパでも、共産主義と対決する事実上の世界的な東西冷戦の宣言となった。アメリカはその対決に勝利する具体的な戦略として、一九四七年六月五日に莫大な金額の経済援助をおこなうヨーロッパ復興計画（マーシャル・プラン）を発表し、この復興資金の魅力でヨーロッパ人の心をつかもうとした。この時アメリカは全世界の金《きん》の七〇％を保有しており、全世界の工業生産の半分以上を占める〝世界大戦で唯一の経済勝者〟だったからである。

そこでソ連が、これに対抗して翌一九四八年六月二四日からドイツの西ベルリン封鎖に踏み切り、ドイツを分割統治してきた米英仏とソ連のあいだに決定的な亀裂が入った。その同じ年にアジアでは、一九四八年八月一三日にアメリカが統治する朝鮮半島南部で、大韓民国《だいかんみんこく》樹立の宣布式が挙行され、李承晩《イスンマン》が大統領に就任して〝アメリカ傀儡《かいらい》の韓国〟が誕生した。すると翌月、九月九日にソ連が統治する朝鮮半島北部で、〝ソ連傀儡の朝鮮民主主義人民共和国〟が樹立され、首相に金日成《キムイルソン》が就任して北朝鮮が誕生した。北緯三八度を境界線として、朝鮮が南北の国家に分裂したのである。南北朝鮮のどちらにも、資本主義者と、共産主義者と、中立和平論者がいるのだから、このような色のついた国家分割そのものが、国民の総意に反するものであり、アメリカとソ連の覇権争いと、それに乗じた李承晩・金日成の個人的な野心による国内の民族分裂の悲劇であることは明白だった。

さらにベルリン封鎖の大事件を受けたヨーロッパでは、翌一九四九年五月二三日に西ドイツ（ドイツ連邦共和国）が正式に成立し、一〇月七日にはソ連占領地域の東ドイツでドイツ民主共和国が成立して、東西ドイツが共産主義国と資本主義国に分裂したのである。

さらに同年、一九四九年一〇月一日には、共産主義者の中央人民政府・毛沢東《もうたくとう》主席が、北京の天安門広場で中華人民共和国（中共）の建国を宣言して、蔣介石を台湾に追い落とし、第二次世界大戦中にアメリカが支持してきた台湾の蔣介石・国民政府との対立も、動かないものとなった。朝鮮、ドイツ、中国が相次いで分割され、真っ向から対立したのである。

その間に、アメリカは一九四六年から南太平洋で五回の原爆実験をおこなって、軍事的に強大な国家として威を誇っていたが、一九四九年四月四日にアメリカ、イギリス、フランス、イタリア、オランダ、カナダ、デンマーク、ノルウェー、ベルギー、ポルトガル、ルクセンブルク、アイスランドの一二ヶ国がワシントンで署名して、〝軍事同盟〟のＮＡＴＯ（北大西洋条約機構）を結成した。すると直後に、ソ連が一九四九年八月二九日にカザフ共和国（現カザフスタン）セミパラチンスクで、プルトニウム型原爆を用いた〝最初の原爆実験〟に成功したため、世界の誰の目にも、両者の軍事的な衝突が予感され、いずれは地球の末期的な大戦争に至るのではないかという恐怖を巻き起こした。戦後に日本人があこがれた戦勝国のアメリカ人とヨーロッパ人が、アジアを脅かすトンデモナイ危険な人種であることが、日本でも次第に明らかになりはじめたのだ。

そうした危機のなかで、一九五〇年一月二六日にアメリカが韓国と〝軍事協定〟を結んで、六月二五日に朝鮮戦争が勃発したのである。

したがって、「軍事同盟が朝鮮戦争を起こした」のである。日本は現在、他国の戦争に日本が参加することを、集団的自衛権と呼んでいるが、これは日本が、他国（アメリカ）と軍事同盟を結んだ、ということである。わが国がこの日米軍事同盟強化という危険な道に踏み出したので、過去、地球上の軍事同盟が、いかなる戦争の惨禍をもたらしたか、人類史を振り返っておく必要がある。

よく知られているのは、ちょうど一世紀前に勃発した第一次世界大戦である。この戦争の発端は、一九一四年六月二八日に、オーストリア＝ハンガリー帝国皇帝フランツ・ヨーゼフ一世の皇位継承者フランツ・フェルディナント皇太子が、帝国が征服していたサラエヴォで妻ゾフィーと共に暗殺された事件にあった。その暗殺者がボスニア系セルビア人であったため、オーストリア＝ハンガリー帝国が七月二八日に小国セルビアに宣戦布告して、戦争が勃発した。初めはこの二ヶ国の間の戦争でしかなかった。そのため、誰もこれが大戦争になるとは思っていなかった。

ところが小国セルビアは、同じスラブ民族のロシアと軍事同盟を結んでいた。またそのロシアは、フランス・イギリスと三国軍事同盟（協商）を結んでいた。

一方、オーストリア＝ハンガリー帝国はドイツと中央軍事同盟を結び、そのドイツはオスマン帝国のトルコと軍事同盟を結んでいた。

そのため、これらの相互の軍事同盟によって、玉突きゲームのように次々と大国が宣戦布告してゆき、さらにドイツ×フランスの戦闘にベルギーが巻きこまれてヨーロッパ全土が戦地となり、日本も参戦し、ついには各国の植民地であるアフリカ～中東～アジアにまで戦火が燃え広がった。その間、一九一七年にはロシア革命が勃発し、最後には、アメリカが連合国側について参戦して本物の世界的大戦となったのである。

　人類が、軍事同盟によって史上最大の殺戮《さつりく》戦争になだれこんだのだから、軍事同盟が戦争を巨大化させる歴史は、この時にはじまったのである。続く第二次世界大戦も、日独伊三国同盟の軍事同盟によって、救いようのない大戦争に発展した。その大戦争が終ったあとに、再び世界的な軍事同盟によって巻き起こされたのが、朝鮮戦争であった。

　朝鮮戦争は、日本や国連での定説では、「一九五〇年六月二五日に突然に、北朝鮮軍が先に三八度線を越境して南への侵攻を開始して、戦端が開かれた」となっているが、これは米軍の発表であって、事実としての根拠はまったくない。この年初めにアメリカが韓国と〝軍事協定〟を結んで五日後、一月三一日にアメリカ国防総省《ペンタゴン》トップの統合参謀本部議長オマール・ブラッドレーが陸海空の三軍首脳を引き連れて来日すると、ＧＨＱ司令官マッカーサーと軍事体制の強化について会談し、翌二月一五日にアメリカ議会でジョゼフ・コリンズ陸軍参謀総長が「日本に駐屯する**米軍は数ヶ月以内に戦闘準備が完了する**」旨を証言したことが公表されている。さらに六月一八日にアメリカ国務省顧問で強烈な反共主義者ジョン・フォスター・ダレス（一九五三年から国務長官）が韓国軍を視察して、韓国将兵に「**戦争が間近である**」ことを告げたあと、六月二一日に来日して吉田茂首相に会談を求め、日本に「再軍備を要求」して、その〝四日後〟に開戦したのだから、これが偶然の一致であるはずはなかった。むしろ、すでに戦闘準備に入っていたアメリカが、わざと北朝鮮を懐に呼び込んで開戦したと見るほうが、事実として濃厚である。

金日成《キムイルソン》は、北朝鮮で〝建国の父〟と呼ばれてきたが、第二次世界大戦中になんら軍功をあげたこともなく、ソ連が恣意的に選んだだけの頭目であり、軍事的には頭の切れる男ではなかった。南北国境での〝アメリカの誘い〟に乗って、露骨な野心から、その気になって進軍したのである。戦況は、三日後の六月二八日に北朝鮮軍がたちまち韓国の首都ソウルを占領し、米軍が七月一日に釜山《プサン》に上陸を開始してからも、ソ連の強力な軍事支援を得た北朝鮮軍が、圧倒的に有利な態勢で進み、初戦には韓国領土のほとんどが北朝鮮軍に支配されたのである。だが七月七日の国連安全保障理事会で、ソ連が安保理をボイコットした不在のすきをついて、アメリカが国連軍を指揮することを決定し、そこから、米軍を主体とする国連軍の大反撃がはじまったのだ。

さて日本人にとっての問題は、朝鮮特需であった。特需？

開戦二ヶ月後の八月二五日、ＧＨＱが横浜に米軍兵站《へいたん》司令部を設置したと発表したのだ。兵站とは、兵器や車輛から軍人の衣類・糧食まで、一切の軍需品を確保する組織であった。日本を占領していたＧＨＱ司令官マッカーサーは、朝鮮戦争の〝国連軍〟総司令官にも任命されたので、朝鮮国内と日本国内で米軍が必要とする物資の供給と、それらの修理作業が、日本政府の手を通さずに、どっと日本国内の民間企業に発注され、直接調達方式により膨大な量の物資が買い付けられた。これが、朝鮮特需と呼ばれる「戦争需要」であった。

戦争発生後の一年間における日本企業の特需契約高は、およそ三億四〇〇〇万ドル＝一二二四億円に達し、そのうち第一位はトラックの二二七〇万ドルで、これに自動車部品の七六四万ドルを加えると、自動車業界が三〇三四万ドル＝一〇九億円で全体の九％を占めた。実は、その当時の日本の自動車産業は、惨憺《さんたん》たる状況にあった。敗戦後にGHQが乗りこんできてから、すぐに生活必需品の輸送に必要なトラックの生産だけは許可されていたが、小型乗用車の生産が許可されたのは、二年後の一九四七年六月で、それも台数が制限されていた。乗用車の生産制限が解除されたのは、ようやく一九四九年一〇月で、翌一九五〇年になっても、トヨタ自動車工業が未曾有の経営危機に陥り、倒産寸前の瀕死《ひんし》の状態にあった。国としては自動車産業を再建しなければならないにもかかわらず、時の日銀総裁・一万田尚登《いちまだひさと》が「国際分業のなかで日本が自動車工業を育成するのは無意味である。日本人には自動車など作れっこないのだから、自動車などすべてアメリカから輸入すればいい」と妄言を語って、自動車工業不要論をぶつ有様であった。

トヨタ自動車工業では、創業者の豊田喜一郎が一九五〇年に退陣に追いこまれ、石田退三が三代目社長に就任したばかりだったが、石田も、トヨタグループが本格的に自動車に進出することに反対して一時監査役に格下げされた男であった。皮肉にも、そこに朝鮮特需が舞いこんだのである。これで一気に会社が再建され、石田がトヨタの生涯番頭として中興の祖の栄誉を得てしまった。

こうして朝鮮戦争の開戦から最初の半年に米軍から受注した分だけで、トヨタが三三二九台、日産が二九一五台、いすゞが八三五台で、合計七〇七九台に達し、総額四五億円を超えて、自動車産業が息を吹き返した。車輛の修理も次々に発注され、それが、町の鋳物《いもの》工場など、さまざまな部品メーカーの復活をうながした。鋳物工場で鉄を溶かす炉をキューポラと呼んだが、吉永小百合主演の日活映画『キューポラのある街』は、こうして復活しながら、苦しい生活を続ける埼玉県の鋳物工場街を舞台に、林立する煙突を風物詩として、〝在日朝鮮人の北朝鮮への帰国〟を描いた物語なので、思えば朝鮮との不思議な因縁がその底流にあったわけである。

また、米軍兵士が戦地で使う服……軍用毛布……土嚢《どのう》用の麻袋から……テントなど、繊維製品の特需は、膨大な量にのぼった。そのため開戦四ヶ月後の一九五〇年一〇月二三日に、GHQが人造繊維についての生産制限を全廃したため、一一月に倉敷レイヨンが富山工場と岡山工場でビニロンの量産を開始し、わが国最初の合成繊維ビニロンが誕生したのである。東レ……ニチボー……帝人などが戦後経済の牽引車《けんいんしゃ》となった飛躍のきっかけは、朝鮮戦争にあった。こうして日本全体に景気回復がうながされると、鉄の需要から石炭需要が急増して、売り手市場となった石炭価格が四〇%も暴騰したのである。

戦争の現地では、北朝鮮軍が韓国の奥深くに攻め入って戦線が伸びきった隙を突いて、開戦三ヶ月後の一九五〇年九月一五日に、マッカーサーがソウルの横腹を狙って仁川《インチヨン》への上陸作戦を成功させてから、一気に形勢が逆転した。九月二六日には首都ソウルを奪還し、一〇月に入ると韓国軍が三八度線を突破して北進し、大反撃を開始して北朝鮮の首都・平壌《ピョンヤン》を占領した。こうなると、事態を静観していた共産主義国の中国が挙兵命令を出し、下旬には、中国人民義勇軍二〇万の大軍が朝鮮国境の鴨緑江《おうりよくこう》を越えて朝鮮戦線に出動して、米軍（国連軍）対中国軍の対決となり、軍需産業が待望していた本格的な大戦争になった。一二月五日には、ゲリラ戦に長《た》けた中国軍に圧倒された国連軍が、平壌を放棄して北朝鮮から撤退し、翌一九五一年一月四日には、またしても北朝鮮軍にソウルを占領され、三月には国連軍が再び押し返してソウルを奪回するなど、一進一退の激戦を展開した。長期戦になると読んだGHQは、日本に対して、大量の食糧供給を命じ、朝鮮における塹壕《ざんごう》工事などに必要なセメント……パイプ……鉄条網の生産を急がせ、これがまた鉄鋼……セメントなど日本の基幹材料メーカーを活気づかせた。

しかし日本が、朝鮮戦争に関与したのは、特需による産業の回復ばかりではなかったのである。当時、日本の船員は、先に述べたように、海外数百万の日本人を帰還させる偉業をなし遂げ、アメリカの軍人から賞讃されていたが、ちょうどこの一九五〇年の四月一日から日本の全船舶がGHQ管理下の国営から民営に戻され、個人船主が船を運航する本来の姿に戻ったばかりであった。日本船はパナマ運河……北アメリカの港向け不定期船……南アメリカ定期航路などが許可されて、戦後初の遠洋定期航路に乗り出して活気を取り戻そうとしていた。

これら船乗りは、戦前から日本軍と共に行動して、米軍に比べて朝鮮沿岸のすみずみまで精通していたため、マッカーサー指揮下の米軍の仁川上陸作戦に参加を求められ、現場監督をつとめることになった。戦後の船員たちは、先述の通り基本的に〝反戦平和の思想〟を貫き、日本国憲法の第九条が「日本国民は、正義と秩序を基調とする国際平和を誠実に希求し、国権の発動たる戦争と、武力による威嚇又は武力の行使は、国際紛争を解決する手段としては、永久にこれを放棄する」と定めていたのに、なぜ戦争に協力したのだろうか。これには、理由があった。ソ連がシベリアに日本人を抑留して極寒の地で奴隷労働をおこなわせて、日本人が次々と死んでゆき、日本共産党がモスクワに日本人帰還要請を呼びかけても無視されてきた。一九四六年末に、ようやく引揚げに関する米ソ協定が成立して、月間五万人の送り出しが確約されたにもかかわらず、日本人の帰還が進まなかったため、船員たちは、北朝鮮を支えているソ連を快く思っていなかった。こうしてアメリカの戦争に協力しはじめ、水船……工作船……動力船などの整備を日本人船員が担当して、米軍にとっては心強い働きを示した。米軍に役立った造船業界は、ようやく大型船舶の建造が認められ、しかも建造資金の大半はアメリカの資金を使ってよいとする優遇措置も受けた。

だが、この当時起こった出来事が、二〇一四～二〇一五年に日本の国会で進行してきた集団的自衛権行使と安全保障関連法案の採決という重大事に直接関係していたのである。当時の米軍は、北朝鮮の首都・平壌の真東にあって交通の要衝である軍港・元山《ウオンサン》への上陸作戦を決行する計画だったが、一九五〇年の開戦直後から、北朝鮮軍は艦船が接触すると爆発する機雷を海中に設置していた。これを知ったアメリカ海軍第七艦隊司令官は、九月一一日に機雷を除去するよう命じた。ところが国連軍には機雷掃海部隊がほとんどいなかった。そこで国連軍に代って日本の海上保安庁に掃海部隊を派遣させることを決定し、一〇月にアメリカ極東海軍司令官が運輸大臣の山崎猛に対し、日本の掃海艇を派遣するよう、文書をもって派遣指令を出した。この山崎は、二年前には総理大臣候補となって、吉田茂のライバルだった大物議員であった。

かくして一九五〇年一〇月から、北朝鮮軍の機雷を掃蕩《そうとう》するため、アメリカ海軍が〝戦闘地域である朝鮮水域〟に日本の掃海艇が出動するよう命令し、しかも〝国会承認なしに〟吉田茂首相がこれを承認したのだ。そして一〇月七日から、元海軍大佐の田村久三《きゅうぞう》を総指揮官とする日本の海上保安庁の掃海部隊からなる四六隻の「特別掃海隊」が派遣され、ほぼ二ヶ月にわたる戦地での機雷掃蕩活動を開始したのである。

ずるずるとアメリカの命令に従いはじめた日本は、掃海艇が北朝鮮の元山沖まで出動し、米軍の掃海艇二隻が機雷に接触して沈没するなか、ほとんどの国民が知らないあいだに、多くの日本人が国連軍の軍事作戦に参加し、日本国憲法に違反する戦闘地域での行動に出たのだ。そして特別掃海隊が掃海作業に入ると、一〇月一七日に日本の掃海艇MS14号が機雷に接触して沈没し、一名の死者（行方不明）が出たのである。総理大臣・吉田茂はこの死者と、一八名の重軽傷者を厳重に秘密にするよう命じて、国民には知らせなかった。また一一月一五日に元山沖を航行中の大型船が触雷して沈没した海難事故では、乗り組んでいた日本人船員二七名のうち二二名が死亡するという悲惨な結果となった。防衛研究所の戦史部所員・石丸安蔵による「朝鮮戦争と日本の関わり――忘れ去られた海上輸送――」によれば、およそ八〇〇〇人の日本人が、アメリカの命令で朝鮮戦争の軍事作戦に参加させられ、判明しているだけで朝鮮戦争勃発から半年間で五六人の日本人が命を落としたとされている。

すでにこのようにして一九五〇年に起こり、半世紀以上も論じられてこなかった出来事が、まさに二〇一五年に自民党・公明党を率いる安倍晋三が進めた「集団的自衛権の行使と安全保障関連法」が、日本人を新たな戦争に巻きこむ重大な危険性と、米軍の命令ひとつで日本国憲法が簡単に踏みにじられることを実証していたのである。そもそも、「ホルムズ海峡が機雷封鎖されると石油の輸入が止まり、日本は存立の危機に陥るから自衛隊を出動させることもある」と詭弁《きべん》を弄して安全保障関連法案の成立を強行したのである。危険海域に掃海艇が出動すれば、自衛隊員の死を招くことは、朝鮮戦争によって明らかになっていたのだ。「一万人近い日本人が、アメリカの命令で朝鮮戦争の軍事作戦に参加させられ、数十人の日本人が命を落とした」というこの重大な史実が、二〇一五年の国会で取り上げられ、議論されたのか？　日本国憲法に違反する行為は、いかなる日本人も犯してはならないと定められている。よって、自民党・公明党と同法案の賛成者は、即刻国会議員を辞任しなければならない。一体、国会議員とテレビと新聞は、何を考えているのだ！

その上、朝鮮特需は、米軍が日本の民間企業に発注したといっても、日本政府が米軍の占領費を負担していたので、日本の国民が納めた税金が、めぐりめぐって日本の企業に戻った部分も相当な割合を占めていた。その総額の正確な数字は明らかにされていないが、休戦までの三年間で少なくとも一〇億ドル＝三六〇〇億円と見られている。歳出総額が三兆円に満たない当時の国家予算から見ても、特需額がその一割を超える莫大なものであったことは間違いない。つまり国民の納めた巨額の税金が、公然と米軍の戦争費用に使われたのである。

一体この戦争は、日本のどのような時代に起こったのか。それが問題であった。

資本家と労働者が激突した

朝鮮戦争は、実は一九四九年に起こった〝国鉄三大事件〟の翌年に勃発した出来事であった。国鉄の初代総裁に就任したばかりの下山定則《しもやまさだのり》が、国鉄職員の首切りに着手して七月六日に轢死体《れきしたい》で発見され、明らかに殺人と思われながら、迷宮入りとなった怪事件がまず起こった。九日後の七月一五日には、東京郊外の国鉄三鷹駅構内で無人電車が暴走して六人が死亡する三鷹事件が起こった。さらに一ヶ月後の八月一七日に、福島県松川町（現・福島市）で東北本線が脱線転覆し、三人が死亡する松川事件が起こり、現在まで日本の最も不可解な国鉄三大事件として語り継がれてきた（国鉄三大事件については、のちに詳述する）。

下山事件は国鉄職員の首切りに発端があり、三鷹事件と松川事件は、労働組合による犯行だと断じられて、その後、組合に対する社会的な弾圧が加えられた。そのため、実は背後にGHQの軍事的組織である反共主義者のキャノン機関が介在して起こされた可能性がたびたび指摘されてきた。文字通り、朝鮮戦争のイデオロギー対立を地でゆく、その先駆的事件であった。

ここで、気をつけなければならないのは、共産主義や社会主義と呼ばれる左翼思想と、貧困層や労働者を救済しようとする労働組合などの活動が、同じではないことである。多くの人がこれを同じものだと混同しているが、共産主義や社会主義とは、企業の活動を国家が管理する国営化などによって、国家全体の経済をコントロールしようとする「政治的な体制思想」である。それに対して、職場や企業内部での労働組合運動は、まともな人間生活を維持するための雇用の確保や……給料のベースアップ……労働条件の改善……会社からの生活補償を求める活動、を本来の目的としたものであり、日本国憲法で保証された〝生存権〟闘争だから、体制の変革を求めているわけではない。江戸時代に地主や悪代官たちに抵抗して起こった百姓一揆《いっき》と同じ性格を持った「人権闘争・生活権闘争」である。

その違いを示す代表的な事例が、一九五三年に九州から四国にかけて大分、佐賀、愛媛で立て続けに起こった〝銀行の労働争議〟であった。続いて朝鮮戦争の休戦直前、一九五三年七月八日に福岡銀行で銀行員の労働争議がはじまると、ここでは残業手当なしで働かされていた行員の不満が鬱積《うつせき》して、人権の要求が強く打ち出され、〝金融資本の牙城である銀行〟で労働者が決起したので、この事件に日本中が驚愕《きょうがく》した。ところが福岡は筑豊御三家の石炭産出県であり、福岡銀行の母体となった嘉穂《かほ》銀行は吉田茂首相が女婿《むすめむこ》に迎えた麻生一族が設立した銀行であった。つまり銀行幹部が炭鉱のボスと一体となっていたため、炭鉱ボスが乗りこんでスト組合員に暴行を働く事態を招き、女子従業員が体を張ってこうした暴力に立ち向かったため、全国的な同情が広がり、組合員が勝利した。この労働組合員たちは、資本主義者の銀行員だったから、まったく左翼主義者ではなかった。

こうして銀行員の意識が変ると、翌一九五四年二月から一一月まで実に二五三日間にわたって、山梨中央銀行で激しい労働争議が起こって、全国を揺るがした。ここは賃金が地方銀行で全国最下位に属し、事務用品まで従業員に負担させていた。その不満から、銀行員の怒りが爆発して籠城するまでになった。そこに、ここでも銀行が雇った暴力団が乗りこんで、警官と共に暴行を働き、組合員を検束したのである。すると、今度は一〇〇〇人の抗議デモが警察と検察庁に押しかけて、検束されていた全員を救い出し、最後には銀行が組合の要求をのんで妥結したのだから、たいしたものであった。

これと並行して、一九五四年五月～八月に北浜の大阪証券取引所で、未曽有の労働争議が発生した。ここでは、連日徹夜を強制され、過酷な労働を求められた青年・女子従業員たち十数人が労働組合の結成を宣言すると、たちまち組合員が二五〇人にふくれあがり、平均五割の大幅な賃金引上げをスローガンに掲げて闘争に入り、経営者と対立して立会がストップするという、これまた〝資本主義の牙城である証券取引所〟開闢《かいびやく》以来、空前の事件に発展した。最終的に、ベースアップ……通勤交通費の全額支給……家族手当支給……賞与支給などの要求が受け入れられた。この大阪に刺戟《しげき》されて、七月には東京と名古屋……八月〜九月には全国九ヶ所の取引所のうち札幌を除く神戸……京都……広島……福岡……新潟の八ヶ所で組合が結成され、一〇月には名古屋証券取引所と東京証券取引所でストライキが決行され、大争議に発展した。もしこれらの闘争がなければ、今日の銀行員や証券会社の社員の給与は、ひどく低いままにおさえられていたのだから、資本主義のルールもまた、戦後の日本国憲法によって保証された労働組合によって生み出され、守られてきたのである。

これら一連の労働争議は、どのような時代に起こったのか。一九五三年に映画『ナイアガラ』で全米を魅了したハリウッド女優マリリン・モンローが『紳士は金髪がお好き』、『百万長者と結婚する方法』と立て続けに出演して人気が爆発し、大ヒットして一躍トップスターとなった。翌一九五四年一月一四日にヤンキースのジョー・ディマジオと結婚し、二月一日にハネムーンで日本にやってきたころに、一連の労働争議が起こったのである。ディマジオは現在も破られていない五六試合連続安打記録を持つメジャーリーグの名選手であった。日本では、シャープによる国産第一号の白黒テレビ発売……NHKのテレビ放送開始……山水電気のステレオアンプ発売……三洋電機の洗濯機発売……松下電器産業の電気冷蔵庫発売が、いずれも一九五三年であった。力道山によるテレビのプロレス人気が沸騰したのが一九五四年であった。華やかな時代のように見えたが、実は、今述べたように、国民はストライキをしなければならないほど苦しい生活にあえいでいたのだ。

先に紹介した映画会社・東宝の大争議も、基本的には生活権の要求であった。ところが、雇用の確保（首切り反対）が、時には企業の国営化を求める考えと一致して、こうした種類の争議を「共産党」や「社会党」が全面的に支援したので、労働争議は左翼思想であるという誤解から、両者が混同されるようになったのである。その結果、GHQの参謀二部とキャノン機関や日本の政治指導者たちも、「政治体制」と「国民生活」を混同して議論するようになった。日本の大半の知識人や政治家、テレビと新聞のメディア、いや時には労働組合自身までが、現在に至るまで、これと同じ混同した「常識」を抱き続けているのは、驚くべきことである。吉田茂首相は一九四七年元旦における年頭の辞のラジオ放送で、労働運動指導者を「不逞《ふてい》の輩《やから》」と非難して対決姿勢を鮮明にし、白洲次郎を筆頭にした吉田一派は、労働者からの人権要求をすべて「アカ」呼ばわりしながら、共産主義者や社会主義者の煽動《せんどう》によるものだと決めつけ、庶民生活の弾圧に走ってきたのである。本来両者は、直接関係のない出来事なのだ。その後、朝鮮特需がピークの一九五二年になっても、国民所得は、盧溝橋《ろこうきょう》事件による日中戦争突入前の一九三四～一九三六年のレベルにようやく回復したばかりだったのである。ストライキに参加したある若い女性は、「私たちは、必要経費を差し引くと手許《てもと》に一銭も残らない苦しい生活をなんとかしようと、労働条件の改善と、給与の引き上げを求めただけなのに、なぜアカと呼ばれるのですか」と、涙ながらに訴えていた。

昭和天皇はマッカーサーに対して一一回の会談をおこなったが、一九四六年一〇月の第三回会談では、NHKで放送ストライキがおこなわれている時、「日本人は教養が低い」ためストライキに走っていると、GHQによる取り締まりの強化を求めたのである。彼の最大の罪は、米軍に沖縄を占領するよう求めたことにあった。

現在、辺野古《へのこ》に米軍の新基地建設を強行しようとしてきた安倍晋三政権については言うまでもなく、沖縄県の翁長雄志《おながたけし》知事が沖縄県の歴史について発言してきた言葉から、読者は重々ご承知と思うので、本書では辺野古の大問題に深く立ち入らないが、現在の若い世代がまったく知らない戦後の沖縄の苦難の発端を述べておく。

一九四五年に米軍が上陸した沖縄戦によって大被害を出した沖縄は、日本が敗北後、日本の本土と切り離され、そのまま米軍によって占領統治されてきた。したがってこの時代には、日本ではなく、日本国憲法の生存権も導入されていなかった。しかも敗戦二年後の一九四七年九月一九日に、あろうことか昭和天皇が、天皇御用掛・寺崎英成《ひでなり》を通じて、GHQ外交局長のウィリアム・シーボルト（William J. Sebald）に対して、おそるべきメッセージを伝えたのである。このシーボルトは、実質的な戦後の〝初代駐日アメリカ大使〟であり、幕末に来日したドイツ人シーボルトとはまったく関係ない。昭和天皇いわく、「**沖縄本島はじめほかの琉球諸島をアメリカが軍事占領し続けることを希望する**。それがアメリカの利益となり、日本を守ることにもなる。アメリカによる沖縄本島はじめほかの琉球諸島の軍事占領は、日本に主権を残した形で長期――二五年から五〇年ないしそれ以上――の貸与をするという擬制（フィクション）の上になされるべきである。この占領方式は、アメリカが琉球諸島に恒久的な意図を持たないことを日本国民に納得させることになるだろう」という驚くべき内容であった（雑誌『世界』一九七九年四月号――「分割された領土」進藤栄一、参照）。

アジア侵略の最高責任者で、一九四五年の沖縄戦で沖縄住民二〇万人の大虐殺を招いた張本人の昭和天皇が、国民に隠れて、沖縄県民を裏切るようなことをよくも言えたものである。そもそも、この四ヶ月前に日本国憲法が施行され、「国政に関する権能を持たない」と憲法の条文に定められた天皇が、「米軍が沖縄を軍事占領し続けてくれ」と言うことは、国民に対する重大な背信行為であった。こうして太平洋戦争最後の沖縄戦で最大の被害者を出した沖縄住民は、沖縄戦のあとにほとんどの県民が、収容所に収容され、収容所から自宅に戻ろうとした時には至る所が普天間飛行場などの米軍基地に変っていたのである。一九五二年にサンフランシスコ講和条約が発効してからも、一九七二年に沖縄県が日本に返還されるまで独立できず、アメリカ信託統治の植民地として日本政府から切り捨てられ、朝鮮戦争〜ベトナム戦争を通じて、核兵器と毒ガス兵器を保有する米軍基地から戦闘機が発進し、沖縄住民は次々と農地を奪われ、ますます米軍に支配される圧政に苦しめられてきた。

国民を打ち捨てた戦後一連の経済政策

ストライキに参加した日本国民全体の苦しい生活状態の流れが、どうしてこのようになったかを、日本敗戦直後からの経済的な経過をたどりながら、あらまし語っておく。

敗戦後の国民は、まず初め、焼け跡から立ち上がって生き続けるために、戦時中に強制された預金を一斉に引き出した。その結果、銀行が資金不足となって倒産の危機に直面したため、日銀がこれを防ごうと民間銀行への貸出を進めたので、通貨の増発が「物価の上昇」つまりインフレーションを加速した。そこで敗戦翌年の一九四六年二月一七日に、大蔵大臣・渋沢敬三がインフレ対策として抜き打ちの金融緊急措置令を出し、すべての預貯金を封鎖して、一ヶ月に世帯主三〇〇円、世帯員一人一〇〇円に引出しを制限した。この指令によって、金持と貧乏人とにかかわらず、国民は生活資金を奪われ、深刻な打撃を受けた。そればかりか渋沢は、二月二五日から「新円切換え」を実施することによって通貨量を収縮させる、電撃的な措置をとった。これは、手持ちの円を使えない通貨とし、今までの円の価値を、勝手に「新円」に変えるデノミネーションという政策であったから、市民が戦前に持っていた現金の資産は、国債などの債券と同様にほぼ無価値になってしまうという、トンデモナイ国家的な詐欺であった。当然、政府に内通してこの旧円廃止の情報を知っていた者だけが、現金を不動産などに投資して、莫大な利益を得たのである。渋沢の政策は、インフレに対して焼け石に水であり、続いて渋沢は物価統制令を公布して物価の上昇をおさえようとしたが、これも闇値が幅をきかして、ほとんど効果がなかった。

一九四六年五月から幣原内閣に代って発足した第一次吉田茂内閣では、大蔵大臣・石橋湛山《たんざん》が、窒息状態に陥っている民間企業の生産を再開させなければ国民は生きられないと考え、渋沢の政策を大転換して、政府財政援助を打ち出し、年末からインフレが再燃した。

だがインフレで最も苦しんだのは、またしても貧しい人間であった。この当時でも、歳出総額のうち〝三分の一〟を占領軍を維持する経費負担が占めて、日本の財政を圧迫していた。そこで政府の財政危機を救うため、軍事関係費を減らすことに心を砕いた石橋湛山は、一九四六年一〇月一九日から戦時補償の打ち切りに踏み切った。この戦時補償とは、戦時中に日本政府が軍需企業と財閥系企業に対して公約した損害補償と、支払いを約束していた軍需製品納入代金であるから、企業にとっては、軍部の一方的な命令を受けて製品を納入した代金として、当然国家に請求できる権利のある債権であった。この債権がチャラにされたのである。軍事経済を平和経済に転換しようとした石橋湛山の考えは一面で正しかったが、そうした戦時債務は九六〇億円にも達し、その上、すでに請求・取得済みの分も特別税徴収という形で没収したのだから、一九四五年度末の国債残高一四〇八億円の七割に相当する巨額に達した。軍需産業だけでなく、一片の指令によって蓄積資本が一朝にして消え去った大半の民間企業は、これで大打撃を受け、その結果、労働者に過酷な生活を強いることになったのである。

一九四六年八月に、マッカーサーの指示によって、経済政策全般にわたる企画立案をおこなう組織として経済安定本部（通称・安本《あんぽん》）が誕生して、ここが各省庁に優越する強大な権限を持つスーパー官庁となったが、官僚の寄せ集めだったので、実業経験もない人間が安本を牛耳り、机上の計画ばかりで何の実りももたらさなかった。実際に動き出したのは翌一九四七年一月二五日に全額政府出資の特殊金融機関として設立された復興金融金庫（通称・復金《ふっきん》）が開業されてからであった。彼ら金融金庫が鉄鋼と石炭などを中心とする重要基幹産業に資金と資材を重点的に投入し、それを生産再開の糸口にして産業全体の復興を達成する、通称「傾斜生産方式」がスタートしたのである。六月から社会党の片山哲内閣がこれを引き継ぎ、農地改革を断行した和田博雄が安本《あんぽん》長官となって、確かに資金が流れた基幹産業では多少は改善されたが、復金の融資の財源は、ほとんどが日銀直接引受けの債券（復金債）の発行に頼っていたため、その大量の融資が通貨の増発を招き、今度は、復金インフレになって、庶民を苦しめたのである。

これと同じことが、目の前で起こっている。安倍晋三が唱えてきた経済活性化政策は、

「大企業中心の経済成長が、日本全体の経済を発展させる」という、実に古くさい、一九世紀の回顧主義にすぎないもので、よくもこんなカビの生えた経済思想を取り出してきたものだと驚くが、これはフランスのサン・シモン主義の焼き直しであった。つまり「資本家が文明をリードしてゆくことによって、社会全体の富が増え、貧者もまた救われてゆく」という一九世紀に跋扈《ばっこ》した理論であった。サン・シモン伯爵が唱えたこの説が横行した結果、一九世紀以来、全世界で労働者に対する資本家の搾取が著しく横行するようになったのである。サン・シモン主義が貧富の差を拡大することは、数々の歴史が実証してきた通りであり、現在の日本で、労働者の格差が急激に広がっているのは、そのためである。喜ぶのは、経団連（日本経済団体連合会）に所属して、社内留保を増やせる上部の大手企業幹部だけなのである。

戦後の場合、経済政策を任された片山哲内閣は、商工大臣・水谷長三郎と中小証券会社のチームプレーによって、証券民主化という日本経済最大の偉業を成し遂げたが、そのほかの面では、自由な裁量で政治を進められなかった。片山内閣は、そもそも純粋な社会党政権ではなかったからである。衆議院総選挙で社会党が第一党になっても過半数に届かなかったため、社会党・民主党・国民協同党の三党が連立した内閣であり、この時、与党の一角をになう民主党は、財閥を代表する幣原喜重郎の日本進歩党を引き継いで結党されていたため、内部に頑迷な保守派の細胞をかかえる集団であった。片山内閣がやり遂げようとしたのは、何よりも炭鉱や製鉄所で汗水流して働く労働者の生活を守るために、石炭や鉄鋼を国家管理にすることであり、それを政策の目玉としたが、幣原喜重郎一派が炭鉱資本家の利権代理人であったため、彼らの強固な反対にあって政策を何も実現できなかった。そのため政府に対する国民の支持率も急降下し、片山首相を「保守派にひざまずくグズ哲」と批判する社会党内の分裂を誘って、九ヶ月の短命で一気に内閣が崩壊した。

一九四八年三月からの民主党・芦田均内閣も、それを引き継いだ同じ三党の組み合わせで、たらいまわしの民主党・社会党・国民協同党の三党連立内閣であった。この政府が、今度は財政金融の引き締めを開始したため、物価の急上昇に歯止めはかかったが、借金に頼ってようやく操業していた産業界が深刻な資金難に襲われた。さらに、低賃金で苦しめられてきた労働者が当然の要求として給与引き上げを求めたため、ようやく回復しはじめていた製造業が、莫大な借金をかかえて危機に直面したのである。

ここで、GHQの軍事的な諜報機関を動かす反共保守派が、この弱体政権のゆきづまりを利用して、GHQ内部で日本の民主化を進めてきたニューディーラー派から権力を奪い取ろうと、動き出した。

ニューディーラー派は、日本における婦人の解放……教育の自由化……農地解放……証券民主化……日本国憲法の成立を成功に導いたグループの思想的な中核であり、GHQ民政局（GS）のコートニー・ホイットニー局長や部下のチャールズ・ケーディスたちであった。これを叩こうとする保守派は、軍人中心主義で独裁を好む軍事幕僚部第二部（参謀二部＝G2）で、スペインの独裁者フランコを信奉して、赤狩りに熱中するチャールズ・ウィロビー部長に率いられていた。この男は、全米に吹き荒れた赤狩り旋風のリーダー、ジョゼフ・マッカーシーに譬《たと》えられ、「占領軍のマッカーシー」と呼ばれたほどのファシストであった。

GHQ内部は、マッカーサーがファシストと呼んだウィロビー派が勝利し、彼らは、右翼の残党や、特高警察の手先となった日本人スパイと共に、足繁《あししげ》くキャノン機関に出入りしていた白洲次郎一派の内部工作によって、GHQを切り崩した。かくして一九四八年一〇月一九日から再び吉田茂が登壇して第二次吉田内閣が発足した時、救いようがない生活に追いこまれていたのは、労働者であった。吉田茂の首班指名を阻止しようとして敗れた自由主義者のニューディーラー派は、このあと次々とアメリカに帰国して、日本の民主化と国民生活は骨抜きにされる運命にあった。

東京裁判の処刑と衝撃のドッジ・ラインでドル三六〇円
――証券取引再開

第二次吉田内閣が発足した一九四八年の年末、一二月一九日にGHQが吉田首相に指令したのが「経済安定九原則」であった。これはGHQの発案ではなく、ワシントンからの直接指令であった。

この時から、アメリカの日本占領政策が一八〇度転換され、日本に対して〝経済の自立的な復興〟を求めはじめたのである。要は、日本経済はアメリカに頼りすぎている、極力経費の節減をはかり、税金の徴収を徹底しておこない、財政を建て直せ、という指令であった。しかし、これをそのまま実行に移せば、経済が一層悪化し、各社が首切りを断行しなければならなかった。与野党とも、アメリカの真意に気づかないまま、馴《な》れ合い解散を決議した。

まさにその日、一九四八年一二月二三日零時をまわってすぐ、東京裁判（極東国際軍事裁判）で死刑を宣告されていたA級戦犯七人が「絞首刑」に処せられたのである。七人は、①東條英機《ひでき》（真珠湾攻撃を命じた総理大臣）、②土肥原《どひはら》賢二（満州事変の首謀者）、③広田弘毅《こうき》（広田三原則により中国を日本の軍事統制下に置くことを宣言した外相。のち総理大臣）、④板垣征四郎《せいしろう》（満州事変を主導した関東軍の高級参謀）、⑤木村兵太郎《へいたろう》（東條英機の右腕としてインパール作戦に失敗し、ビルマ方面軍司令官として部下を見捨てて逃亡した陸軍大将）、⑥松井石根《いわね》（中国で南京大虐殺を指揮した中支方面軍司令官）、⑦武藤章（盧溝橋事件による日中戦争開戦時の参謀本部作戦課長）であった。

この処刑は、無条件降伏から三年経っていたので、改めて国民に大きな衝撃を与えた。マッカーサーが一九四六年一月一九日に裁判所の設置を命令して以来、「東京裁判は、アメリカによる日本復讐にすぎない」という声があったが、実際にはそうではなかった。多数の連合国からほぼ一〇〇人という大量の検察官が参加し、裁判長はオーストラリア人ウィリアム・ウェッブがつとめ、判事はカナダ・中国・フランス・オランダ・ニュージーランド・ソ連・イギリス・アメリカ・インド・フィリピンからの一〇人で構成された国際検察局による裁判であった。戦争の実態調査と、三年近くにおよぶ裁判のなかで、裁判を取材した当時の日本人記者たちの多くが語ったように、戦時中に日本の国民に知らされなかった満州事変の謀略が……平頂山の虐殺が……南京大虐殺の実態が、そして山のような軍部の犯罪と、政治家の優柔不断な言動が、次々と、しかも初めてくわしく明るみに出された意義は、日本人が侵略史の真相を知る上できわめて大きかった。現在の自民党が、この東京裁判を真剣にとらえようとしない言動は、戦争が引き起こす殺戮を〝犯罪〟としない戦争肯定論から生まれているのである。

裁判そのものの法律的な罪状は「共同謀議」という日本人にとって新しい概念が適用されたため、違法な裁判であったと反論する者がいた。ところが、そう主張する人間たちは、「それならば、なぜ、アジア全土の現地住民一七六〇万人以上と日本人三一〇万人とアメリカ人一〇万人が殺されたのか……誰によって殺されたのか……その発端となった戦争の責任者は誰であったか……その人間たちを無罪放免してよいのか……とりわけ日本人に彼らを裁く意思と能力があるのか……日本の一般市民の子供までが、朝鮮人や中国人や満州人たちを軽蔑するような教育を誰が指導したのか」という被害者から数々出された最大の疑問に、なにひとつ答えなかった。

東京裁判の本質は、A級戦犯の絞首刑執行当時の記者たちが論じたように、「これで敗戦処理が終ったのではない。われわれ日本人のこれからの言動こそが重要であり、法律ではなく、日本人の良識を問いただす第一歩がこの判決である」というところにあった。一方で、東京裁判の過程で、戦争犯罪者と連合国裁判官のあいだに裏取引きがあったため、ソ連が戦争犯罪者として裁くべきだと主張し続けた昭和天皇を筆頭に……細菌戦七三一部隊……歴代の総理大臣と閣僚が釈放されたほか、それを選んだ内大臣・木戸幸一らの重大戦争犯罪者も終身禁錮《きんこ》の判決を受けたのちに釈放され、アメリカの原爆投下やソ連のカチンの森の虐殺をはじめとする連合軍の犯罪など、膨大な数の重大な戦争犯罪が放免された点で、きわめて不公平であった。

加えて、七人が絞首刑で処刑された翌日の二四日、GHQが掌《てのひら》を返したように、一九人のA級戦犯を巣鴨プリズンから釈放したと発表したため、国民のあいだに新たな驚きと疑念がわき上がった。一九人は、①岸信介《のぶすけ》（満州官僚トップとしても東條英機内閣の軍需次官としても侵略戦争の最高主導者）、②石原広一郎《こういちろう》（植民地侵略と強制連行で莫大な富を得た石原産業社長）、③児玉誉士夫（軍需物資の調達に奔走した右翼の児玉機関総帥）、④笹川良一《りょういち》（右翼国粋大衆党党首）、⑤青木一男（全体主義を主導した企画院総裁から東條英機内閣の大東亜大臣）、⑥天羽英二《あもう》（天羽声明で中国侵略政策を打ち出し、のち新聞を軍事色一色に塗りつぶした情報局総裁）、⑦安倍源基《げんき》（内閣企画院次長。特高警察のトップとして小林多喜二を虐殺した警保局長）、⑧後藤文夫（関東大震災で朝鮮人虐殺を誘導した警保局長。特高警察を主導した内務大臣）、⑨葛生能久《くずうよしひさ》

（右翼黒竜会会長）、⑩大川周明《しゆうめい》（右翼思想家）、⑪須磨弥吉郎（満州国外務局情報部長）、⑫高橋三吉（海軍大将・連合艦隊司令長官）、⑬寺島健（海軍中将・大日本兵器社長・逓信《ていしん》大臣）、⑭安藤紀三郎（特高警察を主導した内務大臣）、⑮谷正之《まさゆき》（新聞を軍事色一色に塗りつぶした内閣情報局総裁）、⑯岩村通世《みちよ》（弾圧をくり返した検事総長を経て近衛文麿内閣・東條英機内閣司法大臣）、⑰西尾寿造《としぞう》（中国侵略を主導した中国派遣軍総司令官）、⑱本多熊太郎（中国侵略を主導した駐華大使）、⑲多田駿《ただはやお》（中国侵略を主導した北支那方面軍司令官・陸軍大将）であった。このうち、本多熊太郎と多田駿の二人が釈放直前に獄中で死亡していたので、実際には生存者の一七人が釈放された。戦争で日本とアジア合わせて二〇〇〇万人の死を招いた重罪人としか見えない人間が、一挙に釈放されたのである。

年が明けて、一九四九年一月二三日に総選挙が実施され、前年に結党した吉田茂の民主自由党が戦後初めて過半数の議席を獲得して圧勝した。片山・芦田内閣の連立三党は惨敗し、特に社会党は一一一議席から四八議席へと半分以下に減らし、その票が流れて、共産党が四議席から一挙に三五議席に大躍進した。

そして組閣が迫るなか、一九四九年二月一日にＧＨＱ経済顧問のジョゼフ・ドッジ（ダッジ）公使が来日して、〝経済安定九原則〟の実行を日本に迫ったのである。ドッジは「日本経済は自立せよ」と言い放った。この言葉だけでは、アメリカが善意から日本の経済復興を望んでいるかのように聞こえたが、実はこの時ドッジは、陸軍長官ケネス・ロイヤルと共に来日していた。ロイヤルは前年に、「日本を反共の壁にする」と演説した人物で、ロイヤルの発言内容は具体的であった。彼は、ヨーロッパでスタートした大々的な資金援助のマーシャル・プランと同様、アジアの共産主義を封じこめるために、日本を、アメリカの支援を必要としない経済的に自立した国家にしなければならない、と論じていた。「日本の復興の障害となっているのは、戦争賠償や、集中排除と呼ばれる大企業解体であるから、それらを緩和する（廃止する）必要がある」と、はっきり戦時中の独占的財閥の復活をうながしたのだ。つまり米ソ冷戦の落とし子として、目前に迫ってきた朝鮮戦争開戦の下準備が、アメリカの求める日本の経済自立政策だったのである。

しかもウォール街の特使と呼ばれ、日本の独占的財閥を復活させる立役者の陸軍次官ウィリアム・ドレーパーに推薦されて、マッカーサーの財政金融政策顧問に任命されたのが、ドッジであった。ドッジはアメリカ自動車産業の元締めデトロイト銀行頭取で、トルーマン大統領代理に近い権限を持つアメリカ銀行協会会長のバンカーであったし、戦後の西ドイツを奇蹟の復興に導いた立役者としてその名が聞こえていた。第三次吉田茂内閣が一九四九年二月一六日に発足すると、半月後の三月一日にドッジは新蔵相・池田勇人《はやと》と会談し、三月七日に、衝撃の〝ドッジ・ライン〟が発表され、日本経済はいきなり、眉に火がつくような急場にさしかかった。

このドッジ公使が、記者会見で、経済安定九原則の即時断行を求め、徹底的なデフレ

（脱インフレ）政策を打ち出したからであった。それがドッジ・ラインであった。いわく、日本は竹馬経済に頼っている……竹馬の片足はアメリカの援助……もうひとつは国内の補助金である……竹馬経済から脱却して、足を地につけなければならない……政府支出は、税収を限度として抑制し……インフレ収束策が必要である。

こう強調した彼は、超均衡予算……補助金の全廃……復興金融金庫の貸出禁止などを指示した。また、当時の日本では、商品によって、場所によって、時期によって、勝手な為替レートが使われ、輸出品では円安、輸入品では円高が設定され、アメリカからの隠れた補助金を受け取っていた。そこで、複数の為替レートを廃止して、一ドル＝三六〇円の統一した為替レートを設定し、戦時統制をなくして、自由競争を促進するよう、日本人の自立を厳命したのだ。

かくて、この二二年後の一九七一年にニクソン・ショックで変動ドル本位制を打ち出すまで続いた〝一ドル三六〇円〟の為替レートが、一九四九年四月二五日にスタートした。これは、長期的な経済政策として、手練手管を使わずに日本人を一気に覚醒させる手法であった。ドッジ・ラインの実施により、復興金融金庫からの貸出が急減し、ドッジの目論見通り、インフレは急速に収束しはじめた。

経済安定九原則を実現するために組閣された第三次吉田内閣は、すでに発足直後に、大々的な行政改革に踏み切り、各省庁の工場など現場職員の二割を人員削減し、事務職員の三割を人員削減するという、すさまじい首切りの決定を下していた。つまり国鉄のような鉄道労働者は、満鉄からの大量復員を受け入れて六〇万人を超えていたため、二割であれば一二万人もの大量の労働者が失業して、路頭にまよう運命にあった。

だが吉田内閣は、ドッジ公使と結びつけば、マッカーサーの頭越しにワシントン政府と交渉の道が開かれ、「講和」すなわち日本の悲願である独立を達成できる可能性ありと見て、そこに全力を注いだ。そのためには選挙の公約を破り捨て、公共事業費を半分に減額し、国民生活が窮乏の極にある現状に目をつぶって、減税どころか、すべての輸送力である旅客運賃を六〇%値上げし、主食を一三%値上げする政策を打ち出したのだ。

ドッジは、厳しい要求を出した一方で、金融を自立させるべく、日本経済の本格的な再生をめざした。一ドル三六〇円のスタートから三週間もたたず、五月一一日にGHQが証券取引所の再開を正式許可する覚書を発表した。証券界は、長崎に原爆が投下された翌日の一九四五年八月一〇日に取引きが停止されて以来、敗戦後のこの日まで、取引所が再開される日の到来を夢見て、一九四九年二月一二日に東京証券取引所を設立し、一五日には大阪証券取引所を設立して、満を持していた。こうして同年五月一四日に東京・大阪・名古屋の三大証券取引所の開所式がおこなわれ、一六日に立会が開始され、実に三年九ヶ月ぶりに証券取引所が再開されたのである。

以後、京都・神戸の取引所も開業し、買いが殺到してにぎわうなか、財閥の解体によって、それまで凍結されていた大量の株式が国民に放出され、同時に、証券知識の普及を図るため全国的な証券民主化運動が展開された。三井・三菱・住友・安田の財閥系企業の株式が公開されたため、優良株を庶民が買えるようになり、戦後の株式ブームがついに幕を開けたのである。これは、個人の金が銀行に預金され、それが金融機関から企業に融資される〝間接金融〟ではなかった。ドッジは、個人が企業に投資する〝直接金融〟を奨励したため、株式と社債に買いが集中した。この年の上場会社は五二九社に達した。

国鉄三大事件（下山事件・三鷹事件・松川事件）

さらにドッジは、日本の産業を輸出中心の貿易に振り向けるよう求めたので、商工省・貿易庁・石炭庁を廃止して、一九四九年五月二五日に全体を統括する通商産業省（通産省＝現・経済産業省）が発足した。六月一日には、運輸省から分離された公共企業体の日本国有鉄道（国鉄＝現・JRグループ）が発足して、下山定則《さだのり》が初代総裁に就任し、日本専売公社（現・日本たばこ産業株式会社）も大蔵省から分離され、新たなスタートを切った。だが、為替レート設定によって輸出が急減し、世界的な景気後退期にあたっていたため、反転してこの年から翌年にかけて深刻なデフレとなった。下山総裁は、国鉄職員一〇万人の人員整理に着手しなければならず、労働者からの批判の矢面に立たされた。

このドッジ不況によって、首切りの嵐が吹き荒れるなか、そこに起こったのが、下山事件・三鷹事件・松川事件の国鉄三大事件だったのである。

一九四九年七月四日に、国鉄が第一次人員整理三万七〇〇〇人の名簿を発表して、労働組合との交渉で、下山定則総裁が首切りの実施を宣告した。神戸に生まれた下山定則は、GHQに抜擢されて運輸次官に就任した人物であった。ところが人員整理が発表された翌日、七月五日に下山総裁が消息を絶ち、次いで六日に国鉄常磐線の北千住《きたせんじゅ》駅〜綾瀬《あやせ》駅のあいだの線路で轢死体《れきしたい》で発見されたのである。下山総裁の轢死体は、自殺者であるなら当然あるべき反応がないにもかかわらず、年末までに捜査本部が解散され、大事件であるにもかかわらず迷宮入りとして直ちに闇に葬られた。これは、法医学を超える政治権力が作用したことを証明しており、殺人者が野放しになった、つまり権力者＝犯人側であった、という事実を示唆していた。

下山総裁が最後に消息を絶った東京日本橋の三越は、地下道が二〇〇メートル先の地下鉄出入口につながって、そこを出た隣の建物がライカビルであった。一階でカメラのライカを取り扱うライカビルの二階〜四階に貿易会社・亜細亜《アジア》産業があり、右翼の矢板《やいた》玄《くろし》が経営していた。その同じビルに、GHQ直属の謀略組織キャノン機関の総帥ジャック・キャノン少佐の部屋があった。マッカーサーと共に厚木基地に来日したキャノンは、対敵諜報部隊（CIC＝Counter Intelligence Corps）の情報部長として、日本の戦争犯罪者を逮捕する任務を帯びていたが、のちにキャノン機関は、GHQウィロビー配下の日本特殊作戦部門（Japan Special Operations Branch）となり、本郷の三菱・岩崎弥太郎別邸を接収して、そこに本拠を置いていた。彼らは共産党をつぶすため、新聞記者を含む日本人の密告者を雇って、共産党内部に潜入させて秘密を探り出していた。ジャック・キャノンと亜細亜産業の矢板玄は、ライカビルに同居する大の親友で、そこに吉田茂の側近・白洲次郎が出入りしていた。

もうひとつ、亜細亜産業には、貴金属が集められ、矢板は父の時代から満州に深くかかわり、朝鮮でウランに目をつけていた。したがって右翼の児玉誉士夫が、国粋大衆党総裁・笹川良一の仲介で海軍航空本部嘱託となり、上海に軍需物資調達のための組織・児玉機関を設立して貴金属やウラン調達に暗躍した当時、矢板は児玉と共に行動していたはずであった。このA級戦犯の児玉と笹川がGHQによって釈放された翌年に、下山事件は起こったのだ。

下山総裁の他殺説は、どこから見てもきわめて有力であった。そこで、吉田首相のほか、閣僚たちが次々と、我田引水で他殺説を利用し、〝首切りに反対する労働組合〟による犯行説をにおわせた。そして下山事件からわずか九日後の七月一五日には、東京郊外の国鉄三鷹駅構内でいきなり無人電車が暴走して、利用客六人が電車の下敷きとなって即死する三鷹事件が起こった。続発した三鷹事件で、捜査当局は、事件の翌々日から国鉄労働組合内の共産党員二〇人近くを次々と逮捕し、労組の日本共産党員九人と非共産党員一人の共同謀議による犯行だとして起訴した。さらに一ヶ月後の八月一七日に、福島県松川町（現・福島市）を通過中の東北本線上り列車が、何者かの妨害行為によって脱線転覆し、蒸気機関車の乗務員三人が死亡する松川事件が起こった。松川事件では、捜査当局が、大量人員整理に反対していた松川現地の東京芝浦電気（東芝）労働組合と、国鉄労働組合と、日本共産党の謀議による犯行と断定して、労働組合関係者を次々に逮捕・起訴した。

新聞もまた、吉田内閣が労働組合・共産党謀略説をにおわせるたびに、「下山事件からすべてが、首切りに追いつめられた労働組合が犯人ではないか」と、世間が疑う状況を、熱心につくり出した。つまり国鉄三大事件のいずれも、労働組合を弾圧する強力な口実となっていった。三鷹事件は、最後に東京高裁と最高裁で、単独犯行として一人に死刑判決を言い渡したが、アリバイ証言から〝冤罪《えんざい》〟が濃厚なまま、無罪を訴える被告は獄死した。松川事件は検察のフレームアップが明白であり、数々の文化人・映画人が支援活動に立ち上がり、実に一四年にわたる裁判闘争の結果、二〇人の被疑者全員が無罪となり、〝冤罪〟であることが確定した。

しかし実際に、その間に朝鮮戦争が勃発して日本を戦争に引きずりこみ、吉田内閣によって国鉄職員の一〇万人解雇が実行に移されたのである。松川事件で疑いをかけられた大争議中の東芝では、社長の石坂泰三《たいぞう》が大量解雇に踏み切り、産業界全体では〝一年間で総計一〇〇万人〟に達する膨大な数の労働者が職場を追われたのである。三鷹事件・松川事件で被告有罪説を主張し、冤罪で労働者を苦しめた最高裁判所長官が、第一次吉田内閣文部大臣・田中耕太郎だったが、彼は、満鉄副総裁・松本烝治の女婿であった。新憲法の起草責任者でありながら、明治憲法に準じた封建的な草案をつくってGHQにそれを突き返されたのが松本烝治であった。国鉄三大事件の真犯人は現在も不明だが、GHQのキャノン機関が関与した可能性が高いという説が、今日まで根強く語られてきた。最終的に、共産党員と労働組合員を事実無根で犯人に仕立て上げた結果、共産党が急速に国民の支持を失い、生活改善を求める労働運動も弾圧されたのである。

その代表的な争議が、日立製作所の争議であった。日立は、戦前から電力分野で芝浦製作所（東芝の前身）と並んで独自の技術を磨いてきたトップ企業で、戦時中の一九四二年に新設された中央研究所を柱にして、電機製品の開発でも、早くから冷蔵庫を開発するなど、高度なレベルを誇っていた。しかし戦後はGHQによって、財閥に次ぐ寡占的企業として解体を命じられ、再起をはかっていた。だが一九五〇年四月には、全社二万三〇〇〇人の日立労働組合が賃上げ要求を提出すると、社長の倉田主税《ちから》が五月八日にこれを全面拒否して、従業員五五五五人の大量整理を通告する反撃に出たため、四工場がストライキに突入して大争議に発展したのである。

組合側は、全国的な支援を受けて、六月三日に全国金属ゼネストを決行することにし、東京・日比谷公園で「産業危機突破大会」の集会とデモが計画された。ところが倉田主税社長は、倉田家が筑豊御三家の麻生家＝吉田茂と近親関係にあり、政府側と一体と化していた。GHQが東京での集会とデモを禁止して、争議中の組合幹部と組合員があいついで検挙されるという事態から、ついには、日立大争議が、全国のデモ集会禁止に拡大する労働運動弾圧にまで発展して、八月一〇日に組合側が完全に敗北した。この年、六月二五日の朝鮮戦争の開戦と並行して起こった重大事件がこれだったのである。

日立争議の同じ年、一九五〇年六月六日にマッカーサーが吉田茂首相に対して、徳田球一ら日本共産党中央委員二四名の公職追放を指令し、レッドパージつまり共産主義者粛清に名を借りた〝反戦運動弾圧〟の赤狩りがスタートした。六月二五日に、待っていたように〝朝鮮戦争が勃発〟すると、国鉄三大事件からほぼ一年後にあたる翌七月一五日、NHKの大阪中央局から報道界のレッドパージの幕が切って落とされた。七月二四日には、GHQが新聞協会代表に共産党員と同調者の追放を勧告し、七月二八日に東京の新聞社と通信社・放送協会など言論機関が解雇を申し渡した。こうして本格的レッドパージに突入して、追放は、各報道機関で七〇四人にも達した。ポツダム宣言受諾の終戦玉音放送を敢行したNHKの柳澤恭雄《やすお》も「首切り」となったのである。

これが、国鉄三大事件と、連鎖的な弾圧事件のあらましであった。

サンフランシスコ講和条約と日米安全保障条約の締結

日本が独立したサンフランシスコ講和条約に話を進める。ここまでの経過を要約すると、米ソの東西対立が強まって、アメリカが共産主義の防壁として日本を利用するため、経済的に自立させようとドッジ・ラインを指令し、日本国内の共産主義者と労働組合運動を一掃するレッドパージに着手した直後に、朝鮮戦争が勃発した。

そこでこの共産主義国との戦争で必勝を期すため、アメリカは急いで、①日本において米軍の発進基地に利用できる恒久的な土地を確保する、②日本の軍事工業力を活用する、③米軍の指揮に従う範囲で日本人の兵員を確保する、つまり「米軍基地と、日本の軍需産業と、日本軍」、この三つの目標を実現するために、朝鮮戦争渦中の一九五一年九月八日にサンフランシスコ講和条約を締結して、日本をアメリカの属国として形式的に独立させることにしたのである。

それまでの日米のやりとりが、麗々しく論じられているが、吉田茂首相と蔵相・池田勇人と、吉田の側近・白洲次郎の三人が、国民の意思さえ聞かずに、国会も無視して、勝手に結んだのがこの条約であった。というのは、一九四九年一二月当時の日本国民は、朝日新聞世論調査で、アメリカなど西側だけとの「単独講和」に賛成する者はわずか二一％しかなく、ソ連・中国を含めて東西の両陣営と分けへだてなく講和条約を結ぶべきだとする「全面講和」を求める者が五九％であった。つまり日本国憲法を手にした日本人は、東西対立と米ソ冷戦を嫌い、世界的な平和を望む良識が圧倒的に勝っていた。この国民世論を変えさせたのが一九五〇年の朝鮮戦争であり、「戦争が起こると、国民が戦争論に傾き始める」という危険な変化を、当時の世情が実証していた。しかし戦後に本来の日本人が求めていたのは平和志向であり、それを無視して、〝戦時中の日本によるアジア侵略の最大の被害国〟である中国・台湾、南北朝鮮、インド、ビルマなど、主要なアジア諸国が出席しないまま「日本独立」の講和条約が結ばれたのだ。したがって、その裏には、とんでもないオマケがついていた。

日本独立と同じ日、一九五一年九月八日に、サンフランシスコ郊外のプレシディオ陸軍基地第六兵団駐屯地で締結された「日米安全保障条約」が、それであった。米軍の駐留を継続すると取り決めたこの条約は、吉田茂・池田勇人・白洲次郎の三人が、安保条約の内容を勝手に決め、日米協定の内容さえ国会で議論もせずに吉田茂が調印したのだから、文字通りの「独裁」であった。今後の軍事基地と米軍の行政についても、協定の内容を国民に対して何ら公表しなかった。しかも当時、アメリカの上院議員が「米軍の日本駐留は無制限だ」と平然と暴言を吐き、アメリカの通信社UPが「安保の細目はもう決定している。空軍基地は一〇ヶ所となり、アメリカ海軍が横須賀・佐世保をそのまま維持する」と伝えていながら、日本の国会議員と、報道界をはじめ、日本人は何も知らされなかった。こうして吉田・池田・白洲が国民を闇討ちにした結果、アメリカは、ポツダム宣言に「日本国民が自由に表明する意志に従って平和的な責任ある政府が樹立されれば、連合国占領軍はただちに日本から撤退する」と定めた条項を踏みにじって、第二の軍事的占領に成功したのである。

日本の国民は、サンフランシスコ講和条約は「国家全体の意思をもってなされるべきであるから、超党派で調印しなければならない」と考えていたが、社会党は、アメリカを中心とする西側との単独講和であることに反対して、調印をボイコットした。

講和条約が調印されると、同じ日に、GHQの承認のもと、平和主義者の一掃をはかるために旧特高警察関係者三三六人の追放解除が発表され、戦時中に国民を苦しめ、戦後は後景におしやられていた恐怖の特高警察の内務省関係者がどっと復権したのだ。こうして現在まで、〝ポツダム宣言に違反する米軍の日本駐留〟という悪習が続き、アジア諸国から「まだ自立した外交ができない経済大国」、アメリカ人からも「五一番目の州」と揶揄《やゆ》され、属国の性格を捨てきれない日本の政治外交が展開されるようになったのである。

加えて、前年一九五〇年八月一〇日に、憲法第九条の「陸海空軍その他の戦力は、これを保持しない」と定めた条項をなし崩しにして、朝鮮戦争のために自衛隊の前身となる「警察予備隊」が発足して、七〇〇〇〇人が入隊し、一九五二年にはこれを「保安隊」と改称し、一九五四年七月一日には「自衛隊」となって、日本の再軍備がスタートした。続いて講和条約が発効して日本が独立する直前、一九五二年三月八日のGHQ覚書は、日本政府に「兵器製造許可」を指令し、実質的に日本企業に兵器や砲弾などの生産命令が下され、七月一日には「兵器生産協力会」が早くも発足した。かくして軍隊と軍需産業の復活が、同時になされた。戦時中に東條英機の内閣顧問で、三菱重工会長をつとめたA級戦犯の郷古潔《ごうこきよし》がその兵器生産協力会の初代会長に就任し、一九五三年から「日本兵器工業会」（のちの日本防衛装備工業会）と改称して、再軍備促進と軍需産業のリーダーとして息を吹き返した。経団連では、一九五三年一一月一五日にミサイル研究会を発足させ、軍需産業を独占的に支配する三菱重工を中心に動き出した。国民のあいだでは再軍備反対の声が強く、誘導弾という言葉を使うことさえタブーだったため、彼らは誘導ミサイル（guided missile）の頭文字をとり、ひそかにＧＭ懇談会と称して、ミサイルの研究にとりかかったのである。一方で、吉田内閣国務大臣として登場した山縣勝見《やまがたかつみ》が、米軍の基地輸送を肩代りする「米船運航」の会長に就任して朝鮮戦争に貢献していたが、なんと山縣と郷古は、子供同士が結婚して、兵器工業会と米船運航が見事な個人的利権を結実させていたのだ。こうして日本の防衛産業は、三菱重工を中心に三菱グループが防衛庁（現・防衛省）から圧倒的な大量受注を受ける現体制を確立したのであった。

この時代から、財閥と戦争犯罪者の復権が、雪崩《なだれ》のように起こった。朝鮮戦争の開戦四日前、一九五〇年六月二一日にジョン・フォスター・ダレスが韓国から訪日した同じ飛行機に、〝偶然にも〟「日本の財閥を復活させるべきだ」と主張し続けてきたアメリカの週刊誌「ニューズウィーク（Newsweek）」の外信部長ハリー・カーンが乗り合わせ、翌日の夜、ダレスとカーンが、日本の財閥復権で最重要人物と目される四人と会談した。ジョン・フォスター・ダレスは、モルガン財閥が生み出した世界最大の鉄鋼会社ＵＳスチールとロックフェラー財閥のスタンダード石油トラストをつくったサリヴァン＆クロムウェル法律事務所の最高責任者で、このあとアイゼンハワー政権の国務長官となって外交戦略を一手に握り、ロックフェラー財団の理事長に就任したアメリカ財界代表№

1であった。弟のアレン・ウェルシュ・ダレスは一九四七年に中央情報局（CIA）を設立して、のち一九五三年に自らCIA長官となり、イランでCIAクーデターを実施した。この二人は、全世界で数々の兇悪な軍事工作をめぐらした兄弟であった。兄ダレスとカーンの共通の目的は、日本の財閥を復活させ、戦前にアメリカが日本に投資した莫大な金をウォール街が回収することにあった。このような目的をもって、ダレスは日本を再軍備させ、財閥を復活させる工作のため、以下の四人の日本人と会談したのである。

四人のうち一人目は昭和天皇の側近・侍従長の松平康昌《やすまさ》で、三井財閥当主・三井八郎右衛門の義兄弟であった。二人目が沢田廉三《れんぞう》で、三菱財閥創始者・岩崎弥太郎の孫婿であった。三人目が渡辺武で、息子の妻が住友財閥当主・住友吉左衛門《きちざえもん》の実兄・西園寺公望首相の曽孫で、日立コンツェルン総帥・鮎川義介の孫にあたっていた。実にこれだけでダレスは、三井・三菱・住友・日立の財閥と、天皇・華族に渡りをつけたことになる。四人目は毛色の変った海原治《かいはらおさむ》で、後年に国防会議事務局長となって再軍備活動に権勢を広げて、〝海原天皇〟の異名をとる軍事利権者であった。ダレスにとって、彼も日本の再軍備の根回しに重要な人物であった。

GHQ最高司令官マッカーサーは、GHQが財閥を解体したことを批判するカーンと烈しく対立していた。ところが、朝鮮戦争勃発後の一九五〇年一一月三〇日にトルーマン大統領が「朝鮮戦争で原爆を使用する可能性がある」と発言して、イギリスなど西ヨーロッパを含む全世界から痛烈な非難を浴びたあと、戦争の膠着《こうちゃく》状態を破るため中国への大攻撃など強行作戦を計画するマッカーサーが、今度は戦線の拡大をおそれるトルーマンの怒りを誘い、一九五一年四月一一日に七一歳の「老兵マッカーサー」が罷免され、後任にマシュー・リッジウェイ中将が任命されるという、日本にとって寝耳に水の重大事件が起こった。その五日後の四月一六日、日本の国民から絶大な感謝と敬愛の言葉を贈られながら、偉大なる足跡を残した占領者マッカーサーが日本を離れ、リッジウェイが第二代GHQ最高司令官に就任し、代って朝鮮戦争の指揮をとった。

すると新GHQは、ただちにアメリカ財界・軍需産業代理人ダレスの方針に沿って、財閥解体をになってきた持株会社整理委員会の解散を六月二一日に命じて、独占禁止法も大幅に緩和し、財閥解体に関する法令の原則廃止を打ち出したのである。さらに九月八日にサンフランシスコ講和条約が締結されると、翌一九五二年の四月二八日にそれが発効して日本が独立したので〝占領軍GHQ〟が消滅した。その結果、GHQの公職追放令が無効となり、戦時中の企業幹部がどっと復帰しはじめた。これら旧幹部は、すべてが戦争加担者ではなく、主要企業が網羅されていたので、有能な人間もかなりが復職できた。

日本の民衆にとっては、朝鮮戦争によってすべての過去が帳消しになった、奇々怪々な日本の独立だったが、アメリカ側では、沖縄の米軍基地強化など、すべてが緻密に計算されたスケジュール通りの軍事計画であった。

朝鮮戦争は、開戦から三年後の一九五三年七月二七日に、アメリカ（国連軍）と、北朝鮮・中国軍のあいだで休戦協定が結ばれて一応の戦闘停止をみた（現在まで、韓国は休戦協定に調印していないので、形式上は南北朝鮮の戦闘が続いていることになる）。しかし二年後の一九五五年五月一四日には、東側の共産主義国が手を組み、ソ連を盟主として、衛星国の東ドイツ、ポーランド、ハンガリー、チェコスロバキア、ルーマニア、ブルガリア、アルバニアの八ヶ国がワルシャワ相互防衛援助条約に調印して「ワルシャワ条約機構」を創設し、これにより、西側のＮＡＴＯに対抗する〝軍事同盟〟が誕生して、本格的な東西軍事対立を決定づけた。

これと並行して起こったのが、電力業界の労働紛争であった。敗戦翌々年の一九四七年五月六日に、日本電気産業労働組合が結成され、これが「電産」と呼ばれる〝日本最強の労働組合〟となっていた。というのは、「産業順位の変遷」（五二七頁）の表に見られる通り、一九二九年（昭和四年）以来ずっと、電気業界が民間企業の資産額で第一位であった。彼らは戦後になって、会社の枠を超えて、産業別の全国組合として、電気事業の民主化と大幅賃上げ、統一労働協約の締結などの要求を掲げて、あらゆる産業における労働組合運動の主導的役割を果たした。

しかし労組内部では、国家の体制を変えようとする共産党派と、労働者の生活改善や社会問題の解決を目的とする民主派が対立するようになり、一九四八年二月には民主派が産別会議民主化同盟（産別民同）を結成して、共産党派と完全に分裂した。一九五〇年六月の朝鮮戦争勃発後は、七月一一日に民同派が「総評」（日本労働組合総評議会）を結成すると、一九五一年一月に電産が総評に加盟した。当時の電力業界は、戦時中に軍事経済のために国策会社の日本発送電（日発《にっぱつ》）という一社に統合され、発電も送電・配電もすべて日発が全土を独占していた。ところがこの時期に、日発を解体して「全国の電力会社を九つに分割する国策」が打ち出されたので、電産は「全国組織の基盤を崩す」として、猛烈な反対運動を展開した。

しかし一九五一年五月一日に現在の九電力体制が発足した。この年にサンフランシスコ講和条約と日米安保条約が締結される段階になると、総評は、日本がアメリカだけと組むことに反対で、対立する米ソの両陣営との講和を求めて条約に反対し、再軍備にも強力に反対して、激しい労働運動を展開した。そのため電力会社の経営者は、労働者の生活保障給与を切り捨て、弾圧に踏み切った。こうして一九五二年九月二四日から起こったのが、全国を揺るがす電源ストであった。電産委員長が総評の新議長に選ばれ、一一月には停電スト、一二月にもたびたびの長時間ストを決行したのである。そのため、生活に支障をきたす停電が日本経済に甚大な影響を与え、ストライキに対して国民の猛烈な反発が起こった。

そのなかで、電力会社の幹部が一九五二年一一月二〇日に設立したのが、現在まで続く九電力会社の偽装組織「電気事業連合会」（電事連）であった。この組織の設立は、

表8　産業順位の変遷(1919〜1940年)

総資産額(単位=1000円)

1919年(大正8年)	1929年(昭和4年)	1936年(昭和11年)	1940年(昭和15年)
海運　601,523	電気　2,995,376	電気　3,573,213	電気　5,494,342
繊維　600,947	鉄道　1,857,225	鉄道　2,969,696	鉄道　4,097,919
鉄道　571,227	繊維　1,127,403	繊維　1,553,972	鉄鋼　2,767,521
電気　415,249	海運　525,329	鉄鋼　841,734	繊維　2,399,044
造船　390,286	製紙　481,902	造船　490,707	鉱業　1,603,785
製糖　265,672	製糖　471,808	鉱業　479,311	造船　1,522,823
鉄鋼　215,603	造船　449,180	製糖　466,968	電機　1,328,255
鉱業　169,511	鉱業　317,752	肥料　455,352	肥料　959,570
石炭　162,702	肥料　249,506	海運　431,696	非鉄　955,372
製紙　141,400	鉄鋼　241,323	製紙　390,877	海運　896,041

出典『わが国大企業の形成・発展過程』

電産と団体交渉してきた「電気事業経営者会議」を解散・消滅させて、「労働組合の交渉相手をこの世から消してしまう」という経営者側の狡猾《こうかつ》な戦術であった。電事連は、〝団体交渉権を持たない九電力経営者の連絡協議会〟だったからである。つまり電事連とは、形式的には実体のない任意団体にすぎないものである。本来はマスメディアが信頼したり、おそれるような実権ある組織ではない。にもかかわらず、彼らが現在も一〇電力のうえに君臨しているのは、任意団体であるが故に、法律上は外部からの監督権がおよばず、好き放題に大金を動かせるマンモス組織となって、電力会社の裏金を動かして、テレビと新聞に膨大なコマーシャル資金を提供し、報道界をコントロールしてきたからであった。こうして、

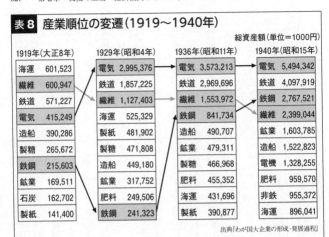

東京電力・関西電力・中部電力の三社が電事連幹部に君臨して、そのほかの電力会社とテレビと新聞のマスメディアが座布団運びをしながら命令にしたがう体制が生まれたのであった。つまり戦後まもなくのこの時期から、電力会社幹部の腐敗がはじまったのである。

こうして、停電ストライキによって世論の批判を浴びた労働組合運動は敗北し、マンモス組織の電産が崩壊してしまったのである。さらに追い打ちをかけるように、一九五三年八月五日に吉田茂内閣によって成立したのが、「電気事業及び石炭鉱業における争議行為の方法の規制に関する法律」(スト規制法)であり、以後日本では、停電ストや電源ストが禁止されることになった。当時の労働組合の主張は正しかったが、運動の戦術を誤ったために、国民感情を保守側に大きく傾かせて、ストライキ権を失ってしまったのである。現在も電力会社の労働組合が、経営者の御用組合に成り下がり、電事連の下部組織となっているのは、そのためである。

日ソ国交回復

一九五四年一二月一〇日に発足した鳩山一郎内閣は、反吉田勢力を糾合した保守派で、一面では、吉田内閣より危険な、憲法改定と日本自前の軍事力増強をめざす集団であった。しかしこの内閣は、吉田茂退陣によって国民に安堵感《あんどかん》が出た世情を観察すると、本心を隠して、大衆心理に反発しないよう心がけた。まず鳩山内閣は、国際社会において日本を認めさせるために、〝自由貿易〟の達成を政治目標にすることにした。そして一九五三年にソ連の独裁者スターリンが死んだあとに、新指導者ニキタ・フルシチョフが登場した今がチャンスととらえ、〝日ソの国交正常化〟と〝漁業問題解消〟を成し遂げ、〝国連への加盟〟を目標に、まず経済の自由化に精力を集中した。

その結果、一九五五年六月七日にジュネーブでガット（GATT＝関税および貿易に関する一般協定）への日本加入に関する議定書が調印されて、九月一〇日に発効し、日本が念願のガット加盟を果たし、貿易の自由化がスタートした。

しかしここで、緊迫した世界情勢が、日本経済に大きな影を落とした。すでに原水爆禁止運動は、全世界に広がり、この一九五五年一月には世界的な大衆運動としての世界平和評議会が、原子戦争準備に反対するウィーン・アピールを発表し、七億人が署名する勢いであった。ところが三月一日には、それをあざ笑うかのように、イギリス首相に復帰したチャーチルが水爆製造計画を発表し、三月一六日には、フランス首相エドガー・フォールが原爆製造計画を発表して、大国の政治家が暴走していた。こうした大国の横暴を見すごすことができず、アメリカでもソ連でもない〝新たな第三極〟が地球上に誕生することになった。インドネシアのスカルノ大統領が呼びかけたバンドゥン会議が一九五五年四月一八～二四日にインドネシアのジャワ島で開かれ、スカルノが開幕演説をおこなった。

「植民地主義は死んでいない。アジアとアフリカの広大な面積で自由が奪われているというのに、どうして植民地がなくなったなどと言えるのか。植民地主義を、昔のようなものと考えてはいけない。植民地主義は今や、近代的な衣装をまとっている。それは経済的な支配だ。知的な支配だ。国家の内部にいるごく少数の異邦人が事実上、物理的な支配をしているのだ。非常に巧妙になっている。彼らがそう簡単に利権を捨てることはない」

スカルノの言葉通り、旧宗主国は、ＣＩＡクーデターなどで植民地の独立を阻もうとし、それがうまくゆかないと、経済的な圧力によってアジア・中東・アフリカ・中南米での支配権を握って弾圧していたからである。それに怒った中国の周恩来《しゅうおんらい》首相、インドのネール首相、エジプトのナセル首相、ベトナムのホー・チ・ミン大統領のリーダーシップが発揮され、日本もこの会議に参加し、アジア二三ヶ国、アフリカ六ヶ国が集まって、米ソのいずれにも与《くみ》しない非同盟への約束を交したのである。

それでも大国は、この一九五五年五月五日に西ドイツの再軍備と軍事同盟・北大西洋条約機構（ＮＡＴＯ）への加盟を決定して東西対立を煽《あお》り、これに対抗して五月一四日には、ソ連と衛星国の東ヨーロッパ諸国が軍事同盟のワルシャワ条約機構を発足させて、互いに軍事的な対立がますます高まった。七月九日にはイギリスの哲学者バートランド・ラッセル卿とアメリカの物理学者アルバート・アインシュタインの呼びかけに応じて、湯川秀樹をはじめ、米ソの水爆実験レースに危機感を抱いた世界トップの科学者たち一一人が核兵器廃絶を求めるラッセル＝アインシュタイン宣言を発表して、核戦争の危機を警告した。

この空気のなかで、核戦争をくい止めるために、もはや分裂している時代ではないとして、一九五五年一〇月一三日に左右の社会党が再統合して日本社会党が生まれると、保守派の各党がこれに危機感を強め、一一月一五日に鳩山一郎の日本民主党と、吉田茂を継いだ緒方竹虎の自由党がついに合体し、自由民主党を結成して保守合同が成った。〝五五年体制〟と呼ばれる、保守・革新二大政党時代の幕開けであった。この東西激突の時代に、日本は日米安保条約を結んだアメリカの軍事同盟国でありながら、日ソ国交回復という重大な課題に取り組まなければならなかったのだ。

しかし驚いたことが起こっていた。この年の初め、一九五五年一月二五日に元ソ連代表部首席のアンドレイ・ドムニツキーが鳩山首相邸を訪れ、国交正常化を望んでいる旨を記したソ連政府の公式文書を手渡したのである。外務省はアメリカを刺激しないよう、ソ連との外交を避けようとしたが、鳩山は、これを二度とないチャンスと読んで、松本俊一を日ソ国交回復の全権大使に任命して、六月からロンドンで日ソ交渉をはじめさせていた。松本俊一は、肩書は外交官出の衆議院議員だが、のちにベトナム戦争での米軍の敗北を予言した目の利く男だった。厳しい対立を続ける世界情勢に日ソ交渉は翻弄されたが、松本は、あきらめなかった。

年が明けて、一九五六年二月二五日に、全世界を揺るがす出来事がソ連で起こった。

これはのち六月四日にアメリカ国務省が公表して明らかになったのだが、フルシチョフ第一書記がソ連共産党大会秘密会で、独裁者スターリンに対する批判演説をおこなったのである。潮目が変ったのはこの時だった。

日ソ漁業交渉を担当した農林大臣の河野《こうの》一郎は、児玉誉士夫から受け取ったダイヤやプラチナなど大金を握って鳩山を首相にした中心人物だったが、そもそもは農林大臣秘書官から出て、農業と水産業の利権にめざとい男であった。その河野を後押ししたのは、第一次吉田内閣の運輸大臣をつとめた平塚常次郎であり、河野と深い仲にあった平塚の本当の顔は、日魯《にちろ》漁業の社長であった。

実に半世紀をさかのぼる日露戦争の勝利後だったが、日本がポーツマス条約で北洋の漁業権を確保すると、北海道函館出身の平塚は中国・ロシア国境を流れるアムール川(黒竜江)まででかけて河口でサケ漁に明け暮れ、北洋カムチャツカ海域のサケ漁に乗り出した。サケ・マス・カニの缶詰加工業を手掛けて大成功をとげ、苦労の果てに「あけぼの印」缶詰の日魯漁業を設立して、北洋を世界の三大漁場にした男であった。

この平塚常次郎社長が、戦後は、ソ連に奪われた北洋漁場を日本人漁民の手に取り戻したいと、どれほど切望したことであったか。そこで衆議院議員になり、社長のほかに議員としても活動しながら、ソ連に生涯五〇回以上も足を運んで、日ソ協会の副会長をつとめて、漁業交渉に奔走してきた。こうしてNATOとワルシャワ条約機構が激突した翌年、一九五六年五月一四日に「日ソ漁業条約」が調印され、続いて一〇月一九日には、鳩山一郎首相が自らソ連に赴いて、モスクワで日ソ共同宣言に署名し、戦争状態を終結する日ソ国交回復を成し遂げたのであった。漁業交渉の成功がなければ、米ソ対立を乗り越えるこの国交回復はなかったであろう。ソ連がここで、日本の国連加盟を支持し、漁業分野での協力を約束したため、水産業界が熱望していた北海道・サハリン周辺のオホーツク海における北洋漁業が、ひとまず安全に操業できるようになった。さらに択捉島《えとろふ》など北方四島の領土返還についても、ソ連は好意的な態度を見せ、希望があった（しかし次に述べるように、この成果を岸信介が踏みつぶしたおかげで、現在まで漁民が深刻な課題をかかえることになった）。

日ソ国交回復のおかげで、この年、一九五六年一二月一八日の国連総会で、ソ連がほかの東ヨーロッパ諸国とともに日本の国連加盟に賛成し、全会一致で日本の国連加盟が実現したのであった。しかしすでに鳩山一郎は高齢で、肉体が限界にきていたので、この国連加盟を置き土産に、鳩山内閣は二年間の激務を終えて総辞職し、石橋湛山《たんざん》内閣に引き継がれた。

なぜ彼らはこのような交渉を成し遂げることができたのだろうか。政治家・河野一郎は、どういうわけか、漁業交渉前に平塚社長のもとで日魯漁業の常務に就任していたのである。また、日ソ漁業条約調印の翌年に出版された一九五七年版の『人事興信録』には、驚いたことに河野一郎の項に日魯漁業「社長」の履歴が加わっていた。職歴の記述順序から推定して、一九五一～一九五三年の間の就任と思われる。このあと河野一郎の息子・河野洋平は、のち自民党総裁となったが総理大臣になるチャンスを失い、その息子・河野太郎が現在まで衆議院議員をつとめて、二〇一五年一〇月には安倍晋三内閣で閣僚ポストを与えられて、完全に変節した。

岸信介の安保騒動で北方領土を失う

一九五六年一二月二三日に発足した石橋湛山内閣は、共産主義の中国（中華人民共和国）との国交回復を主張して国民から大きな期待を受けながら、わずか一ヶ月で、石橋首相が病気のため、翌年一月三一日に外務大臣・岸信介《のぶすけ》を首相代理に指名し、二月二三日に総辞職しなければならなかった。二月二五日に、またしても戦犯が復権して、岸信介内閣が発足したのである。

岸信介は、戦時中に革新官僚と奇怪な名で呼ばれた満州国のファシズムのリーダーとなり、次いで商工次官時代から権勢をふるい、商工大臣となって東條内閣の最右翼として真珠湾攻撃に踏み切った男であった。一九四三年から国務大臣を兼務する軍需次官となり、翌一九四四年六月に米軍がサイパン島に上陸してくると、東條首相に「サイパン島の戦闘に総力を結集して決戦すべきである」と、兵士の命を捨て石とする進言に及んだのである。その結果、母親が赤ん坊をかかえて断崖（バンザイクリフ）から海に身投げする凄惨な記録映画で有名なサイパン島の激戦で、五万人以上の日本人が戦死・自殺した。

A級戦犯の重罪人・岸信介は、巣鴨プリズンに投獄されて児玉誉士夫と交わり、アメリカの反共政策のおかげで釈放されて復帰した男だったので、アジア外交を展開したが、その行動はすべて反共アジア戦線の構築にあり、「蔣介石による大陸本土反攻を支持する」とまで言明して、中国から強い反感を招いた。

一九五八年一〇月八日には、岸内閣が突然、警察官職務執行法（警職法）の改正案を国会に提出し、警官の職務質問などの権限を大幅に拡大強化して、戦前の治安維持法を復活させようと企んだ。この法が、戦時中の特高警察国家を再来させる人権侵害の著しい内容だったため、国会が大混乱に陥った。全国いっせいに文化人・学者たちが立ち上がり、老若男女を問わず国民のあらゆる階層が激怒して、世論の猛烈な反対によって、政府・自民党がこれを撤回して完敗に終った。戦後に培った、日本人の民主化運動の熱気は冷めていなかった。安倍晋三が、治安維持法に代る特定秘密保護法を制定し、警察国家をめざす姿が、祖父・岸信介と瓜二つであった。

その直後の一九五八年一一月二七日、皇室会議が皇太子妃に日清製粉社長・正田英三郎《しょうだ》の長女・美智子を決定した。日清製粉創業者の正田貞一郎《ていいちろう》は、製粉王と呼ばれた群馬県館林《たてばやし》の長者であり、その孫娘が美智子であった。美智子の弟・正田修は、岡山県の長者・大原孫三郎（倉敷紡績社長）の孫娘を妻《めと》に娶った。先述の通り大原孫三郎が創設した大原社会問題研究所は、戦後の日本国憲法生みの親であった。美智子は一九五九年に皇太子と結婚して、のち皇后となったが、最近、記者の質問に対して、明治時代初期に民主主義を唱えた五日市《いつかいち》憲法草案を「民権意識を記録するものとして世界でも珍しい文化遺産だ」と讃《たた》えたのは、そうした思想的流れを深く理解していたからであろう。そして夫の平成天皇もまた、父の昭和天皇と違って、夫婦二人で過去から目をそむけず、平和志向の行脚《あんぎゃ》をくり返してきた。

このあと、最大の悪事が、岸首相によっておこなわれたのだ。一九六〇年一月一九日、岸首相がワシントンに赴き、アイゼンハワー政権の国務長官クリスチャン・ハーター、駐日アメリカ大使ダグラス・マッカーサー二世（GHQ総司令官の甥）と、日米安全保障条約（新安保条約）に調印して、日本にアメリカの陸海空軍が駐留することを定め、沖縄米軍基地が今日まで沖縄県民を苦しめる基礎を打ち立てたのである。辺野古《へのこ》の新基地建設計画を強行してきた安倍晋三の横暴な行動の源は、この祖父・岸信介にあったのである。

というのは、一九五一年に吉田茂が調印した最初の安保条約は、「日本は米軍の駐留を希望する」という内容だったが、岸信介が調印した新条約では、「日米いずれかが関わる紛争は両国が一致して事に当たる（集団的自衛権によって戦争に参加する）」、そのため「米軍は日本に駐留する権利を持つ」というきわめて危険な内容で、米ソ対立のなかで、好戦的なアメリカの戦争に日本が巻きこまれることは必至の情勢であった。いやその前に、軍事同盟そのものが東側の共産主義国をひどく挑発して、日本の立場を悪くする一層深刻な事態が予測された。

おそれていた通り、調印わずか八日後の一月二七日、ソ連が対日覚書で日米の新安保条約を強く非難し、日本から外国軍隊が撤退しない限り、択捉《えとろふ》・国後《くなしり》・色丹《しこたん》・歯舞《はぼまい》の北方四島は引き渡さないと通告してきたのである。日ソ国交回復の立役者となった平塚常次郎や松本俊一、河野一郎たちのたくましい努力が実って、ようやく漁業交渉を成功させ、ソ連側も北方領土返還の意思をはっきりと示すなか、これから積極的に交渉を進めようとしていた矢先、新安保条約により日本への北方領土返還を台なしにしてしまったのだ。北方四島の面積は、沖縄本島の四倍を超え、愛知県や千葉県、福岡県と同じほど広く、江戸時代から和食に必須の食材・昆布の宝庫なのである。

北海道漁民が切望していた北方領土が今日まで戻らなくなるという、大きな失政を犯したのが岸信介であった。日ソ漁業交渉と北方領土問題は、その後、ソ連が冷たい態度に終始することになり、北方海域でのソ連による日本漁船の拿捕《だほ》事件が続いた。その孫・安倍晋三が強行してきた〝日米軍事同盟のための〟集団的自衛権が、これとまったく同じ、いやそれ以上に悪い結果を生むことは火を見るより明らかである。つまり日本が、アメリカと激しく対立するイスラム諸国やゲリラ組織から〝敵国〟とみなされることになったからである。

アフガニスタンで、二〇一九年に亡くなった医師の中村哲たちが「折角ここまで築いた日本人とアフガニスタン人の友情が、米軍によって崩されてしまうではないか！」と危惧《きぐ》してきたのは、米軍と一体化した自衛隊の海外派兵なのである。

そしてその言葉通り、二〇一五年九月一九日に日本を揺るがす「安全保障関連法案」と呼ばれる戦争法案が成立してわずか二週間後の一〇月三日に、米軍がアフガン北部にある〝国境なき医師団〟の病院を爆撃して、翌日までの死者は「手術台や集中治療室にいた子供三人を含む患者一〇人と、医療スタッフ一二人、合計二二人」に達し、数十人が重傷を負ったのである。病院側は、米軍に病院の位置を正確に教えており、空爆開始後も「病院が爆撃されている。やめるように」と伝えたのに、三〇分以上も空爆が続いた。したがって、報道されたような〝誤爆〟ではなかった。炎上したこの病院はついに閉鎖されてしまった。この米軍と手を組むのが、安全保障関連法である。

日本国憲法第九八条第一項には、「この憲法は、国の最高法規であつて、その条規に反する法律、命令、詔勅及び国務に関するその他の行為の全部又は一部は、その効力を有しない」と定められている。つまり「安全保障関連法」と呼ばれる戦争法は憲法より下位にあり、憲法第九条に違反して無効であるから、日本国民がこの法に従う必要はない。また国民の八割以上は、この法に反対しているから、従わない。しかし、自衛隊員の多くは、米軍と共同訓練をくり返してきたので、そう判断せずに、国家の命令があれば戦争に参加し、国民全体を一挙にテロの脅威と戦争に巻きこむ。そこが問題なのである。

その先駆となる「新安保条約」が岸信介によって調印された一九六〇年は、このあと大変な騒乱時代となった。一九六〇年五月一九日の衆議院安保特別委員会が、自民党による新安保条約の強行採決で大混乱し、衆議院議長・清瀬一郎が神聖なる国会に警官五〇〇人を導入して、新安保条約に反対する野党第一党・社会党の坐りこみを排除する強硬策をとり、翌二〇日未明に新安保条約を強行採決した。この清瀬議長は、東京裁判でA級戦犯・東條英機の主任弁護人として活動し、戦時中の日本の侵略行為の正当性を主張した男であった。そのため、連日、国会周辺に国民的運動として巨大デモがくり出し、先鋭的な活動で「ゼンガクレン」として世界にその名を轟かせる全学連（全日本学生自治会総連合）の学生たちが岸首相官邸に乱入して警官隊と衝突した。五月二六日には国会を取りかこむデモが一七万人にふくれあがり、六月二〜三日の朝日新聞世論調査では、安保改定の国会審議について、賛成六%、反対五〇%、岸内閣に対して支持一二%、反対五八%となった。この国民感情は、資本主義と共産主義・社会主義の対立ではなかった。

デモには、実に多種多様な考えの人間が参加していた。国民のすべてが、新安保条約の条文の危険性を、正確に理解しているわけでもなかった。しかし、戦後の日本が歩み出した不戦の誓いと、民主的平和産業による経済発展の根幹を揺るがす問題として、大衆の怒りが爆発したのである。六月一五日には日本全土で空前の五六〇万人が参加する安保反対デモが展開され、「全国商店会連合会」もこれに参加して、商店主が閉店ストライキに踏み切り、もはや経済どころではない国家となった。その日、デモに参加した東大生・樺《かんば》美智子が警官隊との衝突で死亡し、児玉誉士夫が金をばらまいて動員した右翼と暴力団が、釘の出た棍棒《こんぼう》を振りかざして国会デモの民衆に殴りかかって六〇人が負傷し、警官隊との衝突では、未明までに負傷者一〇〇〇人を超える国会大騒乱となった。安保闘争で学生運動は頂点に達した。暴力団を金で動員するという手法を児玉誉士夫が生み出したのが、この時であった。

一九六〇年六月一八日の安保反対国会デモには高校生たちも加わって史上空前の三三万人に達し、永田町から霞ヶ関一帯は蟻《あり》の這《は》い出る隙もなく徹夜で国会を包囲した。私は高校三年でこのデモに参加していたが、私の周囲では「岸を殺せ！　岸を殺せ！」の怒号が闇夜に響きわたっていた。その午前零時をまわった六月一九日に新安保条約が自然承認となり、一九六〇年六月二三日をもって、批准書《ひじゅんしょ》交換により日米新安保条約が発効した。その日、国民の信頼を完全に失った岸信介は退陣を表明し、七月一五日に総辞職した。岸は、かつて自分を牢獄《ろうごく》から出した米軍に借りを返した。

キューバ危機とベトナム戦争

続いてこうして誕生したのが、一九六〇年七月一九日に発足した池田勇人《はやと》内閣であり、高度経済成長時代と呼ばれる大公害時代に突入していったのである。

朝鮮戦争後の一九五〇～一九六〇年代は、米ソの核兵器ミサイル競争と、宇宙開発レースの真っ只中《ただなか》にあり、世界中で衝撃的な出来事が後を絶たない毎日で、精神的に、思想的に、大変化が地球規模で起こった時代であった。そこで一連の事件を簡単に紹介しておく。

一九五六年一〇月二三日に共産圏のハンガリーの首都ブダペストで、学生と労働者が反政府・反ソ連の行動に出て蜂起するハンガリー動乱が起こると、ソ連軍の戦車が出動して残虐な民衆弾圧に乗り出した。同年一〇月二九日にはイスラエル・フランス・イギリス対エジプトの第二次中東戦争（スエズ動乱）が発生し、全世界が震撼《しんかん》した。翌一九五七年八月二六日、ソ連が大陸間弾道ミサイル（ＩＣＢＭ）の実験に成功したと発表し、一〇月四日にはこのロケット技術を活《い》かして「人類最初の人工衛星」スプートニクの打ち上げに成功したのである。ソ連が原水爆をこのミサイルに搭載すれば、ニューヨークであれワシントンであれ、アメリカの大都市が一瞬で吹き飛ぶのだから、アメリカにとっては衝撃であった。米ソの核兵器競争で、はるかに優位に立っていると思いこんでいたアメリカは、この事件に大きなショックを受けた。そこで、一九五八年一〇月一日に航空宇宙局（ＮＡＳＡ）を設立して、ミサイル開発でソ連に大きく引き離されている状況の失地回復に乗り出した。

ところが一九六一年一月二〇日にジョン・Ｆ・ケネディーが新大統領に就任してほどなく、四月一二日にソ連が「人類初めての人間衛星船」ヴォストーク一号の打ち上げに成功し、ユーリ・ガガーリン少佐が搭乗して地球を一周して無事に帰還し、ついに「初めての人間宇宙飛行」を成し遂げたのである。「地球は青かった」と語ったガガーリンの言葉に、ようやく大陸間弾道ミサイルと人工衛星で追いつきかけていたNASAは、再び深刻な挫折感を味わった。

実は、このミサイル開発・宇宙開発レースの背後には、ヒットラーの亡霊がいたのである。ヒットラーは第二次世界大戦中にロンドンを攻撃しようと必死になり、大きな翼のある無人飛行機V1ロケットを開発させたが、連合軍に撃墜されて効果がなく、やがて一九四四年九月に超音速の本物のロケットV2が、恐怖の空飛ぶ物体として、大量の爆薬をつんでロンドンめがけて発射された。以後数ヶ月にわたって、ベルギー、イギリス、パリを含むフランス、オランダに対して三〇〇〇基を超えるロケット弾の攻撃を続けた。この世界最初の長距離弾道ミサイルV2を開発したのが、ナチスの科学者ヴェルナー・フォン・ブラウン博士たちであった。しかもこの天才は、ドイツ敗戦時の一九四五年五月に連合軍に投降し、ロケット開発の仲間をひき連れてアメリカに渡ると、たちまち米ソ冷戦時代のロケット開発の立役者として活躍しはじめた。一方、ソ連における人工衛星開発の基礎を築いたのも、ソ連に連れてゆかれたナチスの科学者たち、すなわちV2ロケットの開発チームであった。

一九六一年五月二五日には、ミサイル開発の劣勢を劇的に逆転しようとする大統領ケネディーが「われわれアメリカは、一〇年以内に人間を月に送り、彼らを無事に帰還させる」と演説して、有人宇宙飛行のアポロ計画が、「月世界旅行」へと大幅に昇格され、二二〇億ドルを超える巨額の予算が組まれた。その矢先、一九六二年八月五日に、ケネディー大統領とのゴシップが噂されていた人気女優マリリン・モンローが三六歳で謎の死を遂げる怪事件が起こり、ホワイトハウスとアメリカ諜報機関に対して、一斉に世界の疑惑の眼差《まなざし》が注がれた。

ほどなくこの一九六二年に勃発したのが、キューバ危機であった。一〇月一六日にソ連がキューバに核ミサイル基地を建設中であることをアメリカが上空から探知したのである。ソ連のフルシチョフ書記長は「アメリカがトルコに核ミサイルを配備してモスクワを射程に入れたのだから、ソ連がキューバに核ミサイルを配備するのは当然である」と、アメリカの裏庭キューバに向けて、八五隻の船で核弾頭ミサイルの輸送を開始した。一〇月一九日のホワイトハウスでは、四五〇〇キロの射程を持つミサイルと判定され、それが発射されれば五分以内にアメリカの大都市が瞬時に壊滅すると推定されたのだ。国家絶滅の危機を覚えたアメリカは、一〇月二二日にケネディーが初めて全国民にテレビで状況を説明し、ソ連にキューバの海上封鎖を警告した。しかしソ連の態度は崩れず、一〇月二三日にフルシチョフがアメリカにあからさまに挑戦するようにソ連全軍に休暇中止を命令し、ワルシャワ条約機構軍に警戒態勢をとるよう発令すると、これに対抗して、一〇月二四日にアメリカがキューバの海上封鎖の実施に踏み切り、全世界の米軍がついにソ連攻撃態勢に入った。一触即発、米ソ全面核戦争に突入しようとした。

刻一刻、地球と呼ぶ惑星に生まれた人類のすべての時計が、悠久の歴史とともに停止する瞬間が訪れようとしていた。

しかしキューバ攻撃を急ごうとする軍部をおさえ、ケネディーの指令で密《ひそ》かに裏交渉が開始され、アメリカがトルコのミサイル撤去を約束したため、一〇月二八日にソ連がキューバからのミサイル撤去を指令し、一一月二〇日にアメリカが海上封鎖を解除して、一ヶ月におよぶ世界最大の危機が幕を閉じた。

ところがこのキューバ危機から一年後の一九六三年一一月二二日、今度はケネディー大統領が南部テキサス州ダラスで暗殺されたのである。世界中に「一体アメリカとはどのような国なのか」と、大きな衝撃が広がった。

翌年の一九六四年八月二日には、ベトナムでトンキン湾事件が起こって、アメリカ・ベトナム戦争が本格的にはじまり、一九七五年四月のサイゴン陥落まで、実に一〇年九ヶ月におよぶ泥沼の戦いに突入した。トンキン湾事件とは、「ベトナムのトンキン湾でアメリカの駆逐艦マドックスが北ベトナムの魚雷艇に攻撃された」と、ロバート・マクナマラ国防長官指揮下の国防総省が〝大嘘〟の発表をおこない、二日後の八月四日に米軍の爆撃機が一方的に北ベトナムの海軍基地に報復と称する爆撃を開始した事件であった。二〇〇三年の米軍のイラク攻撃の開始と同じく、道理もなくはじめられたアメリカのベトナム侵略戦争で、民間人死者は四五〇万人と推定されているのである。

だが一九六八年四月四日、黒人の公民権運動の指導者で、ベトナム戦争に反対を表明していたマーティン・ルーサー・キング牧師が、テネシー州でライフル銃で暗殺され、それからわずか二ヶ月後の六月六日には、ケネディー大統領の弟ロバート・ケネディー上院議員が、民主党の大統領候補としてトップを走っていたキャンペーン中に暗殺されたのである。ロバートは、キューバ危機で核戦争回避に活躍し、黒人の公民権運動を強く支持してきたので、国民のあいだに絶大な人気を誇っていた。公共の場での人種差別……雇用差別……政府組織での差別を完全に法律で禁じる公民権法が一九六四年に成立してから、わずか四年後の連続暗殺事件が全米を震撼させた。すでに「アメリカの栄光」という幻影は世界中から消え去り、素朴に「アメリカの正義」を信じる人間は、地球上にほとんどいなくなっていた。

さて、これで日本はどうなった？

石炭から石油へ

ここまで日本人、日本人と書いてきたが、それはすべての日本人だったのだろうか。一九六〇年代、確かに、かなりの数の日本人は、エコノミストたちの統計上、平均的な生活に近づいて中産階級と呼ばれ、しゃれてモダンな生活を享受しはじめていた。しかし、GNP世界第二位を達成した高度経済成長の時代をふり返ってみなければならない。

時代は、この間に、エネルギー資源の主力が石炭から石油へと、大きくカーブを切っていた。

戦後すぐには、基幹産業の石炭・鉄鋼への巨額の政府支援がおこなわれたが、これを取り仕切った財閥経営者たちは、炭鉱労働者をまるで人間とは思わず、石炭を掘り出してよく働く道具のようにしか考えなかった。彼らにとっては国策が重要なのであって、働き手の人生はどうでもよかった。いま、その国策がいきなり石炭から石油に移ろうとしたのだから、炭鉱労働者は崖っぷちに立たされた。

石炭産業の中心となる福岡県の筑豊炭田〜三池炭田と北海道の夕張《ゆうばり》炭田を大支配していたのが、戦前も戦後も、三井財閥と三菱財閥であった。福岡県の三池炭田を経営する三井鉱山が、それまで酷使してきた一二〇〇人以上の労働者を解雇すると通告したのである。当然のことながら、明日を生きられなくなる三池労働組合は、その通知を全面拒否した。すると、一九六〇年一月二五日、三井鉱山がロックアウトを実施した。ロックアウトとは、労働運動に対抗して資本家側がおこなう工場閉鎖などの強硬手段のことで、この場合は、労働者に対する就業拒否、つまり職場への立入禁止であった。かくして同日、怒った組合側が全山無期限ストに突入し、三井三池炭鉱の歴史的な大争議が勃発した。

三井鉱山のやり口は、緻密な計算のもとにおこなわれたものであった。三池鉱業所全域に、組合員の立ち入りを禁じ、反組合勢力となる御用第二組合を結成させて労働者の分裂を図り、会社の言いなりになる労働者だけで生産を再開させ、三池労組そのものを消滅させようとしたのである。和解の糸口がつかめない長期戦となり、全国的な安保闘争の年、一九六〇年三月二八日には、第一組合と第二組合が激突し、翌二九日に第一組合員の久保清が、会社側の回し者である暴力団に刺殺された。五月には会社側が導入した警官隊が第一組合と激突して一七〇人以上が負傷する流血事件となったため、七月七日には全国から第一組合支援者二万人が結集し、七月一七日に福岡県大牟田《おおむた》で三池労組を守る大集会が開催された。争議開始から九ヶ月もたつと労働組合側も生活難に陥り、中央労働委員会の斡旋《あっせん》によって双方が解決案を受け入れ、ロックアウトが解除されたのは、ようやく一九六〇年一一月一日であった。

しかし、国策を勝手に変えたのは日本政府であるのに、炭坑内で酷使されてきた労働者の切り捨てがはじまっても、政府は彼らの面倒を一切みることもなく、炭坑は閉山に次ぐ閉山の時代に入った。北海道から九州まで大量の失業者が生み出され、その数は実に数十万人に達し、このボロボロになった棄民は、政府によって理不尽にも「離職者」と呼ばれた。いきなり首を切られた大量の失業者には、ほとんど生きるあてもなく、流浪の道だけが残されていた。九州からは大阪の釜ヶ崎《かまがさき》に向かい、北では東京の山谷《さんや》に向かい、ドヤ街で手配師にこき使われる日雇い労働者となるほかなく、それを大企業が雇って危険な作業場やビル建設現場と、港湾労働に向かわせた。なお一層ひどいことに、炭鉱経営者が坑内の安全対策を手抜きしたため、悲惨な炭鉱の大事故が続発したのである。

一九六〇年代の主なものだけで、次のような炭鉱事故が起こった。ここには死者三〇人以上の重大事故だけを示すが、死者二〇人前後の事故はこの二倍近くにも達したのである。

表9　一九六〇年代の主な炭鉱事故

（頭にある地名は、現地ではなく、地区名を示す）

◆一九六〇年二月一日　札幌・夕張炭鉱で炭塵《たんじん》爆発事故。死者四二人。
◆一九六〇年九月二〇日　福岡・豊洲《とよす》（豊州）炭鉱で坑内出水事故。死者六七人。
◆一九六一年三月九日　福岡・上清《かみきよ》炭鉱で炭坑火災事故。死者七一人。
◆一九六三年一一月九日　福岡・三井三池三川炭鉱で炭塵《たんじん》爆発事故。約四〇〇〇人は自力で脱出したが、死者四五八人、重軽傷者五五五人、一酸化炭素中毒患者八百数十人、うち二八〇人ほどが神経を冒されて記憶を失う史上最悪の大災害となる。原因は、一日一万五〇〇〇トンを産出していた大規模炭鉱で、坑内にガスが充満して大爆発したことによる。
◆一九六五年二月二二日　札幌・北炭夕張炭鉱でガス爆発事故。死者六二人。
◆一九六五年四月九日　福岡・伊王島炭鉱でガス爆発事故。死者三〇人。
◆一九六五年六月一日　福岡・筑豊炭田の稲築町《いなつきまち》（現・嘉麻《かま》市）三井の山野《やまの》炭鉱でガス爆発事故。死者二三七人。あまりにすさまじい爆発のため、多くの遺体は激しく損傷して引き裂かれた。

◆一九六八年七月三〇日　札幌・平和炭鉱で坑内火災事故。死者三一人。

この大事故時代の真っ只中、一九六六年一月に営業を開始したのが、「ＳＫＤ（松竹歌劇団）エイトピーチェス出身の平山まどかによって育てられた炭鉱労働者の娘たちの常磐ハワイアンセンターであった」とする物語が、二〇〇六年に公開され、日本アカデミー賞最優秀作品賞を受賞した映画『フラガール』であった。

その前年、一九六五年夏の甲子園では、もうひとつの劇的なドラマが人びとを感動させた。全国高校野球大会で、ＮＨＫが初めてカラーテレビで中継するなか、炭鉱の街、福岡県大牟田市の三池工業高等学校が、初出場で一回戦の高松商業に延長一三回サヨナラ勝ち、準々決勝で報徳学園に延長一〇回サヨナラ勝ちと、二度の延長戦を制して強豪を破ると、ついに決勝でも千葉県の強豪・銚子商業を二対〇で下して、工業校として初めての優勝を飾ったのだ。この高校生たちが郷土に持ち帰った優勝旗は、失業と炭鉱事故にうちのめされていた三池炭鉱の町で大歓呼に迎えられ、むせび泣く涙が町じゅうにあふれた。甲子園野球史上、最高のドラマであった。

しかし、右の事故リスト最後の翌年、石炭時代が終焉《しゅうえん》を告げ、石油が王座の地位に坐ったのである。浮かれていた社会とは、何であったのか？　その後、一九七〇年代にも炭鉱事故は続き、一九八一年一〇月一六日には、北海道の夕張新炭鉱でガス突出事故が発生した。一週間後の二三日に火災が発生したため、坑内に取り残されている不明者の安否が分らないまま、地底の人が死ぬことを承知で鎮火のため夕張川から注水して水没させ、坑内労働者八三人と救出隊員一〇人、合わせて九三人が死亡した。救い出された七七人も、坑内のメタンガスを吸って、多くは脳機能が冒されて深刻な後遺症に苦しみ、家族の辛酸は言語を絶するものであった。

時の経営者である三井グループの北海道炭礦汽船（北炭）会長・萩原吉太郎《はぎわらきちたろう》は、児玉誉士夫と組んで北炭の顔として君臨した政商であり、新安保条約前年の一九五九年には東京の帝国ホテル「光琳《こうりん》の間」に岸信介、佐藤栄作、大野伴睦《ばんぼく》、河野一郎、萩原吉太郎、永田雅一、児玉誉士夫が集まり、後継首相の順番を決めた時の一人であった。「日本石炭協会」会長として君臨しながら、一九八一年に大事故を起こす夕張新炭鉱の開発を進め、安全対策をおこたった張本人が、萩原であった。北海道全域にグランドホテルチェーンを張りめぐらし、札幌パークホテルを経営し、札幌テレビ放送社長として道内放送を動かした。萩原は一九八一年の大事故の責任をとって北炭会長を辞任したが、翌一九八二年に夕張新炭鉱を閉山して約二〇〇〇人を失業に追いこみ、一九八七年には北炭が炭鉱から全面撤退した。しかも撤退する時、すべての後処理を夕張市に押し付けた。その処理費用総額が五八〇億円にも達し、うち三三〇億円を夕張市が地方債として負担しなければならなかった。その後、夕張市は夕張メロンで再生を図ったが、人口が流出すると、地方交付税が減少する中で、市は観光事業に過大な投資を重ねるほかなく、最後に後年の財政破綻を招いたのである。

東京オリンピック——大公害時代の到来

一九六四年の東京オリンピックの前後から一九七〇年代にかけて、幹線道路……高速道路……新幹線……ダム建設……臨海工業地帯の埋め立て……地下鉄の猛烈な開発工事が進められ、日本中の道路をダンプカーがぶんぶんと地響きたてながら傍若無人に走り回るようになった。その結果、のちにゼネコンと呼ばれた総合建設業者が横行し、自然を破壊する時代に突入した。現在の自民党政権の経済振興政策が、これを踏襲しつつあるので、現代人はしっかりこの一九七〇年代を振り返っておく必要がある。

これらの工事が頻繁におこなわれた都市部では、工事のための地下水くみ上げにより、地盤沈下が急速に進み、残土の処理もせずに、各地で深刻な問題を起こしはじめた。現在JR東海が進めている巨大トンネルを走る無用のリニア中央新幹線が、同じ地下水枯渇と、膨大な量の残土放置の大被害を起こすことは、すでに分っているのである。

世界的貿易を柱にした経済成長による最大の被害、それは古くから続いてきた日本文化と大自然の徹底的な破壊であった。

すでに日本中を、経済成長の暗い影が覆いつくしていたのだ。大公害である。被害者が大量に苦しんでいた。ただし「公害」という言葉は、問題のとらえ方が抽象的であって、正確に問題をとらえた表現ではない。実際の被害は、個々に性格の異なる問題であった。

◆スーパーなどの量販店が誕生したことによって、使い捨てによる大量消費が拡大された。化学合成繊維とプラスチックがもてはやされる時代に、そのゴミの廃棄物処分場は存在しなかった。

◆高速道路の開通によるマイカー時代の到来と、ゼネコン王国におけるダンプカーの暴走とは、自動車の排気ガスの猛烈な発生であり、光化学スモッグなどの大気汚染が急拡大した。

◆臨海工業地帯の埋め立て事業とは、美しい海岸線や干潟の大破壊であった。

◆鉄鋼工場では、空が煙で曇っていると、「今日は景気がいい」と喜んだが、大量に進められた高炉の建設とは、煙突からのもうもうたる煤煙《ばいえん》の排出であった。その周辺の人間の肺のなかは真っ黒であった。

◆石油化学の隆盛とは、ひどく危険な廃水の放流であった。

これから、個々の公害の実態を記すが、これらの出来事は、単なる悲劇ではなく、人間の悪意もからんだ犯罪行為を数々含んでいた。だが同時に、現在の日本における企業の公害防止技術の誕生をうながした重要な歴史の数頁を占める部分であった。しかもそのゴール到達は、まだ未完であり、自民党政権がまたしても大公害時代を再現しようとしている今、読者の誰もが被害者となる危険性があるので、すべての世代がこの体験を共有しておく必要がある。

一九六〇年七月一九日に第一次池田勇人内閣が発足したとき、GNP一三兆円を一〇年以内に二六兆円に倍増する計画を立て、池田勇人は、首相就任まもなく、「三年間は成長率九％、一〇年間で農民の六割を減らして、国民の所得を倍増する」と言明した。成長率九％とは、現代人が聞けば腰を抜かすような大変な数字である。農民の六割を減らすとは、おそるべき農業破壊・山村破壊であり、食料自給率を下げると公言する政策であることに、現在なら誰でも気づく。農業体験のない日本人が大量に生まれれば、それだけ自然界の知恵を持たない欠陥社会に落ちることを意味していた。だが、当時はその重大性にほとんど誰も気づかなかった。

「消費は美徳」と叫ぶ政府・官僚のかけ声で、産業界がこれに活気づき、大量消費がスタートしたのである。この消費は、生活用品のようなモノだけでなく、電気や石油、ガソリン、ガスなど膨大なエネルギー消費を増大させていった。

一九六一年四月二九日に、池田勇人内閣の自民党と民社党が衆議院で農業基本法を強行採決し、六月六日に参議院を通過した。この新法は、日本の農業近代化を掲げて、農民に商社からの農機具の購入を奨励して農業の機械化を謳ったまではよいが、利潤追求型の農業工業化を前面に打ち出して、〝農薬の大量撒布《さんぷ》〟を奨励し、〝農産物の輸入自由化〟を受け入れるべきだという方向に日本を導いたのである。

通産省の官僚に動かされる工業界を経済の柱にして、零細農家の働き手を工業界に振り向けるよう提言し、農林省の官僚が農民切り捨てに自ら動くという自殺行為であった。農業はこの時から、国民に食べ物を与え、自然界を護るという尊い天職から、工業の歯車のひとつに置き換えられた。農民は高価な農業機械を買わされて、莫大な借金を背負ったのである。「田にも山にも農薬を大量撒布して、除草剤をまき、化学肥料だけで農作物を効率よくつくれ。それを都会の工場労働者の口に送りこめ。食料自給率が落ちれば、輸入すればいい。その不足分の金は家電……自動車……鉄鋼……造船の輸出でかせげばよいのだ」と。こうして、小麦……大麦……大豆……トウモロコシなど、家畜の飼料としても重要な穀物が、アメリカの大規模農業に太刀打ちできず、たちまち壊滅する運命をたどってきた。醬油と味噌と豆腐の原料である「大豆」と、パンとビールとうどんの原料である「麦」が全滅したのだ。同時に、農業人口が激減して、山野の自然界と田んぼに生きていたトンボ……小魚……クモ……ドジョウ……チョウチョ……ハチ……カエル……バッタ……カマキリ……ホタルなどの虫と小動物が、農薬と、除草剤と、コンクリート構造物で殺され、それを食べる夥《おびただ》しい種類の鳥が消えてゆき、大都会では山のようにいたスズメが一羽も姿が見えなくなった。コウモリ……タヌキ……キツネ……サル……シカ……クマなどの野生動物も、食物連鎖のなかで生きる場所を失っていった。里山の破壊がみるみるうちに進行していったのだ。

農薬と除草剤の大量撒布によって、工業的な農業をうながしたため、農地では、自然農法をする限り生まれる曲がったキュウリやふぞろいのトマトなどは「商品価値なし」

とされ、まともな農家ほど、収入の道が絶たれて生きられなくなった。

二〇一四年時点の農家の年間平均所得は、たった〝一三〇万円〟なのである！

そのため一九五〇年代初めに一五〇〇万人を数えた農林業の就業者が、わずか半世紀後の二〇〇〇年には〝五分の一〟に減って、ついに三〇〇万人を切ったのだ。驚くべき激減であった。それが、農民の労働解放にあったなら喜ぶべきことだが、池田内閣最大の失政である農業基本法のために、農業人口が激減し、農村破壊・里山崩壊が進行してしまったのである。


現在の日本は、農民が減っただけではない。働き手が減り、休耕田と不耕作地が急拡大して、食糧を生み出せる農地が死んだ結果、カロリーベースの食料自給率が、優秀な農業機械が登場した一九六〇年には誇るべき八〇％を維持していたのに、四〇年後の二〇〇〇年には、半分の四〇％まで落ちてしまったのだ。全世界を見れば、同じ二〇〇〇年に、国土面積が広大なオーストラリア二八〇％……カナダ一六一％……アメリカ一二五％という自給率は当然としても、フランス一三二％……ドイツとスペインが九六％……イギリス七四％という高い自給率を保っていた先進国のなかで、日本だけが異常に低くなって、現在それが続いたままである。その最大の原因は、工業立国だけに猛進して、農家の働き手を育てなかったことにあるが、それと共に、〝食品の大量輸入〟を推進した政治家と通産省（現・経済産業省）と、農林水産省の官僚に重大な責任がある。古来の歴史が示すように、食べ物を自分の国土でつくらない国は、滅びる。敗戦後に日本を襲った恐怖の飢餓の時代が、それを実証していたはずである。

そこにまたＴＰＰ――環太平洋パートナーシップ協定（Trans-Pacific Partnership）を締結し、農産物を無関税にする輸入自由化を促進して、農業の完全壊滅へと、舵《かじ》を切ろうとしているのだ。

食糧輸入を進めた結果、日本人は主食にパン、スパゲッティ、マカロニをどんどんと り入れるようになり、米食が減りはじめた。外国の食品を、たとえばイタリアを旅してスパゲッティを食べることには問題がない。ところが、農産物を外国から輸入するには、長期にわたる輸送のあいだに食品が腐らないよう、ポストハーベスト（収穫後）と呼ばれる〝殺菌剤〟や〝カビ防止剤〟や〝防虫剤〟をたっぷり撒布しなければならない。あるいは〝残留農薬〟の基準が日本より低い国からも輸入されるおそれが高く、アメリカから輸入される「遺伝子組み換え食品」が大量に流通する。そうした外国の食品は、当然安価なため日本に輸入されるのだから、広く流通するのは、主に外食店である。外食店では、食べる人間が食材を選ぶことができないのである。

すぐれた農耕機械と、豊かな土地を持ちながら、ここまで自給率を下げようとする政治家集団は、保守と言いながら日本を守らず、国民の健康を一顧だにしない人間たちである。食品の生産と流通と販売に従事する人たちも、ＴＰＰに無頓着であるのは、一体どうしたことだろう。

今また二〇二〇年東京オリンピックを招致した日本だが、一九六四年の東京オリンピック前後から、農地を解放しろというマスコミの大合唱で、突貫で進められたビル建設工事……道路工事……地下鉄工事……新幹線建設……宅地開発による騒音と振動は深夜におよび、周辺に住む人たちにとって寝ることもできない耐えがたいものになりながら、ほとんどなす術もなく工事が優先された。敗戦後まもなくの時期は、たとえ東京が大都市であっても、ほとんどが緑におおわれ、沼地と池がそちこちにあって、空き地だらけであった。私が住んでいた渋谷駅近くでさえコウモリが飛びかい、子供たちがザリガニをとり、畑と空き地に遊ぶことができたが、東京オリンピックと宅地造成によって、無残にも緑地はみるみる激減して、西部の郊外にある山地と丘陵だけになった。都心部は一面、無機質のアスファルトとコンクリートでおおわれてしまい、ちょっとした空き地でもあれば収入になる駐車場に化け、公園のように土が出ている場所はほとんどないという、全世界の大都会のなかでも異常な都市ＴＯＫＹＯとなった。

鉄道の枕木には、毒性の高い防腐剤が使われ、線路には草一本はえないよう除草剤が大量に撒布された。一九七〇年には、交通事故の死者が史上最高の一万六七六五人、負傷者が実にほぼ一〇〇万人という数字を記録し、街道沿いの家には、おそろしい勢いでダンプカーが突っこむ事故が頻発した。

自動車が一挙に増えたため、ぜんそくの原因となる粒子状物質と窒素酸化物（NOx）を含んだ排気ガスがもうもうとたちこめ、酸性雨をもたらして森林を枯れた山に変えてしまった。そうした中で、一九七〇年七月一八日、〝わが国最初の光化学スモッグ〟の被害が発生したのである。東京都杉並区の私立立正《りっしょう》高校の女生徒四三人がグラウンドで運動中に呼吸困難となり、目や喉の痛みを訴えてバタバタ倒れた。原因は自動車の排気ガスに含まれる窒素酸化物がつくりだす光化学スモッグであった。しかし自動車メーカーが因果関係を否定して、排気ガス規制を拒否し、政府も企業に加担したため、一九七一年の光化学スモッグ被害届が四万八一一八人に激増した。いや現在も、呼吸するのも苦しい光化学スモッグが襲いかかっても、国も自治体も警報を鳴らせばよいとしている。

それでも、大都会はまだよかった。一九六〇年代に幕を開けた石油輸入ブームによって、大型タンカーの建造競争がはじまると同時に、江戸時代から十州塩田を誇ってきた瀬戸内海沿岸一帯に、岡山県倉敷市水島から……広島県の大竹市……山口県徳山市(現・周南市)～岩国市……愛媛県の新居浜《にいはま》市へと、石油化学コンビナートが林立する時代に突入していったのである。

コンビナートとは、効率よく生産するため、原料や燃料の供給から加工工場まで、異なる業種が連携して、工場群を一ヶ所に集めた工業地帯のことである。一九六〇年までに、あっというまに入浜式塩田が日本から消えてゆき、一九七二年にはイオン交換膜による化学式製塩法が導入され、赤穂浪士の時代から続いた自然な塩田の歴史が終りを告げた。その結果、一九七〇年代までに瀬戸内海のヘドロや赤潮が一気に急増すると、そこはもはや「泳げない海」に変った。人間が泳げなければ、魚介類が生きられない海である。沿岸漁業を営む漁民は、汚れきった海水のために漁獲量がみるみる減ってゆき、生活が追いつめられた。

一九六一年に通産省によって三菱化成に建設が許可され、スタートした岡山県倉敷市の水島コンビナートは、高度成長期におけるプラントの新増設により規模を拡大してゆき、中国地方有数の河川である高梁川《たかはしがわ》の河口に形成された三角州と、瀬戸内海沿岸に広がる遠浅の海面を埋め立てて造成した地域と、その背後の一帯が、有数の水島臨海工業地帯に一変した。一九六八年には旭化成が山陽石油化学を設立し、ここに石油化学プラントで本格進出するなど、石油精製・石油化学のほか……鉄鋼……電力……自動車……造船……食品など、一〇〇社近くに達する企業が進出したのである。コンビナートの規模が拡大し、危険物の貯蔵が増えるにつれて、事故の発生件数も、一九七四年には二〇件を記録するピークに達した。

一九六一年には、三重県四日市の塩浜《しおはま》コンビナートの風下にあたる磯津《いそづ》地区で「気管支ぜんそく」の患者がぐんぐん増えていった。石油コンビナートが排出する硫黄酸化物（SOx）による大気汚染が原因であった。この時代最悪の象徴となったここ四日市の公害は、国策によってもたらされたものであった。一九五五年に旧海軍の跡地を昭和石油に払い下げ、三菱・シェルグループによる石油コンビナートと連携させる重化学工業化が閣議決定されると、一九五八年から昭和四日市製油所が日産四万バレルで操業をスタートし、翌一九五九年から一九六〇年にかけて、第一コンビナートが本格稼働を開始した。

かくして、わが国最初の石油化学コンビナートとして脚光を浴びた。

土鍋で全国に知られる万古焼《ばんこやき》と、三重紡績から生まれた東洋紡績などの紡績業が代表的な地場産業であった四日市市は、四日市港が漁業権を放棄して、白い砂浜を埋め立てた海岸に工場が次々と建設され、時代の最先端をゆく石油コンビナートが〝市を発展させる金の卵〟として市民から迎えられた。コンビナートの煙突が吐く炎が「百万ドルの夜景」と讃えられたのである。しかしコンビナート工場群からの汚染廃水は、四日市港から対岸の磯津地区にみるみる広がり、そこで獲れた魚は油くさくて全国の魚市場から拒絶された。ついに、生きられなくなった磯津の漁民が立ち上がり、四日市市と三重県に抗議行動を起こし、中部電力三重火力の排水口を封鎖するという実力行使におよび、大事件となった。重症のぜんそく患者が一九六五年に二〇〇人を超える集団発生をみて、さらに一九七五年には一一〇〇人に達し、次々に自殺者や死者が出ていながら、放置されたのである。

コンビナートが始動して数年もたたずに、住民の八割が苦しい症状を訴え、原因が大気中の亜硫酸ガスにあると指摘されながら、企業が何ら対策をとらなかったため、一九六七年九月一日に四日市ぜんそく患者九人が石油コンビナート六社に慰謝料請求訴訟を起こした。六社は石原産業、中部電力、昭和四日市石油、三菱油化、三菱化成工業、三菱モンサント化成であった。これが〝わが国最初の大気汚染公害訴訟〟となった。しかもこれとは別に、石原産業は硫酸の廃液を平然と海中に投棄しており、児玉誉士夫・岸信介らと共に釈放された元A級戦犯の石原広一郎《こういちろう》社長のもとで、一九六一年には石原産業が公害企業として刑事責任で追及された第一号となったのである。

　患者の死去が続くなか、一九七二年七月二四日、津地方裁判所四日市支部でおこなわれた四日市ぜんそく訴訟で、石油コンビナート被告六社の共同不法行為が認められ、原告一二人に八八〇〇万円の賠償金支払いを命じる有罪判決が言い渡された。すでに全国的に爆発寸前まで高まっていた公害問題への怒りが、この判決で一挙に表面化することになった。

　関東では茨城県鹿島灘《かしまなだ》に面した神栖《かみす》市の鹿島臨海工業地帯のほか……東京湾に面した千葉県の市原市姉崎地区〜五井地区と袖ケ浦市にかけて……あるいは神奈川県の川崎市……関西では大阪府の堺市〜高石市……九州では大分市鶴崎などに、石油コンビナートが生まれた。廃水による河川と海・湖の汚染は、工場だけが原因ではなかった。

　東京オリンピックの前に、大都市が糞尿と化学洗剤を大量に河川に流すことによって、新たな水質汚染がはじまっていたのである。都市における水の使用量が、水洗トイレによって急増し、至るところで河川がドブ川に変っていったのだ。滋賀県では琵琶湖の汚染も進んだ。そのため手遅れながら、一九七〇年に下水道法が改正され、下水道は町の中を清潔にするだけでなく、排水先の公共用水域（海・湖）の水質保全を果たさなければならないという認識が初めて生まれた。しかし高層ビル建設ラッシュによる水の使用量の急増は、ますます悪化の傾向にあり、テレビでは化学洗剤と除菌グッズの大宣伝がいまも平然と続いている。

石油化学製品と廃棄物の散乱時代

この時期から、繊維ファッション産業が消費者に大きな需要を広げたため、石油化学産業の生みの親となる合成化学が急速に発達して、日本全土に化学コンビナートを生み出していった。それと共に、包装容器に使われるポリエチレン……衣料用繊維やペットボトルに使われるポリエステル……建材からおもちゃ、タッパーウェアに使われるポリプロピレン……自動車の窓ガラスや塗料として使われるアクリル樹脂……水道管や建材に使われるポリ塩化ビニール（塩ビ）……さらにポリウレタン……発泡スチロールまで、膨大なプラスチック製品が、処理できないまま日本中に氾濫《はんらん》することになった。

勿論、「石油の消費は悪だ」と決めつけるのは、現実を無視した暴論である。石油は、自動車のガソリンとディーゼル燃料……火力発電の重油燃料……ストーブの灯油として燃やされて、熱エネルギーを生み出す。だが、石油は燃やされるだけの資源ではない。

石油化学製品は、いまも住まいのすみずみで必需品として使われている。書物・新聞・雑誌、写真の印刷インキから……医療機器……医薬品・農薬・化学肥料……入れ歯……障害者用の福祉用品……膨大な衣類と寝具……レインコート……防寒具……スキーやシューズなどのスポーツ用品……サンダル……傘……メガネのレンズ……バケツ……

電卓……財布……キャッシュカード類……ランドセル……ボールペンやファイル……フォルダーなどの文房具に至るまで、これがなければ現代生活は成り立たない。映画フィルム……電線・電話線の被覆……パソコン……携帯電話……染料・塗料・防腐剤……家具は、言うまでもない。つまり火力発電所で燃焼する原油の輸入がゼロになっても、自動車を走らせるガソリンと、石油化学製品のために、日本は石油の輸入をやめることができない国家である。

石油製品をまったく使わない人が、石油に依存した文明を批判するのは正当である。しかしその資格をもつ自然人は、どこを探しても、いまや存在しない。われわれが近代生活を満喫しながら石油文明を批判するには、その前に、どこに真の問題があるかを理解することが必要になる。

問題は、これほどすぐれた石油（炭素＋水素）という資源の使い方をよく理解せず、わずか半世紀のあいだに、急速に進めすぎた人類の大量消費社会と、処理不能なほど膨大な産業廃棄物を発生させる道のりに原因があったわけである。その背景にあったのは、一九七〇年代に日本最大の広告会社・電通が提唱していた戦略十訓「もっと使わせろ・捨てさせろ・無駄使いさせろ……」という使い捨て時代の広告宣伝にあった。それに乗せられて、消費者が限度を超えた消費に突っ走り、企業側が「売れればいい」として、工場からの排出物とゴミの後始末を考えなかった姿勢である。その結果、何が起こったか。

現在、工場跡地で次々と検出される有毒物質のほとんどは、一九六〇年代から一九七〇年代以降に埋められたものである。企業に入社したわれわれの世代の技術者は、それらが危険物であるという知識を学校では誰からも教えてもらわなかった。大学の授業は、産業発展と、製造技術だけを学生に教えこみ、社会性を持っていなかったからである。

このきびしい現実が表に出たのが、東京の杉並ゴミ戦争であった。大量消費時代のゴミが膨大な量に達して、最大の人口をかかえる東京二三区のゴミの七割、毎日九〇〇〇トン以上が持ちこまれていた下町の江東区が、一九七一年に、東京都知事・美濃部《みのべ》亮吉《りょうきち》に「ゴミの自区内処理と迷惑の公平負担の原則」を強く求めたのである。自分の家で出すゴミは、自分で始末しろ、と。

美濃部亮吉は、先に述べたように〝財閥解体〟をおこなった人物で、一九六七年に社会党・共産党推薦で都知事選に立候補して当選し、このゴミ問題が起こった一九七一年は投票率が七二％に達する空前の熱気を帯びた選挙戦となり、史上最多得票の三六一万五二九九票を記録して再選された（彼の得票数を塗り替えた人物が、二〇二〇年東京オリンピック招致に成功したあと、皮肉にもその得票のもとになった選挙資金の不正が暴露されて、二〇一三年に退任に追いこまれた猪瀬直樹知事であった）。だが、美濃部亮吉に課せられた責任は重大であった。東京都民が、ゴミ問題の解決と、深刻な光化学スモッグなどの公害阻止を美濃部に託したのである。

やがて一九七三年五月一九日に火を噴いたのが、杉並ゴミ戦争であった。東京都が約束した杉並区内の清掃工場建設が、いつまでも地元の反対で進展しないため、忍耐の限度を超えた江東区議会が〝杉並エゴ〟だとして杉並区のゴミを夢の島に搬入することを拒否したのである。東京湾でハエが飛び交うゴミ処分場を「夢の島」とはよくも名づけたものだが、五月二二日には、江東区の区長ばかりか、区議や町会役員ら一八〇人が、ヘルメット、防災服姿に身を固め、杉並区からの清掃車を追い返してゴミ搬入を実力で阻止するという痛快な行動に出た。こうして杉並区内の路上にゴミがあふれ、町々に悪臭を放つと、ようやく翌日に東京都が杉並区内の清掃工場候補地を高井戸に決定し、五月二四日には江東区も実力阻止を中止して、一応の事件解決をみた。

だが、本質的な大量消費は、解決されなかった。そのため現在に至るまで、今度は「夢の島」ではなく日本全土の寒村を狙って、大都市圏と工場などから有害な廃棄物がどっと持ちこまれ、瀬戸内海の豊島《てしま》のように、おそるべき不法投棄がくり返されてきたのである。特に病院からの医療廃棄物は、細菌やウィルスなどに汚染されているので、きわめて危険で有害なものが多いのである。

水俣病の悲劇

人類史上最大最悪の公害・水俣病が、この時代、一九七三年に日本全土を震えあがらせた。

なぜ改めてこの水俣病について記述するかと言えば、胎児の時に母体から水銀を吸いとって、生まれた時から水俣病を背負わなければならなかった子供たちをはじめ、この痛ましい患者の人たちの救済を、環境大臣・小池百合子（二〇一六年から東京都知事）が〝拒絶した〟のが、水俣病公式確認から五〇年後の二〇〇六年の出来事だからである。小池百合子は、真夏にひしゃくで舗装道路に水をまき、気温が下がりました、これが環境対策です、というレベルだったが、その太鼓持ちをつとめてきたテレビ記者を見れば、報道界も同じ水準にあった。いまだに患者の救済をしない国家であるのに、安倍晋三首相が「日本は水銀被害を克服した」と発言して、被害者から痛烈な批判を浴びたのが、二〇一三年一〇月の出来事だ。水俣湾には、現在も大量の水銀を含んだ危険なヘドロが埋め立てられたままであり、二〇一六年四月の熊本大地震で、東京ドーム一二個分の広さを持つ廃棄場の護岸が損壊して、有機水銀が流出するおそれが出てきたのである。

しかし水俣病は、戦後に発生したのではなかった。戦時中の〝五大新興財閥〟日本窒素肥料コンツェルンが大々的に朝鮮侵略活動を展開したことについては三一〇頁にすでにくわしく述べたが、日本窒素肥料は、戦後の一九五〇年から新日本窒素肥料に社名変更し、一九六五年にチッソと社名変更したので、以下、チッソと記す。熊本県南部の沿岸にあるチッソの水俣工場で、塩化ビニールや酢酸ビニールの生産に使われるアセトアルデヒドと合成酢酸の設備が稼働したのは、満州事変の翌年、一九三二年であった。

この時、触媒の水銀によって発生するメチル水銀化合物（有機水銀）を含んだ無処理のチッソ工場廃水が、九州西南の美しい不知火海《しらぬい》に流れはじめた。不知火海一帯は、日本有数の魚の宝庫である。水銀は金属だが、これが生物体を構成する有機物と結合したものが、有機水銀である。有機水銀は生物の体内に蓄積されやすく、特にメチル水銀は中枢神経を冒し、脳に蓄積されて神経機能を破壊する。一九四〇年には塩ビ原料のアセトアルデヒドが戦前の最大の生産量九〇〇〇トンを超え、真珠湾攻撃をはじめる前の月、一九四一年一一月三日にチッソ水俣工場でわが国最初の塩ビの製造が開始され、触媒から発生するメチル水銀の流出が増加した。そして翌一九四二年二月に、水俣市月の浦で患者が発生し、この患者が、戦後に水俣病と呼ばれる患者だったが、当時はまだ誰もその危険性に気づかなかった。しかし日本敗戦前の一九四三年には、チッソが被害漁場を漁協から一五万二五〇〇円で買い上げていたのである。

朝鮮に広大なプラントを建設しながら、敗戦で海外の全資産を失い、水俣工場が爆撃で生産停止に追いこまれたのが、このチッソであった。水俣工場がアセトアルデヒドの生産を再開したのは、敗戦翌年の一九四六年二月であった。だがチッソは、一九五一年に地元漁協に対して不思議な行動をとった。「事業より生ずる害悪ある場合においても、一切異議を申さぬこと」を交換条件に、漁協に五〇万円を貸し付けたのである。明らかに汚染廃水がもたらす被害に気づいていたため、「被害に目をつぶるよう求めた」きわめて悪質な交換条件であった。一九五二年には水俣湾周辺一帯で、魚が死んで浮かびあがり、それを食べたネコが狂ったように走りまわる「ネコ踊り病」が目立ちはじめ、一帯に恐怖が走り、熊本県水産課がチッソ水俣工場の廃水を調べはじめた。

一九五三年一二月一五日には、のちに水俣病と確認される最初の公式認定患者が発生した。この患者の病気の原因は、当時は不明だったが、すでにチッソはアセトアルデヒド生産によりアセチレン有機合成化学工場として〝日本一〟となっていた。つまり、日本人の洋装ファッションを生み出した化繊や、パイプなどの工業材料として膨大な量が使用されている塩ビをはじめ、数々のものが、チッソから供給される原料を使って生産され、チッソは日本の化学工業界に君臨する大企業だったのである。

一九五四年には水俣市茂道《もどう》で〝ネコが全滅〟したことが報道され、奇病が起こっているという無気味な噂が一帯に広がりはじめた。一九五六年には水俣漁協の漁獲量が激減し、五月一日にチッソ付属病院長・細川一《はじめ》博士が水俣保健所に「脳の症状を主訴とする原因不明の神経疾患の患者四人が発生した」と報告し、これが水俣病の公式確認となった。発足した水俣市奇病対策委員会は、患者全員を「伝染病棟」に隔離し、熊本県が厚生省に奇病発生を報告すると、熊本大学医学部が〝水俣奇病研究班〟を発足させ、魚介類による重金属中毒を疑い、チッソの工場廃水に疑いの目を注いだ。こうして次第に、異常の蔓延《まんえん》が明らかになっていった。

一九五七年には、水俣保健所が水俣湾でとれた魚介類をネコに与えて飼育する実験を開始し、七匹のうち五匹が発症し、症状が自然発症のネコと同じであることを確認して、もはや伝染病でも奇病でもなく、工場廃水との因果関係は疑いのないところまできた。

現地調査を開始していた厚生省が、「この奇病はチッソの廃水汚染による魚介類を発生源として発症した」と推定したのが一九五八年七月七日で、それからほどなく九月二六日には熊本大学研究班が報告会で「有機水銀説」を初めて発表した。その公式発表が翌一九五九年七月二二日におこなわれると、それに前後して、七月から細川一博士がアセトアルデヒド廃水をネコに直接投与する実験をはじめ、ネコが一〇月六日に発症して原因が確認されたのだ。のちに実証される水俣病の原因が、この時点ですべて明らかになったのである。

驚いてはいけないが、厚生大臣・園田直《すなお》が現地入りして、「熊本水俣病の原因はチッソ工場の廃水中のメチル水銀化合物である」との政府統一見解を発表し、厚生省が水俣病を有機水銀による公害病に認定したのは、**熊本大学が有機水銀説を発表してからちょうど一〇年後**の同じ日、一九六八年九月二六日であった！　その一〇年という長いあいだ、チッソは有機水銀説を否定して、一九六六年まで膨大な量のメチル水銀の放流を続け、一九六八年までアセトアルデヒドの製造を停止せず、すさまじい被害を拡大したのである。その間にチッソは、資本金ランクがぐんぐん上昇し、日本全土にある他社のアセトアルデヒド工場も稼働していた。しかも、園田大臣が汚染源の廃水を止めたのは、アセトアルデヒドに代る代替物質が生産できる見通しがついて、化学産業が打撃を受けなくなってからのことであったのだ。善意で廃水の放流を止めたのではない。

加えてその期間に、日本の産業維持を目論む通産省（現・経産省）がチッソと結託して、外部の人間がチッソ工場廃水をサンプリングすることを、企業秘密だとして許さず、東京工業大学や東京大学の御用学者を動員して、デタラメの〝農薬原因説〟や〝戦時中の爆弾原因説〟を出させ、有機水銀説を否定し続けたのである。熊本水俣病第一次訴訟裁判で、チッソを訴えていた原告の勝訴が熊本地裁で確定し、チッソの過失責任が断罪されて日本社会が震え上がったのは、さらに四年半後の一九七三年三月二〇日であった。

その間に、一九五七年から昭和電工が新潟県の鹿瀬《かのせ》工場（現・阿賀町）でアセトアルデヒドの生産設備を増強して、一九六三年には新潟市で水俣病患者が発生する〝第二水俣病〟を引き起こし、阿賀野川下流域でも患者が発生していることが認められた。一九七三年五月二二日には、熊本大学が第三水俣病患者の可能性を報告して、その後、徳山、大牟田、宇土《うと》、玉名にも類似患者が発生していることが次々と新聞報道され、国民が恐怖にとりつかれ、全国に水銀パニックが広がったのであった。

不知火海は、八代《やつしろ》海でもあり、長崎県の有明海につながり、熊本県天草の島々に住む人たちも同じ汚染魚を食べ続けた。熊本県水俣市は鹿児島県境にあるが、海の生き物には県境がなかった。魚は回遊して、広大な沿岸で漁獲されたのである。私が現地の水俣漁民に直接尋ねて確認した話によれば、一帯でとれた高級魚は、「みな、高く売れる大阪周辺の関西方面に出荷された」のだから、大都会でも気づかないうちに被害者が発生していたはずであった。熊本県〜鹿児島県〜長崎県一帯と、新潟県で合わせて一万人を超えるまで患者が増え続けたのである。

森永ヒ素ミルク中毒事件から現在の環境保護運動まで

もうひとつ深刻な問題が、戦後の食品分野で起こった。それは、「母乳より粉ミルクがよい」という誤った指導によって、大半の母親が粉ミルクを常用していた時代であった。森永製菓は、敗戦前年に、抗生物質ペニシリンの国産化に初めて成功したすぐれた企業であった。しかし一九四九年に森永製菓から分離独立した森永乳業が、一九五〇年代に販売した粉ミルクに有毒物質のヒ素が含まれていたため、ヒ素中毒の被害者は乳幼児一万人を超え、判明しただけで死者一三〇人の痛ましい大被害を出したのである。しかも森永ヒ素ミルク中毒事件は、長い間にわたって、チッソと同じように森永乳業が因果関係の隠蔽と無罪の主張につとめた。そのため、森永製品のボイコット運動が発生し、子供に夢を与えていたエンゼル・マーク森永の評判は一気に失墜した。森永が原因をミルク中のヒ素化合物と認めたのは、事件発生から一五年もたった一九七〇年の裁判中であった。乳幼児だった被害者は、現在も後遺症に苦しみ続けている。

こうして、一九七〇年代に全国で立ちあがった公害・薬害反対運動は、実に多くの問題と取り組むことになった。水俣病……森永ヒ素ミルク中毒……イタイイタイ病……四日市ぜんそく……川崎公害……一般廃棄物・産業廃棄物の不法投棄……宮崎県土呂久《とろく》鉱害（ヒ素中毒）……農薬・除草剤の撒布……防腐剤・着色剤をはじめとする膨大な食品添加物……光化学スモッグと酸性雨をもたらす大気汚染……下水道・湖沼・河川・海に広がる深刻な水質汚染……虫・鳥類・魚類・野生生物の激減と消滅……コンクリート工事と大型ダムによる自然破壊……臨海工業開発による白砂青松《はくしやせいしよう》の消失……騒音公害……薬害のスモン病……カネミ油症事件……原子力・放射能災害……薬害エイズ……遺伝子組み換え食品……血液製剤投与によるC型肝炎感染……しかもそれぞれの問題は、公害・薬害という曖昧な言葉で各地の被害をひとくくりに議論することを許さないほど、異なった性質を秘めていた。

現在起こっているヒートアイランドと呼ばれる都会の過熱は、一九六〇年代からはじまった大量消費の延長線上にある。ところが、いまの環境保護運動は、ここに列挙した山のような問題を過去から学ばず、二酸化炭素による地球温暖化のことを言えばそれで環境が守れると本気で信じこむところまで落ちてきた。テレビでは、ブラジルや東南アジアにおける森林伐採による自然破壊を、二酸化炭素と関連づけるイメージで報道するが、両者はまったく関係のない出来事である。地球に広がる砂漠化の大半が、強引な都市開発・農地開発や樹木伐採によって進んでいる事実を調べず、あたかも二酸化炭素の排出が原因であるかのような誤った幻想を視聴者の頭にすりこんでいる。

「環境保護運動」はファッションではない。現在、ますます子供たちに増え続けているぜんそくは、自動車の大幅な増加によってもたらされる大気汚染が原因である。道路の拡張によって汚染は薄められながら、実は汚染物質の総量が増え、ますます汚染範囲が広がっているのである。一九六〇～一九七〇年代に真剣に水俣病問題に取り組み、危険の本質を見抜いた人びとから見れば、まるで子供のような議論しか聞かれなくなっているのが現代である。一点ずつが本質から理解され、解決されなければ、次の類似の事件が引き起こされる。過去の森永ヒ素ミルク中毒事件や薬害スモン病を忘れたために起こったのが、薬害エイズと薬害肝炎であった。

果ては、家畜の食べ物であるトウモロコシを、自動車を走らせるためのエタノール燃料にしてしまい、そのために広大な自然を破壊してバイオマスの普及が環境保護だと主張するようでは、人類の先は危うい。森林を資源とするバイオマスは、ドイツで大量に普及してきた有効なエネルギー源である。だが、二〇一一年に起こったフクシマ原発事故によって汚染された東日本の森林は、バイオマスとして燃焼してはならない放射性セシウムの塊に変っているのである。あるいは山地の放射能汚染土が、植物栽培用の腐葉土にも化けて市販されているのである。

水俣病の解明に長く取り組んで、有機水銀が原因であることを突きとめた熊本大学の医師・原田正純《まさずみ》先生は、常に笑顔で接してくださり、心から尊敬する私の師であった。その原田先生が二〇一二年六月に亡くなる前に語った言葉、「公害は、医者が出てきた時には手遅れだ」を忘れてはならない。

そして原田先生は、フクシマ原発事故による海洋の放射能大汚染について、「薄められるから大丈夫だと言っている人たちは、水俣病で体内濃縮が起こった事実から何も学んでいない」と重大な警告を残した。その言葉通り、この原子力災害は、日本史上最大の企業犯罪でありながら、放射能被曝者たちが放置されているのである。

それでも大阪万博は開かれた
——東芝社長・石坂泰三の暴言とイタイイタイ病

一九七〇年三月一四日〜九月一三日の半年にわたって、EXPO70大阪万博が大阪千《せん》里《り》丘陵で開会され、七七ヶ国が参加した。その時、東芝社長で経団連会長だった石坂泰《たい》三《ぞう》が、万博会期中の八月一八日、毎日新聞の「0《ゼロ》から四半世紀」シリーズ「経営者意識」のなかで、インタビューを受けて公害について尋ねられ、こう答えた。

「お江戸のなかに八十何年住んでいるが、公害なんて感じたことはない。公害のために死んだ者はいないよ。産業をつぶしても公害を防げというのはおかしいね。どっちを選ぶかといえば、ぼくは産業を選ぶ」と。

記者が「それにしても最近の公害はひど過ぎるとは思いませんか」と言い返すと、「ちっとも、そう思わないね」と発言したのである。これが、二〇一五年に巨額の不正会計が発覚して糾弾された原発メーカー東芝の親分であった。

記者が「四日市などはひどいでしょう」と言えば、「あまりひどくないね。正月に桑名（三重県）と四日市へ行ったことがある。桑名は至って地味だが、四日市へ行ってみると、振りそでなんかきらびやかに着て、立派な帯を矢の字に締めてね。大変繁栄してますよ。公害のおかげなんていうとしかられるだろうが……」と言う始末であった。このあと「産業人として人に迷惑をかけぬよう努力するということは、当然のことです。公害を出さないで、産業が伸びるよう一生懸命努力することは経営者の義務です。だからといって、産業をやめるというのはもってのほかだと思う」とつけ加えたのだ。誰も、産業をやめろなどと言っていない。公害をなくせと言っているにもかかわらず、膨大な数の死者を出し、被害者がもがき苦しんでいる時代に、財界トップが公害についてこの程度の認識であったのだ。

この東芝社長・経団連会長だった石坂泰三が、〝万博会長〟をつとめたのである。竹林と雑木林の千里丘陵に、甲子園球場の八三倍に達する〝一〇〇万坪〟の土地が開発され、総額一兆円を投資した万博であった。すでに公害で二〇〇人を超える死者を出しながら、この立派な会長のもと、人口一億三七二万人の日本で、万博入場者がその六割を超える六四二一万人を数えたのだ。それが「高度経済成長」と呼ばれる時代であった！

だが公害を知れば、少なくとも多くの日本人は心を痛め、何とかしなければいけないと感じた。そうでなければ、美濃部亮吉が都知事選で最高得票で当選するはずがなかった。一九七一年の大阪府知事選では、社会党・共産党推薦の黒田了一が当選して、翌一九七二年の総選挙でも、前回惨敗した社会党が復調し、共産党が三八議席をとって第三党に躍進した。これらの意志は、左翼思想支持というより、自然回復の願望と、反保守政治・反米・反戦の表われであった。

水俣病の衝撃の前に、イタイイタイ病の裁判が、日本人の意識を変える大きな役割を果たした。これは、明治時代の足尾鉱毒事件と並ぶ、悲惨な鉱山廃水被害であった。一八八五年（明治一八年）から栃木〜群馬県境を流れる渡良瀬川《わたらせがわ》の鮎の大量死によってはじまり、衆議院議員の田中正造が闘った足尾鉱毒事件では、一九〇一年一二月一〇日に田中正造が明治天皇に直訴して世間の注目を集めたが、これは鉱毒を垂れ流した古河鉱業一社の問題ではなかった。西郷隆盛の弟・西郷従道《つぐみち》は、日清戦争中に海軍大臣と陸軍大臣をつとめ、その従道の娘が、古河財閥創始者・古河市兵衛の息子・古河虎之助と結婚して、虎之助が古河鉱業社長となったので、薩摩の軍閥一族が古河財閥を支配していた。群馬・栃木の下流域の住民に一〇〇〇人以上の死者や流産を出しているにもかかわらず、日清戦争と日露戦争のため、国策として鉱物を求めた軍部と政府が〝合意の上で放置した〟国家的公害だったのである。しかも新聞記者が現地で接待を受けて懐柔されるなど、奥深い構造があった。

その歴史的な足尾鉱毒事件と同時期、一九一〇年代からイタイイタイ病の被害がはじまったのである。岐阜県最北の飛騨《ひだ》市（旧神岡町）の神岡鉱山を三井組が取得して、銀の採掘をはじめたのは、一八七四年（明治七年）という古い時代だったが、日露戦争の時代から亜鉛の精錬が開始された。戦後は、三井鉱山の一部門が独立して神岡鉱業となり、一九五二年から三井金属鉱業と社名を変えて、亜鉛の採掘と精錬が猛烈に進められた。亜鉛と銅の合金は、真鍮《しんちゅう》と呼ばれ、一般に黄銅《ブラス》ともいい、ブラスバンドの楽器のトランペットやトロンボーン、五円硬貨、鍋、電機製品などに大量に使われる原料で、三井金属鉱業はその原料の亜鉛を生産する鉱山業界の大手として君臨した。

しかし一九五五年に地元の開業医だった萩野昇《はぎのぼる》博士が、神岡鉱山から下流の富山県を流れる神通川《じんつうがわ》流域で、農家の女性に激症が頻発している異常を医学会で発表したのである。その人たちは、骨が軟化したため、腕を握ったり、布団をかぶせただけで骨折してしまい、クシャミをしても胸や顎の骨が折れるほどひどく、「イタイ、イタイ」と苦しみながら死んでいる、というのである。

原因は、亜鉛をとる原料の鉱石に含まれるカドミウムが川に放流されたため、川の水が白く濁るほど汚染されて魚が死体となって浮き上がり、その水が田んぼの農業用水や、ごはんを炊く時の水など、あらゆる生活用水として使われたことにあった。お米にそれが吸収され、この流域では、カドミウムの慢性中毒によって腎臓がおかされる人が昔から多かった。その結果、腎臓障害によって体内からカルシウムが排出されてしまうため、骨がボロボロになる。実は、戦前から鉱山周辺一帯と、下流の富山県に患者が発生していたのだが、戦後は、その被害が激症の骨軟化症として、特に中高年の女性に続発したのである。萩野博士はカドミウムを長いあいだ摂取した人が発症する因果関係を突き止めて発表したが、そのもがき苦しむ人の〝死者が一〇〇人を超えて〟も、亜鉛の生産で東洋一を誇る神岡鉱山の三井が真っ向からこれを否定し、医学会までが無視したのである。

「このままでは殺される」と、イタイイタイ病患者たち二八人が、三井金属鉱業に六一〇〇〇万円の損害賠償訴訟を富山地裁に起こした第一次訴訟が、公害時代の一九六八年三月九日にはじまった。被告側の当時の社長・高林敏巳《とし み》らは、産業界の大物であった。しかし訴訟開始直後の三月二七日には、厚生省委託研究班が「イタイイタイ病の主原因は三井金属鉱業の神岡鉱業所から排出されたカドミウムである」と発表し、五月八日には厚生省が、三井神岡鉱業所のイタイイタイ病責任を明示し、日本で初めて公害病と正式認定したのである。そのため、それまで「三井に反旗を翻すとわれわれが生きられなくなる」とためらっていた流域の人たちも立ち上がり、一〇月八日に患者三五二人が五億七〇〇〇万円の損害賠償第二次訴訟を起こした。

しかしそれからさらに、三年の歳月が裁判に費やされたのだ。

一九七一年六月三〇日、イタイイタイ病第一次訴訟の一審判決が富山地裁で下され、「イタイイタイ病はカドミウムが主原因」と認定し、三井金属鉱業に対して原告三一人に五七〇〇万円の慰謝料の支払いを命じて、原告団が三井金属鉱業に勝訴した！　日本の公害裁判史上、〝戦後初めて被害者が大企業に勝訴した〟瞬間であった。被害者の肉体的苦痛は、二度と再びやわらぐことはなかったが、患者の胸中に走った喜びは、全国の公害被害者に電流のように伝わり、政府と企業が大きな衝撃を受けた。これに続いて、先述のように翌一九七二年七月二四日に、四日市ぜんそく訴訟が勝利し、一九七三年三月二〇日にはチッソの水俣病過失責任が断罪されたのである。一九七二年八月九日にはイタイイタイ病の二審で、名古屋高裁金沢支部が、三井金属鉱業の控訴を棄却し、一審の倍額を超える一億四八二〇万円の支払いを命じ、三井がようやくこれを受諾し、すでに起こされていた第二次～第七次訴訟についても和解を表明した。しかしこの年の三井金属鉱業の資本金は、一四八六億円であったから、賠償金一億円はなんの痛みも感じない金であった。

　これで問題が解決したのだろうか。カドミウムで汚染された広大な土壌を、江戸時代と同じ水準まで復元しなければ、これからの被害の発生は防げない。この土壌復元事業は、実に現在も続けられているのである。このような土壌除染に必要な長期性を考えると、フクシマ原発事故によって放出された〝長寿命の放射性物質〟の汚染は、山林を安全な土地にまで回復させるには数百年を要することが分っており、除染しても、この場合には汚染物を運び出す最終処分場が存在しないのである。若い世代の人たちが、この公害の体験から学ぶべきことは、まだまだ山のようにある。

　ちょうどこの公害時代から、高額所得者番付に登場したのが、静岡県の大昭和製紙社長の齊藤了英《さいとうりょうえい》であった。静岡県富士市の海岸一帯、田子ノ浦は、万葉集に「田子の浦ゆ　うち出《い》でてみれば　真白にそ　富士の高嶺《たかね》に雪は降りける」と山部赤人が詠んだのち、藤原定家《ていか》が百人一首でこれを勝手に「田子の浦に　うちいでて見れば　白妙の　富士の高嶺に雪は降りつつ」と改悪し、雪が降りつつある時に富士山の高嶺が見えるはずがないのに、誰もがその悪い歌を覚えさせられたが、戦後にこの歌の光景は一変した。海岸に面した太平洋ベルト地帯が、いっせいに工業に呑みこまれたのである。大昭和製紙などの工場廃水によるヘドロの堆積で、田子ノ浦一帯の漁場が死滅し、一九七〇年一〇月八日には「公害絶滅・全国漁民総決起大会」が東京神田の共立講堂で開催され、「海と川の破壊に怒りと抗議を」の垂れ幕のもとに、漁民二三〇〇人が結集する大集会となったのである。

大昭和製紙創業者の齊藤知一郎《ちいちろう》は、製紙業界で立志伝中の人物だったが、一九六一年に死去すると、長男の了英が社長を継いだ。次男の滋与史《しげよし》がトヨタ自動車工業社長・豊田喜一郎の娘と結婚し、了英の息子・知三郎《ともさぶろう》が衆議院議員・中曽根康弘の姪と結婚する姻戚関係を財界・政界の大いなる権威として、「東海の暴れん坊」と呼ばれるワンマン経営で業績を伸ばしてきたのが、了英であった。しかしこの田子ノ浦のヘドロ公害が原因で、大昭和製紙は経営危機を招くことになった。

一九八二年には了英が引責辞任し、弟の滋与史に社長を譲って相談役に退いたが、業績が回復すると経営に復帰してワンマンに返り咲き、一九九〇年には大昭和製紙が総資産額六五一四億円で、旧王子系三社の王子製紙、十條製紙、本州製紙を抜いて製紙業界トップに立ったのである。この年に高額納税者全国第一位となった齊藤了英は、そのあり余るバブル資産でゴッホの『医師ガシェの肖像』を一二五億円で落札し、またルノワールの『ムーラン・ド・ラ・ギャレット』を一一九億円で落札したあと、「俺が死んだらゴッホとルノワールの絵も一緒に荼毘《だび》に付してくれ」と、正気とは思えない妄言を発して、世界中から痛烈な批判を浴び、日本美術界の恥としてその汚名が鳴り響いた。一九九三年に齊藤了英はゴルフ場開発をめぐる汚職事件に関与して贈賄容疑で逮捕され、一九九五年に有罪判決を受けた。大昭和製紙は二〇〇三年に旧十條製紙の日本製紙と合併して日本製紙グループに入った。

戦後の日本人は、豊富な、しかし不思議な、一方的な知識に包まれて生きてきた。〝ナチスの残虐行為〟については、アメリカ・ヨーロッパからの膨大な映画と書物を通じて数々の事実を教えられ、〝ユダヤ人に対する迫害の歴史〟や、〝ナチスに対抗したレジスタンス運動〟を学んで、そうした歴史に正義を見て興奮した。また、日本国内の〝広島・長崎原爆投下の悲惨さ〟も、原水爆禁止運動を通じて、知っていた。〝ベトナム戦争におけるアメリカの非道な行為〟は、数多《あまた》のジャーナリストによって報道され、誰もが嫌悪感を覚えた。

しかし、〝大日本帝国がおこなったアジアでの野蛮な殺戮〟については、ほとんど教えられなかった。また、〝ユダヤ人が建国したイスラエルの実態〟も、ユダヤ人が土着のアラブ人（パレスチナ人）を周辺の中東諸国に追いやり、侵略と殺戮行為をしている現実も教えられなかった。イギリスなどの白人がおこなってきた〝南アフリカの人種差別アパルトヘイト〟も教えられなかった。アメリカで〝白人がインディアンを虐殺し、黒人を凄絶な人種差別に追いやってきた〟ことも、長いあいだ教えられなかった。フランス・イギリス・アメリカ・オランダ・ソ連などの第二次世界大戦の勝者である連合国の謀略によって、〝戦後のアジア・アフリカ・中東諸国・東ヨーロッパが、独立をさまたげられてきた第三世界の悲惨な歴史〟も、知る人ぞ知る、ほとんど知られていなかった。

現在もほとんど同じ状況にある。アメリカやフランスで、イスラム教徒の武闘集団が爆破や銃撃で多くの人を殺戮すれば、たちまち「テロがあった！」と世界的な大悲劇として報道されるが、イスラム教徒が、その何百倍、何千倍も殺されていながら、まったくニュースにならないのだから。

新しい羅針盤

ここまで、戦後一九四五年から戦後の前半三〇年間の日本復興史を追ってきた。

現在では少子化による人口減少がはじまっているが、二〇一九年一一月現在、まだ一億二六一八万の人口をかかえる国である。日本敗戦時の七二〇〇万人から比べれば、五四〇〇万人以上も増えている。人間は一人で成り立つのだから、人間は数ではなく、質が大事だ、うろたえる必要はない、と私は考えてきた。ところが現在日本で進行している人口減少は、「高齢者の比率が、ますます高まって、若い世代がどんどん減っている」、つまり人口ピラミッドと呼ばれていた三角形が大きく変形して、若い世代が尻すぼみになっているという深刻な問題がある。老人ばかりの国家では、将来があやうい。そこに導いた原因が何であるかを確かめて、解決する必要があることは確かだ。

　私の見るところ、この原因は、「大企業」と「大都会」を中心にすえた政治家と、それを指向する社会全体の世論にある。地方にあって魅力的な小都市と里山と、数々の技術を生み出してきたすぐれた中小企業と、古くから町や村を支えてきた老舗の店舗が、次々と危地に追いこまれているのだ。首都圏の東京都・神奈川県・埼玉県・千葉県、この四都県の面積は、日本全体のたった三・六％であるというのに、人口の三割、三六〇〇万人以上が集中するようでは、日本全体に活気が戻るはずがない。

　先進国の多国籍企業が利権を収奪するグローバリズムに呑みこまれた日本人は、ヘッジファンドやタックスヘイブンを利用した国際的な金融詐欺が横行する中で、かろうじて持ちこたえている。それは、ワープロの誕生からパーソナル・コンピューター時代の到来による、ＩＴ産業の隆盛がもたらした、ぎりぎりの経済運営・産業維持であった。あるいはハイブリッドカーの誕生……パソコンの大普及……新方式のすぐれたテレビやＤＶＤ……オフィス用と家庭用の高度な事務機器……デジカメ……インターネット……電子メール……携帯電話……スマートフォン……ＬＥＤ電灯などのエレクトロニクス世界の急発展に支えられてきた。日本の産業界には、まだ他国に伍《ご》してメイド・イン・ジャパンの製品を売るだけの大きな実力がある。燃料電池エネファームのように、真の環境保護を達成する〝世界トップレベル〟の潜在力を、日本企業と商業界は持っている。

しかしパソコンも……DVDも……デジカメも……インターネットも……電子メールも……携帯電話も……スマートフォンもない時代に、日本が「平和産業によって復興」した歴史を忘れてはならないと思う。

まず日本は、消費税を増額する政策で庶民生活を苦しめる前に、アメリカの国債を売却して、国家と地方の借金を返すことが、第一の条件であることは言を俟《ま》たない。アメリカの軍事的な暴走を食い止めるためには、国防総省（ペンタゴン）に大金が流れこむ米国債を売却することを、まずおこなうべきである。なぜ、この当たり前のことを誰も言わないのだろうか。農業をはじめとする日本の産業を自滅に追いこむTPPを結ぶことは論外である。日本人の生活を守るために、第一に国家財政を建て直す政策に切り換えなければならないのが現在である。全世界に戦乱を起こす米軍の費用を負担したり……ミサイル防衛……集団的自衛権……沖縄の米軍基地建設……海外派兵……原発の再稼働などに使う日本の予算が一体どこにあるというのか。そもそも自民党政権が手を組もうとしてきた現在のアメリカ文化には、かつてのような魅力のカケラもない。

次に、現在の地球上で心配なのは、巨大な人口をかかえる中国とインドである。過熱した経済成長による環境破壊と、中国の経済・軍事覇権主義である。本書で述べたように、日本の高齢者世代は公害時代の苦い味を覚えている。そこで培った現在の技術は、世界に誇るべきものである。中国とインドは、ちょうど一九六〇～一九七〇年代の日本と同じようにすさまじい大公害に向かって環境破壊を起こしている。その被害を受けている人たちは、中国政府とインド政府ではなく、中国とインドの民衆であり、それらの汚染物が空と海からわが国にも襲いかかっている。しかも中国とインドの両国は、これから原子力で暴走しようとしている。

　北海道のすぐ北では、ロシアのサハリン・ガス田が実用化されて、北海道にガス時代が到来している。平和的な親善外交さえ回復すれば、中国と共同で尖閣諸島一帯でもガス田や油田を開発できるのである。

　国内の産業そのものは、どうあるべきか。いまの日本は、国民の労働力を一〇〇%活用していない。そのために、現在のように、大都会と農村・漁村のあいだで資金の一方的な偏りが生まれ、正社員と非正規労働者の給与格差が拡大するいびつな経済構造になっている。終戦後に民主的な平和産業を興し、大企業が中堅企業と個人経営の小企業を育て、地方の若者の労働力を活《い》かした時代を思い起こすべきではないか。その気概のない大企業がますます増えている。現在の日本経団連は、大企業が悪用している偽装請負について、違法行為の合法化を目指して末端の働き手から怒りを買っている。経団連の幹部は、国民の生活権と命を踏みにじる「原発の再稼働」を強力に支持し、大企業が利益を増やせるよう「法人税の税率を二〇%台に引き下げ」させ、「集団的自衛権」を認めるよう「憲法改定」と自衛隊改組による「軍備増強」を提唱して日本の参戦を促し、

「TPP」と「消費税一〇%への増税」を推進してきた。さらに、こうした一連の悪法を制定してきた自民党に対して、経団連の会員企業に「多額の政治献金」を促す始末だ。もっとも、これらは経団連の幹部だけが勝手に主張しているのであって、会員企業の総意ではない。

このような経営者の精神的堕落が、戦後前半三〇年間と現在との大きな違いである。近年の大企業トップには、基幹産業にすぐれた人材がまったく見られない。戦後前半に平和産業が起こり、国民の熱狂を招いたことを思い出してみればよい。いま市販されている電機製品は、それらと比較にならないほど高性能になって、昔のテレビは、現在のテレビの前に置くのも恥ずかしいほどの性能であった。

しかし、そこに映し出された昔の人間たちは、実に活《い》き活《い》きとしていた。なぜなのか。その答は、本書に述べた戦後の時代、熱気を持って平和産業を生み出そうとした国民の輝く玉手箱のなかにある。

戦後の前半には存在せず、後半にしか見られない異質なものが、目の前にある。労働者を無用とする〝完全オートメーション化・ロボット化〟をめざす極端な工業化は、戦後の前半には存在しなかった。有機的な人間らしい存在の哲学が失われているのである。

あとがき

政治状況が、きわめて危険な様相を呈しはじめている。だが若者が立ち上がって、現在の日本政治に激しい抵抗を示す動きもある。反政府デモが一〇万人を超えるまでになってきた。これまでわれわれの世代は、「若者は何を考えているのだろう。なぜレジスタンスを起こさないのだ？」と疑問を抱いていたが、今や、われわれの期待を超えて動き出すかも知れない。

この若い世代が、日本国憲法を守ろうと立ち上がった。若者は、憲法の条文を読み直し、第九条の「非戦」の文言を、自分の手で、自分の行動で、今までより強く実現しようと動き出した。辺野古基地の建設に対して、大都会の人間も沖縄県民と手をくみはじめた。

国会を見ればよい。戦後に生み出した、日本史のなかで最もすぐれたものを、平然と、現代人が破壊し、倫理観を失った政治家の登場に拍手する者がいる。一体、日本人はどうしたのだ。自衛隊の参戦に反対する人間をつかまえて拘束する。マイナンバーをつけて国民を監視しようとする。治安維持法まがいの法律を画策する。沖縄戦で軍人に強制された集団自決を、歴史教科書から抹殺しようとする。その戦時中の大日本帝国の象徴だったからこそ日の丸・君が代の強制に反抗する教師がいれば、それを弾圧する。果ては、日本人が守ろうとしてきた平和憲法に泥靴を乗せて、米軍と共に殺人をおこなう集団的自衛権の行使と、特定秘密保護法の制定と、安全保障関連法案の強行採決と、辺野古基地建設によって、戦時中の愚かをきわめた時代に戻そうとしている。武器輸出と原発輸出で、全世界の人類に悲劇と大混乱を招くことに必死になっている。

私がすでに書物に書いた内容を、ぜひとも現代の読者に知ってほしいと思うようになった。日本人は、なぜアジア侵略戦争と、世界最大の軍事国家アメリカを相手に太平洋戦争という愚かなことをしたのか。そして一九四五年の無条件降伏・敗戦後に、どのようにして、日本人の手で非戦を誓う日本国憲法を生み出したか。つまりアメリカのGHQが押しつけたから生まれた憲法ではなく、日本人がこの憲法を生み出した真実の歴史を、だ。

そこに日本を導いたポツダム宣言とは何であったのか。それを取り巻く戦後七十数年間の生活が、どのようにして現代まで平和的に導かれ、われわれ日本人が生きてきたのか、である。

私が本書の原型となる『持丸《もちまる》長者』シリーズを書いたのは、二〇〇七～二〇〇八年であった。第一話【幕末・維新篇】、第二話【国家狂乱篇】、第三話【戦後復興篇】の三冊で、日本史の流れを、現代人の読者と共有したかったからである。戦後すべてを生きたわれわれの世代でさえ、誰に尋ねても、日本の近代史・現代史を、幕末から現在までの通史としてきちんと学んだことがなかったからである。

今を生きる日本人にとって、自分の生涯の大半を占める時代を理解しないまま死ぬことは、己の人生の意味を半分知らずに終えることになる。一貫した日本史を一度頭に入れれば、折々に起こった重大事件の意味を、歴史の中に位置づけることができ、そこに遭遇した己の人生を重ね合わせて、これからを考える指針となる。それが、当時の執筆の動機であった。

第一話、第二話、第三話の三冊をすべて日本人の基礎知識として読んでいただくことが、私の願いであった。その三冊の内容は、大富豪や資本家と呼ばれる人間たちと、それぞれの産業構造を縦軸として、閨閥《けいばつ》（系図）を中心に描いたものであった。しかし今、読者に知っていただきたいのは、その閨閥ではない。日本史そのものの流れである。

そこで、欠かせない歴史の要点を、分りやすく短くまとめられないかと考え、現状に合わせてすっかり書き直したのが、本書である。次世代の人びとの知識に、この書が大きな肉付けをしてくれると確信している。

敗戦後の日本人はみな貧しかったが、肩寄せ合って、互いを助け合う気概に満ち満ちていた。われわれはほんの子供であっても、アメリカ・ヨーロッパの文化に猛烈な憧れを抱きながらも、アメリカとソ連の原水爆開発を憎んだ。その子供たちを叱咤《しった》した小学校や中学校の先生が、民主主義を育てようと、燃えるような意気を持っていた。

見れば、現在あるほとんどの生活基盤が、終戦後の、ほんの三〇年ほどに芽吹いた文化・文明と、その後遺症の上に乗って、生きているのである。

「時間」という物差しは、宇宙の原理の流れるままに動いても、戦後の日本人は、七十数年間の時代を、一歩一歩踏みしめながら、危機一髪の地獄を幾度となく味わった。それでもここまで日本は導かれ、生き延びた。しかしほぼ人生の長さに相当する七十数年間なので、われわれの人生は残り少ない。死ぬ前に、その間に起こった山のような出来事を、次の世代に伝えておかなければならない。

その時代には、すぐれた商人と、知恵をしぼる工業技術者が存在しただけではなかった。家族を守るために汗を流す知恵深い職人と、海員と、肉体労働をいとわない工場労働者と、炭鉱労働者がいた。トラックやタクシーの運転手と、たくましい店員と、農民と漁民たちがいたから、日本は復興を果たせたのである。この人たちは決して、舞台を引き立てるための端役《はやく》ではなかった。この人たちが、先頭に立って戦後の日本経済を平和産業へと引っ張った真のヒーロー、ヒロインであった。

その人たちを讃《たた》える新聞記者も……作家も……映画人・演劇人たちも、まことに気性が激しく、活き活きとしていた。

だが、敗戦直後にあった、きわめてすぐれたものが、ここ最近の二〇年ほどのあいだに、ほとんど消え去ったと言ってよいほど、消滅に向かっていることに、われわれの世代は、大きな危惧を抱いてきた。かつては戦後に、自給農業と漁業で栄える国家があった。肉体労働をいとわず率先して働き続けた民衆がいた。全国的な学生運動と思想運動があった。それを俎上《そじょう》にのせて議論を戦わせた左派・右派の月刊誌の数々と、映画・演劇文化人が貫いた強烈な反骨精神があった。

しかし今、労働者を守ろうとする国民的な気概とシステムは、どこにあるのか。日本の軍事優先政策に反対するジャーナリストと共に立ち上がった、日本人の思考力と行動力が、なぜ消えようとしているのか。

日本人が戦後、大切に育ててきたものが、急速に音を立てて壊れつつある。壊してきたのは、歴史の事実から何も学ばない今の政治家たちだ。

挙句の果ては、またしても日本の産業をくいつぶそうと策謀をめぐらす国際金融マフィアの手に乗って、負債処理を日本人が引き受ける危険な道に踏みこんでいる。

戦後のわれわれ国民大衆と呼ばれる消費者も、無知という点では同罪であったかも知れない。しかし少なくとも、日本人が平和的な文化論を築き上げた史実がある。それは現在でも、日本の大きな財産として生き続けている。これを失うようなことがあってはならない。これからも活きる文化である。いまや日本は人口が減少に向かっているのだから、戦後に政治家とエコノミストが叫び続けてきた経済成長は、まったく必要のない時代に入っている。経済成長は、まったく無用である。まともな庶民生活の持続にだけ、全力を注げばよい。

中小企業の苦しさを考えない日本では、将来がやってこない。

すべての地方に活気を取り戻してこそ、日本全体に活気が満ちあふれる。
いま、若者たちが動き出した！
日本の明日を拓く道を、全世代が共に手を携えて、一歩ずつ進めようではないか！

広瀬隆

二〇二〇年一月一五日

図表リスト

解説

秋山豊寛

広瀬隆さんがこの本を刊行したのは二〇一六年。この二年前に自民党と公明党の連立政権が、現在の日本国憲法が明確に拒否している集団的自衛権の行使を認める解釈改憲を行い、特定秘密保護法の制定を含め日本を戦争をする国家に戻す大きな一歩を踏み出していました。沖縄県民の願いを踏みにじる辺野古基地建設の強行や原発の再稼働など、国民の意志や願いを無視する極めて高圧的な政権の姿勢が露骨に示されている一方、マスメディアや国民側が充分な対応ができていない状況という危機感の深まりの中で書かれました。

その政権は、「桜を見る会」など税金の私物化のスキャンダルにまみれながら、まだ続いています。更に、今年（二〇二〇年）は選挙の年になる可能性が高いともいわれています。国民がこの危険な状況をしっかり認識すれば、希望は残っています。今回、この本が文庫というかたちで出版されることは、より多くの人々に読まれる可能性を開くことです。多くの国民と数千万のアジアの人々の犠牲によって得られた現在の日本国憲法を「改憲」という悪夢から救い出す一助になれば、という願いがこの文庫化には込められているのです。

広瀬隆さんはジャーナリスト魂を持った作家という印象を、私は持っています。つまり、書きたいことを書く「作家」というよりも「書かねばならないこと」を書くジャーナリストです。これが広瀬さんの魅力でもあります。彼の「作品」をリストにしてみますと、普通の人々が「何か怪しい」「これは一体どういうことなのか」とぼんやり感じていることを調査し、推理し、解明してくれている作品が殆《ほとん》どであることに気が付きます。一昔前の表現をあえて使えば「社会派」と呼ばれる範疇《はんちゅう》に入る作家。報道の世界から見ますと「調査報道」の記者です。そのため極めて説得力のある著作になるのです。

広瀬さんは一九四三年一月生まれ。第二次世界大戦末期に生まれ、戦後の昭和、平成と転換する時代を生きてきました。東京の早稲田高等学院から早稲田大学理工学部に進み、卒業後は化学系企業に技術者として就職。つまり理系の出身で、工場労働者の現実やサラリーマン社会の実情も経験しています。このあたりが原資料の数値データなどを読み取る力の源泉になっているのでしょう。九年ほど勤め人暮らしをした後、キリスト教の発生地域の中東を訪問。恐らく、この旅での経験が「この世界のおかしいことはどこから来るのか、それを解明したい」という彼の作家活動の出発点になったはずです。

昭和八年、反骨のジャーナリスト桐生悠々《きりゅうゆうゆう》は「関東防空大演習を嗤《わら》う」という論文を書いて軍部の怒りを買い、勤めていた信濃毎日新聞を追われました。彼は名古屋に居を移し怯《ひる》むことなく個人雑誌を発刊して時勢を批判し続けました。そのとき桐生悠々は

「私は言いたいことを言っているのではない。言わねばならぬことを言っている」と述べています。この桐生と同じく、広瀬さんは現在「書かねばならぬこと」を書き続けているわけです。

広瀬さんが作家の道を歩み始めた一九七〇年代がどんな時代であったのかを、ざっと振り返って見ますと、時代の「知性」にとって実に刺激的な事件が次々に起こっていたことが感じられるはずです。

国際政治の世界では中ソ対立を背景に米中が接近し、それに伴って日中国交樹立が一九七二年。日本ではこの年、連合赤軍による浅間山荘事件があり、沖縄の本土復帰がありました。翌年は、第四次中東戦争と原油公示価格が一挙に二倍になる石油ショックの年でした。七四年は、アメリカでウォーターゲート事件により米ニクソン大統領が辞任。東京丸の内で東アジア反日武装戦線を名乗る組織が三菱重工本社ビルを爆破。七五年は北ベトナム軍がサイゴンを陥落させ、ベトナム戦争は終結。昭和天皇が初訪米。七六年はアメリカ議会で、ロッキード社が日本を含む各国政府要人に巨額の工作資金を渡していたことが明らかになり、日本政界を直撃。中国では毛沢東主席が死去。後継をめぐり混乱しましたが、翌七七年には毛沢東が指導した文化大革命で失脚していた鄧小平が復活し現在に至る中国の路線の指揮を執り始めます。

そして七九年は、アメリカのスリーマイル島の原子力発電所で事故。放射能漏れだけでなく大爆発の危険性も発生。原発安全神話への最初の大打撃です。この年、ソビエトがアフガニスタンに侵攻。ざっと見て、こんな時代でした。

広瀬さんの最初の作品集『魔術の花』が出版されたのは、この七九年の九月。この本は、一〇人の「同人」が書いたかたちになっているものの、いずれも広瀬さんのペンネーム。広瀬さん自身が「鼎《かなえ》書店」という発行所を名乗って出版した本。その発刊の辞で広瀬さんは「知性は、一方的に糞《くそ》難解な堅いものでもなければ、また、ただの下卑た冗談でもありません。嵐の中に揺らぎつつ、地に生い立つ喬木《きようぼく》にも似て、枝葉が柔軟にして愉快にさざめきながら、同時に根がしっかり不動のものでなければなりません」と書いています。この時の志ともいうべき熱情は、その後一貫しています。

この本が出版された同じ一九七九年に発生したスリーマイル島の原発事故。広瀬さんにとって、原発は時代の「知性」が取り組むべき大事なテーマになりました。『原子力発電とはなにか……そのわかりやすい説明』（一九八一年一月）、『東京に原発を』（同年三月）、『ジョン・ウェインはなぜ死んだか』（一九八二年一二月）と続き、そのあとチェルノブイリ、福島原発事故をめぐる多くの著作、そして二〇一七年一一月の『日本列島の全原発が危ない』まで続きます。

彼にとって時代の「知性」が取り組むべきテーマは、核とともに「戦争」です。『クラウゼヴィッツの暗号文』という作品が書かれます。一九八四年四月のことでした。私たち日本に暮らしている者には「戦後」と言いますと第二次世界大戦で、日本が敗北したあとと受け止められます。しかし、朝鮮半島の人々にとっては違います。ベトナムの人々にとっては一九七五年以降、あるいはその後の中越戦争後でしょう。中東の人々、アフガニスタンの人々には常に戦争、現在進行中です。

一体どんな連中が何を狙って戦争を準備し、核という二〇世紀の遺物である諸悪の根源によって利益を得ているのか、という巨大なテーマに広瀬さんは取り組んでいきます。広瀬さんは、この世界では人と人のつながりが大きな役割を果たしているという、誰でも気付くことから調査を始めます。調査の軸は「人脈」「血脈」へと展開します。

アメリカでは「四百家族」、フランスでは「二百家族」が事実上の「支配階級」、エスタブリッシュメントと言われることがありますが、その人々がどのようにネットワークをつくっているのか調べるのは大変です。広瀬さんは、各国で出版されている「紳士録・フーズフー」に着目しました。人脈、血脈によるつながりを具体的に示すことは、抽象的な政策論議や政治家の発言に終始することが多い「歴史」に、文字通り、人間の臭いと血を通わせる記述になります。そうした地道な作業の成果の一つになる労作の代表的な作品が『赤い楯―ロスチャイルドの謎』（一九九一年一一月）でした。

この作品に出てくる系図、人間関係の詳細さに圧倒された私は、その情報の源である各国の「紳士録」を一目見たいと広瀬さんのお宅を訪ねたことがあります。彼の書庫には一八世紀以降のロシア、ドイツ、フランス、イギリス、そしてアメリカなど各国の「紳士録」（もちろん日本の紳士録も）のコレクションが並んでいました。ロンドンの古書店から取り寄せたと言うのです。『赤い楯』はハードカバーで、一三版を重ねるベストセラーになっていましたが、恐らくその印税も、こうした「資料代」に消えたのではないかと考えてしまうほど、沢山の紳士録、人名録がそこにありました。

この人脈、血脈調査の日本版の成果が二〇〇七年二月から翌年四月にかけて出版された『持丸長者』全三巻。この金持人脈を整理し、どのように閨閥《けいばつ》が形成され財閥として日本を支配する構造をつくりあげ、明治以降の「帝国主義」の柱になっていたかを明らかにしています。この『持丸長者』のうちの注目すべきつながりが更に整理されて書き上げられたのが、今回文庫本になる『日本近現代史入門 黒い人脈と金脈』です。

私は原発難民になり福島を離れたあと、京都の大学で七年ほど教員をしました。その時に若い人々との接点ができたのですが、気が付いたのは、国立私立を問わず、大学生の彼・彼女らは、日本の歴史、特に明治以降現代に至る歴史的事実にかかわる知識が極めて乏しいこと。なかには「日本史の教科書など、役人と学者が日本はこんなスバラシイ国だったというオトギ話をコドモに押し付ける材料でしょう」といった鋭い発言をする学生もいましたが、そんな学生ですら、現在日本と韓国の紛争の種になっている「徴用工」問題の出発点である朝鮮植民地化の過程については「よくわからない」「気にはなっている」程度の反応でした。これはおそらく、多くの親たち、大人たちも、こうした若い人たちと似たり寄ったりかもしれないのです。

日本と中国、日本と韓国や北朝鮮の間で何かと問題になる「歴史認識」は、これは認識の差というより、日本国民の基本的知識のないことと関係しているという、より深刻な状況なのかもしれません。

過去に起こった、あるいは起こした事態が、その時代の基準としては「問題ない」と思われたとしても、現在の常識では「とんでもないこと」となるのは少なくありません。特に人権にかかわる問題は、各国の人々の人権意識の深化が関係しています。人間が国家をつくっているのであり、国民は単なる統治の対象ではないという視点の広がりが共有され始めた時代にあっては、国家間でその時の様々な事情から「解決済み」とされた問題でも、改めて光が当てられる状況は生まれ得るわけです。

世界人権宣言が人々の共通の基準になれば、かつては英雄視された人々も、とんでもない帝国主義者でしかないケースになり得ます。アメリカやヨーロッパの国々に追いつくことが目標であった明治の価値観は問い直されるべきなのです。たとえば、「脱亜入欧」の旗をかかげていた、現在の日本の高額紙幣に刻まれている人物なども、中国や韓国の人々から見れば、日本の「帝国主義」の旗を振った人物にしか見えないでしょう。「歴史認識」にかかわる具体的事実をしる上で、広瀬さんの『日本近現代史入門』は最適な一冊なのです。

（あきやま・とよひろ　ジャーナリスト）

図版・表作成　竹中誠
タナカデザイン

本書は、二〇一六年十一月、書き下ろし単行本として
集英社インターナショナルより刊行されました。

広瀬隆の本

東京に原発を！

それほど安全だというのなら、東京に建てたらどうなのだ！　過疎の浜の人は死んでも仕方がないというのか。安全神話に彩られた原発の危険性を最新データや写真をもとに説く衝撃の書。

集英社文庫

広瀬隆の本

赤い楯（全四巻）

両替商だったロスチャイルド家が、なぜ世界の王者になりえたのか。18世紀末のドイツに生まれ、世界を陰で操る闇の巨大権力。その戦略と謎を解き明かす、知的冒険の書。ロスチャイルド家全家系図付き。

広瀬隆の本

恐怖の放射性廃棄物

プルトニウム時代の終り

脱原子力と核廃棄物処理問題の先進国ドイツの実情を徹底ルポ。単行本刊行以降の状況の変化と、燃料電池などの新エネルギー開発についても加筆。日本の核問題の現状にまで言及する渾身のレポート。

集英社文庫　目録（日本文学）

姫野カオルコ　ひと呼んでミツコ
姫野カオルコ　サ　イ　ケ
姫野カオルコ　すべての女は痩せすぎである
姫野カオルコ　よ　る　ね　こ
姫野カオルコ　ブスのくせに！　最終決定版
姫野カオルコ　結婚は人生の墓場か？
平岩弓枝　釣　女　花房一平捕物夜話
平岩弓枝　女　櫛　花房一平捕物夜話
平岩弓枝　女のそろばん
平岩弓枝　女と味噌汁
平松恵美子　ひまわりと子犬の7日間
平松洋子　野蛮な読書
平谷美樹　賢治と妖精琥珀
平山夢明　他《ひ》人《と》事《ごと》
平山夢明　暗くて静かでロックな娘
平山夢明　あ　む　ん　ぜ　ん

広小路尚祈　今日もうまい酒を飲んだ　～とあるバーマンの泡盛修業～
ひろさちや　現代版　福の神入門
ひろさちや　ひろさちやの　ゆうゆう人生論
広瀬和生　この落語家を聴け！
広瀬　隆　東京に原発を！
広瀬　隆　赤い楯　全四巻
広瀬　隆　恐怖の放射性廃棄物　プルトニウム時代の終り
広瀬　隆　日本近現代史入門　黒い人脈と金脈
広瀬　正　マイナス・ゼロ
広瀬　正　ツ　イ　ス
広瀬　正　エ　ロ　ス
広瀬　正　鏡の国のアリス
広瀬　正　T型フォード殺人事件
広瀬　正　タイムマシンのつくり方
広谷鏡子　シャッター通りに陽が昇る
広中平祐　生きること学ぶこと

アーサー・ビナード　出　世　ミ　ミ　ズ
アーサー・ビナード　空からきた魚
マーク・ピーターセン　日本人の英語はなぜ間違うのか？
深川峻太郎　キャプテン翼勝利学
深田祐介　翼　の　時　代　フカダ青年の戦後と恋
深谷敏雄　日本国最後の帰還兵　深谷義治とその家族
深町秋生　バッドカンパニー
深町秋生　オ　ー　バ　ー　キ　ル　バッドカンパニーII
深町秋生　スリーアミーゴス　バッドカンパニーIII
深緑野分　カミサマはそういない
福田和代　怪　　物
福田和代　緑衣のメトセラ
福田和代　梟　の　一　族
福田和代　梟　の　胎　動
福田和代　梟の好敵手
福田隆浩　熱　　風

集英社文庫　目録（日本文学）

集英社文庫

日本《に》本《ほん》近《きん》現《げん》代《だい》史《し》入《にゅう》門《もん》 黒《くろ》い人脈《じんみゃく》と金脈《きんみゃく》

2020年2月25日　第1刷
2024年6月17日　第2刷

定価はカバーに表示してあります。

著　者　広瀬《ひろせ》　隆《たかし》

発行者　樋口尚也

発行所　株式会社　集英社
東京都千代田区一ツ橋2-5-10　〒101-8050
電話　【編集部】03-3230-6095
【読者係】03-3230-6080
【販売部】03-3230-6393(書店専用)

印　刷　TOPPAN株式会社

製　本　加藤製本株式会社

フォーマットデザイン　アリヤマデザインストア　　マークデザイン　居山浩二

ISBN978-4-08-744081-2 C0195